校企合作经济管理精品教材
互联网＋教育改革新理念教材

成本管理会计

主　编　张建华　宋　斌　张　丹
副主编　陈　利　杨瑞玲　颜　晟
解玉珠　刘玉叶　王玉娟
冯巧玲　汤孟

中国商业出版社

图书在版编目（CIP）数据

成本管理会计 / 张建华，宋斌，张丹主编．-- 北京：中国商业出版社，2025． 6． -- ISBN 978-7-5208-3420-9

Ⅰ．F234.2

中国国家版本馆 CIP 数据核字第 2025SB1308 号

责任编辑：黄世嘉

中国商业出版社出版发行

（www.zgsycb.com 100053 北京广安门内报国寺1号）

总编室：010-63180647 编辑室：010-63033100

发行部：010-83120835/8286

新华书店经销

河北昌联印刷有限公司印刷

*

787毫米×1092毫米 16开 19印张 424千字

2025年6月第1版 2025年6月第1次印刷

定价：56.80元

* * * *

（如有印装质量问题可更换）

前　言

随着我国经济改革发展的不断深化，会计准则和会计制度也在不断调整。为适应新的经济环境的需求，财政部全面推进了管理会计体系的建设，确定了管理会计体系建设的总目标，并为管理会计的发展蓝图做出了合理规划。国内从业者也掀起了学习管理会计的热潮。学术界围绕管理会计进行了多方向研究，实务界则围绕管理会计如何更好地为企业管理提供更为有效的方法和手段展开实践探索。

各高校担任着培养国家人才的社会责任，同时承担着培养相关财务人员和管理会计人才的责任。财政部至今已陆续制定印发了《管理会计基本指引》以及30多项应用指引，这为高校的管理会计教学指明了方向。为了满足实际工作中对管理会计人才的需求，作者结合实际的教学工作，参考、学习、借鉴了诸多的成本管理会计的优秀教材，编撰了本教材。本教材内容主要有以下几个特点：

1. 知识结构框架安排合理，增强了成本管理会计的体系性

本教材共分为十五章，全面系统地阐述了成本管理会计的基础理论和具体实务中的业务处理。本教材总结了我国成本管理会计理论和实践的宝贵经验，并将两者有机结合，使学生能快速、系统地掌握成本管理会计的核心内容和学科的逻辑关系。

2. 案例习题贯穿教材各章节，加强学生学习兴趣的培养

本教材每一章的开篇都以贴合主题的案例引出本章节的学习内容，这些案例源于生活，贴近现实，更容易激发学生学习成本管理会计的热情和兴趣。同时，本教材将纷繁复杂的经济现象用成本管理会计的理论进行分析，使教学从单纯的理论灌输模式，不断向理论和实践相结合的模式推进。

3. 突出应用，内容新颖，紧跟时代

本教材并未追求深奥的理论研究和复杂的数据推导，更多的是以应用实操为核心，用通俗易懂的语言，阐述成本管理会计的基本知识和基本技能的培养。同时，案例和习题都体现了成本管理会计的前沿动态，具有时代特色，便于帮助学生巩固和加深对所学知识的理解。

本教材由张建华、宋斌、张丹担任主编，陈利、杨瑞玲、颜晟、解玉珠、刘玉叶、王玉娟、冯巧玲、汤孟飞担任副主编。具体编写分工如下：张建华负责编写第一章、第二章、第三章、第四章、第五章并负责全书写作大纲的拟定和编写组织工作；宋斌负责编写第六章、第七章；

张丹负责编写第八章、第九章；第十章、第十一章、第十二章由陈利、杨瑞玲、颜晟、解玉珠共同负责编写；第十三章、第十四章、第十五章由刘玉叶、王玉娟、冯巧玲、汤孟飞共同负责编写。

由于作者水平有限，加之时间较为仓促，书中难免存在疏漏和错误之处，恳切期望广大读者和理论界、实务界同仁批评指正，以帮助我们今后对教材的进一步修订和完善。本教材引用了许多同行专家的重要观点文献，在此深表感谢！为方便教学，本书还配有教学资料包，可联系 bhhwbook@163.com。

作　者

2025 年 3 月

目 录

第一章　成本管理会计概述

学习目标

1. 了解成本会计和管理会计的概念、内容及特点，以及成本会计和管理会计之间的关系。

2. 了解成本会计和管理会计的产生背景及发展历史，以及管理会计职业化现状。

引　例

2014 年 1 月 1 日，财政部颁布的《企业产品成本核算制度（试行）》正式实施，同时废止 1986 年颁布的《国营工业企业成本核算办法》。

2014 年 2 月 20 日，中国总会计师协会在北京国家会计学院隆重召开第五次全国会员代表大会。会议指出："如果说打造中国经济'升级版'的关键在于推动经济转型，那么，打造中国会计工作'升级版'的重点就在于大力培育和发展管理会计。"

在《关于全面推进管理会计体系建设的指导意见》指引下，财政部陆续出台了管理会计基本指引、应用指引，截至目前共发布三批 34 项管理会计应用指引，中国特色的管理会计指引体系基本形成。

管理会计为什么在 2014 年才被提升到国家战略的高度？管理会计为什么如此重要？什么是管理会计？我们如何才能学好管理会计？

第一节　成本会计与管理会计的定义和基本内容

一、成本会计的定义和基本内容

成本是一个价值范畴，是商品价值的组成部分，它随着产品交换而产生。成本信息在成本管理会计中具有重要的作用，是企业形成经营决策、制定竞争策略、改善经营行为和评价经营业绩的基本前提之一。成本会计以成本信息为核心，是收集和整理成本信息，并利用成本信息来编制企业财务报表、进行成本控制和为企业内部经营管理与决策提供依据的管理活动。

随着管理的现代化以及运筹学、系统工程和计算机技术在成本会计中的广泛运用，成本会计的内容已由事中控制成本、事后计算和分析成本转变为如何预测、决策和规划成本。其主要内容包括成本核算和成本分析。

二、管理会计的定义和基本内容

美国会计学会（AAA，1958）指出，管理会计是利用适当的技术和观念，加工历史和未来的经济信息，以帮助管理人员制定合理的经济目标方案，并协助管理部门达到此经济目标，制定合理的经济决策。

1981 年，美国全国会计师协会管理会计实务委员会提出了广义的管理会计概念：管理会计是向管理当局提供用于企业内部计划、评价、控制以及确保企业资源的合理使用和经济管理责任的履行所需财务信息的确定、计量、归集、分析、编报、解释和传递的过程。管理会计还包括为诸如股东、债权人、规则制定机构和税务当局等外部利益相关者编制财务报表。在这个概念下，管理会计是与注册会计师相对应的一个概念，是企业内部会计的统称。

1981 年，美国管理会计师协会（IMA）将管理会计定义为一个对财务信息进行确认、计量、汇总、分析、编制、解释和传递的过程，这些加工过的信息被用于内部管理中的计划、评价和控制，并保证合理地、负责地利用企业的各种资源。1997 年，美国管理会计师协会对管理会计进行了重新界定：管理会计是提供价值增值，为企业规划设计、计量和管理财务与非财务信息系统持续改进的过程，通过此过程指导管理行动，激励管理行为，支持和创造实现组织战略、战术和经营目标所必需的文化价值。这一界定对管理会计是一个重要的创新，将现代管理会计引入更加广阔的新领域——战略管理会计。现代管理会计可以为所有组织的战略、战术和操作层面的目标服务。

我国著名管理会计学家余绪缨教授（1999）认为，管理会计是为企业内部使用者提供管理信息的会计，它为企业内部使用者提供有助于正确进行经营决策和改善经营管理的有关资料，发挥会计信息的内部管理职能。

胡玉明教授（2000）认为，21 世纪的管理会计应该是为企业（组织）核心能力的诊断、分析、培植和提升提供相关信息支持的信息系统。

从上述定义可以看出，管理会计的概念在不断演化。最新观念的基本共识是：管理会计是一个信息系统，它处理的信息不仅包括财务信息，还包括非财务信息，它使用一系列专门的技术和方法对企业所收集到的信息进行加工处理，为企业决策制定提供支持，为企业战略服务。

管理会计的基本内容主要包括规划、决策、控制与业绩评价四部分。其中，规划通常包括计划和预算两部分；决策主要包括预测分析、短期经营决策分析和长期投资决策分析；控制包括成本控制和内部控制；业绩评价的目的是尽可能全面、客观地评价经营管理绩效，引导企业不断提升综合竞争力，促进企业管理的现代化与规范化。

三、现代管理会计与财务会计的区别和联系

（一）管理会计与财务会计

1. 管理会计与财务会计的区别

财务会计通过定期提供财务报表为外部的有关组织和个人服务，这些组织和个人包括股东、债权人（如银行、债券持有人和信用提供者）、政府部门。财务会计主要向外部信息使用者提供

信息，这些信息是企业决策执行和经营改善的结果，是一个组织在过去发生的信息。财务会计要受公认会计准则的制约，学习财务会计主要是按照会计准则学习科目设置、账务处理和编制财务报表的方法。

相反，管理会计是为组织内部的管理者决策提供各种支持信息。企业对于管理会计系统的设计具有较强的自主性和灵活性。管理会计信息系统的建立与企业的特征、决策需求和战略目标密切相关。学习管理会计的重点在于如何决策并满足管理者和员工的信息需求。

管理会计与财务会计的主要区别如表 1-1 所示。

表 1-1　管理会计与财务会计的主要区别

项　目	财务会计	管理会计
服务对象	企业外部利益相关者	企业内部各级管理者
目标	向企业外部组织和个人报告企业过去的业绩；与所有者和债权人保持联系	为员工和管理者提供制定决策的信息；反馈决策实施过程的信息并进行控制
信息的及时性	以滞后的、历史的信息反映过去（过去导向）	以当前的、面向未来的信息分析过去、控制现在、规划未来（未来导向）
强制性要求	必须遵循法定的、公认会计准则或由政府当局制定的规则	没有强制性规定，非法定的；为满足企业内部战略和经营管理需要而制定的信息系统
报告周期和类型	按年度或季度提供以货币形式表现的财务信息	提供与产品、部门、经销区域和战略有关的财务报告或非财务报告，报告周期多样，从 1 小时到 15 年、20 年不等
信息属性	主要强调客观性和可验证性	主要强调相关性和及时性
核算范围	总括的、关于整个企业的报告	非综合的、关于分部决策和行动的信息
行为影响	管理者报酬往往与财务绩效关联，因此，也会影响管理者的行为	主要目的是通过各类信息影响管理者和员工的行为

从表 1-1 可以看出，会计过程应该首先满足企业内部管理目标的需求，设计出适用的管理会计系统（当然这个系统也要满足对外报告的需求），再将企业内部决策执行的结果提供给外部的利益相关者。事实上，在 19 世纪企业所有权和经营权尚未分离之前，基本没有发达的资本市场，因而企业设计会计系统的根本目的就是满足决策制定和实施控制的需要，那时的会计大多是管理会计。

然而，在过去一个世纪里，伴随着资本市场的发展，外部的准则和标准不断出现，“迫使”会计将满足外部利益相关者的信息需求作为工作重心，导致只有很少的精力投入为改善企业内部管理决策和控制提供服务的信息上，严重制约了管理会计的发展，也逐渐让很多企业忽视了管理会计对于企业决策和战略的重要性。

2. 管理会计与财务会计的联系

虽然管理会计和财务会计存在诸多方面的区别，但是，它们之间也是相互渗透、密切联系的，这主要体现在以下四个方面。

（1）很多原始资料相同。管理会计一般不填制凭证和登记账簿，它通常是直接对财务信息进行分析研究。有些情况下会对这些资料进行必要的加工、调整、改制和延伸，再结合其他有关信息进行计算、对比和分析，编制各种管理会计报表，为企业内部经营管理提供信息和决策支持。

（2）对象相同。管理会计和财务会计均是现代会计的重要分支，它们管理的对象都是企业经济活动过程中的资金运动，只是两者的侧重点不同。在时间上，财务会计侧重反映和监督企业过去已经发生的经济活动中的资金运动，管理会计侧重于规划和控制企业现在和未来的经济活动中的资金运动。在空间上，财务会计强调反映和监督整个企业经济活动中的资金运动，管理会计主要通过对各个分部、各个项目决策和未来期间的计划来全面规划和控制企业经济活动中的资金运动，而且十分注重对企业内部各个责任单位经济活动中的资金控制。

（3）目的相同。管理会计和财务会计都是为使用者提供决策有用信息，最终目的都是使企业能够获得更多的利润，提高经济效益，增加企业价值。

（4）部分报表相同。管理会计和财务会计都非常重视对企业现金流量的分析。比如，管理会计在对企业的长、短期投资决策项目分析时进行现金流量分析，财务会计对外进行现金流量表的披露。

（二）管理会计与成本会计

成本会计虽然源于工业化产品成本计算上的需要，但也可以将其看作管理会计的前身。管理会计是为加强成本管理而产生的，是在成本会计基础上发展起来的。早期的执行性管理会计的基本内容就是成本会计的内容，因此，很多西方管理会计教材也将其称为“成本管理会计”，即对两者的区分并不是很严格。

现在的成本会计主要包括两部分内容：一部分是成本计算（成本核算）；另一部分是成本的管理控制。成本会计是连接财务会计和管理会计的桥梁。一方面，成本会计中成本核算的内容本身就包含在财务会计中。这主要是因为，财务会计在提供对外财务报告之前必须计算产品成本，确定期末产成品存货的价值，否则无法计算利润，无法编制利润表及资产负债表。另一方面，成本会计中的成本管理控制从一开始就包含在管理会计中。

由于成本计算和成本管理控制的重要性及复杂性，为了便于学习和讲解，“成本会计学”成为会计学专业的一门专业课程。但是，在西方大学的商学院中，成本会计属于管理会计的范畴。

（三）管理会计与财务管理

管理会计和财务管理既有区别，又有联系。管理会计属于会计学科的一个分支，是一个会计信息系统的子系统。信息经济学是现代管理会计学的前沿基础性学科。财务管理则属于以金融经济学为基础的一个学科，财务管理是企业管理学的一个分支，是企业管理的一项职能。公司财务管理的主要内容包括筹资、投资和利润分配。由于财务管理学要研究的是货币表现的财务信息，因此，在企业管理中，财务管理与管理会计的关系最为密切。于是，财务管理学在内容上和管理会计学存在交叉和重复，如两者都把长期投资决策（资本预算）作为一个重要的内容或组成部分。本教材在内容设计上并没有保留与财务管理相同的那部分内容，从而避免了教学中的重复。

第二节　成本会计与管理会计的发展

成本会计与管理会计的产生和发展都与商品经济的发展密切相关，都是为了满足企业内部经营管理需要而相继诞生和发展起来的会计学的重要分支。随着社会经济环境的变化，两者相继产生并相互促进、共同发展。

一、成本会计的形成与发展

在西方会计史上，通常把成本会计与产业革命联系在一起，认为成本会计是产业革命带来的一项成果。成本会计起源于英国，后来传入美国和其他国家。大多数学者认为，1880—1920 年是成本会计的奠基时期，成本会计的发展经历了早期成本会计、近代成本会计和现代成本会计三个阶段。

早期的成本会计称记录型成本会计，仅限于对生产过程中的生产消耗进行系统的汇集和计算，用来确定产品生产成本和销售成本。成本会计中最基本的材料费用的核算和管理、人工成本的计算、间接制造费用的分配、分批法及分步法都是在这个阶段产生并得到发展的。

近代成本会计阶段（1921—1945 年），成本会计的主要进展包括标准成本制度的产生、预算控制方法的完善、成本会计应用范围更加广泛及完全独立的成本会计学科的形成。这一时期的成本会计是用来详细描述企业在预算和控制自身资源（指资产、设备、人员及所耗费的各种材料和劳动）利用情况方面的原理、惯例、技术和制度的一种综合语言（英国会计专家杰・贝蒂）。

1945 年以后，进入现代成本会计阶段，成本会计转变为新型的注重管理的经营型成本会计。其主要内容包括开展成本的预测决策、实行目标成本计算、实施责任成本计算、实行变动成本计算法和推行质量成本核算。

当代管理会计正经历着前所未有的变化。首先，成本会计技术手段和方法不断更新，随着计算机和网络技术的飞速发展，实时报告系统成为可能；其次，成本会计的应用范围不断扩展，在传统会计中对成本控制并不关注的行业，如医院和航空公司等，都对成本控制越来越重视；最后，管理理论与方法的创新也促进了成本会计学科的发展并丰富了其内容，如适时生产制度、全面质量管理、战略成本管理、标杆管理、持续改进和限制理论。

二、管理会计的形成与发展

管理会计的形成和发展大致可以分为三个阶段，即执行性管理会计阶段、决策性管理会计阶段（余绪缨，1999）和管理会计新发展阶段。其中，前两个阶段属于基础性管理会计部分，最后一个阶段属于高级管理会计部分。

（一）执行性管理会计阶段（20 世纪初至 20 世纪 50 年代）

这个阶段是指以泰勒的科学管理学说为基础形成的会计信息系统占主导的时期。泰勒的科学管理学说的核心是动作研究和时间研究，强调提高生产和工作效率，要求企业把生产经营中的一切可以避免的损失和浪费尽可能降到最低。为了实现这个目标，在管理上实行“最完善的计算和监督制度”。当时，在会计上主要是通过科学地制定标准成本，严格地实行预算控制和差异分析来进行的。这是会计为配合泰勒制的广泛实施，在计算和监督方面取得的重大进展。因此，这个阶段管理会计的主要内容也是成本会计的主要内容，包括标准成本制度、预算控制制度和差异分析制度。这个阶段管理会计的主要目标是帮助企业提高生产效率和取得较好的生产效果，尤其是帮助企业解决生产过程中效率不高的问题。

在这个阶段，企业之间的竞争并不激烈，企业对客观外界经济环境的分析研究并不十分迫切。因此，企业与外界管理的有关问题在执行性管理会计阶段还没有得到应有的反映，“把事情做好”是最重要的。

（二）决策性管理会计阶段（20 世纪 50 年代至 20 世纪 90 年代）

从 20 世纪 50 年代开始，各主要资本主义国家的经济进入战后恢复和快速增长的新时期。科学技术突飞猛进并被大规模应用于生产，企业生产力获得极大的提高。此外，跨国公司大量涌现，企业规模越来越大，生产经营日趋复杂，市场环境瞬息万变，竞争更加激烈。因此，企业管理者必须着眼全局，适时根据企业外部市场的需求来调整企业的经营策略。“战略决定成败”，决策成为企业经营管理的重中之重，以西蒙为代表的决策理论学派占据了管理学的主导。运筹学和行为科学研究成果被大量应用于管理会计，形成了决策理论性管理会计。

在这个阶段，管理会计以提高企业经济效益为核心，并不排斥执行性管理会计，而是首先强调在“把事情做对”的前提下，再“把事情做好”。在关注企业内部的同时，更重视外部的市场和顾客需求，提倡“随客户需求而动”。

（三）管理会计新发展阶段（20 世纪后期至今）

20 世纪后期，世界步入知识经济和全球化时代，高新技术和计算机信息技术在企业中广泛应用，企业的自动化和智能化程度不断提升。企业的经营环境发生了巨大变化，传统的管理会计已经不能适应企业管理的要求，从而产生了作业成本会计、经济增加值、平衡计分卡、环境管理会计、人力资源管理会计、战略管理会计、生命周期成本会计等管理会计的新领域。由于本书是本科生教材，所以主要侧重于阐述基础管理会计的内容。

除了技术层面的变化外，企业组织结构的改变，也导致管理会计的工作范围和工作形式发生了变化。除了传统的直线职能式组织结构和事业部制组织结构，一种新的组织模式——扁平化网络组织（“N”形组织）出现了。与事业部制相比，这种新的组织模式由众多独立的创新经营单位组成，彼此联系紧密。扁平化网络组织具有分散性、创新性、高效性和协作性等特点。

随着企业组织结构的扁平化、企业内部各层级单位组织权的扩大，很多过去不是管理者的员工成为新的管理者，很多过去不需要管理会计信息的员工现在也需要实时的、在线的管理会计信息的支持。由此，现代管理会计演变成意义更广、内容更为丰富且可以提供实时信息的“组织会计”。

三、成本管理会计的意义及内容

通过解读成本会计和管理会计的产生和发展历史，我们知道成本会计是管理会计产生的基础，而管理会计则是对成本会计的延伸和进一步发展。成本会计更侧重于对成本的核算分析等，而管理会计则是通过成本会计及财务会计等提供的信息对会计主体进行预测、决策、控制和评价。在现代会计实践中，人们更加倾向于把成本会计内容与管理会计内容有机融合，为会计主体提供更为有效的信息，由此诞生了成本管理会计。

四、成本管理会计信息系统的产生

成本会计和管理会计并不是独立发展的，两者相互影响、相互促进。进入 20 世纪 90 年代之后，随着社会经济的发展和科学技术的日新月异，传统成本会计和管理会计都面临巨大的挑战。成本会计体系必须提供与管理者需求具有高度相关性和充分可靠性的信息，改变成本信息与企业管理需求脱节的局面。为了适应新经济环境的变化，成本会计的对象发生了较大变化。不仅要提供符合财务会计报告标准的产品成本信息，还要提供满足管理决策需要的多方面信息，如提供关于产品、顾客、服务、项目、作业、流程和管理者可能会感兴趣的其他细节的成本信息。这些成本信息可以为规划、决策、控制与业绩评价提供关键支持。成本会计人员必须能够发展成本会计信息系统，以便将内部和外部的信息使用者需求连接起来，形成一整套能够帮助企业管理部门做出最优决策的成本管理会计信息系统。

成本管理会计信息系统由成本会计信息系统和管理会计信息系统构成。成本会计信息系统为财务会计信息系统编制企业的财务报告提供信息支持，并为管理会计信息系统进行成本控制和加强企业内部经营管理工作提供决策依据。成本管理会计信息系统与财务会计信息系统共同构成了一整套会计信息系统，具体如图 1-1 所示。

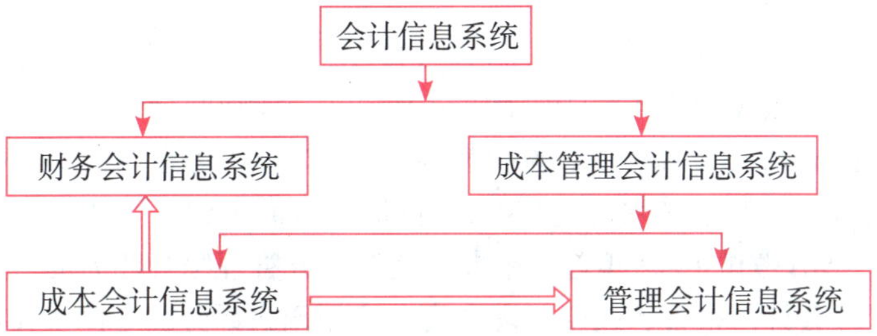

图 1-1　会计信息系统

第三节　管理会计的专业化和职业化

英国和美国等会计职业发达的西方国家都在积极推动管理会计的职业化和专业化。当前，世界各主要发达国家都有管理会计、职业组织，以及管理会计师的专业资格考试。在世界上影响比较大的管理会计职业组织是英国特许管理会计师公会和美国管理会计师协会。

一、英国特许管理会计师公会

英国特许管理会计师公会（The Chartered Institute of Management Accountants，CIMA）成立于1919年，既是全球最大的国际性管理会计组织，也是国际会计师联合会（IFAC）的创始成员之一，目前拥有20多万名会员和学员，遍布173个国家和地区。

CIMA以“财务支持战略决策，战略融于财务管理”为理念，其资格考试内容不仅涉及会计领域，还涵盖了管理、战略、市场、人力资源、信息系统等多方面的商业知识和技能。通过CIMA三级认证考试并达到工作经验要求者可获得CIMA会员资格，成为特许管理会计师，即ACMA（Associate of the Chartered Institute of Management Accountants）；而拥有三年决策管理高层工作经验的ACMA可申请成为特许管理会计师公会资深会员，即FCMA（Fellow of the Chartered Institute of Management Accountants）。CIMA职业资格考试的课程大纲包括三个板块：企业板块（企业战略、企业管理和企业运营）、绩效板块（绩效战略、绩效管理和绩效运营）及财务板块（财务战略、财务管理和财务运营），每个板块又划分为战略、管理和运营三个层次。

CIMA始终以企业经营管理的实际需求为核心，坚持不懈地致力于企业财务管理及战略决策的研究和开发，提供了世界上最具权威性的高端财务资格认证。CIMA资格认证不仅成为企业衡量和提升财务管理人员素质及业务水平的重要依据，还为各行各业高级财务人员和管理精英提供了一个职业生涯发展和展现实力的平台。

二、美国管理会计师协会

美国管理会计师协会（Institute of Management Accountants，IMA）成立于1919年，前身为美国成本会计师协会（NACA），1991年更名为管理会计师协会，目前，在全球范围内拥有265个分会和超6.5万名会员。

IMA在管理会计、公司内部规划、控制及风险管理等领域均参与全球最前沿的实践，是全美反虚假财务报告委员会（COSO）的创始成员及国际会计师联合会的主要成员，并且在美国财务会计准则委员会（FASB）和美国证券交易委员会（SEC）等组织中发挥着重要的作用。

要成为注册管理会计师，必须通过CMA资格证书认证考试，而且要符合IMA制定的学历和道德操行标准。CMA考试1972年首次举办，是对财务管理综合能力的一个考核，考试内容包括商业分析、管理会计与报告、战略管理和商业应用四大部分。考试主要以基础知识、实用知识为主，知识覆盖面很广，具有很强的实用性和可操作性。

CMA认证的目的在于拓宽管理会计人员和财务管理人员的知识广度，使其能够预测商业需求并参与决策制定。其考试内容所涵盖的知识范围能够反映管理会计人员和财务管理人员在现今商业环境中所需要的能力。因此，取得CMA资格不仅代表其具备完整的会计及财务相关领域知识，还表示其具备高度专业的标准和能力来分析企业内部财务报表，协助管理当局掌握公司现状，参与财务管理，拟定未来策略及执行。

三、管理会计的职业未来

管理会计重在面向未来，履行预测、决策、规划、控制和考核的职能。管理会计职业在西方发达国家已经有上百年的历史，世界上所有市场经济国家的企业都有一大批管理会计师。在那些设有首席财务官（CFO）的公司中，CFO的主要职责之一就是提高利润，包括成本控制等管理会计业务，财务部门经理大多也是管理会计师或掌握较高水平的管理会计方法和技术的人才。

全球拥有数以万计的公司聘用CIMA的会员和学员，向他们提供多种多样的培训支持。根据著名财经猎头机构Robert Half的调查报告，CIMA会员资格已经成为世界上最受欢迎的会计职业资格。

在美国，越来越多的人同时拥有CMA和注册会计师证书，CMA已经和AICPA一样得到了社会公认，为大公司所青睐。CMA证书持有者主要是世界各大公司及金融机构的财务主管、财务长、CFO、CEO、成本核算师、理财师或企业管理人员。美国100强企业的财务经理几乎都具有CMA等专业资格，CMA证书是应聘CEO、CFO强有力的敲门砖，是美国年薪最高的财经专业资格之一。

四、管理会计师的职业素养

管理会计师必须严格遵守能力、保密、诚实守信等职业道德和素养。美国管理会计师协会在2017年版的《职业道德行为准则》中，明确规定管理会计师从业人员在为其服务机构、公众、专业团体及本身履行职责时，都必须遵循最高的职业道德标准。该准则主要包括胜任能力、保密、正直、客观公证和道德冲突解决流程五个方面的内容。IMA会员应该遵守这些原则，并鼓励企业中的其他相关人员遵循这些原则，没有遵循该标准的会员可能会受到惩罚。该内容包括以下四个方面：

1.胜任能力

（1）不断提高专业知识技能，保持与其职业能力相适应的专业知识技术水平。

（2）遵循各相关法律、法规和技术标准，履行专业职责。

（3）提供准确、清晰、简明、及时的决策支持信息和建议。

（4）识别可能影响职业判断或职能履行的职业局限等。

2.保密

（1）对工作中获得的机密信息要严格保密，未经授权不得外泄，法律要求或获得授权的除外。

（2）告知相关工作人员适当注意工作中要恰当使用保密信息，并监督确保工作人员遵守该原则。

（3）避免泄露机密信息牟取不道德或非法的利益。

3.正直

（1）避免实际或明显的利害冲突，并向任何可能的利害冲突各方提出告知和忠告。

（2）避免从事任何损害职业道德的行为或活动。

（3）拒绝接受影响其业务活动的任何礼品、宴请等。

（4）禁止主动或被动地破坏组织合法和道德目标的实现。

（5）禁止从事任何有害于职业团体的行为与活动。

（6）为正向的道德、经济、文化作出贡献，并将职业操守置于个人利益之上。

4.客观公正

（1）客观公正地反映传递信息。

（2）提供合理的可预见的会帮助使用者的报告，建议或分析所有相关信息。

（3）披露在与企业政策或适用法律的一致性方面出现的关于内部控制、流程、信息报告处理的延误或不足。

5.道德冲突解决流程

管理会计从业者在实践工作中可能遇到不符合职业道德的事件和行为，面对与职业道德相背离的问题和冲突时，应积极寻求解决问题的办法。在解决问题的过程中，应考虑所有涉及的风险。会计管理师应遵循其所在组织的管理政策，涵盖匿名举报系统的使用。如果上述政策办法仍不能解决相关问题，管理会计师可以考虑采取以下行为：

（1）在不涉及顶头上司的情况下，可直接与其讨论相关问题，如果问题不能够很好地处理，可提交更高一层级的管理层进行报告或复议。

（2）如果不能得到有效解决，可以向组织外部或管理会计师协会的道德咨询服务部门获得客观独立的意见和建议，寻求有效解决方案。

（3）如果仍不能解决，可以向法律工作者咨询职业道德冲突的相关法律权利、责任和风险。必要时可辞职，并向所在组织的管理部门提交一份有关该问题的相关材料。

※思考题※

1.请阐述财务会计与管理会计的区别。

2.简要回答成本会计与管理会计之间的关系。

3.试回答中国特色管理会计理论体系所包含的内容。

4.成本管理会计未来的发展如何？

第二章　成本核算概述

学习目标

1. 理解成本核算的概念及其意义。
2. 了解成本相关概念。
3. 掌握成本核算的流程。
4. 理解费用的分类。
5. 理解企业的生产特点、管理要求对成本计算方法的影响。

引　例

台州市顾力公司专业研发、生产和销售胶粘剂、工业油漆等产品。在研发、工艺、品质控制等方面，一直领先于国内同行业。

202×年，公司研发了一款新产品——MS胶，一种新型环保胶粘剂，主要应用在家装、建筑、工业、电子等领域的密封和黏结环节，有着出色的环保性能与优秀的产品性能。

公司希望该产品能够给企业带来新的利润增长点，所以花费了大量的推广费用，但是今年投入市场以来，该产品一直销路不畅。公司经理审查后发现，产品是按照成本加成法定价的，成本为93元，加上10%的加成率，价格定为102.3元，而市场上同类产品的价格仅为70多元。

公司经理审查成本后发现，该产品的成本包括生产产品领用的材料成本、生产人员的工资、新建厂房设备的折旧费、厂房的水电费等。另外，新来的成本会计人员将产品的研发费用、材料采购人员的工资、市场推广费用及销售人员工资也归入了该产品的成本。

请大家在学习本章内容时思考：为什么要核算产品成本？产品成本到底应该包括哪些内容？

第一节　成本概述

企业是一个经济实体，企业生存和发展的关键在于企业提供各种产品和服务的成本能不能通过市场得到补偿，并且尽可能获得高于成本的收入。在竞争性的市场环境中，价格往往是既定的，企业只有通过加强成本管理，降低产品和服务的成本，才能赢得竞争优势。所以，成本是企业价值补偿的尺度，对企业的生产经营决策是非常重要的。

成本核算是指将企业在生产经营过程中发生的各种耗费，按照用途，采用一定的程序和方法，在成本对象之间进行分配和归集，以计算成本对象的实际成本。成本核算是成本管理的重要组成部分，成本核算的准确与否，直接关系企业的经济效益、企业的生存与发展。

一、成本核算的意义

成本核算既是企业成本管理的基础，也是整个管理会计的基础，管理会计所涉及的成本预测、控制、决策、分析、考评等工作都离不开成本核算。

（一）成本核算是成本预测和成本计划的基础

成本核算明确成本的范围、成本的分类、成本的对象，也就明确了成本体系。这个成本体系是进行成本预测、成本计划的基本框架，企业可以根据历史成本信息及当期或未来的经济环境变化，对各种成本耗费进行预测，确定成本降低计划，核定成本目标。

（二）成本核算是成本控制的基础

企业及时收集各种成本信息并进行成本核算，可以确定实际的成本耗费，并与成本计划进行比较，发现生产运营过程中的差异，及时进行管理，以实现成本目标。

（三）成本核算是成本决策的基础

成本是生产耗费的补偿尺度，而成本能否得到补偿，是要通过为客户提供产品或服务以满足客户的需求来实现的。那么，企业的生产耗费是不是能够增加顾客的价值，是不是能得到补偿，这就需要通过对成本开支的决策来判断。同时，产品成本既然需要得到补偿，那么成本就是产品价格的最低限度，且对定价决策也有重要的作用。

（四）成本核算是成本分析和成本考评的基础

在成本核算的基础上，把实际成本与标准成本或者目标成本进行比较，确定脱离定额的差异，并对影响差异的因素进行分解，有助于了解影响差异的原因，确保完成成本目标任务。同时，分析成本降低任务的完成情况，对相关部门和人员进行考评，激励企业不断提高成本管理水平。

另外，准确的成本核算也是《企业产品成本核算制度（试行）》的要求，通过成本核算工作，保证产品成本信息真实、完整，促进企业和经济社会的可持续发展。

二、成本的概念

成本是为了达到或实现一定的目的而付出的代价。不同的行业、不同的经济环境或者不同的核算目的，成本的含义或范围是不一样的。

（一）理论意义上的成本

成本是一个价值范畴，是商品经济的产物，是商品经济发展到一定阶段的产物，是商品价格的主要组成部分。按照马克思主义政治经济学理论，商品产品的成本，是指商品生产中消耗的物化劳动和活劳动的货币表现。首先，产品价值由三部分构成，分别为C（为产品生产中所耗费的物化劳动的转移价值，即材料、生产资料等）、V（劳动者活劳动所创造的价值中归劳动者个人支配的部分，即以工资形式支付给劳动者的报酬）、M（劳动者在生产中创造的剩余价值，最终转化为利润）。其中，C+V部分属于企业的耗费，构成产品的理论成本。成本的经济本质是为生产一定数量和质量的劳动成果而发生的耗费的价值补偿，C+V即产品的理论成本。

（二）财务会计学意义上的成本

财务会计学认为，成本是为达到某一个特定目标所失去或放弃的一切可以用货币计量的耗费。财务会计学是核算资金运用的，需要追踪资金流动的路径，以正确核算资产和费用，并尽可能实现收入与费用的配比，从而准确反映会计信息。因此，财务会计中的成本强调的是某一特定对象为了达到某一特定目的、可用货币计量的成本。

财务会计学根据资金运用的目的和特点，需要区分支出、费用和成本。支出、费用和成本实质上都是企业经济利益的流出，但三者在财务会计核算中有着本质的区别。

支出是指企业在经济活动中发生的一切开支与耗费。有的支出是为了获取一项资产，而且这个资产需要在较长的时期内逐渐被消耗，这种支出属于资本性支出，如购买固定资产的支出。有的支出就是当期资源的消耗，如因销售产品产生的费用、支付的办公费等经济利益流出，这种支出属于费用性支出（也称收益性支出）。有的支出属于意外的、意想不到的、偶然情况下发生的利益流出，如火灾、地震中发生的利益流出，这种支出属于营业外支出。

费用主要是指费用性支出。在财务会计中，费用作为一个独立的会计要素，定义是“费用是指企业在日常活动中形成的，会导致所有者权益减少的，与向所有者分配利润无关的经济利益的总流出”。可见，费用是企业为获得收入而付出的相应“代价”，是从与收入相配比的角度来定义费用的。费用包括所销售产品的成本和某一期间发生的期间费用（销售费用、管理费用、财务费用）。

成本是指某一特定对象的耗费，一般来讲，主要是指产品（或服务）的成本。当然，根据企业管理的需要，也可以某一个部门、某一个产品、某一个客户等作为成本对象。在本书中，主要以“产品”为对象来进行成本核算，所以强调的是“产品成本”。产品成本是为了生产产品所发生的对象化的生产耗费，这些生产耗费在产品完工之前属于在制品的成本，在产品完工后属于产成品的成本，在产品售出后被称为产品销售成本。其中，在制品成本和产成品成本属于存货资产（进资产负债表），而产品销售成本属于费用（进利润表）。

（三）管理会计意义上的成本

管理会计属于决策支持会计，主要服务于管理决策的需求，它更关注成本形成动因和可能带来的后果。也就是要识别哪些成本的发生能带来价值的增值，哪些成本的发生不能带来价值的增值，从而设法减少非增值的成本。另外，管理会计以支持管理决策为目的，面对不同的决策需要考虑不同的成本，比如，在进行产品定价决策或产品的盈利性评估时考虑产品成本，在进行项目管理时考虑项目成本，在进行责任中心考评时考虑责任成本，在进行质量管理时考虑质量成本，在进行边际分析时考虑决策的相关成本。这些不同的成本概念将在后续的篇章中分别学习。

第二节 成本核算的原则要求和一般程序

成本核算就是将企业在生产经营过程中发生的各种耗费按照一定的对象进行分配和归集，以计算总成本和单位成本。准确及时的成本核算数据，是分析产品及市场的盈利能力、改进生产经营管理的基础。如果基础数据存在问题，则必将影响企业经营决策。为了正确进行成本核算，需要对企业生产经营过程中的各种耗费如实反映，并遵循一定的成本核算流程，按照相关要求核算产品的成本。

一、成本核算的要求

为了做好成本核算工作，提高成本核算质量，充分发挥成本核算的作用，正确、及时地提供有用的信息，在成本核算中应贯彻以下原则要求。

（一）严格执行相关制度对成本开支范围和费用开支标准的要求

企业严格遵守国家规定的成本开支范围和费用开支标准，既能保证产品成本的真实性，使同类企业以及企业本身不同时期之间的产品成本内容一致，具有分析对比的可能，又能正确计算企业的利润。根据《企业产品成本核算制度（试行）》的规定，企业应当根据所发生的有关费用能否归属于特定产品，正确区分产品成本和期间费用。产品成本包括企业在生产产品过程中所发生的直接材料成本、直接人工成本以及不能直接计入而按一定标准分配计入的各种间接生产费用。期间费用是指不能计入特定核算对象而应计入发生当期损益的费用。之所以不计入特定的成本核算对象，主要是因为期间费用是企业为组织和管理整个经营活动所发生的费用，与特定产品没有直接关系，因此，期间费用不计入有关核算对象的成本，而是直接计入当期损益。

（二）正确划分各种成本耗费的界限

为了正确地进行成本核算，正确地计量产品成本和期间费用，必须正确划分以下五个方面的界限。

1.正确划分费用性支出与资本性支出的界限

会计核算必须合理划分费用性支出和资本性支出，这是根据收入与成本费用相配比的要求。费用性支出是为了取得当期收入而发生的支出，这笔支出要在支出当期全部作为费用，计入产品销售成本或者作为期间费用单独核算，全部由当期销售收入来抵偿。资本性支出是为了取得长期资产而发生的支出，其支出的效益涉及多个会计期间，这笔支出不能于支出当期全部作为费用，只能在以后的受益期陆续转化为费用。区分两种支出的目的是正确计算资产的价值和各期的费用，使得收入和费用相互配比，以确定损益。如果把资本性支出误作为费用性支出，则会低估资产的价值和当期的收益，而使以后各期收益增加；反之，如果把费用性支出作为资本性支出，则会高估资产的价值和当期的收益，而使以后各期收益减少，不论是何种情况都不利于正确进行产品成本核算。

2.正确划分生产费用与期间费用的界限

生产费用是指企业为了生产，在生产产品的过程中所发生的各种耗费，包括生产中领用的材料、生产工人的工资，以及为了生产所发生的各种间接耗材、间接人员工资、固定资产的折耗、车间的各种水电费等。生产费用不仅包括生产车间自身的耗费，还包括车间领用其他辅助部门生产的零部件（或享受其他辅助部门服务）的成本。另外，生产费用要区分正常的生产费用和非正常的生产费用（如生产中超过正常水平的浪费、返工或意外损失），只有正常的生产费用最终才能计入产品成本，非正常的生产费用不应计入产品成本而应计入当期损益。期间费用是指企业整体运营发生的、不便于归属特定产品的费用。期间费用不应由产品或服务负担，不计入产品或服务成本，而直接计入当期损益。

3. 正确划分不同期间的费用界限

对于生产费用和期间费用，还应在各月之间进行划分，以便计算不同月份的生产费用和期间费用。应由本月负担的费用，应全部计入本月生产费用或期间费用；不应由本月负担的费用，则不应计入本月生产费用或期间费用。成本会计也必须以权责发生制为基础，来划分不同月份的费用。

4. 正确划分不同产品的生产费用界限

对于某一月份的生产费用，企业还必须根据费用发生的目的和用途，划清应由哪种产品负担。一般来讲，为生产某一种产品发生的费用就应该由该种产品来负担。但在实际成本核算工作中，有些费用是方便区分、能够直接追溯至特定产品的成本，有些费用是几种产品共同负担、不方便直接计入不同产品的成本，此时就需要区分直接计入成本和间接计入成本。直接计入成本是指能直接确定由某种产品负担的直接耗费，应该直接计入该种产品成本。间接计入成本是指由几种产品共同负担、不易分清应由哪种产品负担的耗费，应当采用适当的分配方法，合理分配计入相关产品成本。

5. 正确划分完工产品与在产品的生产费用界限

通过以上界限的划分，确定了某月某种产品当月应负担的生产费用，月末还需要根据产品的完工情况，进一步在当月的完工产品和当月的在产品之间进行分配。月末，如果某产品已经全部完工，则该产品所有的生产费用合计全部计入完工产品的成本；如果该产品全部未完工，则该产品所有的生产费用合计全部计入在产品的成本；如果某种产品既有完工产品又有在产品，则需要采用适当的分配方法，将产品应负担的生产费用合计在完工产品和在产品之间进行分配，分别计算出完工产品应负担的成本和在产品应负担的成本。

以上五个方面费用界限的划分过程，也就是产品成本的计算和各项期间费用的核算过程。在这一过程中，应贯彻受益原则，即谁受益谁负担费用，何时受益何时负担费用，负担费用的多少应与受益程度成正比。通过一层层费用的划分，最终确定产品的总成本和单位成本，所以，成本核算的过程就是不断进行费用划分的过程。

（三）做好成本核算的各项基础工作

在进行成本核算时，为了尽可能准确地计算成本，各项基础工作是非常重要的。如果基础工作做不好，就会影响成本核算的准确性。要做好成本核算的各项基础工作，需要会计部门与其他各部门密切配合、协调推进。成本核算的基础工作主要有制定各种成本定额并及时进行修订；建立健全财产物资的计量、收发、领退制度；建立各种原始记录的收集、整理制度；制定企业内部结算价格；建立各责任单位的责任成本等。

（四）选择适当的成本计算方法

企业在进行成本核算时，应根据本企业的具体情况，选择适合本企业特点的成本计算方法进行成本核算。成本计算方法的选择，应同时考虑企业生产类型特点和管理要求两个方面。在同一企业里，既可以采用一种成本计算方法，也可以将多种成本计算方法组合运用。但是，成本计算方法一经选定，不得随意变更。

二、成本核算的一般程序

成本核算的一般程序是指对企业在生产经营过程中发生的各项生产费用和期间费用，按照成本核算的要求，逐步进行归集和分配，最后计算出各种产品的生产成本和各项期间费用的基本过程。根据前述的成本核算要求可将成本核算的一般程序归纳如下。

（1）对所发生的全部费用和支出进行审核，确定哪些属于生产经营耗费，哪些属于非生产经营耗费（如投资耗费或筹资耗费等）。对属于生产经营耗费部分的费用和支出，还要将其区分为正常的生产经营支出和非正常的生产经营支出，并在此基础上将正常的生产经营支出区分为生产费用和期间费用。

（2）将应计入产品成本的生产费用，区分为应当计入本月的产品成本与应当由其他月份产品负担的成本。

（3）将本月应计入产品成本的生产费用，区分为直接成本和间接成本，将直接成本直接计入成本计算对象，将间接成本计入有关的成本中心。

（4）将各成本中心的本月成本，依据成本分配基础向下一个成本中心分配，直至分配到最终的成本计算对象。

（5）将既有完工产品又有在产品的产品成本，在完工产品和期末在产品之间进行分配，并计算出完工产品总成本和单位成本。

（6）将完工产品成本结转至“库存商品”账户。

（7）结转期间费用至本期损益。

成本核算的一般程序如图 2-1 所示。

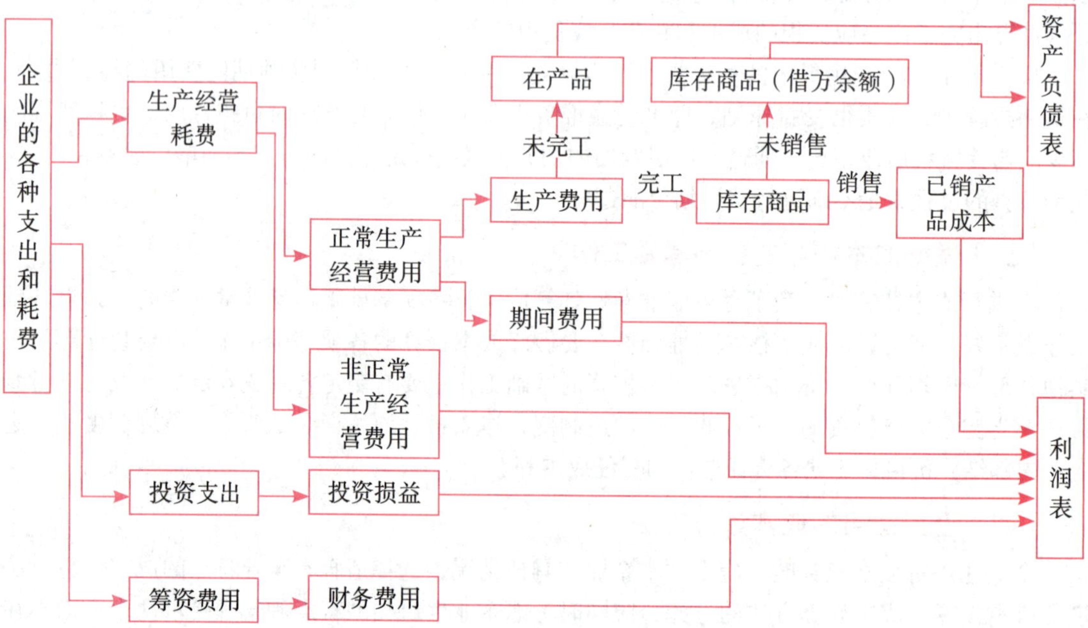

图 2-1 成本核算的一般程序

第三节　费用的分类

为了便于归集和分配各项费用，正确计算产品成本，加强成本管理，需要对费用进行科学合理的分类。生产费用可以按不同的标准分类，其中，最基本的是按生产费用的经济内容和经济用途分类。

一、费用按其经济内容分类

生产经营费用按经济内容分类的结果称为要素费用，具体包括材料费用、燃料费用、外购动力、职工薪酬、折旧费、利息费用、税金、其他费用。

（一）材料费用

它是指构成产品实体的原材料以及有助于产品形成的主要材料和辅助材料。包括原材料、辅助材料、备品配件、外购半成品、包装物、低值易耗品等。

（二）燃料费用

它是指企业为进行生产经营而耗用的各种燃料，包括固体燃料、液体燃料、气体燃料。

（三）外购动力

它是指企业为进行生产经营而耗用的从外部购进的各种动力，如电力、热力和蒸汽。

（四）职工薪酬

它是指所有应计入各项费用的职工薪酬，包括职工工资、奖金、津贴和补贴；职工福利费；医疗保险费、养老保险费、失业保险费、工伤保险费和生育保险费等社会保险费；住房公积金；工会经费和职工教育经费；非货币性福利；因解除与职工的劳动关系给予的补偿；其他与获得职工提供的服务相关的支出。

（五）折旧费

它是指企业按照规定计算提取的固定资产折旧费用。

（六）利息费用

它是指企业因借入款项而支付的利息。

（七）税金

它是指企业在管理费用中列支的四项税金，包括房产税、印花税、车船税和城镇土地使用税。

（八）其他费用

它是指除以上各项要素费用以外的其他费用，如邮电费、租赁费、外部加工费等。

企业的费用按经济内容分类，可以明确地反映出各要素费用的耗费情况，为后续的成本费用分析提供基础。但是，这种分类核算的不足之处在于不能反映各种费用的经济用途以及它们与产品之间的关系。所以，为了便于计算产品成本，有必要将费用按其经济用途进行分类。

二、费用按其经济用途分类

费用按其经济用途可分为计入产品成本的费用和不计入产品成本的费用，也就是计入产品成本的生产费用和直接计入当期损益的期间费用两类。

（一）生产费用按经济用途的分类

企业为生产产品所发生的生产耗费，称为生产费用。为了具体反映计入产品成本的生产费用的各种用途，提供产品成本构成情况的资料，还应将生产费用进一步划分为若干个项目，即产品生产成本项目（简称“成本项目”）。成本项目主要包括“直接材料”“直接人工”“制造费用”。成本项目不是固定的，企业可以根据生产的特点和管理要求增设“燃料及动力费用”“废品损失”“停工损失”“半成品”等成本项目。

1.“直接材料”成本项目

该项目核算的是直接用于产品生产的材料成本，包括直接用于产品生产并构成产品实体的原料及主要材料，以及有助于产品形成的辅助材料。

2.“直接人工”成本项目

该项目核算的是直接参加产品生产或提供劳务的工人工资，以及其他各种形式的职工薪酬。

3.“制造费用”成本项目

制造费用是指企业为生产产品或提供劳务而发生的各项间接费用。具体包括：生产部门各类非生产工人（包括车间的管理人员和其他人员）的职工薪酬；生产部门房屋、机器设备的折旧费；生产部门的办公费、劳动保护费、水电费或其他间接费用等。

企业可根据生产特点和管理要求对上述成本项目做适当调整或增设其他成本项目。在规定或者调整成本项目时，应该考虑以下三个问题：（1）费用在管理工作中有无单独反映、控制和考核的需要，比如，需要单独考核废品的成本，就可以增设“废品损失”成本项目，多步骤生产企业可以增设“半成品”成本项目；（2）反映某种费用在产品成本中所占比重的大小，比如对于生产中使用燃料或动力比较多的企业可以增设“燃料及动力”成本项目；（3）为某种费用专设成本项目所增加的核算工作量，比如把其中的燃料费用并入“直接材料”成本项目，动力费用并入“间接费用”成本项目。

（二）期间费用按经济用途的分类

期间费用是指与某一个期间发生、与生产产品没有直接关系、不能计入产品成本的费用，包括管理费用、销售费用和财务费用。这些费用在发生时，直接计入当期损益。

1.管理费用

管理费用是企业为组织和管理企业生产经营所发生的，包括企业的董事会和行政管理部门在企业的经营中发生的或者应由企业统一负担的公司经费（包括行政管理部门职工薪酬、修理费、物料消耗、低值易耗品摊销、办公费和差旅费等）、工会经费、董事会费（包括董事会成员津贴、会议费和差旅费等）、聘请中介机构费、咨询费（含顾问费）、诉讼费、业务招待费、房产税、车船税、城镇土地使用税、印花税、技术转让费、矿产资源补偿费、研究费用、排污费等。企业发生的与固定资产有关的修理费用，没有满足固定资产确认条件的，也属于管理费用。

2. 销售费用

销售费用是企业销售商品和材料、提供劳务的过程中发生的各种费用，包括在销售过程中发生的包装费、展览费和广告费、运输费、装卸费、保险费、商品维修费、预计产品质量保证损失等以及为销售商品而专设的销售机构（含销售网点、售后服务网点等）的职工薪酬、业务费、折旧费等。

3. 财务费用

财务费用是企业为筹集生产经营所需资金等而发生的筹资费用，包括利息支出（减利息收入）、汇兑差额以及相关的手续费、企业发生的现金折扣或收到的现金折扣等。

第四节　产品成本计算方法

产品成本是为生产特定数量的产品所发生的生产费用。不同企业有不同的生产特点，不同产品有不同的生产过程，不同企业的管理对成本核算的要求也不同，这就决定了企业应该根据自身的生产特点和管理要求选择合适的产品成本计算方法。

一、生产特点和管理要求对成本计算方法选择的影响

（一）生产特点

企业生产特点主要表现为生产工艺过程的特点和生产组织的特点。

1. 按生产工艺过程的特点划分

按生产工艺过程，工业企业的生产可分为单步骤生产和多步骤生产两种。单步骤生产（简单生产）是指生产工艺不能间断或不能分散在不同地点进行的生产，如发电、铸造、玻璃制品等的生产。多步骤生产（复杂生产）是指在生产工艺上可以间断，以几个生产步骤组成的生产，如纺织、钢铁、机械、服装等的生产。多步骤生产按其产品的加工方式，又可分为连续加工式生产和装配式生产。连续加工式生产是指原材料投入生产后，要依次经过各生产步骤的连续加工才能成为完工产品的生产，如纺织、钢铁等的生产。装配式生产是指先将原材料平行加工为不同的零件、部件，再将零件、部件装配为完工产品的生产，如机械、车辆和仪表等的制造。

2. 按生产组织的特点划分

按生产组织特点，工业企业的生产可分为大量生产、成批生产和单件生产三种。

大量生产是指不间断地重复生产相同产品的生产。在这种生产企业中，产品的品种较少，而且比较稳定，如纺织、钢铁等的生产。

成批生产是指按照事先规定的产品批别和数量进行的生产。在这种生产企业中，产品的品种较多，分批投产，每批产品有一定的差别，如服装、机械等的生产。成批生产按其产品批量的大小，又可分为大批生产和小批生产两种。大批生产，由于产品的批量大，往往在较长时间内不断地重复生产一种或几种产品，其性质接近于大量生产；小批生产，由于产品的批量小，一批产品往往可以同一时间完工，其性质接近于单件生产。

单件生产是指根据购买单位的要求，制造个别的、性质特殊产品的生产。如重型机器和船

舶等的制造。在这种企业中，产品的品种多，而且很少重复。

将上述生产工艺过程的特点和生产组织的特点相结合，可形成不同的生产类型。单步骤生产和多步骤连续加工式生产，一般是大量大批生产，可分别称为大量大批单步骤生产和大量大批连续式多步骤生产。多步骤装配式生产，可以是大量生产，也可以是成批生产，还可以是单件生产，前一种可称为大量大批装配式多步骤生产，后两种可统称为单件小批装配式多步骤生产。以上四种生产类型，如图 2-2 所示。

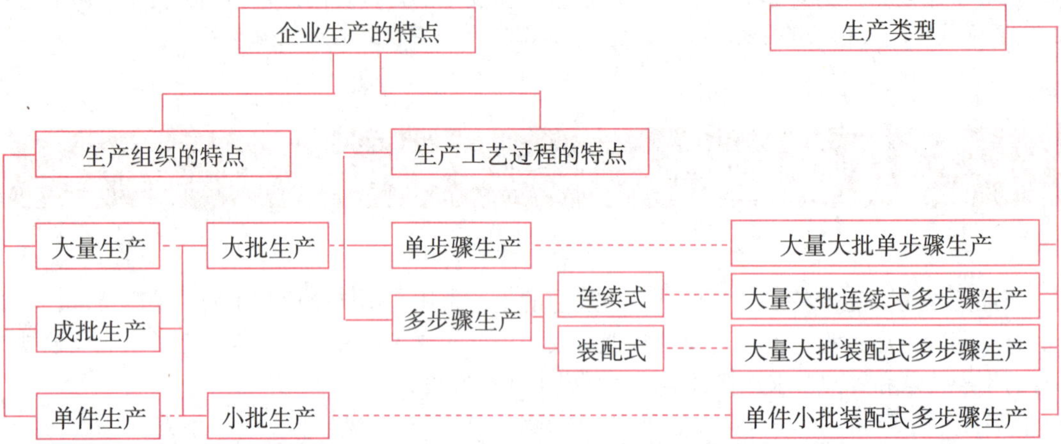

图 2-2　企业的生产特点与生产类型

（二）管理要求对成本核算的影响

成本的管理要求对成本的核算也有着重要影响，如在大量大批复杂生产企业里，尽管从工艺上看，生产类型是多步骤的，但如果管理上不要求计算各步骤产品成本，企业也可以不计算各步骤的成本。一般来讲，管理要求对成本计算方法的影响主要表现为：要求企业分清主次，区别对待。对主要产品从细，对次要产品从简，粗细适当，使成本核算能够满足企业经营管理的需要，从管理要求出发，科学、合理运用成本核算方法，为管理提供可靠的信息。成本核算不仅要满足财务信息的要求，还要满足企业管理决策的要求，真正做到算管结合、算为管用。

（三）生产特点和管理要求对成本计算方法选择的影响

生产特点和管理要求的不同，对产品成本计算的影响也不同。构成产品成本核算方法的主要因素有成本计算对象、成本计算期及生产费用在完工产品与在产品之间的分配。生产特点和管理要求对这三方面因素都有影响，其影响主要表现在以下几个方面。

1.对成本计算对象的影响

成本计算对象是为计算产品成本而确定的费用承担对象。确定成本计算对象，就是为了解决生产费用由谁来承担的问题。成本计算对象的确定，既是设置产品成本明细账、正确计算产品成本的前提，也是区别各种成本计算方法的主要标志。

从生产工艺特点来看，单步骤生产的工艺过程不能间断，不能按照生产步骤计算产品成本，只能按照产品的品种计算成本，而在多步骤生产中，为了严格各生产步骤的成本管理，不仅应当按照产品的品种或批别计算成本，还应当按照生产的步骤计算产品的成本。如果企业的生产规模较小，为了简化成本核算的工作，管理上往往不要求按照生产步骤计算产品成本，那么，就可以不按照生产步骤计算产品成本，而只按照产品品种或批别计算成本。

从生产组织特点来看，在大量生产的情况下，一种或者多种产品源源不断地被重复生产出来，相同的原材料不断地投入，同样的产品持续地产出，管理上只能要求按照产品的品种计算成本。大批生产经常集中投料，生产出的同一批零部件同时供几批产品共同耗用，耗用量较多的零部件，可以单独分批生产。在这样的情况下，零部件的生产批别和产品的生产批别往往是不一致的，这必然使得企业不能按照产品的批别进行成本的计算，而只能按照产品的品种进行成本计算。对于小批、单件生产产品而言，由于其生产的产品批量小，一批产品往往在一个时间段内完工，因此，可以按照产品的批别计算其成本。从管理要求上考虑，为了分析和考核各批产品的成本水平，也应当按照产品的批别计算成本。

2. 对产品成本计算周期的影响

生产类型不同，产品成本的计算周期也会不同，这主要取决于企业生产组织的特点。对于单件或小批生产而言，产品成本的计算可以在某件或某批产品完工以后进行。由此可见，成本的计算周期与产品的生产周期是一致的，而与会计的计算周期是不一致的。在大量、大批生产中，由于生产连续不断地进行，每月都有完工产品，因而产品成本要定期在每月末进行，成本的计算周期与会计的计算周期一致，而与产品的生产周期不一致。

3. 对完工产品和在产品之间费用分配的影响

企业的生产特点还影响到月末计算成本时是否需要在完工产品和在产品之间分配生产费用的问题。在单步骤生产中，生产过程不能间断，生产周期较短，一般没有在产品，或者在产品的数量很少。在这种情况下进行产品成本的计算，生产费用就没有必要在完工产品和在产品之间进行分配。

在多步骤生产中，是否需要在完工产品和在产品之间分配生产费用，很大程度上取决于生产组织的特点。在大量、大批生产中，由于生产连续不断地进行，且经常有在产品存在，因此在计算产品成本时，就需要采用适当的方法，将生产费用在完工产品和在产品之间进行分配。在小批、单件生产中，如果成本计算周期与生产周期一致，则每批、每件产品完工前，产品成本明细账所反映的生产费用就全部是在产品的成本；而每批、每件产品完工后，其所反映的生产费用又都是完工产品的成本，因而不存在完工产品和在产品之间费用分配的问题。

综上所述，生产特点和管理要求对产品成本核算的影响，除了表现在成本计算期、完工产品和在产品之间费用的分配等以外，其对产品成本核算的影响，还表现在成本计算对象的确定上。

上述三个方面是相互联系、相互影响的，其中，生产特点和管理要求对成本计算对象的影响是主要的。不同的成本计算对象决定了不同的成本计算方法，也决定了不同的成本计算周期和生产费用在完工产品与在产品之间的分配。因此，成本计算对象的确定，既是正确计算产品成本的前提，也是区别各种成本计算方法的主要标志，是保证成本核算质量的关键所在。

二、产品成本计算的方法

（一）产品成本计算的基本方法

由上可知，生产特点和管理要求对成本计算的影响主要表现在成本计算对象的确定上。成本计算就是以一定的成本计算对象为依据，归集和分配生产费用并计算其总成本和单位成本的过程。生产特点和管理要求对成本计算的影响和成本计算对象与成本计算的关系，表明成本计算对象的确定既是正确计算产品成本的前提，也是区别各种成本计算方法的主要标志。

为适应各种生产特点和管理要求，有三种不同的成本计算对象，也就是有三种以产品成本计算对象为主要标志的产品成本计算方法。产品成本计算对象包括品种、批次和步骤三种，所以形成了以成本计算对象为主要标志的三种成本计算方法：品种法、分批法和分步法。

1.品种法

品种法是以产品品种为成本计算对象的产品成本核算方法。该方法一般适用于大量大批单步骤生产，如发电、采掘等的生产；也可用于不需要分步骤计算成本的大量大批多步骤生产，如小型造纸厂、水泥厂等的生产。

2.分批法

分批法是以产品的批别为成本计算对象的产品成本核算方法。该方法通常适用于单件小批单步骤生产或者在管理上不要求分步骤计算产品成本的多步骤生产，如修理作业、专门工具模具制造、重型机器制造及船舶等的生产。

3.分步法

分步法是以产品的生产步骤为成本计算对象的产品成本核算方法。该方法适用于大量大批多步骤生产，如纺织、冶金及机械制造等的生产。

上述三种方法是产品成本核算的基本方法，其中，品种法是最基本的方法。

（二）产品成本计算的辅助方法

除了上述三种基本方法外，在实际成本核算中，还有辅助的成本计算方法。

在产品品种、规格繁多的工业企业中，如五金厂、灯泡厂等，为了简化成本计算，还应用了一种简单的成本计算方法——分类法。

在定额管理基础较好的工业企业中，为了配合定额管理，加强成本控制，更有效地发挥成本核算的分析和监督作用，还使用将符合定额的生产费用和脱离定额的生产费用差异分别核算，保证成本计划定额完成的一种产品成本计算方法——定额法。

辅助成本计算方法既与企业的生产特点没有直接的联系，也不涉及成本的计算对象。辅助方法通常是与成本计算的基本方法结合起来使用的，而不适合单独使用。企业运用辅助的成本计算方法一般只是为了简化成本的计算工作或者是为了加强成本的管理。

以上关于成本计算基本方法和辅助方法的划分，完全是从生产特点和管理要求的角度来考虑产品成本计算的，并不能说明辅助方法不重要，相反，辅助方法对成本核算具有重要的作用。

※思考题※

1.成本核算的意义是什么？

2.简述支出、费用和成本这三个概念的异同。

3.如何理解成本核算的过程就是费用界限的划分过程？划分费用界限的意义是什么？

4.企业的生产特点和管理要求对成本计算的影响有哪些？成本计算方法有哪些？

第三章 成本的归集与分配

学习目标

1. 掌握与成本核算相关的会计科目。

2. 理解成本的归集与分配以及归集与分配的流程。

3. 掌握材料成本、人工费用、折旧及其他费用、辅助生产费用、制造费用以及废品损失和停工损失等成本构成要素的分配方法。

4. 掌握各种费用分配表的编制方法，并能进行相应的账务处理。

引 例

首艺公司是一家手机壳制造企业，主要生产市场上各种机型的硅胶、硬塑、软塑手机壳。公司有一个辅助生产车间即模具的制作车间，该车间主要生产手机壳制作模具，并通过试模、样品确认后，交付手机壳生产车间。手机壳生产过程涉及三个工艺流程：一是手机壳的注塑成型工艺流程，完成手机壳的注塑、生产、成型；二是喷涂工艺流程，主要是根据手机壳表面的个性化需求进行喷涂作业；三是包装入库流程，将制作好的手机壳进行包装入库，完成生产。

成本会计整理了各种耗费情况：

1. 本月领用的生胶、色漆等各种耗材，有的是基本生产车间领用，有的是模具车间领用。

2. 本月发生的各类人员的职工薪酬，这些人分布在不同部门的不同岗位。

3. 本月发生的各类厂房设备的折旧费。

4. 本月发生的水电费用。

5. 本月发生的部门车间的办公费用等。

6. 本月支付的广告费用、租金、利息、税金等其他成本开支。

前述章节已经介绍了成本核算的一般程序，但是对于各种费用，具体该怎么进行归集和分配，才能算出最终产品的成本呢？

第一节 成本归集与分配概述

为了如实地反映企业在生产经营中发生的各项生产费用，正确进行成本核算，企业应根据会计制度的规定及企业成本核算的要求合理设置会计账户，按照一定的流程归集和分配费用，最终正确核算产品的成本。

一、与生产经营费用相关的会计账户

企业的生产经营费用按照用途分为生产费用和期间费用。为了核算生产费用，企业一般应设置“生产成本”“制造费用”两个主要账户，如果需要单独核算废品损失和停工损失，还应设置“废品损失”和“停工损失”等两个账户。为了核算期间费用，企业应设置“管理费用”“销售费用”“财务费用”账户。

（一）“生产成本”账户

“生产成本”账户用来核算企业生产产品的各种生产费用，该账户属于成本类账户。如果企业有基本生产车间和辅助生产车间，还可以根据成本核算的需要，在“生产成本”账户下设置“基本生产成本”和“辅助生产成本”两个二级账户，并按成本项目进行明细核算。

“生产成本——基本生产成本”账户用来核算最终产品的成本。该账户借方登记企业在产品生产过程中发生的直接材料、直接人工等直接费用，以及从制造费用等账户分配转入的各项间接费用。基本生产车间发生的各项直接费用、辅助生产成本和制造费用账户分配转入的各项费用，借记“生产成本——基本生产成本”账户，贷记“原材料”“应付职工薪酬”“银行存款”“生产成本——辅助生产成本”“制造费用”等账户。该账户的贷方登记已经完工并验收入库的产成品的成本。企业基本生产车间已经完工验收入库的各种产品的实际成本，借记“库存商品”等账户，贷记“生产成本——基本生产成本”账户。该账户的期末余额在借方，表示尚未完工的各项在产品的成本。该账户应按成本计算对象（品种、批别、步骤）设置基本生产成本明细账，并在账内按成本项目分设专栏进行明细核算。

“生产成本——辅助生产成本”账户核算辅助生产车间为了生产或提供服务发生的各种辅助生产费用。辅助生产车间发生的各项直接费用以及月末转入的制造费用，借记“生产成本——辅助生产成本”账户，贷记“原材料”“应付职工薪酬”“银行存款”“制造费用”等账户；月末，将辅助生产车间归集的生产费用，按一定的分配标准分给各受益单位，借记“生产成本——基本生产成本”“管理费用”“销售费用”等账户，贷记“生产成本——辅助生产成本”账户。如果辅助生产车间提供的是一种服务，那么分配后，该账户没有余额。如果辅助生产车间是生产备用件等产品，那么该账户可能会有借方余额，表示辅助生产车间尚未完工的在产品成本。该账户应按不同的车间、部门或生产的产品、劳务等设置辅助生产成本明细账，并在账内按费用项目或成本项目分设专栏进行明细账核算。

（二）“制造费用”账户

“制造费用”账户核算企业的生产车间为生产产品或提供劳务所发生的各项间接费用。该账户属于成本类账户，应按不同的车间、部门设置明细账，并按有关的费用项目进行明细核算。该账户的借方登记各生产车间实际发生的制造费用，贷方登记分配转出的制造费用，除按年度计划分配率法分配制造费用外，该账户月末应无余额。

（三）“废品损失”账户

需要单独核算废品损失的企业，应设置“废品损失”账户。该账户是用来核算基本生产所发生的废品损失，借方登记不可修复废品的生产成本和可修复废品的修复费用；贷方登记不可修复废品收回的残料价值、应向过失人收取的赔款以及转出的废品净损失等，该账户月末无余额。

（四）“停工损失”账户

需要单独核算停工损失的企业，应设置“停工损失”账户。该账户是用来反映企业生产车间由于停工、待料、设备故障等原因而停止生产所发生的损失。该账户的借方登记发生的停工损失，贷方登记转出的停工损失，该账户月末无余额。

此外，为了正确核算和监督期间费用，还应设置“销售费用”“管理费用”“财务费用”等损益类账户。

二、成本归集与分配的基本原则

成本的归集，就是对归属于某一费用承担对象的费用进行汇总的过程，通过汇总，确定该费用承担对象的总成本。例如，制造费用是按车间归集的，车间发生折旧费、间接材料费、间接人工等费用时，将其加总以确定制造费用的总成本。成本的分配，就是把某一对象所汇集的费用分配给其他承担对象的过程，通过分配，转出该费用对象的成本。例如，某车间所发生的制造费用应分配给该车间所生产的产品。归集和分配的过程是有机统一的，一个对象的成本归集过程往往可能是另一对象的分配过程，比如，制造费用的分配过程同时是该车间产品成本的归集过程。成本核算就是对企业生产过程中所发生的费用进行归集与分配，最终计算出某一特定产品的成本。成本归集与分配的基本原则包括以下五个方面。

（1）受益性原则：谁受益、谁负担，负担多少视受益程度而定。

（2）及时性原则：要及时将各项成本费用分配给受益对象，既不应该推迟分配，也不应该提前分配。

（3）成本效益性原则：成本分配的效益要大于分配成本。如果追求分配精确性的成本大于分配精确性所带来的收益：那么可以适当放宽对精确性的追求。

（4）基础性原则：成本分配要以完整、准确的原始记录为依据。

（5）管理性原则：成本分配要有助于企业加强成本管理。

除以上基本原则外，企业内部管理有相关要求的，还可以利用现代信息技术，在确定多维度、多层次成本核算对象的基础上，对有关费用进行归集、分配和结转。

三、成本归集与分配的流程

为了有序进行成本核算，成本的归集和分配是有先后顺序的：第一步，分配各种要素费用；第二步，辅助生产费用的归集与分配；第三步，制造费用的归集与分配；第四步，生产损失的归集与分配；第五步，生产费用的归集与分配。

成本归集与分配的流程如图 3-1 所示。

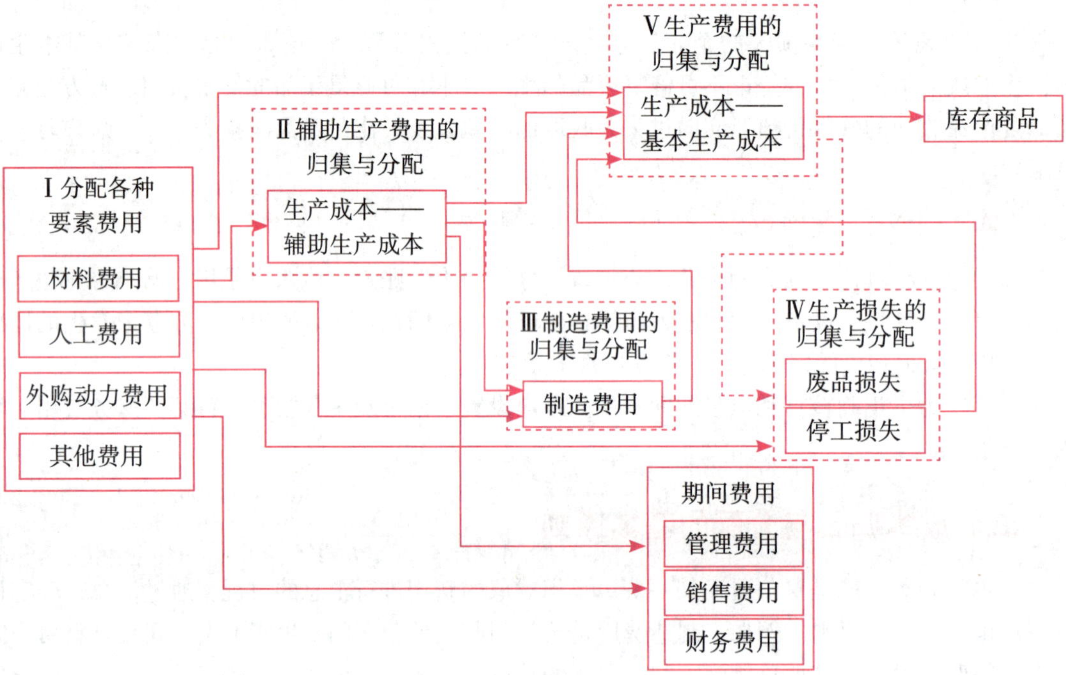

图 3-1　成本归集与分配的流程

第二节　成本归集与分配的具体方法

一、要素费用的归集和分配

（一）要素费用归集与分配的基本原理

（1）直接为了产品生产发生且专设成本项目（如直接材料、直接人工）的费用，应在发生时计入产品的生产成本。其中，对于能区分为哪种产品发生的费用，应直接计入该产品成本；对于几种产品共同发生的费用，应采用一定的分配方法分配计入不同产品的成本。

（2）间接为了产品生产发生或者虽直接为了产品生产发生但没有专设成本项目的费用，应作为间接费用计入制造费用。

（3）辅助车间发生的要素费用，应计入辅助生产成本。

（4）为修复废品或停工期间发生的费用，应作为生产损失计入废品损失或停工损失。

（5）企业行政管理部门发生的要素费用，应计入期间费用。

（二）材料费用的归集和分配

在企业的生产活动中，需要大量消耗各种材料，包括各种原料及主要材料、辅助材料及燃料，它们有的用于产品生产，有的用于维护生产设备和管理、组织生产，还有的用于非工业生产等。企业应先汇总确认本期耗用材料的总成本，然后根据用途计入不同的成本费用对象。其中，产品生产直接领用的材料记入“生产成本——基本生产成本”项目；用于维护生产设备和管理生产过程间接领用的各种材料记入“制造费用”项目；辅助车间领用的材料记入“生产成本——辅助生产成本”；归属于期间费用的材料费用记入“管理费用”“销售费用”项目。

1. 产品生产用材料计入产品成本的方法

用于产品生产的原料及主要材料，如纺织用的原棉、铸造用的生铁、冶炼用的矿石、造酒用的大麦、制皂用的油脂等，通常是按照产品分别领用的，属于直接费用，应根据领料凭证直接记入各种产品成本的“直接材料”项目。但是，对于几种产品共同耗用的材料，则要采用一定的分配方法，分别计入各种产品成本。在消耗定额比较准确的情况下，通常采用材料定额消耗量比例或材料定额成本的比例进行分配，其计算公式如下：

$$材料费用分配率=\frac{材料费用总额}{各种产品材料定额消耗量之和}$$

某种产品应分配的材料费用=该种产品的材料定额消耗量 × 材料费用分配率

【例 3-1】某车间为生产甲、乙产品共同领用某种原材料 924 千克，单价 40 元，原材料费用合计 36 960 元，生产甲产品 800 件，乙产品 300 件。甲产品消耗定额 0.6 千克，乙产品消耗定额 1.2 千克。分配结果如下：

甲产品定额耗用量=800 × 0.6=480（千克）

乙产品定额耗用量=300 × 1.2=360（千克）

材料费用分配率=36 960 ÷（480+360）=44

甲产品应分配的材料费用=480 × 44=21 120（元）

乙产品应分配的材料费用=360 × 44=15 840（元）

几种产品共同耗费的材料费用除按以上方法分配外，还可以采用其他方法分配。例如，对于不同规格的同类产品，如果产品的结构大小相近，则也可以按产量或重量比例分配。具体的计算可以比照上例进行。

2. 材料费用分配表的编制

在实际工作中，材料费用的分配一般是通过“材料费用分配表”进行的。这种分配表应该按照材料的用途和类别，根据归类后的领料凭证编制。其格式内容举例如表 3-1 所示。

表 3-1　材料费用分配表

应借项目			共同耗用原材料的分配					直接领用的原材料（元）	耗用原材料总额（元）
总账及二级项目	明细项目	成本或费用项目	产量（件）	单位消耗定额（千克）	定额消耗量（千克）	分配率	应分配材料费（元）		
生产成本——基本生产成本	甲产品	直接材料	800	0.6	480		21 120	30 880	52 000
	乙产品	直接材料	300	1.2	360		15 840	12 160	28 000
	小计				840	44	36 960	43 040	80 000
生产成本——辅助生产成本	供电车间	直接材料						1 200	1 200
	机修车间	直接材料						1 600	1 600
	小计							2 800	2 800
制造费用	基本生产车间	机物料消耗						2 500	2 500
管理费用		其他						2 700	2 700
合计							36 960	51 040	88 000

根据上述材料费用分配表，应编制如下会计分录：

借：生产成本——基本生产成本——甲产品　　52 000
　　　　　　　　　　　　　　——乙产品　　28 000
　　　　　　——辅助生产成本——供电车间　　1 200
　　　　　　　　　　　　　　——机修车间　　1 600
　　制造费用——基本生产车间　　2 500
　　管理费用　　2 700
　　贷：原材料　　88 000

（三）人工费用的归集与分配

人工费用包括企业发放给职工的所有职工薪酬。分配人工费用，要按职工所在的部门和用途在不同的成本费用之间进行划分。其中，生产工人的职工薪酬应记入“生产成本——基本生产成本”；生产车间非生产人员的职工薪酬应记入“制造费用”；辅助生产车间人员的职工薪酬应记入“生产成本——辅助生产成本”；企业行政管理人员、销售人员的职工薪酬应分别记入“管理费用”“销售费用”等。

1. 直接从事产品生产人员的职工薪酬费用计入产品成本的方法

由于工资制度的不同，生产工人职工薪酬费用计入产品成本的方法也不同。在计件工资制下，生产工人的职工薪酬通常是根据产量凭证计算工资并直接计入产品成本。在计时工资制下，如果只生产一种产品，那么生产人员的职工薪酬属于直接费用，可直接计入该种产品成本；如果生产多种产品，这就要求采用一定的分配方法在各种产品之间进行分配。职工薪酬费用的分配，通常采用按产品生产工时比例分配的方法，其计算公式如下：

$$\text{工资费用分配率}=\frac{\text{几种产品共同的人工费用}}{\text{各产品的生产工时之和}}$$

某种产品应分配的人工费用=该种产品生产工时 × 工资费用分配率

2. 人工费用分配表的编制

为了按工资的用途和发生地点归集并分配人工费用，月末应根据工资结算单和有关的生产工时记录，分别编制各生产部门“人工费用分配表”。该表的格式内容举例如表 3-2 所示。

表 3-2　人工费用分配表　　单位：元

应借科目		工资			工资合计
总账及二级科目	明细科目	分配标准（工时）	直接生产人员工资（分配率 0.5）	其他人员工资	
生产成本——基本生产成本	甲产品	56 000	28 000		28 000
	乙产品	32 000	16 000		16 000
	小计	88 000	44 000		44 000
生产成本——辅助生产成本	供电车间			17 520	17 520
	机修车间			12 000	12 000
	小计			29 520	29 520
制造费用	基本生产车间			5 600	5 600
管理费用				8 600	8 600
合 计			44 000	43 720	87 720

根据上述人工费用分配表，可以编制会计分录如下：

借：生产成本——基本生产成本——甲产品　　28 000
　　　　　　　　　　　　　　——乙产品　　16 000
　　　　　　——辅助生产成本——供电车间　　17 520
　　　　　　　　　　　　　　——机修车间　　12 000
　　制造费用——基本生产车间　　5 600
　　管理费用　　8 600
　　贷：应付职工薪酬　　87 720

（四）外购动力费用的归集与分配

外购动力费用是指向外单位购买电力、煤气等动力所支付的费用。对于生产车间发生外购动力费用，如果是直接用于产品生产且有专门设置“燃料及动力”成本项目的，则可以直接或分配记入“生产成本——基本生产成本”。如果没有专门设置“燃料及动力”成本项目，或者间接用于生产的，则应记入“制造费用”。辅助部门耗用的动力费用应记入“生产成本——辅助生产成本”。行政管理部门耗用的外购动力费用应计入期间费用。

【例 3-2】某企业某月共耗用 150 000 度电，每度电成本 0.4 元，其中：生产车间生产产品用电 120 000 度，基本车间一般照明用电 8 000 度；供电车间用电 11 200 度，机修车间用电 5 000 度，管理部门用电 5 800 度。生产工艺用电费用按产品的生产工时比例在甲、乙两种产品之间进行分配。其生产工时为：甲产品 9 000 小时，乙产品 6 000 小时。该企业产品成本明细账上有专门设置“燃料及动力”成本项目。

生产产品耗用动力费用分配计算如下：

待分配的生产产品动力费用=120 000×0.4=48 000（元）

动力费用分配率=48 000÷（9 000+6 000）=3.2（元/小时）

甲产品应分配动力费用=9 000×3.2=28 800（元）

乙产品应分配动力费用=6 000×3.2=19 200（元）

根据上述计算结果，可编制企业外购动力费用分配表，如表3-3所示。

表3-3　外购动力费用分配表

应借科目		成本或费用项目	动力费用分配		电费分配	
			生产工时（小时）	分配额（分配率3.2）（元）	用电度数（度）	分配额（分配率0.4）（元）
生产成本——基本生产成本	甲产品	燃料及动力	9 000	28 800		
	乙产品	燃料及动力	6 000	19 200		
	小计		15 000	48 000	120 000	48 000
生产成本——辅助生产成本	供电车间	燃料及动力			11 200	4 480
	机修车间	燃料及动力			5 000	2 000
	小计				16 200	6 480
制造费用——基本生产车间		水电费			8 000	3 200
管理费用		水电费			5 800	2 320
合计					150 000	60 000

根据上述外购动力费用分配表，应编制如下会计分录：

借：生产成本——基本生产成本——甲产品	28 800	
——乙产品	19 200	
生产成本——辅助生产成本——供电车间	4 480	
——机修车间	2 000	
制造费用——基本生产车间	3 200	
管理费用	2 320	
贷：应付账款		60 000

（五）折旧费用及其他费用的核算

1.折旧费用的分配

折旧费用是固定资产随着使用、损耗而减少的价值，这部分价值通过计提固定资产折旧的方式分期转移到生产成本和相关费用中。除按规定单独估价作为固定资产入账的土地、已提足折旧仍继续使用的固定资产外，企业应对所有固定资产计提折旧，即企业的房屋和建筑物、各类机器设备、仪器仪表、运输工具等均需计提折旧。对应计提折旧的固定资产，折旧应从固定资产投入使用月份的次月起开始计提，到停止使用或减少的次月起停止计提折旧。影响固定资产折旧的主要因素有固定资产的原值、折旧年限、折旧方法和预计净残值。

固定资产折旧的方法主要有直线法、工作量法、年数总和法和双倍余额递减法等。采用不同的折旧方法，计算的折旧费用是不相等的，从而就影响到不同期间的产品成本和固定资产的账面净值，因此，必须根据具体情况合理地选择折旧方法。在同一个企业里，由于固定资产用途不同、性能不同，可以选用不同的折旧方法。如房屋可采用直线法，运输设备等以工作量来决定寿命的固定资产可以使用工作量法，而电子机械、电子仪器等机器设备因为技术更新快，可考虑采用加速折旧法对它们计提折旧。

随着企业的生产技术不断更新，折旧费用所占的比重也将会加大，折旧费用分配对企业成本计算的影响也变得更加重要。折旧费用应该按受益原则进行分配：基本生产车间固定资产的折旧费用，应作为间接生产费用记入“制造费用”账户；辅助生产车间固定资产的折旧费用，应记入辅助生产费用有关明细账；企业行政部门所使用的固定资产折旧费用，应记入“管理费用”账户；销售部门所使用的固定资产折旧费用，应记入“销售费用账户”。

2. 其他费用的分配

工业企业各种要素费用中的利息费用，不是产品成本的组成部分，而是财务费用的一个费用项目。企业当月实际负担的利息费用应记入“财务费用”账户。

工业企业各种要素费用中的税金，也不是产品成本的组成部分，而是管理费用的组成部分，包括房产税、车船税、城镇土地使用税和印花税等。这些税金在纳税义务发生时，应记入“管理费用”账户。

除了前面所述各要素以外的其他费用，包括邮电费、租赁费、印刷费、图书资料报刊办公用品订购费、试验检验费、排污费、差旅费、误餐补助费、交通费补贴、保险费、职工技术培训费等，都没有专设成本项目，应该在费用发生时，按照发生的车间、部门和用途，分别借记“制造费用”“管理费用”等账户。

二、辅助生产费用的核算

（一）辅助生产费用的归集

企业的辅助生产主要是为基本生产服务的，有的只生产一种产品或提供一种劳务，如供电、运输等辅助生产；有的则生产多种产品或提供多种劳务，如从事工具、模型、备件的制造以及机器设备的修理等辅助生产。辅助生产提供的产品和劳务，有时也对外销售，但这不是辅助生产的主要目的。

辅助生产费用的归集和分配，是通过“生产成本——辅助生产成本”账户进行的。辅助生产发生的间接费用，可以像基本生产一样先单独归集到“制造费用”账户，月末再直接转入或分配转入“生产成本——辅助生产成本”账户，也可以不设置“制造费用”账户，辅助车间发生的所有费用都直接记入“生产成本——辅助生产成本”账户。

（二）辅助生产费用的分配

归集在“生产成本——辅助生产成本”账户的辅助生产费用，由于所生产的产品和提供的劳务不同，其所发生的费用分配转出的程序和方法也不一样。制造工具、模型、备件等产品所发生的费用，应计入完工工具、模型、备件等产品的成本。完工时，作为自制工具或材料入库，从“生产成本——辅助生产成本”账户的贷方转入“低值易耗品”或“原材料”账户的借方。领用低值易耗品或材料时，再按其用途和使用部门，一次或分期计入成本。提供水、电、气和运输、修理等劳务所发生的辅助生产费用，应按受益单位耗用的劳务数量在各单位之间进行分配，分配时，借记“生产成本——基本生产成本”“制造费用”“管理费用”等账户，贷记“生产成本——辅助生产成本”账户及其明细账。

辅助生产提供的产品和劳务，主要是为基本生产车间和管理部门使用和服务的。但在某些辅助生产车间之间也有相互提供产品和劳务的情况。例如，机修车间为供电车间提供设备修理服务，供电车间也可能会为机修车间提供供电服务。这就涉及辅助生产费用在各辅助生产车间之间进行相互分配的问题。针对企业不同的特点，辅助生产费用的分配方法通常有直接分配法、交互分配法、计划成本分配法、代数分配法、顺序分配法等。

1. 直接分配法

采用直接分配法分配辅助生产费用，其特点是不考虑辅助生产车间相互提供的劳务量，直接将各辅助生产车间发生的费用分配给辅助生产以外的各个受益单位或产品。

直接分配法计算公式如下：

$$\text{辅助生产的单位成本}=\frac{\text{辅助生产费用总额}}{\text{辅助生产的产品或劳务总量}}$$

公式中“辅助生产的产品或劳务总量”不包括对辅助生产各车间提供的产品或劳务量。

$$\begin{matrix}\text{各受益车间、产品或}\\\text{各部门应分配的费用}\end{matrix}=\text{该车间、产品或部门的耗用量}\times\text{辅助生产的单位成本}$$

【例 3-3】某企业有供电和机修两个辅助生产车间，这两个车间的辅助生产成本明细账所归集的费用分别是：供电车间 96 000 元、机修车间 36 000 元。供电车间共为各部门提供用电服务 200 000 度电，其中，为机修车间供电 8 000 度；基本车间产品生产用电 150 000 度（甲产品用电 90 000 度，乙产品用电 60 000 度），车间照明用电 20 000 度；管理部门用电 22 000 度。机修车间共提供修理工时 1 200 小时，其中，为供电车间提供修理服务 75 小时，为基本车间提供修理服务 1 000 小时，为企业行政管理部门提供修理服务 125 小时。采用直接分配法分配此项费用，并编制“辅助生产费用分配表”，如表 3-4 所示。

表 3-4 辅助生产费用分配表（直接分配法）

借方科目		供电车间		机修车间		合计（元）
		用电量（度）	金额（元）	修理工时（小时）	金额（元）	
生产成本——基本生产成本	甲产品	90 000	45 000			45 000
	乙产品	60 000	30 000			30 000
制造费用	基本车间	20 000	10 000	1 000	32 000	42 000
管理费用		22 000	11 000	125	4 000	15 000
金额合计		192 000	96 000	1125	36 000	132 000

其中：供电车间单位成本＝96 000÷192 000=0.5 元/度；机修车间单位成本＝36 000÷1 125=32 元/小时。

根据上述辅助生产费用分配表，可以编制会计分录如下：

借：生产成本——基本生产成本——甲产品	45 000	
——乙产品	30 000	
制造费用——基本车间	42 000	
管理费用	15 000	
贷：生产成本——辅助生产成本——供电车间		96 000
——机修车间		36 000

在直接分配法下，由于忽略了辅助生产车间相互提供的劳务量，会导致分配结果不够准确，所以这种方法适合于辅助生产车间之间相互提供劳务比较少的情况。

2. 交互分配法

交互分配法是对各辅助生产车间的成本费用进行两次分配的方法。首先，根据各辅助生产车间相互提供的产品或劳务的数量和交互分配前的单位成本，在各辅助生产车间之间进行一次交互分配；其次，将各辅助生产车间交互分配后的实际费用（交互分配前的成本费用加上交互分配转入的成本费用，减去交互分配转出的成本费用），再按提供产品或劳务的数量和交互分配后的单位成本，在辅助生产车间以外的各受益单位之间进行分配。基本步骤如下：

第一阶段，在辅助生产车间之间进行交互分配，公式如下。

交互分配的费用分配率=待分配的辅助生产费用 ÷ 该车间提供产品或劳务的总量

$$\text{分配给其他辅助生产车间的费用}=\frac{\text{其他辅助生产车间耗用}}{\text{该车间的产品或劳务数}}\times\text{交互分配的费用分配率}$$

$$\text{辅助车间交互分配后的实际费用}=\text{该辅助车间交互分配前的费用}+\text{该辅助车间交互分配转入的费用}-\text{该辅助车间交互分配转出的费用}$$

第二阶段，将交互分配后的费用对辅助车间以外的受益单位进行对外分配，公式如下。

$$\text{对外分配的费用分配率}=\text{辅助车间交互分配后的实际费用}\div\text{对辅助车间以外的受益单位提供的产品或劳务总量}$$

某受益单位应分配的费用=该单位的受益数量 × 对外分配的费用分配率

【例 3-4】承【例 3-3】，采用交互分配法分配辅助生产费用。

第一次分配：

供电车间单位成本=96 000÷200 000=0.48（元/度）

机修车间单位成本=36 000÷1 200=30（元/小时）

供电车间分配给机修车间的电费=8 000 × 0.48=3 840（元）

机修车间分配给供电车间的修理费=75 × 30=2 250（元）

供电车间交互分配后的实际费用=96 000+2 250−3 840=94 410（元）

机修车间交互分配后的实际费用=36 000+3 840−2 250=37 590（元）

第二次分配：

供电车间对外分配的费用分配率=94 410÷（200 000−8 000）= 0.491 7

机修车间对外分配的费用分配率=37 590÷（1 200−75）= 33.413 3

根据上述分配率编制“辅助生产费用分配表”，如表 3-5 所示。

表 3-5　辅助生产费用分配表（交互分配法）

借方科目		供电车间		机修车间		合计（元）
		用电量（度）	金额（元）	修理工时（小时）	金额（元）	
生产成本——基本生产成本	甲产品	90 000	44 253			44 253
	乙产品	60 000	29 502			29 502
制造费用	基本车间	20 000	9 834	1 000	33 413	43 247
管理费用		22 000	10 821	125	4 177	14 998
金额合计		192 000	94 410	1 125	37 590	132 000

注：小数四舍五入，差额计入管理费用。

根据上述辅助生产费用分配表，可以编制会计分录如下。

交互分配：

借：生产成本——辅助生产成本——供电车间　　2 250
　　　　　　　　　　　　　　——机修车间　　3 840
　贷：生产成本——辅助生产成本——供电车间　　3 840
　　　　　　　　　　　　　　　——机修车间　　2 250

对外分配：

借：生产成本——基本生产成本——甲产品　　44 253
　　　　　　　　　　　　　　——乙产品　　29 502
　制造费用——基本车间　　43 247
　管理费用　　14 998
　贷：生产成本——辅助生产成本——供电车间　　94 410
　　　　　　　　　　　　　　　——机修车间　　37 590

采用交互分配法，辅助生产车间内部相互提供的产品或劳务全都进行了交互分配，从而提高了分配结果的准确性。但由于要进行交互和对外两次分配，增加了计算的工作量，因此，该方法适用于辅助生产车间之间相互提供产品或劳务数量较多的企业。

3. 计划成本分配法

计划成本分配法是按产品或劳务的计划单位成本和实际耗用数量进行辅助生产费用分配的一种方法。计划成本分配法也隐含了辅助生产车间内部的“交互分配”。按计划成本分配法分配辅助生产费用的一般步骤如下：

第一步，按计划单位成本向各受益单位（包括其他辅助车间、基本生产车间和管理部门等）分配辅助生产费用；

某受益单位应分配的辅助生产费用=该单位产品或劳务耗用量 × 该产品或劳务的计划单位成本

第二步，比较各辅助生产车间借方归集的辅助生产费用与按计划成本分配转出的费用之间的差异；

某辅助生产车间借方归集的费用（A）=该辅助生产车间直接发生的费用+其他辅助生产车间按计划成本转入的费用

某辅助生产车间按计划成本分配转出的费用（B）=该辅助生产车间提供的劳务总量 × 该劳务的计划单位成本

辅助生产成本差异=A−B

第三步，对成本差异额进行处理。

对于按上述步骤计算出来的成本差异，从理论上来讲，应在辅助生产车间以外的各受益单位之间进行分配，但为了简化分配工作，可将其直接列入“管理费用”科目。

【例 3-5】承【例 3-3】，假定供电车间的计划单位成本为 0.5 元，机修车间的计划单位成本为 30 元，采用计划成本分配法分配辅助生产费用。分配过程如表 3-6 所示。

表 3-6　辅助生产费用分配表（计划成本分配法）

借方科目		供电车间		机修车间		合计（元）
		用电量（度）	金额（元）	修理工时（小时）	金额（元）	
生产成本——辅助生产成本	供电车间			75	2 250	2 250
	机修车间	8 000	4 000			4 000
生产成本——基本生产成本	甲产品	90 000	45 000			45 000
	乙产品	60 000	30 000			30 000
制造费用	基本车间	20 000	10 000	1 000	30 000	40 000
管理费用		22 000	11 000	125	3 750	14 750
按计划成本分配金额合计		200 000	100 000	1 200	36 000	136 000

供电车间成本差异=96 000+2 250−100 000=−1 750（元）

机修车间成本差异=36 000+4 000−36 000= 4 000（元）

根据上述辅助生产费用分配表和差异计算结果，可以编制会计分录如下。

按计划单位成本分配转出：

借：生产成本——辅助生产成本——供电车间　　2 250
　　　　　　　　　　　　　　——机修车间　　4 000
　　生产成本——基本生产成本——甲产品　　45 000
　　　　　　　　　　　　　　——乙产品　　30 000
　　制造费用——基本车间　　40 000
　　管理费用　　14 750
　　贷：生产成本——辅助生产成本——供电车间　　100 000
　　　　　　　　　　　　　　　　——机修车间　　36 000

分配成本差异：

借：管理费用　　2 250
　　贷：生产成本——辅助生产成本——供电车间　　1 750（红字）
　　　　　　　　　　　　　　　　——机修车间　　4 000

采用计划成本分配法，由于辅助生产车间的产品或劳务的计划单位成本是早已确定的，不用单独计算分配率，因而简化和加速了分配的计算工作。同时，按照计划成本进行分配，可以分清各受益单位的经济责任，便于考核其工作业绩。因此，这种方法适用于实行内部经济核算，计划成本较为准确，管理水平较高的企业。

4. 代数分配法

代数分配法是通过建立多元一次方程组的原理，在辅助生产车间之间相互提供产品或劳务情况下分配辅助生产费用的方法。采用代数分配法，首先，应根据各辅助生产车间相互提供产品和劳务数量的关系，建立方程组，计算出各辅助车间提供的产品或劳务的单位成本（费用分配率）；其次，根据各受益单位耗用产品或劳务的数量和单位成本，计算出各受益单位应分配的辅助生产费用。

【例 3-6】承【例 3-3】，采用代数分配法分配费用，计算过程如下：

设x为供电车间的单位成本，y为机修车间的单位成本，则设立的联立方程组为：

$$\begin{cases} 96\,000+75\,y=200\,000\,x \\ 36\,000+8\,000\,x=1\,200\,y \end{cases}$$

解上述方程组：$x=0.492\,5$　$y=33.28$

根据上述计算结果，编制“辅助生产费用分配表”，如表 3-7 所示。

表 3-7　辅助生产费用分配表（代数分配法）

借方科目		供电车间		机修车间		合计（元）
		用电量（度）	金额（元）	修理工时（小时）	金额（元）	
生产成本——辅助生产成本	供电车间			75	2 496	2 496
	机修车间	8 000	3 940			3 940
生产成本——基本生产成本	甲产品	90 000	44 325			44 325
	乙产品	60 000	29 550			29 550
制造费用	基本车间	20 000	9 850	1 000	33 280	43 130
管理费用		22 000	10 831	125	4 164	14 995
分配金额合计		200 000	98 496	1 200	39 940	138 436

注：本例中x和y存在小数精确度的问题，差异计入“管理费用”。其中：管理费用中的电费＝96 000+2 496−178 000×0.492 5=10 831（元）；管理费用中的修理费用=36 000+3 940−1 075×33.28=4 164（元）。

根据上述辅助生产费用分配表，可以编制会计分录如下：

借：生产成本——辅助生产成本——供电车间　2 496
　　　　　　　　　　　　　　——机修车间　3 940
　　生产成本——基本生产成本——甲产品　44 325
　　　　　　　　　　　　　　——乙产品　29 550
　　制造费用——基本车间　43 130
　　管理费用　14 995
　　贷：生产成本——辅助生产成本——供电车间　98 496
　　　　　　　　　　　　　　　　——机修车间　39 940

采用代数分配法分配辅助生产费用，其分配结果最为准确。但在辅助生产车间较多的情况下，未知数较多，计算比较复杂，因此，这种方法适合于已实现电算化的企业。

5.顺序分配法

顺序分配法又称阶梯法，它是指各辅助生产部门按照受益多少的顺序依次排列，受益少的排在前面，先将费用分配出去，受益多的排在后面，后将费用分配出去的一种方法。其特点是，前者分配给后者，而后者不分配给前者，后者的分配额等于其直接费用加上前者分配来的费用之和。

【例 3-7】承【例 3-3】，由于机修车间耗用供电车间的电费较多，供电车间耗用机修车间的修理费较少，所以确定分配顺序为：供电车间→机修车间。根据这一顺序编制辅助生产费用分配表，如表 3-8 所示。

供电车间的费用分配率=96 000÷200 000=0.48（注：供电车间对所有受益单位分配）

机修车间的费用分配率=（36 000+8 000×0.48）÷1 125=35.41（注：机修车间直接费用加承担的电费，向外部受益单位分配）

表 3-8　辅助生产费用分配表（顺序分配法）

借方科目		供电车间		机修车间		合计（元）
		用电量（度）	金额（元）	修理工时（小时）	金额（元）	
生产成本——辅助生产成本	机修车间	8 000	3 840			3 840
生产成本——基本生产成本	甲产品	90 000	43 200			43 200
	乙产品	60 000	28 800			28 800
制造费用	基本车间	20 000	9 600	1 000	35 410	45 010
管理费用		22 000	10 560	125	4 430	14 990
分配金额合计		200 000	96 000	1 200	39 840	135 840

注：机修车间分配率存在小数精确度的问题，差异计入“管理费用”。管理费用中的修理费用=36 000+3 840−35 410=4 430（元）。

根据上述辅助生产费用分配表，编制会计分录如下：

借：生产成本——辅助生产成本——机修车间　3 840
　　生产成本——基本生产成本——甲产品　43 200
　　　　　　　　　　　　　　——乙产品　28 800
　　制造费用——基本车间　45 010
　　管理费用　14 990
　贷：生产成本——辅助生产成本——供电车间　96 000
　　　　　　　　　　　　　　——机修车间　39 840

采用顺序分配法分配辅助生产费用，计算简便。但是，由于排列在前面的辅助生产车间不负担排列在后面的辅助生产车间的费用，因此分配结果的正确性会受到一定的影响。此方法适宜在各辅助生产车间或部门之间相互受益程度有明显顺序的情况下采用。

三、制造费用的核算

制造费用是指企业各生产单位为组织和管理生产而发生的各项间接费用，包括工资和福利费、折旧费、修理费、办公费、水电费、机物料消耗、劳动保护费、租赁费、保险费、排污费及其他制造费用。

企业基本生产车间发生的各项间接生产费用，是通过“制造费用”账户进行归集和分配的。“制造费用”账户一般按生产车间开设明细账，账内按照费用项目开设专栏，进行明细核算。费用发生时，根据支出凭证借记“制造费用”账户及其所属有关明细账，但材料、工资、折旧等费用，要在月末时根据汇总编制的各种费用分配表记入。归集在“制造费用”账户借方的各项费用，月末时应全部分配转入“生产成本”账户，计入产品成本。“制造费用”账户月末一般没有余额。

在只生产一种产品的车间中，制造费用可直接计入其产品成本。在生产多种产品的车间中，就要采用既合理又简便的分配方法，将制造费用分配计入各种产品成本。

随着生产技术的不断改进，生产工人等直接生产成本所占的比重在减小，而设备折旧及运行成本等间接生产费用所占的比重在不断加大，制造费用的分配对产品成本核算的准确性尤为重要。企业应该根据制造费用的内容和成本动因合理地选择制造费用的分配标准。制造费用的分配标准通常有生产人工工时、机器工时、直接人工费用等。需要注意的是，这些分配标准不是固定的，企业可以根据自身的实际情况，自主选择合理的分配标准，而且，企业也可以针对不同的费用内容选择不同的分配标准进行分配。比较先进的间接费用分配方法是作业成本法，将在后面章节中专门学习。

确定了合理的分配标准之后，制造费用分配的计算公式如下：

制造费用分配率=待分配的制造费用总额÷各种产品的分配标准之和

某产品应负担的制造费用=该种产品分配标准数×制造费用分配率

【例 3-8】假设某基本生产车间甲产品生产工时为 56 000 小时，乙产品生产工时为 32 000 小时，本月发生制造费用 36 080 元。该车间制造费用分配如下：

$$制造费用分配率=\frac{36\,080}{56\,000+32\,000}=0.41$$

$$甲产品制造费用=56\,000\times0.41=22\,960（元）$$

$$乙产品制造费用=32\,000\times0.41=13\,120（元）$$

按生产工时比例法编制“制造费用分配表”，如表 3-9 所示。

表 3-9 制造费用分配表

借方科目	生产工时（小时）	分配金额（分配率：0.41）（元）
生产成本——基本生产成本 ——甲产品 ——乙产品	 56 000 32 000	 22 960 13 120
合计	88 000	36 080

编制会计分录如下：

借：生产成本——基本生产成本——甲产品　　22 960

　　　　　　　　　　　　　——乙产品　　13 120

　　贷：制造费用　　36 080

通过以上各种费用的分配和归集，应计入本月产品成本的各种费用都已记入“生产成本——基本生产成本”账户的借方，并已在各种产品之间划分清楚，而且已按成本项目分别登记在各自的产品成本计算单（基本生产成本明细账）中。

四、生产损失的核算

工业企业在其生产经营过程中难免会发生各种损失。企业发生的各种损失按其是否计入产品的生产成本分为生产损失和非生产损失。生产损失是企业在生产过程中或由于生产原因而发生的各种损失。例如，因制造了不合格品而造成的废品损失和修复费用；因车间管理不善造成的在产品盘亏、毁损或变质损失；因机器设备发生故障被迫停工而造成的停工损失等。非生产损失主要是由于企业经营管理和其他原因造成的，如坏账损失、汇兑损失、投资损失、固定资产盘亏以及自然灾害等非常损失等。生产损失是与产品生产直接有关的损失，因此，应由产品生产成本承担，是产品生产成本的组成部分。非生产损失是与产品生产没有直接关系的损失，因此，不能计入产品的生产成本，而应根据损失的性质冲减当期损益。

（一）废品损失的核算

废品损失是由于生产过程中产生的废品给企业带来的损失。废品损失可以独立核算，也可以不独立核算。如果产生的废品不多，管理上也不要求专门了解废品的发生情况以及给企业带来的损失，那么可以不独立核算废品损失，废品损失自然包含在生产费用中，由合格品承担。如果管理上需要了解废品的发生情况，一般会要求独立核算废品损失。如果需要独立核算废品损失，则需要设置“废品损失”账户，并在生产成本明细账上设置“废品损失”成本项目。“废品损失”账户用于归集废品给企业带来的损失，如可修复废品的修复费用或不可修复废品的成本，应该在“废品损失”账户的借方核算。而废品的残料价值或者应收责任人的赔款则属于损失的减少，应该在“废品损失”账户的贷方核算。最终核算的废品净损失应该由“废品损失”账户的贷方结转至“生产成本”账户的借方，即最终的废品净损失应归入生产费用，由生产的合格品承担。

【例 3-9】某公司本月生产甲产品 2 000 件，生产过程中发现了可修复废品 10 件。在修复过程中发生修复费用 1 000 元，其中，耗用原材料 500 元，人工费 300 元，制造费用 200 元，应由过失人赔偿 200 元。

根据相关原始凭证，编制会计分录如下：

（1）发生各种修复费用。

借：废品损失——甲产品　　1 000

　　贷：原材料　　500

　　　　应付职工薪酬　　300

　　　　制造费用　　200

（2）应收过失人赔款。

借：其他应收款　　200

　　贷：废品损失——甲产品　　200

（3）结转废品净损失。

借：生产成本——基本生产成本——甲产品　　800

　　贷：废品损失——甲产品　　800

（二）停工损失的核算

停工损失是指生产车间或车间内某个班组在停工期间发生的各项费用，包括停工期间发生的原材料费用、工资及福利费和制造费用等。其中，应由过失单位或保险公司负担的赔款，应从停工损失中扣除。为了简化核算工作，停工不满一个工作日的，一般不计算停工损失。

如果需要单独核算停工损失，应在会计账户中增设“停工损失”账户，在成本项目中增设“停工损失”项目。“停工损失”账户是为了归集和分配停工损失而设立的。该账户应按车间设立明细账，账内按成本项目分设专栏，进行明细核算。停工期间发生、应该计入停工损失的各种费用，都应在该账户的借方归集，借记“停工损失”账户，贷记“原材料”“应付职工薪酬”“制造费用”等账户。归集在“停工损失”账户借方的停工损失，其中，应取得赔偿的损失和应计入营业外支出的损失，应从该账户的贷方分别转入“其他应收款”和“营业外支出”账户的借方；应计入产品成本的损失，则应从该账户的贷方转入“基本生产成本”账户的借方。停工损失转出后，该账户应无余额。

季节性生产企业的季节性停工是生产经营过程中的正常现象，停工期间发生的各项费用不属于停工损失，不作为停工损失核算，而是计入开工各月的产品成本中。

不单独核算停工损失的企业，不单设“停工损失”账户和“停工损失”成本项目。停工期间发生的各项费用，直接记入“制造费用”和“营业外支出”等账户。

五、生产费用在完工产品和在产品之间的分配

（一）在产品数量的核算

在产品，又称在制品，有广义和狭义两种。狭义的在产品是指正停留在生产车间进行加工的在产品，以及正在生产车间返修的废品和虽已完成了本车间生产，但尚未送验入库的产品；广义的在产品不仅包括狭义在产品，还包括已经完成部分加工阶段，由中间仓库验收，但尚未完成全部生产过程的自制半成品。相应地，在产品成本亦有广义和狭义两种。狭义的在产品成本是指正停留在生产车间进行加工的产品成本，正在车间返修的废品的成本，以及虽已完成了本车间生产，但尚未送验入库产品的成本。广义的在产品成本则是指从原材料等投入生产以后，到最后加工完成、交付验收以前的一切未完工产品的成本。

（二）生产费用在完工产品和在产品之间分配的基本原理

企业在生产过程中发生的生产费用，经过在各种产品之间进行分配和归集，应计入本月各种产品成本的生产费用，都已集中反映在“基本生产成本”账户和所属各种产品成本明细账中。月末，需要将生产费用在完工产品和在产品之间进行分配。具体有以下三种情况。

（1）如果产品已全部完工，则产品成本明细账中归集的生产费用（如果有月初在产品，还包括月初在产品成本）之和，就是该完工产品的成本。

（2）如果当月全部产品都没有完工，则产品成本明细账中归集的生产费用之和，就是该种在产品的成本。

（3）如果既有完工产品又有在产品，则产品成本明细账中归集的生产费用之和，应在完工产品和月末在产品之间采用适当的分配方法，进行生产费用的分配，以计算完工产品和月末在产品的成本。

月初在产品成本、本月生产费用与本月完工产品成本、月末在产品成本之间的关系，可以用下列公式表述：

月初在产品成本+本月生产费用=本月完工产品成本+月末在产品成本

生产费用在完工产品和月末在产品之间分配的方法有两类：第一类是先计算确定月末在产品成本，然后倒算出完工产品成本；第二类是将总的生产费用按照一定比例在完工产品和月末在产品之间进行分配，同时求得完工产品成本和月末在产品成本。

无论采用哪一类方法，各月末在产品的数量和费用的大小以及数量或费用变化的大小，对于完工产品成本计算都有很大影响。要计算完工产品的成本，需取得在产品增减动态和实际结存的数量资料。因此，正确组织在产品收发结存的数量核算非常重要。

（三）生产费用在完工产品和在产品之间分配的方法

生产费用在完工产品与在产品之间分配的方法主要有七种：不计算在产品成本法、在产品成本按年初数固定计算法、在产品按所耗原材料费用计价法、约当产量比例法、在产品按完工产品计算法、在产品按定额成本计价法和定额比例法。企业应根据其在产品数量的多少、各月在产品数量变化的大小、各种费用比重的大小以及定额管理基础好坏等具体条件和实际情况，选择合理的分配方法。

1.不计算在产品成本法

不计算在产品成本法，是假定在产品成本为零的一种分配方法。在这种方法下，由于月末在产品成本为零，月初在产品成本也为零，那么当月的生产费用全部由当月的完工产品承担。这种方法适用于月末在产品数量很少，价值很低，并且各月份在产品数量比较稳定，从而可对月末在产品成本忽略不计的企业。如自来水生产企业、采掘企业可采用此方法。

2.在产品成本按年初数固定计算法

在产品成本按年初数固定计算法，是对各月在产品按年初在产品成本固定计算的一种方法。这种方法适用于各月月末在产品结存数量较少，或者虽然在产品结存数量较多，但各月月末在产品数量稳定、起伏不大的产品。如利用高炉反应装置和管道生产冶炼、化工产品的企业可采用此方法。

采用在产品成本按年初数固定计算法，应在每年年末，根据年末在产品的实际盘存资料重新核定在产品成本，以免在产品以固定不变的成本计价延续时间太长，使在产品成本与实际成本出入过大而影响产品成本计算的正确性，导致企业存货资产反映失实。

3.在产品按所耗原材料费用计价法

在产品按所耗原材料费用计价法，就是月末在产品只计算所耗的原材料费用，不计算人工费用、制造费用等加工费用，生产费用中的加工费用全部由完工产品负担。其计算公式如下：

完工产品成本＝期初在产品的原材料费用＋本期生产费用－期末在产品原材料费用

这种方法适用于各月在产品数量多，各月在产品数量变化较大，且原材料费用在产品成本中所占比重较大的产品。如纺织、造纸、酿造等企业可采用此方法。

【例 3－10】某企业生产A产品，该产品的原材料费用在产品成本中所占比重较大，月末在产品成本计算采用按所耗原材料费用计价法。本月初A产品直接材料费用 5 900 元，本月A产品生产成本计算单中反映的直接材料费用为 25 000 元，直接人工 800 元，制造费用 500 元，合计 26 300 元；本月完工A产品 800 件，月末在产品 200 件。该种产品材料费用是在生产开始时一次投入的，原材料费用按完工产品和在产品的数量比例分配。其分配计算如下：

直接材料费用分配率＝（5 900+25 000）÷（800+200）=30.90（元/件）

完工产品应负担的直接材料费用=800 × 30.90=24 720（元）

月末在产品应负担的直接材料费用=200 × 30.90=6 180（元）

完工产品成本=24 720+800+500=26 020（元）

月末在产品成本=6 180（元）

4. 约当产量比例法

约当产量比例法是将月末在产品数量按其投料程度或完工程度折算为相当于完工产品的数量（约当产量），然后按完工产品产量与月末在产品约当产量的比例分配计算完工产品成本与月末在产品成本。约当产量比例法适用范围较广，特别适用于月末在产品数量较大，各月末在产品数量变化也较大，产品成本中原材料费用和人工费用等加工费用所占的比重相差不多的产品。其计算公式如下：

月末在产品约当产量＝月末在产品结存产量 × 在产品投料程度或完工程度

$$费用分配率=\frac{月初在产品成本+本月生产费用}{完工产品产量+月末在产品约当产量}$$

完工产品总成本＝完工产品产量 × 费用分配率

月末在产品成本＝月末在产品约当产量 × 费用分配率

在约当产量比例法下，需要确定在产品的投料程度或完工程度，以确定在产品的约当产量。由于生产费用中的材料费用和加工费用在大部分情况下是不同步的，因此，材料费用和加工费用应该区分成本项目分别确定约当产量，分别进行分配。

分配材料费用时，投料程度的测定是按产品已投入的材料占单位产品所需投料的比重来测定的。企业生产产品所耗用的原材料有可能是在生产开始时一次性投入的，这时，月末在产品的投料程度为 100%，月末在产品实际结存数量即月末在产品的约当产量。如果材料是分次投入的，那么在产品的投料程度按已投料占产品所需投料的比重来测定。

分配加工费用时，完工程度的测定一般应根据在产品的已加工时间占产品完工所需时间的比重来测定。由于企业的生产是连续不断进行的，因此可以假定在产品在生产过程中是均匀分布在不同工序上的，这时经常用在产品的平均已加工时间来综合确定在产品的完工率。具体分两种情况：一种是所有在产品平均计算完工程度，即一律按 50% 作为各工序在产品的完工程度；另一种是各工序分别测算完工程度。可以按照各工序中在产品累计平均已加工工时占完工产品工时定额的比率计算确定各工序在产品的完工程度。其计算公式如下：

$$某工序在产品完工程度=\frac{前面各工序工时定额之和+本工序工时定额\times 50\%}{完工产品工时定额}$$

上式中，本工序工时定额之所以乘 50%，是因为该工序中各件在产品加工进度不同，为简化完工程度的测算工作，在本工序的已加工工时一律平均按本工序工时定额的 50% 计算。在产品从上一道工序转入下一道工序时，因为上一道工序已完工，所以前面各工序的工时定额应按 100% 计算。

如果原材料费用不是在生产开始时一次投入，而是随着生产进度陆续投料，则原材料费用按约当产量比例法分配时，应按每一工序的原材料消耗定额分别计算在产品的投料程度。

【例 3-11】某企业生产甲产品需依次经过三道工序制造完成，原材料在生产开始时一次投入，甲产品的单件工时定额为 100 小时，月末在产品 1 800 件，各道工序的完工程度均为 50%，甲产品各工序的工时定额，月末在产品数量、完工率和在产品约当产量如表 3-10 所示。

表 3-10　各工序的完工率和在产品约当产量

工序	工时定额（小时）	在产品累计平均已完工工时定额（%）	完工率（%）	在产品数量（件）	在产品约当产量（件）
1	30	30×50%=15	15	800	120
2	20	30+20×50%=40	40	200	80
3	50	50+50×50%=75	75	800	600
合计	100	—		1 800	800

注：各工序在产品完工率=在产品累计平均已完工工时定额÷单位产品工时定额。

【例 3-12】承【例 3-11】，如果本月生产费用合计为 148 000 元，其中，材料费用 64 000 元，人工费用 49 000 元，制造费用 35 000 元，材料费用在生产开始时一次投入，完工产品 6 200 件，则采用约当产量法，生产费用分配如下：

材料费用分配率（单位成本）=64 000÷（6 200+1 800）=8（元/件）

完工产品材料成本=6 200×8=49 600（元）

月末在产品材料成本=1 800×8=14 400（元）

人工费用分配率=49 000÷（6 200+800）=7（元/件）

完工产品应负担的工资费用=6 200×7=43 400（元）

在产品应负担的工资费用=800×7=5 600（元）

制造费用分配率=35 000÷（6 200+800）=5（元/件）

完工产品应负担的制造费用=6 200×5=31 000（元）

在产品应负担的制造费用=800×5=4 000（元）

完工产品总成本=49 600+43 400+31 000=124 000（元）

月末在产品总成本=14 400+5 600+4 000=24 000（元）

5. 在产品按完工产品计算法

在产品按完工产品计算法是将在产品视同完工产品计算分配生产费用。这种分配方法适用于月末在产品已接近完工，或产品已经加工完毕但尚未验收或包装入库的产品。这是因为在这种情况下，在产品已接近完工产品，为了简化产品成本计算工作，可以将在产品视同完工产品，按两者数量比例分配生产费用。

6.在产品按定额成本计价法

在产品按定额成本计价法是按照预先制定的定额成本计算月末在产品成本，即月末在产品成本按其数量和单位定额成本计算。产品的月初在产品成本（定额）加本月生产费用（实际），减月末在产品的成本（定额），其余额作为完工产品成本。在这种方法下，月初、月末的在产品均可能存在定额成本与实际成本不一致的情况，这些实际生产费用脱离定额的差异，全部由完工产品负担。这种方法适用于定额管理基础较好，各项消耗定额或费用定额比较准确、稳定，且各月在产品数量变动不大的产品。

采用这种方法，应根据各种在产品有关定额资料以及在产品月末结存数量，计算各种月末在产品的定额成本。在产品定额成本的计算公式为：

在产品直接材料定额成本=在产品数量 × 材料消耗定额 × 材料计划单价

在产品直接人工定额成本=在产品数量 × 工时定额 × 计划小时工资率

在产品制造费用定额成本=在产品数量 × 工时定额 × 计划小时费用率

完工产品成本=期初在产品成本+本期发生的生产费用－期末在产品成本

【例 3-13】某厂生产的甲产品顺序经过第一道、第二道、第三道工序加工制成。原材料分别在各道工序生产开始时依次投入，各工序在产品在本工序的完工率为 50%。甲产品本月完工验收入库数量为 1 000 件。

甲产品生产成本明细账归集的生产费用为：月初在产品成本 27 800 元，其中，直接材料 15 000 元，直接人工 8 000 元，制造费用 4 800 元；本月生产甲产品的生产费用为 68 000 元，其中，直接材料 100 000 元，直接人工 50 000 元，制造费用 30 000 元。该厂定额小时直接人工费用分配率为 0.5 元，制造费用分配率为 0.3 元。其他资料如表 3-11 所示。

表 3-11　各工序在产品数量及单位产品定额资料

工序	在产品数量（件）	材料定额成本（元）	工时定额（小时）
1	200	20	20
2	50	60	40
3	150	20	40
合计	—	100	100

根据各工序在产品数量及单位产品定额资料，计算月末在产品的定额成本，如表 3-12 和表 3-13 所示。

表 3-12　各工序月末在产品单位定额成本

工序	单位产品累计材料定额成本（元）	单位产品累计平均定额工时（小时）	单位产品定额人工成本（元）	单位产品定额制造费用成本（元）
1	20	10（20 × 50%=10）	5	3
2	80	40（20+40 × 50%=40）	20	12
3	100	80（60+40 × 50%=80）	40	24

表 3-13　月末在产品定额成本

工序	在产品数量（件）	直接材料		直接人工		制造费用		月末在产品定额总成本（元）
		单位定额（元）	总成本（元）	单位定额（元）	总成本（元）	单位定额（元）	总成本（元）	
1	200	20	4 000	5	1 000	3	600	5 600
2	50	80	4 000	20	1 000	12	600	5 600
3	150	100	15 000	40	6 000	24	3 600	24 600
合计	—		23 000	—	8 000		4 800	35 800

完工产品成本等于生产费用减去在产品的定额成本，如表 3-14 所示。

表 3-14　计算完工产品成本　　单位：元

摘要	直接材料	直接人工	制造费用	合计
月初在产品成本	15 000	8 000	4 800	27 800
本月生产费用	100 000	50 000	30 000	180 000
生产费用合计	115 000	58 000	34 800	207 800
完工产品总成本	92 000	50 000	30 000	172 000
月末在产品成本（定额成本）	23 000	8 000	4 800	35 800

7. 定额比例法

定额比例法是产品的生产费用按完工产品和月末在产品的定额消耗量或定额费用的比例，分配计算完工产品和月末在产品成本的一种方法。其中，原材料费用按原材料费用定额消耗量或原材料定额费用比例分配；人工费用、制造费用等各项加工费用，按定额工时或定额费用比例分配。这种方法适用于各项消耗定额或费用定额比较准确、稳定，但各月末在产品数量变化较大的产品。

采用定额比例法时，如果原材料费用按定额原材料费用比例分配，各项加工费用均按定额工时比例分配，则其分配计算公式如下：

材料费用分配率=（月初在产品的材料费用+本月生产发生的材料费用）÷（完工产品定额材料费用或定额材料消耗量+月末在产品定额材料费用或定额材料消耗量）

完工产品实际材料费用=完工产品定额材料费用或定额材料消耗量 × 材料费用分配率

月末在产品实际材料费用=月末在产品定额材料费用或定额材料消耗量 × 材料费用分配率

加工费用分配率=（月初在产品的加工费用+本月生产发生的加工费用）÷（完工产品定额工时+月末在产品定额工时）

完工产品的某项加工费用=完工产品定额工时 × 该项费用分配率

月末在产品某项加工费用=月末在产品定额工时 × 该项费用分配率

完工产品的实际成本=完工产品材料费用+完工产品的加工费用

月末在产品的实际成本=月末在产品的材料费用+月末在产品加工费用

【例 3-14】承【例 3-13】，如果采用定额比例法分配生产费用，其中，材料按定额材料费用比例分配，加工费用按定额工时比例分配。计算过程如下：

完工产品直接材料定额耗用量=1 000 × 100=100 000（元）

月末在产品定额材料费用为 23 000（元）

材料费用分配率=115 000÷（100 000+23 000）=0.935

完工产品定额工时=1 000×100=100 000（小时）

月末在产品定额工时=200×10+50×40+150×80=16 000（小时）

人工费用分配率=58 000÷116 000=0.5（元/小时）

制造费用分配率=34 800÷116 000=0.3（元/小时）

计算结果如表 3-15 所示。

表 3-15　完工产品与月末在产品费用分配表（定额比例法）

摘要		直接材料	直接人工	制造费用	合计
月初在产品成本（元）		15 000	8 000	4 800	27 800
本月生产费用（元）		100 000	50 000	30 000	180 000
生产费用合计（元）		115 000	58 000	34 800	207 800
完工产品总成本	定额	100 000 元	100 000 小时	100 000 小时	
	实际	93 500 元	50 000 元	30 000 元	173 500 元
月末在产品成本	定额	23 000 元	16 000 小时	16 000 小时	
	实际	21 500 元	8 000 元	4 800 元	34 300 元

生产费用在完工产品和在产品之间分配的方法有很多种，在这里只列举其中较常用的几种，企业应根据生产特点和管理要求选择适合本企业特点的在产品成本计算方法进行在产品成本的核算，在产品成本计算方法一经确定，不得随意变更，如有变更应在会计报表附注中进行披露。

（四）完工产品成本的结转

生产费用完成了在各产品之间以及在完工产品和月末在产品之间横向与纵向的分配和归集之后，完工产品的单位成本已计算出来，可据以结转入库完工产品成本。工业企业的完工产品，包括产成品、自制材料、工具和模具等。完工产品经产成品仓库验收入库以后，其成本应从“基本生产成本”账户和各种产品成本明细账的贷方转入各有关账户的借方。其中，完工入库产成品的成本，应转入“产成品”账户；完工自制材料、工具、模具等的成本，应分别转入“原材料”和“低值易耗品”等账户。“基本生产成本”总账账户的月末余额，是基本生产在产品的成本，也是占用在基本生产过程中的生产资金，应与所属各种产品成本明细账中月末在产品成本之和核对相符。

※思考题※

1.要素费用分配的基本原理是什么？

2.如何定义辅助生产费用？辅助生产费用分配的方法有哪些？每种方法各有什么特点？

3.合理分配制造费用的关键是什么？

4.单独核算废品损失的意义是什么？

5.生产费用在完工产品与在产品之间分配的方法有哪些？每种方法的适用范围分别是什么？

第四章　产品成本计算的方法

学习目标

1. 了解企业生产特点与管理要求的不同对产品成本计算方法的影响。

2. 理解品种法、分步法和分批法的定义、适用范围、主要特征以及计算程序，并掌握具体的计算方法。

引　例

东软医疗IPO首次递表，原材料成本占总营收的一半以上。

东软医疗成立于1998年，是中国乃至全球医学影像解决方案及服务的领先提供商，并创建了一个基于该公司市场领先的医疗设备和医疗影像数据服务（MDaaS）平台的全球医疗生态系统。

东软医疗提供各种医疗设备、产品、服务、解决方案，四个综合业务分部包括：数字化医学诊疗设备；医疗设备和医疗影像数据服务；设备服务与培训；体外诊断设备及试剂。其中，大部分收入来自数字化医学诊疗设备分部，仅CT扫描仪产品就约占公司总收入的一半。

目前，东软医疗处于中国医学影像产品开发和服务的最前沿。东软医疗实现了多项“中国第一”的创新，包括中国第一台CT扫描仪，中国第一台DR，中国第一台超导MRI扫描仪，中国第一台16层、64层、128层、256层和512层CT扫描仪等。

根据弗若斯特沙利文公司的资料，按2019年已安装系统总数和总收入，东软医疗是中国CT系统的最大制造商。按2019年的销量，东软医疗也是中国CT系统的最大出口商。该公司在10个国家设有办事处，向110多个国家的客户销售产品。截至2020年12月31日，东软医疗共安装超过4万个已激活系统。

东软医疗的大部分收入源自向第三方分销商出售产品，然后由第三方分销商再分销给终端客户（如医院及其他医疗机构）。大多数分销商直接向终端客户销售公司的产品，但也有部分分销商通过子分销商来销售产品。

招股书显示，东软医疗营业收入稳定增长，但总体净利润却有所下降。

2018—2020年，东软医疗的收入分别为人民币（下同）19.12亿元、19.076亿元及24.594亿元，期内利润分别为1.686亿元、8 204万元及9 275.8万元。

东软医疗表示，公司年内利润由2018年的1.686亿元减少至2019年的8 204万元，降低了51.3%，主要由于确认的其他收入及收益减少，具体包括2018年出售一项无形资产所得收益在2019年并未确认该收益、人民币贬值导致外汇收益减少以及政府补助减少。

招股书还披露，截至2020年12月31日，东软医疗的研发团队由865名成员组成。2018—2020年，东软医疗的研发支出（包括资本化研发成本）分别占总收入的20.9%、21.4%

和 15.3%。

值得一提的是，东软医疗或将面临原材料价格上涨的风险。

数据显示，原材料占东软医疗生产成本的大部分，原材料成本占营业收入的一半以上。

2018—2020 年，原材料成本分别为 9.6 亿元、8.76 亿元和 12.49 亿元，分别占该公司销售成本的 83.5%、74.9% 和 80.2%，分别占收入的 50.2%、45.9% 和 50.8%。

也就是说，原材料价格的波动可能对东软医疗的利润率和经营业绩产生不利影响。

此外，作为一家全球销售公司，东软医疗还受外汇波动的影响。

东软医疗的产品及服务销往 110 多个国家和地区。2018—2020 年，该公司在中国以外地区的销售分别占收入的 27.6%、23.0% 和 19.9%。

东软医疗的海外销售通常以美元结算，尤其是近期美元宽松，人民币升值预期强化，面临较高的外汇交易风险。人民币兑美元及其他主要外币的汇率或会出现波动，将对东软医疗的业务、财务状况及经营业绩产生重大影响。

（资料来源：htps://new.qq.com/rain/a/20210601A0AOLH00，有删减）

第一节　产品成本计算方法概述

一、产品成本计算的基本方法

为了适应各类型生产的特点和不同的管理要求，产品成本计算工作中存在着三种不同的成本计算对象，相应地也就有三种不同的成本计算方法：以产品品种为成本计算对象的产品成本计算方法，称为品种法；以产品生产步骤为成本计算对象的产品成本计算方法，称为分步法；以产品批别为成本计算对象的产品成本计算方法，称为分批法。

受企业生产类型特点和管理要求的影响，产品成本计算对象包括产品品种、生产步骤和产品批别三种，所以上述以不同成本计算对象为主要标志的三种成本计算方法是产品成本计算的基本方法，是计算产品实际成本必不可少的方法。品种法是三者中最基本的一种方法。三种方法的比较如表 4-1 所示。

表 4-1　产品成本计算基本方法比较

基本计算方法	适用范围	成本计算对象	成本计算期	在产品成本计算
品种法	大量大批的单步骤生产，成本管理上不要求分步骤计算成本的大量大批多步骤生产	产品品种	按月计算产品成本，与会计报告期一致	一般需要计算在产品成本
分步法	成本管理上要求分步骤计算成本的大量大批的多步骤生产	生产步骤和最终产品	按月计算产品成本，与会计报告期一致	需要计算在产品成本
分批法	单件小批的单步骤或多步骤生产	产品批别	不定期计算产品成本，与会计报告期不一致	不需要计算在产品成本

二、产品成本计算的辅助方法

除了上述产品成本计算的基本方法，为了简化成本计算工作，还需采用一些其他的辅助成本计算方法，如分类法、定额法等。

（一）分类法

分类法是以产品类别为成本计算对象，将生产费用先按产品类别进行归集，计算各类产品成本，然后再按一定的分配标准在类别内各种产品之间分配，来计算各种产品的成本。它主要适用于产品的品种规格多，但每种产品的结构、所用原材料、生产工艺过程都基本相同的企业。

（二）定额法

定额法是以产品的定额为基础，加减脱离定额的差异以及定额变动差异来计算产品的实际成本。它适用于管理制度比较健全、定额管理基础工作较好、产品生产稳定和消耗定额合理且稳定的企业。

产品成本计算的辅助方法，一般应与基本方法结合起来使用，而不能单独使用。

三、各种产品成本计算方法的综合运用

在实际工作中，应根据企业不同的生产特点和管理要求，并考虑企业的规模和管理水平等具体条件，对上述各种产品成本计算方法加以综合运用。

（1）几种成本计算方法同时采用。有的车间采用品种法，有的车间采用分步法。

（2）几种成本计算方法结合运用。如某一阶段用品种法，另一阶段用分步法等。

（3）辅助方法和基本方法结合运用。主要是为了简化成本核算和加强成本定额的管理。

第二节　品种法

一、品种法的含义和适用范围

（一）品种法的含义

产品成本计算的品种法，又称简单法，是以产品品种为成本计算对象，归集和分配生产费用，计算产品成本的一种方法。

品种法是最基本的成本计算方法。因为不管是何种类型的制造企业，也无论生产何种类型的产品，最终都要计算各种产品的成本，而且品种法的成本计算程序是成本计算的一般程序。

（二）适用范围

品种法主要适用于大量大批的单步骤生产的企业。在这种类型的生产中，产品的生产技术过程不能从技术上划分为步骤（如企业或车间的规模较小，或者车间是封闭式的，也就是从原材料投入到产品产出的全部生产过程都在一个车间内进行），或者生产是按流水线组织的，管理上不要求按照生产步骤计算产品成本，都可以按品种法计算产品成本。

二、品种法的特点

（一）成本计算对象

品种法的成本计算对象是产品品种，并以产品品种设置产品成本明细账、归集生产费用、计算产品成本。如果企业只生产一种产品，则只需为该种产品开设一本生产成本明细账（或成本计算单），并按成本项目开设专栏。在这种情况下，全部生产费用都是直接费用，可直接记入该产品成本计算单的有关成本项目中，不存在在各成本计算对象之间分配费用的问题。如果企业生产多种产品，则需按每种产品开设成本明细账（或成本计算单），并按成本项目开设专栏。此时，发生的直接费用可直接记入成本项目，几种产品共同负担的间接费用需要采用适当的方法，在各成本计算对象之间进行分配。

（二）成本计算期

成本计算期与会计报告期一致，即定期（每月月末）计算产品成本。在大量大批单步骤生产的企业中，其生产连续不断进行，不可能在产品生产完工时才计算产品的生产成本，只能定期在月末计算当期产出的完工产品的成本。因而品种法的成本计算期与会计报告期一致，与生产周期不一致。

（三）费用在完工产品与在产品之间分配

在大量大批生产企业中，由于产品是不断产出的，而成本计算期又是固定的，因此，对多步骤生产的企业，月末既有完工产品又有未完工产品，就需要将生产费用在完工产品和在产品之间进行分配。对单步骤生产的企业，由于生产工艺过程简单而步骤单一，生产周期较短，月末一般没有在产品或在产品较少，因此不需要计算在产品成本。

三、品种法的计算程序

按照产品的品种计算成本，是成本管理对于成本计算最一般的要求，成本计算的一般程序也就是品种法的成本计算程序。品种法成本计算的一般程序如图 4-1 所示。

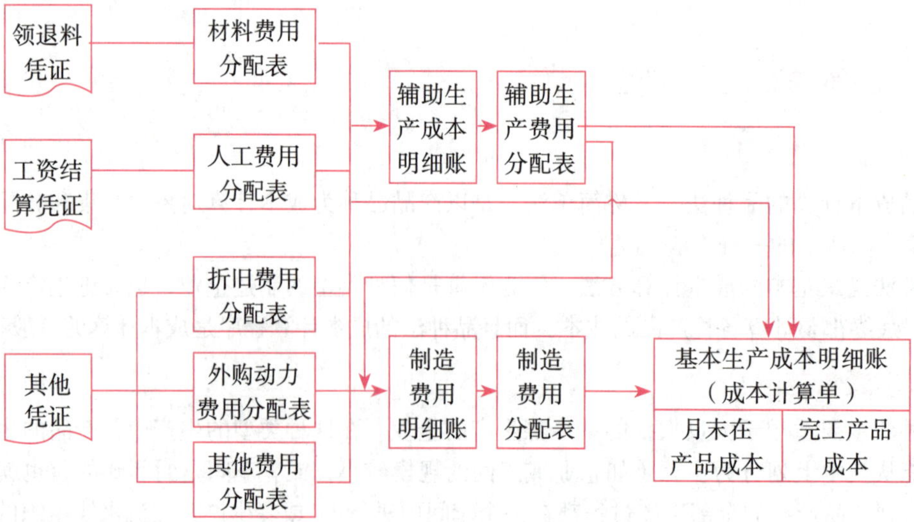

图 4-1　品种法成本计算的一般程序

（一）按产品品种设置有关成本明细账

应按产品品种开设产品成本明细账或成本计算单，并按成本项目设置专栏。同时，还应开设“辅助生产成本明细账”（按生产车间或品种）和“制造费用明细账”（按生产车间），账内按成本项目或费用项目设置专栏。

（二）归集和分配各种要素费用

根据货币资金支出业务，按用途分类汇总各种付款凭证，登记各项费用；根据领退料凭证及有关分配标准，编制材料费用分配表，分配材料费用，并登记有关明细账；根据各车间、部门工资结算凭证，编制人工费用分配表，分配工资及福利费用，并登记有关明细账；根据各车间、部门计提固定资产折旧的方法，编制折旧费用分配表，分配折旧费用，并登记有关明细账；根据各车间、部门消耗的资源，编制其他费用分配表，并登记有关明细账。

（三）分配辅助生产费用

根据各种费用分配表和其他有关资料登记的“辅助生产成本明细账”上归集的生产费用，采用适当的方法（如直接分配法、交互分配法、代数分配法、计划成本分配法和顺序分配法），编制辅助生产费用分配表，分配辅助生产费用。

（四）分配制造费用

根据各种费用分配表和其他有关资料登记的基本生产车间“制造费用明细账”上归集的生产费用，采用一定的方法（如生产工人工时比例分配法、生产工人工资比例分配法、机器工时比例分配法、按年度计划分配率分配法等）在各种产品之间进行分配，编制制造费用分配表，并将分配结果登记在“基本生产成本明细账”或“成本计算单”上。

（五）计算各种完工产品成本和在产品成本

根据各种费用分配表和其他有关资料登记的“基本生产成本明细账”或“成本计算单”上归集的生产费用，月末应采用适当的方法（如不计在产品成本法、在产品按年初数固定计算法、在产品按所耗原材料费用计价法、约当产量比例法、在产品按完工产品成本计算法、在产品按定额成本计价法和定额比例法）分配计算各种完工产品成本和在产品成本。如果月末没有在产品，则本月发生的生产费用就全部是完工产品成本。

（六）结转完工成品成本

根据各成本计算单中计算出来的本月完工产品成本，汇总编制“完工产品成本汇总表”，计算出完工产品总成本和单位成本，并进行结转。

四、品种法举例

【例 4-1】北方公司为单步骤简单生产企业，设有一个基本生产车间，大量生产A、B两种产品，公司决定采用品种法计算A、B两种产品的成本，不需要单独核算废品损失和停工损失。另设有供水、机修两个辅助生产车间，这两个车间都不单独核算“制造费用”，辅助生产之间相互提供的产品和劳务不需要进行交互分配，采用直接分配法。该公司月末在产品完工程度均为50%，原材料在生产开始时一次性投入，低值易耗品采用一次摊销法。202×年5月该公司有关的成本资料如表4-2至表4-7所示。

表 4-2　产量资料

单位：件

产品名称	月初在产品	本月投产	本月完工产品	月末在产品
A产品	150	650	450	350
B产品	100	500	600	—

表 4-3　月初在产品成本及生产工时

单位：元

产品名称	直接材料	直接人工	制造费用	生产工时（小时）
A产品	10 000	5 000	7 000	7 000
B产品	9 000	8 000	4 000	8 000

表 4-4　本月发生的材料费用

单位：元

材料用途	直接领用甲材料	共同耗用乙材料	耗料合计	乙材料定额耗用量（千克）
A产品	50 000			2 500
B产品	60 000	22 000	132 000	3 000
小计	110 000			5 500
基本生产车间耗用	5 000		5 000	
机修车间	15 000		15 000	
供水车间	5 000	—	5 000	—
合计	135 000	22 000	157 000	

表 4-5　本月发生的人工及折旧费

单位：元

人员类型或车间名称	应付职工薪酬		折旧费
	工资	职工福利	
生产工人工资	15 000	2 100	—
机修车间	10 000	1 400	4 000
供水车间	9 000	1 260	6 000
基本生产车间	8 000	1 120	10 000
合计	42 000	5 880	20 000

表 4-6　本月发生的其他费用

单位：元

车间名称	费用项目					
	低值易耗品	办公费	水电费	保险费	其他	合计
基本生产车间	3 600	600	2 800	2 200	300	9 500
机修车间	3 800	200	1 000	500	400	5 900
供水车间	3 500	300	1 800	1 200	500	7 300
合计	10 900	1 100	5 600	3 900	1 200	22 700

注：除低值易耗品的摊销外，发生的其他费用均由银行存款支付。

表 4-7　辅助生产产品及劳务供应量

受益单位	机修车间（小时）	供水车间（吨）
供水车间	200	—
机修车间	—	1 000
基本生产车间	3 100	13 000
管理部门	200	1 280
合计	3 500	15 280

另外，A、B两种产品共同耗用的材料费用按定额耗用量比例分配，生产工人工资和制造费用按A、B两种产品生产工时比例分配，辅助生产费用采用直接分配法。按品种法计算成本的过程如下。

（1）材料费用分配表如表4-8所示。

表 4-8　材料费用分配表

202×年5月　　　　单位：元

应借账户			甲材料	乙材料			合计
总账账户	明细账户	成本或费用项目		定额耗用总量	分配率	分配额	
基本生产成本	A产品	直接材料	50 000	2 500		10 000	60 000
	B产品	直接材料	60 000	3 000		12 000	72 000
	小计	—	110 000	5 500	4	22 000	132 000
辅助生产成本	机修车间	机物料	15 000			—	15 000
	供水车间	机物料	5 000			—	5 000
	小计	—	20 000			—	20 000
制造费用	基本生产车间	机物料	5 000			—	5 000
合计			135 000			22 000	157 000

根据领料原始凭证形成的材料费用分配表，其账务处理如下。

记账凭证1:

借：生产成本——基本生产成本——A产品　　60 000

——B产品　　72 000

——辅助生产成本——机修车间　　15 000

——供水车间　　5 000

制造费用　　5 000

贷：原材料——甲材料　　135 000

——乙材料　　22 000

（2）工资福利费分配表如表 4-9 所示。

表 4-9 工资福利费分配表

202× 年 5 月　　单位：元

应借账户			生产工时（小时）	分配率	应分配工资	应分配福利费	合计
总账账户	明细账户	成本或费用项目					
基本生产成本	A产品	直接人工	7 000	—	7 000	980	7 980
	B产品	直接人工	8 000	—	8 000	1 120	9 120
	小计		15 000	1	15 000	2 100	17 100
辅助生产成本	机修车间	工资及福利费	—	—	10 000	1 400	11 400
	供水车间	工资及福利费	—	—	9 000	1 260	10 260
	小计	—	—	—	19 000	2 660	21 660
制造费用	基本生产车间				8 000	1 120	9 120
合计					42 000	5 880	47 880

根据工资有关原始记录形成的工资福利费分配表，其账务处理如下。

记账凭证 2:

借：生产成本——基本生产成本——A产品　　7 980

　　　　　　　　　　　　　　——B产品　　9 120

　　　　　——辅助生产成本——机修车间　　11 400

　　　　　　　　　　　　　——供水车间　　10 260

　　制造费用　　9 120

　　贷：应付职工薪酬　　47 880

（3）折旧及其他费用分配表如表 4-10 所示。

表 4-10 折旧及其他费用分配表

202× 年 5 月　　单位：元

应借账户		费用项目						
总账账户	明细账户	折旧费	低值易耗品摊销	办公费	水电费	保险费	其他	合计
制造费用	基本生产车间	10 000	3 600	600	2 800	2 200	300	19 500
辅助生产成本	机修车间	4 000	3 800	200	1 000	500	400	9 900
	供水车间	6 000	3 500	300	1 800	1 200	500	13 300
	小计	10 000	7 300	500	2 800	1 700	900	23 200
合计		20 000	10 900	1 100	5 600	3 900	1 200	42 700

根据各种费用发生的原始凭证形成的折旧及其他费用分配表，其账务处理如下。

记账凭证 3:

借：制造费用　19 500

　　生产成本——辅助生产成本——机修车间　9 900

　　　　　　　　　　　　　——供水车间　13 300

　贷：累计折旧　20 000

　　　低值易耗品　10 900

　　　银行存款　11 800

（4）辅助生产费用的归集与分配。根据上述材料费用、人工费用及折旧和其他费用的分配所形成的记账凭证登记“生产成本——基本生产成本”明细账、“生产成本——辅助生产成本”明细账及“制造费用”等明细账，然后将形成的辅助生产费用在各受益对象之间进行分配。具体如表 4-11 和表 4-12 所示。

表 4-11　辅助生产费用明细账

车间名称：机修车间　　　　202× 年 5 月　　　　单位：元

202× 年		凭证号数	摘要	机物料	工资及福利费	折旧费	办公费	水电费	保险费	其他	合计
月	日										
5	31	1	材料费用分配	15 000	—					—	15 000
	31	2	工资及福利费分配	—	11 400	—	—		—	—	11 400
	31	3	折旧及其他费用分配	3 800		4 000	200	1 000	500	400	9 900
	31		月计	18 800	11 400	4 000	200	1 000	500	400	36 300
	31	4	分配转出	18 800	11 400	4 000	200	1 000	500	400	36 300

表 4-12　辅助生产费用明细账

车间名称：供水车间　　　　202× 年 5 月　　　　单位：元

202× 年		凭证号数	摘要	机物料	工资及福利费	折旧费	办公费	水电费	保险费	其他	合计
月	日										
5	31	1	材料费用分配	5 000	—	—	—	—		—	50 00
	31	2	工资及福利费分配		10 260						10 260
	31	3	折旧及其他费用分配	3 500		6 000	300	1 800	1 200	500	13 300
	31		月计	8 500	10 260	6 000	300	1 800	1 200	500	28 560
	31	4	分配转出	8 500	10 260	6 000	300	1 800	1 200	500	28 560

根据辅助生产费用明细账归集的辅助生产费用总额，采用直接分配法在各受益对象之间进行分配，如表 4-13 所示。

表 4-13　辅助生产费用分配表

202× 年 5 月　　　　　　　　　　　　　　　　　　　　　　　　单位：元

劳务供应			机修车间		供水车间		费用合计
			劳务数量（小时）	分配费用	劳务数量（吨）	分配费用	
辅助生产费用及辅助生产车间以外受益数量			3 300	36 300	14 280	28 560	64 860
分配率			—	11		2	
管理费用			200	2 200	1 280	2 560	4 760
制造费用	基本生产车间	水电费			13 000	26 000	26 000
		修理费	3 100	34 100			34 100
	小计		—	34 100		26 000	60 100
费用分配合计			3 300	36 300	14 280	28 560	64 860

辅助生产费用分配的账务处理如下。

记账凭证 4:

借：管理费用——水电费　　2 560

　　　　　——修理费　　2 200

　制造费用　　60 100

　贷：生产成本——辅助生产成本——机修车间　　36 300

　　　　　　　　　　　　　　——供水车间　　28 560

（5）制造费用的归集与分配。根据上述材料费用、人工费用、折旧和其他费用及辅助生产费用的分配所形成的记账凭证，登记制造费用明细账，然后按生产工时在A、B两种产品之间进行分配，如表4-14所示。

表 4-14　制造费用明细账

车间名称：基本生产车间　　　　　　　　　　　　　　　　　　单位：元

202× 年		凭证号数	摘要	机物料	工资及福利费	折旧费	办公费	水电费	保险费	维修费	其他	合计
月	日											
5	31	1	材料费用分配	5 000		—	—	—	—	—		5 000
	31	2	工资及福利费分配		9 120	—	—				—	9 120
	31	3	折旧及其他费用分配	3 600	—	10 000	600	2 800	2 200		300	19 500
	31	4	辅助生产费用分配		—	—	—	26 000		34 100	—	60 100
	31		月计	8 600	9 120	10 000	600	28 800	2 200	34 100	300	93 720
	31	5	分配转出	8 600	9 120	10 000	600	28 800	2 200	34 100	300	93 720

$$制造费用分配率=\frac{制造费用总额}{生产产品工时总额}$$

$$=\frac{93\ 720}{7\ 000+8\ 000}=6.248$$

A产品应配制造费用=6.248×7 000=43 736（元）

B产品应配制造费用=6.248×8 000=49 984（元）

制造费用分配的账务处理如下。

记账凭证 5:

借：生产成本——基本生产成本——A产品 43 736

——B产品 49 984

贷：制造费用 93 720

（6）生产费用在完工产品和在产品之间的分配。在上述各要素费用归集和分配的基础上，将凭证 1 至凭证 5 的业务登记至基本生产成本明细账，如表 4-15 和表 4-16 所示。然后将生产费用在完工产品和在产品之间进行分配。

表 4-15 基本生产成本明细账 单位：元

产品名称：A产品 产品数量：450 件 月末在产品数量：350 件

202×年		凭证号数	摘要	直接材料	直接人工	制造费用	合计
月	日						
5	1		月初在产品成本	10 000	5 000	7 000	22 000
	31	1	材料费用分配	60 000	—	—	60 000
	31	2	人工费用分配	—	7 980		7 980
	31	5	制造费用分配	—	—	43 736	43 736
	31		生产费用合计	70 000	12 980	50 736	133 716
	31		分配率	87.50	20.77	81.18	189.45
	31	6	结转完工产品总成本	39 375	9 345.60	36 531	85 251.60
	31		月末在产品成本	30 625	3 634.40	142 05	48 464.40

注意：

$$直接材料分配率=\frac{70\ 000}{450+350}=87.50$$

完工产品负担的材料费用=87.5×450=39 375（元）

月末在产品负担的材料费用=87.5×350=30 625（元）

$$直接人工分配率=\frac{12\ 980}{450+350\times 50\%}=20.77$$

完工产品负担的人工费用=20.77×450=9 345.60（元）

月末在产品负担的人工费用=20.77×350×50%=3 634.40（元）

$$制造费用分配率=\frac{50\ 736}{450+350\times 50\%}=81.18$$

完工产品负担的制造费用=81.18×450=36 531（元）

月末在产品负担的制造费用=50 736−36 531=14 205（元）

A产成品入库的会计处理如下。

记账凭证 6:

借：库存商品——A产品　　85 251.60

　　贷：生产成本——基本生产成本——A产品　　85 251.60

表 4-16　基本生产成本明细账　　单位：元

产品名称：B产品　　完工产品数量：600 件　　月末在产品数量：0 件

202× 年		凭证号数	摘要	直接材料	直接人工	制造费用	合计
月	日						
5	1		月初在产品成本	9 000	8 000	4 000	21 000
	31	1	材料费用分配	72 000	—	—	72 000
	31	2	人工费用分配	—	9 120	—	9 120
	31	5	制造费用分配	—	—	49 984	49 984
	31		生产费用合计	81 000	17 120	53 984	152 104
	31	7	结转完工产品总成本	81 000	17 120	53 984	152 104

B产成品入库的会计处理如下。

记账凭证 7:

借：库存商品——B产品　　152 104

　　贷：生产成本——基本生产成本——B产品　　152 104

第三节　分步法

一、分步法的含义和适用范围

产品成本计算的分步法，是以产品生产步骤为成本计算对象，归集和分配生产费用、计算产品成本的方法。分步法主要适用于大量大批的多步骤生产，如纺织、冶金、汽车制造等大量大批的制造企业。在这类企业中，产品生产可以分为若干个生产步骤，管理上既要求按照产品品种计算成本，又要求按照生产步骤计算成本，以便为考核和分析各种产品及各生产步骤成本计划的执行情况提供资料。

二、分步法的特点

（一）成本计算对象

分步法按生产步骤及产品品种开设成本明细账，按成本项目开设专栏进行产品成本的明细分类核算。如果企业只生产一种产品，则其成本计算对象就是该种产品及其所经过的各生产步骤；如果企业生产多种产品，则其成本计算对象就是各种产品及其所经过的各生产步骤，产品成本明细账应该按照产品品种和各个步骤开设。

应当注意的是，产品成本计算的步骤与实际工作的步骤不一定完全一致。为了简化成本计算工作，可以只对管理上有必要分步计算生产成本的生产步骤单独设立成本明细账，单独计算成本；而对管理上不要求单独计算成本的生产步骤，则可与其他生产步骤合并，设立基本生产成本明细账计算其成本。

（二）产品成本计算期

由于分步法适用于大量大批的多步骤生产企业，其生产组织特点决定了产品生产周期较长，往往都是跨月连续不断进行的，且产品陆续完工。因此，成本计算期一般都按月定期进行，这样就使得成本计算期与会计报告期一致，与生产周期不一致。

（三）生产费用在完工产品与在产品之间分配

大量大批的多步骤生产企业的特点为：原材料不断投入，产成品不断产出。在每月末计算产品成本时，各生产步骤或多或少总有在产品。因此，需要将按产品和各步骤归集的生产费用采用适当的方法，在完工产品和在产品之间进行分配，计算各产品、各生产步骤的完工产品和在产品成本。

（四）各生产步骤之间成本的结转

由于分步法是按产品的生产步骤进行的，因此上一步骤生产的半成品就成为下一步骤生产加工的对象。为了计算各种产品的生产成本，还需要按照产品品种，在各生产步骤之间结转半成品或产成品的成本。在实际工作中，根据成本管理对各生产步骤成本资料的不同要求（是否要求计算半成品成本）和简化核算的要求，各生产步骤成本的计算和结转，一般采用逐步结转和平行结转两种计算方法，称为逐步结转分步法和平行结转分步法。

三、逐步结转分步法

（一）逐步结转分步法的应用范围

逐步结转分步法又称顺序结转分步法，是按照产品生产步骤的先后顺序，分步骤逐步计算并结转各步骤半成品成本，直到最后计算出产成品成本的一种成本计算方法。

在采用分步法的大量、大批多步骤生产的企业中，有的产品制造过程是由一系列循序渐进的、性质不同的加工步骤组成。在这类生产中，从原料投入到产品完工，中间要经过若干生产步骤的逐步加工，前面各步骤生产的都是半成品，只有最后步骤生产的才是产成品。与这类生产工艺过程特点相联系，为了加强对各生产步骤成本的管理，往往要求不仅计算各种产成品成本，而且要求计算各步骤半成品成本。

计算各步骤半成品成本的原因：首先，这是成本计算的需要。有些半成品为企业几种产品共同耗用，为了分别计算各种产成品的成本，需要计算这些半成品的成本。其次，有些企业生产的半成品不完全为企业自用，还经常作为商品对外销售。为了计算外售半成品成本，全面考核和分析商品产品成本计划的执行情况，也要求计算这些半成品的成本。再次，有的半成品虽然不一定外售，但要进行同行业成本的评比，因而也要计算这种半成品的成本。最后，在实行厂内经济责任制的企业，为了有效地控制各生产步骤内部的生产耗费和资金占用水平，也要求计算半成品成本，并在各生产步骤之间结转半成品成本。

综上所述，逐步结转分步法就是为了计算半成品成本而采用的一种分步法。因此，这种方法也称计算半成品成本分步法。

（二）逐步结转分步法的计算程序

在逐步结转分步法下，各步骤所耗用的上一步骤半成品的成本，要随着半成品实物的转移，从上一步骤的产品成本明细账转入下一步骤相同产品的产品成本明细账中，以便逐步计算各步骤的半成品成本和最后步骤的产成品成本。逐步结转分步法成本计算程序的特点主要表现在；各步骤完工转出的半成品成本，应该从各步骤的产品成本明细账中转出。如果半成品完工后，不通过半成品库收发，而为下一步骤直接领用，则半成品成本就在各步骤的产品成本明细账之间直接结转，不必编制结转半成品成本的会计分录。如果半成品完工后，要通过半成品库收发，则应编制结转半成品成本的会计分录。在验收入库时，借记“自制半成品”账户，贷记“基本生产成本”账户；在下一步骤领用时，再编制相反的会计分录。

1. 半成品不通过半成品库收发

半成品不通过半成品库收发的成本计算程序：上一个步骤的半成品成本，要随着半成品实物的转移，从上一个步骤的成本明细账或成本计算单转入本步骤同一产品的成本明细账或成本计算单中，再加上本步骤所发生的费用，计算出本步骤半成品成本，依次逐步累计结转，直到最后步骤计算出产成品成本为止。半成品不通过半成品库收发流程如图 4-2 所示（单位：元）。

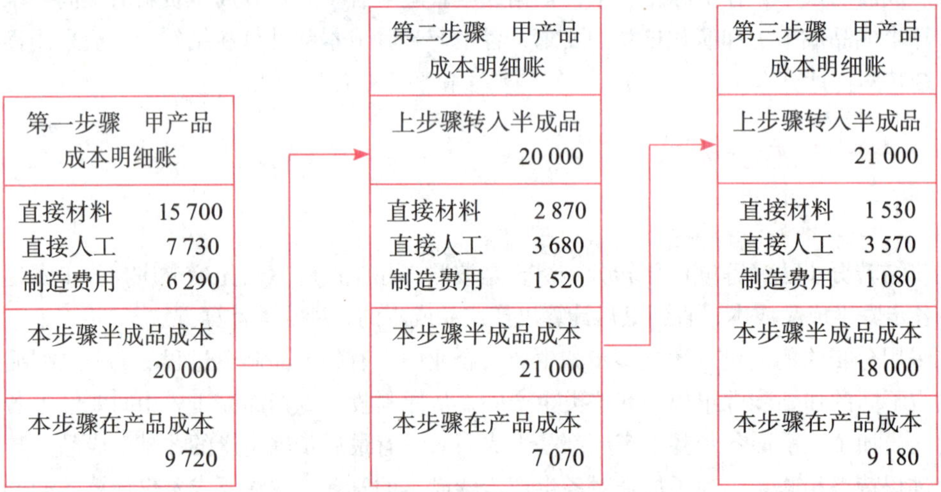

图 4-2　半成品不通过半成品库收发流程

2. 半成品通过半成品库收发

在这种情况下，成本核算的基本步骤与上述半成品不通过半成品库收发基本相同。唯一差别在于，在各步骤之间设立“自制半成品”明细账，核算各步骤半成品的收、发、结存情况。半成品通过半成品库收发流程如图 4-3 所示（单位：元）。

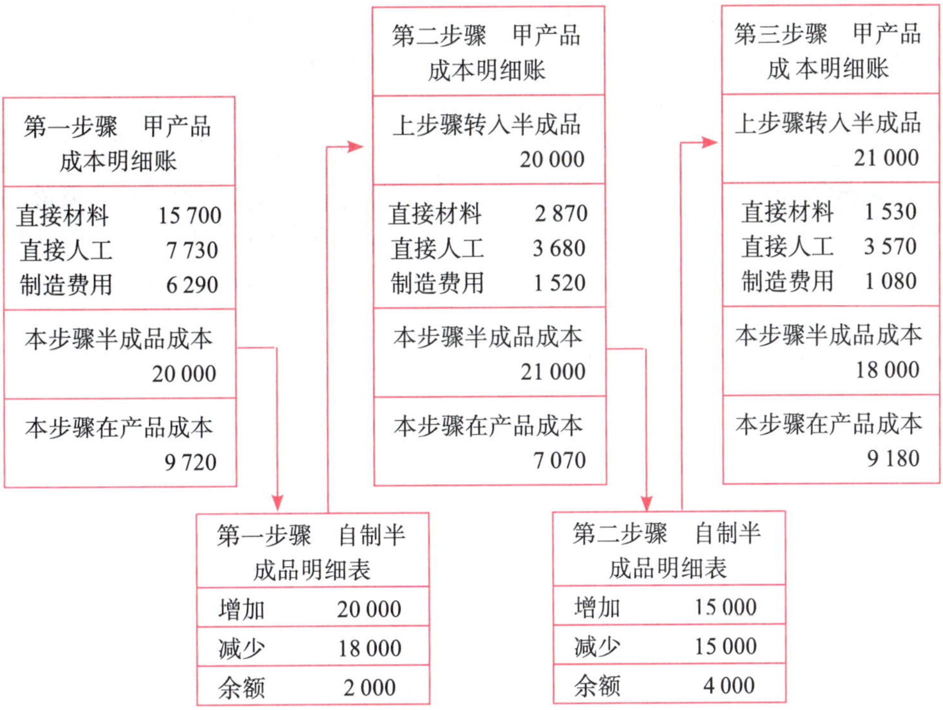

图 4-3　半成品通过半成品库收发流程

将各步骤归集的生产费用，于月末采用适当的分配方法，在完工半成品（最后步骤为产成品）与正在加工中的在产品之间进行分配，然后通过半成品的逐步结转，在最后一步骤的产品成本明细账中，计算出完工产成品成本。

综上所述，逐步结转分步法实际上就是品种法的多次连续应用，即在采用品种法计算上一步骤的半成品成本以后，按照下一步骤的耗用数量转入下一步骤成本；下一步骤再一次采用品种法归集所耗半成品的费用和本步骤其他费用，计算其半成品成本。如此逐步结转，直至最后一个步骤计算出产成品成本。

（三）逐步结转分步法的种类

逐步结转分步法按照结转的半成品成本在下一步骤产品成本明细账中的反映方法，可分为综合结转分步法和分项结转分步法。

1. 综合结转分步法

在综合结转法分步法下，半成品通过半成品库收发，由于各月所生产半成品的单位成本不同，因而所耗半成品的单位成本可以如同材料核算一样，采用先进先出法或加权平均法等方法计算。综合结转可以按照半成品的实际成本结转，也可以按照半成品的计划成本结转。

（1）按实际成本综合结转半成品成本。

①加权平均法。按本期收入的半成品数量加上期初结存的半成品数量，计算该半成品平均成本的方法。其计算公式如下：

$$加权平均单位成本=\frac{期初结存半成品实际成本+本期收入半成品实际成本}{期初结存半成品数量+本期收入半成品数量}$$

发出半成品成本=本期发出半成品数量 × 加权平均单位成本

期末结存半成品成本=期末结存半成品数量 × 加权平均单位成本

②先进先出法。假定先入库的半成品先发出，计算下一步骤领用半成品的成本。

【例 4-2】HW公司生产A产品分为两个步骤：第一步对原材料进行预处理；第二步进行深加工，分别在两个车间进行。原材料在生产开始时一次性投入，生产过程中的其他费用陆续发生，第一步完工后的半成品交半成品库验收，第二车间按照生产所需的数量从半成品库中领用。第二车间所耗半成品费用按照月末一次加权平均法计算。两个车间的月末在产品均按定额成本计价。

A产品 202× 年 5 月的成本资料如表 4-17 和表 4-18 所示。

表 4-17 产量资料 单位：件

项 目	第一车间	第二车间
月初在产品	960	1 800
本月投产或由上一车间转入	5 040	5 640
本月完工	5 400	3 840
月末在产品	600	3 600

表 4-18 成本资料 单位：元

成本项目	第一车间		第二车间	
	月初在产品	本月发生	月初在产品	本月发生
直接材料	108 000	150 000	230 400	789 600
直接人工	174 000	270 000	331 200	1 166 400
制造费用	104 400	120 000	101 160	216 000
合计	386 400	540 000	662 760	2 172 000

其成本计算程序如下。

①根据各种费用分配表、半成品交库单以及第一车间在产品定额成本资料（期初、期末在产品定额成本资料为已知，在表 4-18 中列示），登记第一车间 A 半成品成本明细账，如表 4-19 所示。

表 4-19 第一车间 A 半成品成本明细账 单位：元

202× 年		凭证号数	摘要	直接材料	直接人工	制造费用	合计
月	日						
5	1		月初在产品成本（定额成本）	108 000	174 000	104 400	386 400
5	31		本月生产费用	150 000	270 000	120 000	540 000
5	31		合计	258 000	444 000	224 400	926 400
5	31		转出半成品成本	216 000	360 000	144 000	720 000
5	31		月末在产品成本（定额成本）	42 000	84 000	80 400	206 400

在第一车间A半成品9成本明细账中，由于在产品按定额成本计价，因此完工半成品成本应根据生产费用累计数减去月末在产品的定额成本求得。

根据第一车间的半成品交库单编制会计分录如下：

借：自制半成品——A半成品　　720 000

　贷：生产成本——基本生产成本——A半成品　　720 000

②根据计价后的半成品交库单和第二车间领用半成品的领用单登记自制半成品明细账，如表4-20所示。

表4-20　自制半成品明细账

A半成品

月份	月初余额		本月增加		累计			本月减少	
	数量（件）	实际成本（元）	数量（件）	实际成本（元）	数量（件）	实际成本（元）	单位成本（元/件）	数量（件）	实际成本（元）
5	960	170 400	5 400	720 000	6 360	890 400	168	5 640	789 600
6	720	100 800	—	—	—	—	—	—	—

在自制半成品明细账中，本月增加的数量和成本是根据A半成品交库单登记的，半成品的单位成本采用月末一次加权平均法计算。

A产品单位成本=（170 400+720 000）÷（960+5 400）=140（元/件）

本月减少的数量应根据第二车间领用半成品的领用单登记，根据第二车间领用半成品的领用单，编制会计分录如下：

借：生产成本——基本生产成本——A产品　　789 600

　贷：自制半成品——A半成品　　789 600

③根据各种费用分配表、半成品领用单、产成品交库单以及第二车间在产品定额成本资料（期初、期末在产品定额成本资料为已知，在表4-18中列示），登记第二车间A产成品成本明细账，如表4-21所示。

表4-21　第二车间A产成品成本明细账

202×年		凭证号数	摘要	产出数量（件）	直接材料（元）	直接人工（元）	制造费用（元）	合计（元）
月	日							
4	30		月初在产品成本（定额成本）	—	230 400	331 200	101 160	662 760
5	31		本月生产费用	—	789 600	1 166 400	216 000	2 172 000
5	31		合计	—	1 020 000	1 497 600	317 160	2 834 760
5	31		转出完工产品成本	3 840	783 360	1 113 600	240 000	2 136 960
5	31		产成品单位成本	—	204	290	62.5	556.5
5	31		月末在产品成本（定额成本）	—	236 640	384 000	77 160	697 800

第二车间的本月投入原材料即为领用半成品的成本，是根据自制半成品明细账登记的。根据产成品交库单，编制会计分录如下：

借：库存商品——A产品　　　　2 136 960

　　贷：生产成本——基本生产成本——A产品　　　　2 136 960

（2）按计划成本综合结转。使用这种结转方法时，半成品日常的收发核算均按计划单位成本核算；在半成品实际成本算出以后，再根据实际成本计算出半成品的成本差异率，将本月本步骤所耗半成品的成本差异计入当期损益。

采用计划成本结转半成品成本，为了计算所耗半成品的成本差异，自制半成品明细账不仅要反映半成品收发及结存的数量和实际成本，还要反映半成品收发及结存的计划成本、成本差异率和成本差异额。在产品成本明细账中，对于所耗半成品，可以按照调整成本差异后的实际成本登记；为了分析上一步骤半成品的成本差异对本步骤成本的影响，也可以按照所耗半成品的计划成本和实际成本分别登记。当采用后一种方法时，产品成本明细账中“半成品”“原材料”项目，要分设“计划成本”“成本差异”“实际成本”栏。仍以【例4-2】中资料列示其自制半成本明细账，如表4-22所示。

表4-22　自制半成品明细账

A半成品

月份	月初余额			本月发生			累计					本月减少		
	数量（件）	计划成本（元）	实际成本（元）	数量（件）	计划成本（元）	实际成本（元）	数量（件）	计划成本（元）	实际成本（元）	成本差异（元）	成本差异率	数量（件）	计划成本（元）	实际成本（元）
	①	②	③	④	⑤	⑥	⑦=①+④	⑧=②+⑤	⑨=③+⑥	⑩=⑨-⑧	⑪=⑩÷⑧×100%	⑫	⑬	⑭=⑬+⑬×⑪
5	960	1 24 800	1 70 400	5 400	702 000	720 000	6 360	826 800	890 400	63 600	7.69%	5 640	733 200	789 600
6	720	93 600	100 800	—	—	—	—	—		—	—	—	—	—

注：计划单位成本为130元/件。

某种自制半成品成本差异率=（月初库存自制半成品成本差异+本月自制半成品成本差异）÷（本月自制半成品数量×计划单位成本+月初库存自制半成品计划成本）

按计划成本综合结转半成品成本可以加速和简化企业的核算工作，便于企业进行成本分析和考核，但是按照计划成本综合结转需要企业具有较为准确的成本计划。

（3）综合结转的成本还原。采用综合结转法结转半成品成本，各生产步骤所耗用的上一步骤半成品的成本是以“半成品”或“直接材料”项目综合反映的。因此，表现在产成品成本中的绝大部分费用是最后一个步骤所耗半成品的费用，而其他加工费用仅是最后步骤发生的直接人工和制造费用，在整个产品的成本中所占比重很小。显然，这不符合产品成本构成的实际情况，不能据以从整个企业角度分析和考核产品成本的构成和水平。因此，在管理上要求从整个企业角度分析和考核产品成本的构成和水平时，还应将综合结转计算出的产成品成本进行成本还原。所谓成本还原，就是从最后一个步骤起，把所耗上一步骤半成品的综合成本还原成直接材料、直接人工、制造费用等原始成本项目，从而求得按原始成本项目反映的产成品成本资料。

仍以【例 4-2】为例，企业第二车间A产品明细账中计算出的本月产成品所耗半成品费用为 783 360 元，按第一车间A半成品成本明细账中计算出的本月所产A半成品成本为 720 000 元的各成本项目的比例关系进行分解、还原，求出按原始成本项目反映的A产品的成本。编制A产品成本还原计算表如表 4-23 所示。

表 4-23　A产品成本还原计算表

单位：元

行次	项 目	产量（件）	还原分配率	半成品	直接材料	直接人工	制造费用	成本合计
①	还原前产成品成本	3 840	—	783 360	—	1 113 600	240 000	2 136 960
②	本月所产半成品成本	—	—	—	216 000	360 000	144 000	720 000
③	产成品成本中半成品费用还原值		1.088	−783 360	235 008	391 680	156 672	0
④	还原后产成品总成本				235 008	503 040	396 672	1 134 720
⑤	还原后产成品单位成本	3 840			61.2	131	103.3	295.5

表 4-23 中还原前的产成品成本根据第二车间A产品成本明细账中完工转出的产成品成本填写，其中，半成品项目 783 360 元是成本还原的对象；本月所产半成品成本根据第一车间A半成品成本明细账中完工转出的半成本项目填列，其各成本项目费用之间的比例是成本还原的依据。表中还原分配率=783 360÷720 000=1.088。

还原分配率的意义可以理解为，每一单位第一车间生产半成品成本相当于产成品所耗半成品费用多少单位。还原分配率分别乘以本月所产A产品半成品各个成本项目的费用，即可将本月生产所耗半成品的综合费用按照本月生产这种半成品的成本结构进行分解、还原，求出按原始成本项目反映的产成品成本。

如果产品的生产步骤不是两步，而是三步或三步以上，按照上述的方法将最后一步的成本还原后，前面步骤还有未还原的成本，这时应该继续进行还原，直到产品成本明细账中的“半成品”项目被全部分解为原始成本内各项目为止。

综上所述，逐步结转分步法的成本还原步骤可以概括为以下四步。

①从最后一个步骤起，把所耗的上一步骤半成品的综合成本还原为按直接材料、直接人工、制造费用等原始成本项目反映的产品成本资料。

②按本月该种半成品的成本构成，把半成品的综合成本还原。

③计算还原分配率。

$$\text{还原分配率}=\frac{\text{产成品所耗以前生产步骤半成品成本合计}}{\text{以前生产步骤所产该种半成品成本合计}}$$

④进行成本还原，编制成本还原计算表，求得按原始成本项目反映的产品成本。

由表 4-23 可以看出，本月产成品所耗半成品费用为 783 360 元，而本月所产的半成品成本为 720 000 元，其中，63 360 元是以前月份所产的半成品成本。而以前月份所产半成品的成本与本月所产半成品的成本构成不可能一致，如果半成品的成本结构变化较大，按上述方法进行还原，会对产品成本还原的正确性造成很大影响。在半成品的定额成本或计划成本比较准确的情况下，为了提高成本还原结果的准确性，产品所耗半成品费用可以按照产品的定额成本或计划成本的成本结构进行还原。这样，产品成本还原计算表中的项目应作调整，将成本项目分列的“本月所产半成品成本”改为“半成品的定额成本或半成品的计划成本”。

综合结转分步法可以在各生产步骤的产品成本明细账中反映各步骤耗费半成品的费用水平和本步骤加工费用的水平，有利于各步骤的生产管理。但是如果管理上要求提供按原始成本项目反映的产品成本资料时，则必须进行成本还原，从而增加核算的工作量。因此，这种方法适用于在管理上要求计算各步骤耗用半成品的费用，但不要求进行成本还原的情况。

2. 分项结转分步法

分项结转分步法的特点是将各步骤所耗用的上一步骤半成品成本，按照成本项目分项转入下一步骤产品成本明细账的各个成本项目中。如果半成品通过仓库收发，那么在自制半成品明细账中登记半成品成本时，也要按照成本项目分别登记。分项结转，可以按照半成品的实际成本结转，也可以先按照半成品的计划成本结转，再按成本项目分项调整成本差异。由于后一种做法计算工作量较大，因而一般多采用按实际成本分项结转的方法。分项结转分步法流程如图4-4所示（单位：元）。

第一步骤　半成品成本明细账		
生产成本	直接材料	15 700
	直接人工	7 730
	制造费用	6 290
	合计	29 720
完工半成品	直接材料	9 000
	直接人工	4 000
	制造费用	4 000
	合计	17 000
月末在产品	直接材料	6 700
	直接人工	3 730
	制造费用	2 690
	合计	13 120

第二步骤　半成品成本明细账		
上步转入	直接材料	9 000
	直接人工	4 000
	制造费用	4 000
	合计	17 000
生产成本	直接材料	2 870
	直接人工	3 680
	制造费用	1 520
	合计	8 070
完工半成品	直接材料	7 000
	直接人工	4 000
	制造费用	3 000
	合计	14 000
月末在产品	直接材料	4 870
	直接人工	3 680
	制造费用	2 520
	合计	11 070

第三步骤　半成品成本明细账		
上步转入	直接材料	7 000
	直接人工	4 000
	制造费用	3 000
	合计	14 000
生产成本	直接材料	1 530
	直接人工	3 570
	制造费用	1 080
	合计	6 180
完工半成品	直接材料	5 000
	直接人工	4 000
	制造费用	2 040
	合计	11 040
月末在产品	直接材料	3 530
	直接人工	3 570
	制造费用	2 040
	合计	9 140

图4-4　分项结转分步法流程

【例4-3】奔腾企业采用分项结转分步法计算产品成本。生产过程分为三个步骤，各生产步骤生产的半成品和产成品分别为半成品A、半成品B和产成品C。假定半成品不通过半成品仓库收发，其半成品全部由上一生产步骤转入下一生产步骤。部分有关成本计算的期初资料如表4-24和表4-25所示。

（1）产量资料。

表 4-24　产量资料

单位：件

项 目	第一步骤	第二步骤	第三步骤
月初在产品	117	52	156
本月投入	559	468	312
本月完工	468	312	468
月末在产品	208	208	

原材料在第一步骤开始时一次性投入，加工费用随加工程序陆续发生，月末在产品完工程度为 50%。

（2）月初在产品成本资料。

表 4-25　月初在产品成本

单位：元

成本项目	生产步骤	直接材料	直接人工	制造费用	合计
月初在产品成本	第一步骤	6 760	1 300	2 730	10 790
	第二步骤	5 496.4	2 080	2 600	10 176.4
	第三步骤	23 920	22 100	10 400	56 420
	合计	36 176.4	25 480	15 730	77 386.4
本月生产费用	第一步骤	54 080	11 284	19 006	84 370
	第二步骤	—	21 060	20 800	41 860
	第三步骤	—	42 016	14 924	56 940
	合计	54 080	74 360	54 730	183 170

要求：根据以上资料，采用分项结转分步法编制基本生产成本明细账。根据上述要求，填制的基本生产成本明细账如表 4-26、表 4-27 和表 4-28 所示。

（1）第一步骤。

表 4-26　基本生产成本明细账

产品名称：半成品 A　　　　生产步骤：第一步骤

202× 年		凭证号数	成本项目	直接材料	直接人工	制造费用	合计
月	日						
5	1		月初在产品成本（元）	6 760	1 300	2 730	10 790
5	31		本月生产费用（元）	54 080	11 284	19 006	84 370
5	31		合计（元）	60 840	12 584	21 736	95 160
5	31		约当产量（件）	676①	572②	572②	—
5	31		分配率	90	22	38	150
5	31		转入下步骤 A 半成品成本（元）	42 120	10 296	17 784	70 200
5	31		月末在产品成本（元）	18 720	2 288	3 952	24 960

注：① 468+208=676；② 468+208×0.5=572。

第一步骤生产的半成品A转入第二生产步骤的会计分录如下：

借：生产成本——基本生产成本——半成品B　　70 200

　　贷：生产成本——基本生产成本——半成品A　　70 200

（2）第二步骤。

表 4-27　基本生产成本明细账

产品名称：半成品B　　生产步骤：第二步骤

202×年		凭证号数	成本项目	直接材料	直接人工	制造费用	合计
月	日						
5	1		月初在产品成本（元）	5 496.4	2 080	2 600	10 176.4
5	31		本月上步骤转入（元）	42 120	10 296	17 784	70 200
5	31		本月生产费用（元）	—	21 060	20 800	41 860
5	31		合计（元）	47 616.4	33 436	41 184	122 236.4
5	31		约当产量（件）	520①	416②	416②	—
5	31		分配率	91.57	80.375	99	270.945
5	31		转入下步骤B半成品成本（元）	28 569.84	25 077	30 888	84 534.84
5	31		月末在产品成本（元）	19 046.56	8 359	10 296	37 701.56

注：① 312+208=520；② 312+208×0.5=416。

第二步骤生产的半成品B转入第三生产步骤的会计分录如下：

借：生产成本——基本生产成本——产成品C　　84 534.84

　　贷：生产成本——基本生产成本——半成品B　　84 534.84

（3）第三步骤。

表 4-28　基本生产成本明细账

产品名称：产成品C　　单位：元

202×年		凭证号数	成本项目	直接材料	直接人工	制造费用	合计
月	日						
5	1		月初在产品成本	23 920	22 100	10 400	56 420
5	31		本月上步骤转入	28 569.84	25 077	30 888	84 534.84
5	31		本月生产费用	—	42 016	14 924	56 940
5	31		合计	52 489.84	89 193	56 212	197 894.84
5	31		完工甲产品成本	52 489.84	89 193	56 212	197 894.84
5	31		甲产品单位成本	112.16	190.58	120.11	422.85

甲产品入库的会计分录为：

借：库存商品——甲产品　　197 894.84

　　贷：生产成本——基本生产成本——甲产品　　197 894.84

（四）逐步结转分步法的优缺点

1.逐步结转分步法的优点是

（1）能够提供各个生产步骤的半成品成本资料。

（2）能够为在产品的实物管理和生产资金管理提供资料。

（3）能够全面反映各生产步骤完工产品中所耗上一步骤半成品费用水平和本步骤加工费用水平，更好地满足各步骤成本管理的要求。采用分项结转法分步结转半成品成本时，可以直接提供按原始成本项目反映的产品成本资料，满足企业分析及考核产品构成和水平的需要，而不必进行成本还原。

2.逐步结转分步法的缺点是

（1）这一方法的核算工作比较复杂，核算工作的及时性也较差。

（2）如果采用综合结转分步法，需要进行成本还原；如果采用分项结转分步法，结转的核算工作量较大。两者都增大了核算工作量。

逐步结转分步法一般适宜在半成品品种不多、逐步结转半成品成本的工作量不是很大的情况下，或者半成品的种类较多，但管理上要求提供各个生产步骤半成品成本信息的情况下采用。

四、平行结转分步法

（一）平行结转分步法的应用范围

在采用分步法的大量、大批多步骤生产的企业中，为了简化和加速成本计算工作，在计算产品成本时，可以既不计算各步骤所产半成品成本，也不计算各步骤所耗上一步骤的半成品成本（各步骤之间不结转所耗半成品成本），而只计算本步骤所发生的各项生产费用以及这些费用中应计入产成品成本的“份额”。然后，将各步骤应计入同一产成品成本的份额平行结转、汇总，即可计算出该种产品的产成品成本。这种平行结转各步骤成本的方法，称平行结转分步法，也称不计算半成品成本分步法。

（二）平行结转分步法的特点

1.各生产步骤不计算半成品成本，只计算本步骤所发生的生产费用。

2.各步骤之间也不结转半成品成本，只是在企业的产成品入库时，才将各步骤费用中应计入产成品成本的份额从各步骤产品成本明细账中转出，即从“基本生产成本”账户的贷方转入“产成品”账户的借方。因此，采用这一方法，半成品无论是在各步骤之间直接转移，还是通过半成品库收发，都不通过“自制半成品”账户进行总分类核算。也就是说，半成品成本不随半成品实物转移而结转。

3.每一生产步骤的生产费用要在其完工产品与月末在产品之间进行分配。这里的在产品是指尚未产成的全部在产品和半成品，包括：（1）尚在本步骤加工中的在产品，即狭义在产品；

（2）本步骤已完工转入半成品库的半成品；（3）已从半成品库转到以后各步骤进一步加工、尚未最后完成的产品。

（三）平行结转分步法的基本计算程序

1.按产品和加工步骤设置成本明细账，各步骤成本明细账分别按成本项目归集本步骤发生的生产费用（但不包括耗用上一步骤半成品的成本）。

2.月末将各步骤归集的生产费用在产成品与广义在产品之间进行分配，计算各步骤费用中应计入产成品成本的份额。

3.将各步骤费用中应计入产成品成本的份额按成本项目平行结转，汇总计算产成品的总成本及单位成本。

平行结转分步法的基本步骤如图 4-5 所示。

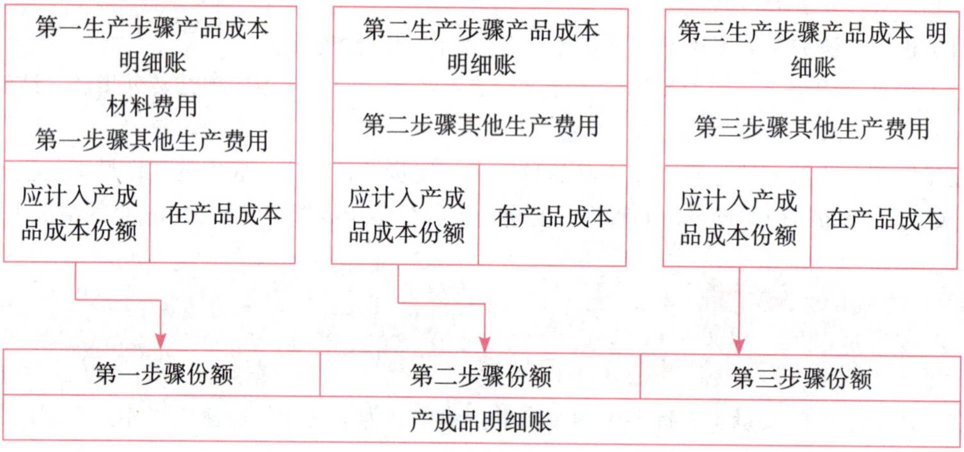

图 4-5　平行结转分步法的基本步骤

（四）平行结转分步法各步骤应计入产成品成本“份额”的计算

某步骤应计入产成品成本的份额=产成品数量 × 单位产成品耗用该步骤某成本项目费用分配率

成本项目费用分配率=（该步骤期初在产品成本+该步骤本月发生的生产费用）÷该步骤产品的约当产量

某步骤产品的约当产量=本月最终产成品数量+本步骤加工的在产品约当产量+本步骤完工转入以后各步骤尚未最终完成的在产品数量+本步骤完工转入半成品库的半成品数量

（五）平行结转分步法举例

【例 4-4】东方工厂是一家机械制造企业，只生产销售 A 产品，生产过程分为三个步骤：第一步骤生产出半成品甲转到第二步骤加工成半成品乙，乙半成品转到第三步骤加工成 A 产成品。原材料在加工时一次性投入，各步骤的狭义在产品（本步骤或本车间的在产品）完工程度均为 50%，202× 年 5 月有关的产量和成本资料如表 4-29 和表 4-30 所示。

表 4-29　产量记录

单位：件

项 目	第一步骤	第二步骤	第三步骤
月初在产品	48	32	16
本月投入	224	240	224
本月完工	240	224	208
月末在产品	32	48	32

表 4-30　期初在产品成本及本月生产费用

单位：元

成本项目	生产步骤	直接材料	直接人工	制造费用	合计
月初在产品成本	第一步骤	2 240	1 296	2 608	6 144
	第二步骤	—	3 032	1 232	4 264
	第三步骤	—	1 200	688	1 888
本月生产费用	第一步骤	9 920	4 480	5 600	20 000
	第二步骤	—	3 040	880	3 920
	第三步骤	—	4 400	2 000	6 400

根据以上资料，采用平行结转分步法计算A产品成本，并登记基本生产成本明细账（见表4-31至表4-34）。

1. 第一步骤：基本生产成本明细账

表 4-31　基本生产成本明细账

生产步骤：第一步骤　　产品名称：甲半成品

202× 年		凭证号数	成本项目	直接材料	直接人工	制造费用	合计
月	日						
5	1		月初在产品成本（元）	2 240	1 296	2 608	6 144
5	31		本月生产费用（元）	9 920	4 480	5 600	20 000
5	31		合计（元）	12 160	5 776	8 208	26 144
5	31		分配费用的产量（件）	320①	304②	304②	—
5	31		分配率	38	19	27	84
5	31		计入产成品的份额（元）	7 904	3 952	5 616	17 472
5	31		月末在产品成本（元）	4 256	1 824	2 592	8 672

注：① 208+32+48+32=320；② 208+32×0.5+48+32=304。

2. 第二步骤：基本生产成本明细账

表 4-32 基本生产成本明细账

生产步骤：第二步骤　　　　产品名称：乙半成品

202× 年		凭证号数	成本项目	直接材料	直接人工	制造费用	合计
月	日						
5	1		月初在产品成本（元）		3 032	1 232	4 264
5	31		本月生产费用（元）		3 040	880	3 920
5	31		合计（元）		6 072	2 112	8 184
5	31		分配费用的产量（件）		264①	264①	—
5	31		分配率		23	8	31
5	31		计入产成品的份额（元）		4 784	1 664	6 448
5	31		月末在产品成本（元）		1 288	448	1 736

注：① 208+48×0.5+32=264。

3. 第三步骤：基本生产成本明细账

表 4-33 基本生产成本明细账

生产步骤：第三步骤　　　　产品名称：A 产成品

202× 年		凭证号数	成本项目	直接材料	直接人工	制造费用	合计
月	日						
5	1		月初在产品成本（元）		1 200	688	1 888
5	31		本月生产费用（元）		4 400	2 000	6 400
5	31		合计（元）		5 600	2 688	8 288
5	31		分配费用的产量（件）	—	224①	224①	—
5	31		分配率		25	12	37
5	31		计入产成品的份额（元）	—	5 200	2 496	7 696
5	31		月末在产品成本（元）	—	400	192	592

注：① 208+32×0.5=224。

4. 产成品成本汇总表

表 4-34 产成品成本汇总

产成品名称：A 产品

成本项目	直接材料	直接人工	制造费用	合计
第一步骤（元）	7 904	3 952	5 616	17 472
第二步骤（元）	—	4 784	1 664	6 448
第三步骤（元）	—	5 200	2 496	7 696
完工产品总成本（元）	7 904	13 936	9 776	31 616
完工产品单位成本（元/件）	38	67	47	152

A 产成品入库的账务处理如下：

借：库存商品——A产品　　31 616
　　贷：生产成本——基本生产成本——A产品　　31 616

（六）平行结转法的优缺点

1.平行结转分步法的优点

（1）各步骤可以同时计算产品成本，然后将应计入完工产品成本的份额平行结转汇总计入产成品成本，不必逐步结转半成品成本，从而可以简化和加速成本计算工作。

（2）采用平行结转法，一般是按成本项目平行结转汇总各步骤成本中应计入产成品成本的份额，因而能够直接提供按原始成本项目反映的产品成本信息，不必进行成本还原，省去了大量烦琐的计算工作。

2.平行结转分步法的缺点

（1）不能提供各步骤半成品成本资料及各步骤所耗上一步骤半成品费用资料。

（2）由于各步骤间不结转半成品成本，使半成品实物转移与成本结转脱节，因而不能为各步骤在产品的实物管理和资金管理提供有用信息。

平行结转分步法一般只适宜在半成品种类较多，逐步结转半成品成本的工作量较大，管理上又不要求提供各步骤半成品成本信息的情况下采用。

第四节　分批法

一、分批法含义和适用范围

产品成本计算的分批法，是按照产品批别归集生产费用、计算产品成本的方法。这种方法适用于单件小批类型的生产，如造船业、重型机器设备制造业等，也可用于一般企业中的新产品试制或试验的生产、在建工程以及设备修理作业等。这些企业或生产部门的一个共同特点是，一批产品通常不重复生产，即使重复生产也是不定期的。在小批单件组织生产的企业中，根据订货单位的订单签发工作号来组织生产时，按产品批次计算产品成本，往往与按订单计算产品成本相一致，因此，分批法又被称为订单法。

二、分批法的特点

按照产品批别组织生产时，生产计划部门要签发生产通知单下达到车间，并通知会计部门。在生产通知单中应对该批生产任务进行编号，称为产品批号或生产令号。会计部门应根据生产计划部门下达的产品批号，也就是产品批别，设立产品成本明细账。

（一）成本计算对象

分批法以产品的批别或件别为成本计算对象，按成本项目开设专栏进行明细分类核算。在小批和单件生产的企业中，产品的种类和每批产品的批量，大多是根据订单确定的，因而按批、按件计算产品成本，往往也就是按照订单计算产品成本。但是，一张订单与一个批别并非同一个概念。

如果在一张订单中规定有几种产品，或虽然只有一种产品，但其数量较大而又要求分批交货的，则可以将订单按照产品品种划分批别组织生产，或将同类产品划分数批产品组织生产，计算产品成本。

如果在一张订单中只规定一种产品，而且属于大型复杂的产品，价值较大，生产周期较长（如大型船舶制造），则可按照产品的组成部分分批组织生产，计算成本。如果在同一时期内，企业接到不同购货单位要求生产同一产品的几张订单，为了经济合理地组织生产，企业生产计划部门也可将其合并为一批产品组织生产并计算成本。在这种情况下，分批法的成本计算对象，就不是购货单位的订货单，而是企业生产计划部门签发下达的生产任务通知单，通知单内应对该批生产任务进行编号，称为产品的批号或生产令号。

（二）成本计算期

在分批法下，产品成本的计算是与生产任务通知单的签发和生产任务的完成紧密配合的，因此，产品成本计算是不定期的。由于各批产品的生产周期不一致，故每批产品的实际成本必须等到该批产品全部完工后才能确定，使得产品成本计算不是定期的，成本计算期与产品生产周期基本一致，而与会计报告期不一致。

（三）费用在完工产品与在产品之间分配

在分批法下，由于成本计算期与产品的生产周期基本一致，因而在计算月末产品成本时，一般不存在完工产品与在产品之间分配费用的问题。但是，有时会出现同一批次产品跨月陆续完工的情况，为了提供月末完工产品成本，需要将归集的生产费用分配计入完工产品和期末在产品。

三、分批法的计算程序

（1）按产品批别开设基本生产成本明细账（或成本计算单），按成本项目开设专栏。在明细账上既要注明批号，也要列明产品名称。

（2）编制各要素费用分配表，归集和分配各批次产品的生产费用，并登记有关明细账。

（3）计算完工产品成本。月末根据完工批别成本明细账中所归集的生产费用，计算完工产品的实际总成本和单位成本；月末各批未完工产品成本明细账内归集的生产费用即为月末在产品成本；如果月末只有部分完工，则需要采用适当的方法在完工产品与在产品之间分配费用。

四、分批法举例

【例 4-5】某制造企业根据客户的订单组织产品生产，采用分批法计算产品成本，该企业设有两个基本生产车间，一个辅助生产车间，辅助生产车间不单独核算“制造费用”。该企业202× 年 9 月的生产情况和成本计算资料如表 4-35 至表 4-37 所示。

表 4-35　生产情况　　单位：台

批号	产品名称	投产批量	本月完工	在产品	开工日期
1301	甲	200	50	150	202×年8月
1302	乙	100	—	100	202×年8月
1303	丙	100	75	25	202×年9月
1304	丁	150	—	150	202×年9月

表 4-36　产品投产情况　　单位：台

批号	产品名称	生产车间	
		第一车间	第二车间
1301	甲	2 400	1 280
1302	乙	1 200	1 600
1303	丙	800	1 200
1304	丁	760	800
合计		5 160	4 880

表 4-37　月初在产品成本资料　　单位：元

批号	产品名称	直接材料	直接人工	制造费用	合计
1301	甲	18 819	13 957	7 100	39 876
1302	乙	21 779	4 812	2 132	28 723

（一）开设生产成本明细账

根据期初在产品成本，按产品批别开设基本生产成本明细账。

（二）本月各要素费用的归集与分配

（1）根据各种领料单形成的材料费用汇总表，如表 4-38 所示。

表 4-38　材料费用汇总表　　单位：元

批号	产品名称	A材料	B材料	合计
1301	甲	9 707	2 237	11 944
1302	乙	1 331	772	2 103
1303	丙	1 404	4 793.5	6 197.5
1304	丁	1 001	4 219	5 220
合计	—	13 443	12 021.5	25 464.5

根据上述材料费用汇总表登记基本生产成本明细账，其账务处理如下。

记账凭证 1:

借：生产成本——基本生产成本——1301　　11 944

——1302　　2 103

——1303　　6 197.5

——1304　　5 220

贷：原材料——A材料　　13 443

——B材料　　12 021.5

（2）本月应付职工薪酬账户上归集的基本生产车间工资费用为 44 100 元，其中，第一车间 25 800 元，第二车间 18 300 元。第一车间和第二车间直接人工费用分配表分别如表 4-39、表 4-40 所示。

表 4-39　第一车间直接人工费用分配表　　单位：元

批号	生产工时（小时）	工资分配率	工资额	应付福利费	合计
1301	2 400	5	12 000	1 680	13 680
1302	1 200		6 000	840	6 840
1303	800		4.000	560	4 560
1304	760		3 800	532	4 332
合计	5 160		25 800	3 612	29 412

表 4-40　第二车间直接人工费用分配表　　单位：元

批号	生产工时（小时）	工资分配率	工资额	应付福利费	合计
1301	1 280	3.75	4 800	672	5 472
1302	1 600		6 000	840	6 840
1303	1 200		4 500	630	5 130
1304	800		3 000	420	3 420
合计	4 880		18 300	2 562	20 862

根据上述直接人工费用分配表登记基本生产成本明细账，其账务处理如下。

记账凭证 2:

借：生产成本——基本生产成本——1301　　19 152
　　　　　　　　　　　　　　——1302　　13 680
　　　　　　　　　　　　　　——1303　　9 690
　　　　　　　　　　　　　　——1304　　7 752
　贷：应付职工薪酬——基本生产成本——第一车间　　29 412
　　　　　　　　——基本生产成本——第二车间　　20 862

（3）本月制造费用明细账上归集的生产费用为 10 005 元，其中，第一车间 4 515 元，第二车间 5 490 元。制造费用分配表如表 4-41 所示。

表 4-41　制造费用分配表　　单位：元

批号	第一车间			第二车间			合计
	生产工时（小时）	分配率	制造费用	生产工时（小时）	分配率	制造费用	
1301	2 400	0.875	2 100	1 280	1.125	1 440	3 540
1302	1 200		1 050	1 600		1 800	2 850
1303	800		700	1 200		1 350	2 050
1304	760		665	800		900	1 565
合计	5 160		4 515	4 880		5 490	10 005

根据上述制造费用分配表登记制造费用和基本生产成本明细账，其账务处理如下。

记账凭证 3:

借：生产成本——基本生产成本——1301　　3 540
　　　　　　　　　　　　　　——1302　　2 850
　　　　　　　　　　　　　　——1303　　2 050
　　　　　　　　　　　　　　——1304　　1 565
　贷：应付职工薪酬——基本生产成本——第一车间　　4 515
　　　　　　　　　——基本生产成本——第二车间　　5 490

（4）该厂辅助生产车间专门为本月生产的1301批号的甲产品制造模具，辅助生产成本明细账中生产甲产品制造专用模具耗用材料费8 909元，发生人工费3 680元，发生折旧、水电等其他费用7 920元，共计20 509元。辅助生产费用分配的账务处理如下。

记账凭证4:

借：生产成本——基本生产成本——1301　　20 509
　贷：生产成本——辅助生产成本　　20 509

（三）生产费用在完工产品和在产品之间的分配

根据上述记账凭证，将发生的相关费用登记到基本生产成本明细账中。

1. 1301批产品

1301批在产品采用定额成本法计算，完工产品的单位定额成本为650元，其中，直接材料200元，直接人工费用300元，制造费用150元。原材料在生产开始时一次性投入，在产品加工费用的完工程度为50%。1301批生产费用在完工产品和在产品之间的分配情况如表4-42所示。

表4-42　基本生产成本明细账

产品批别：1301批　　单位：元

202×年		凭证号数	成本项目	直接材料	直接人工	制造费用	合计
月	日						
8	31		本月生产费用合计	18 819	13 957	7 100	39 876
9	30	1	材料费用分配	11 944	—	—	11 944
	30	2	直接人工费用分配	—	19 152	—	19 152
	30	3	制造费用分配	—	—	3 540	3 540
	30	4	辅助生产费用分配	8 909	3 680	7 920	20 509
	30		本月生产费用合计	39 672	36 789	18 560	95 021
	30		在产品的定额成本	30 000	22 500	11 250	63 750
	30	5	完工产品成本	9 672	14 289	7 310	31 271

1301批部分完工入库产成品的账务处理如下。

记账凭证5:

借：库存商品——1301　　31 271
　贷：生产成本——基本生产成本　　1 301
　　　　　　　——直接材料　　9 672

——直接人工　　14 289
——制造费用　　7 310

2. 1302 批产品

由于 1302 批产品 202× 年 8 月投产，本月均未完工，因此，表 4-43 所归集的生产费用均为在产品的成本。

表 4-43　基本生产成本明细账

产品批别：1302 批　　单位：元

202× 年		凭证号数	成本项目	直接材料	直接人工	制造费用	合计
月	日						
8	31		本月生产费用合计	21 779	4 812	2 132	28 723
9	30	1	材料费用分配	2 103	—	—	2 103
	30	2	直接人工费用分配		13 680	—	13 680
	30	3	制造费用分配		—	2 850	2 850
	30		本月生产费用合计	23 882	18 492	4 982	47 356

3. 1303 批产品

1303 批产成品部分完工，部分未完工，将归集的生产费用按约当产量法在完工产品和在产品之间进行分配。该产品的完工程度为 40%，原材料一次性投入，该企业采用约当产量法分配 1303 批产品的生产费用，其生产费用在完工产品和在产品之间的分配情况如表 4-44 所示。

表 4-44　基本生产成本明细账

产品批别：1303 批　　单位：元

202× 年		凭证号数	成本项目	直接材料	直接人工	制造费用	合计
月	日						
9	30	1	材料费用分配	6 197.5			6 197.5
	30	2	直接人工费用分配	—	9 690		9 690
	30	3	制造费用分配	—		2 050	2 050
	30		本月生产费用合计	6 197.5	9 690	2 050	17 937.5
	30		分配率	61.975	114	24.117 7	200.092 7
	30	6	完工产品成本	4 648.13	8 550	1 808.83	15 006.96
	30		月末在产品成本	1 549.37	1 140	241.17	2 930.54

直接材料的约当产量=75+25×100%=100（台）

材料费用的分配率=6 197.5÷100=61.975

完工产品负担的材料费用=75×61.975=4 648.13（元）

月末在产品负担的材料费用=25×61.975=1 549.37（元）

直接人工和制造费用约当产量=75+25×40%=85（台）

直接人工费用分配率=9 690÷85=114

完工产品负担的直接人工费用=75×114=8 550（元）

月末在产品负担的直接人工费用=10×114=1 140（元）

制造费用的分配率=2 050÷85=24.117 7

完工产品负担的制造费用=75×24.117 7=1 808.83（元）

月末在产品负担的制造费用=2 050−1 808.828=241.17（元）

1303 批部分完工入库产成品的账务处理如下。

记账凭证 6:

借：库存商品——1303		15 006.96
贷：生产成本——基本生产成本——1303——直接材料		4 648.13
——直接人工		8 550
——制造费用		1 808.83

4. 1304 批产品

由于 1304 批产品 202× 年 9 月投产，本月均未完工，因此，表 4-45 所归集的生产费用均为在产品的成本。

表 4-45 基本生产成本明细账

产品批别：1304 批　　　　单位：元

202× 年 月	202× 年 日	凭证号数	成本项目	直接材料	直接人工	制造费用	合计
9	30	1	材料费用分配	5 220	—		5 220
	30	2	直接人工分配	—	7 752		7 752
	30	3	制造费用分配	—	—	1 565	1 565
	30		本月生产费用合计	5 220	7 752	1 565	14 537

五、简化分批法

在小批单件生产的企业中，如同一月份内投产的产品批别很多，则各种间接费用在各批产品之间按月分配的工作量很大，因此，在投产批数繁多且月末未完工批别较多的情况下可采用简化分批法计算产品成本。

（一）简化分批法的特点

（1）采用简化的分批法，必须设立基本生产成本二级账。基本生产成本二级账的作用在于：一是按月提供企业或车间全部产品的累计生产费用和生产工时（实际生产工时或定额生产工时）资料；二是在有完工产品的月份，按照下列公式计算登记全部产品累计间接计入费用分配率，以及完工产品总成本和月末在产品总成本。

$$全部产品累计间接计入费用分配率=\frac{全部产品累计间接计入费用}{全部产品累计工时}$$

某批完工产品应负担的间接计入费用=该批完工产品累计工时×全部产品累计间接计入费用分配率

（2）每月发生的各项间接计入费用，不是按月在各批产品之间进行分配，而是先在基本生产成本二级账中累计起来，在有完工产品的月份，按照完工产品累计生产工时的比例，在各批完工产品之间进行分配；对未完工的在产品则不分配间接计入费用，即不分配计算在产品成本。

简化分批法与一般分批法的不同之处在于：各批产品之间分配间接计入费用的工作以及完工产品与月末在产品之间分配费用的工作，即生产费用的横向分配工作和纵向分配工作，是利用累计间接计入费用分配率，在产品完工时合并在一起进行的。

简化分批法应按照产品的批别设立产品成本明细账，在各批产品完工之前，账内只需按月登记直接费用和生产工时，而不必按月分配、登记各项间接计入费用，计算各批在产品成本；在有完工产品的月份，才对完工产品按照其累计工时的比例，分配间接计入费用，计算完工产品成本；而全部产品的在产品应负担的间接计入费用，仍以总数反映在基本生产成本二级账中，不进行分配，不具体到各个批别中。

（二）简化分批法的计算程序

（1）在产品投产时，设置产品成本明细账和基本生产成本二级账。在生产费用发生时，根据材料费用分配表等原始凭证，将各批产品耗用的直接材料、直接人工工时分别计入各批别产品成本明细账和基本生产成本二级账中。

（2）根据各间接费用分配表，将制造费用等间接费用计入基本生产成本二级账中。

（3）月末，将基本生产成本二级账中的直接费用和直接工时与各批别产品成本明细账中的记录进行核对。

（4）月末，如有完工产品，则计算累计间接费用分配率，分配计算各批完工产品应负担的各项间接费用，并将完工产品成本从基本生产成本二级账转入各批别产品成本明细账中。

（三）简化分批法的适宜条件

采用简化的分批法，成本计算工作中的横向分配工作与纵向分配工作，在有完工产品时，根据同一个费用分配率一次分配完成。这就大大地简化了费用的分配和登记工作。但是，这种方法在各月间接计入费用水平相差很大的情况下不宜采用，否则会影响各月产品成本的正确性。另外，如果月末未完工产品的批数不多，也不宜采用这种方法。因为在这种情况下，绝大多数产品的批号仍然要分配登记各项间接计入费用，核算工作量减少较轻，但计算的正确性却会受到影响。

※思考题※

1.为什么说品种法是产品成本计算最基本的方法？品种法有哪些特点？

2.简述产品成本计算分批法的概念、特点及适用范围。

3.简述分类法的概念，说明类内完工产品成本应如何计算。

4.什么是成本还原？如何进行成本还原？

5.什么是逐步结转分步法和平行结转分步法？它们各有哪些优缺点？

第五章 成本习性分析

学习目标

1.理解成本习性的含义。

2.理解变动成本、固定成本和混合成本的含义及分类。

3.了解账户分析法、合同确认法和技术测定法分解混合成本的分析过程。

4.掌握高低点法、布点图法和回归直线法分解混合成本的分析过程。

5.利用成本习性对混合成本进行分解在成本管理上的意义和作用。

引 例

买不来、带不走的格兰仕成本管理

格兰仕企业（集团）有限公司（以下简称“格兰仕”）在1996年微波炉价格战中一举成名，此后又发动了一系列连续、大幅的降价行动，为自己赢得了约70%的市场份额。大力度的价格战依靠的是大幅的成本下降。格兰仕的成本管理已经发展成为一系列关于低成本制造知识和能力的结合体，并且与企业的总成本领先战略和“物美价廉”核心价值观有高度的内在一致性，成为“偷不去、买不来、拆不开、带不走、溜不掉”的核心竞争力。

不少人认为，格兰仕通过扩大生产规模获得成本优势，利用这种成本优势率先发动价格战，赢得更大市场份额，进一步提高生产规模，获得巨大的成本优势，如此良性循环，这就是格兰仕公开的秘密。但这种分析显然禁不起推敲。第一，专家对微波炉行业的规模经济问题分析后认为，1万—100万台，规模引起成本降低的效果还算明显，但到100万台以上的量级，这种规模经济效应就不太明显。第二，若仅依靠规模经济的显著效应，格兰仕的竞争对手完全可以采取战略性的先发制人行动，超越格兰仕。也就是说，在规模尚未达到格兰仕的水平之前，把价格降到比格兰仕还低的水平，推动市场份额的上升，再扩大规模，获取规模经济，不管靠股民的钱、国家投入的钱、银行的贷款，还是国外的工业资本，只要资本撑得住，拖垮格兰仕这个资本有限的最大对手应该不是难事。

那么格兰仕到底用了什么法宝保持核心竞争力的优势呢？下面通过一个经典故事来了解其缘由。

这个经典故事就是梁庆德（格兰仕董事长，创始人）说服欧洲公司把变压器生产线搬到格兰仕。1997年前后，在金融危机的压力下微波炉价格被日韩压得很低。以变压器这个零件为例，欧洲当时生产的单位成本为25美元，而日本出口单价只要11美元，欧洲公司无法承受。

格兰仕把这家欧洲公司的生产线搬到顺德后，只花费很少的配套费用就得到了国际一流技术水平的设备，并以每台 8 美元的价格向那家欧洲公司供货，剩余的生产能力自己利用。

在变动成本固定化方面，最典型的是人员。一般公司的人员编制随着业务量的增长近乎呈线性关系上升，生产人员、管理人员和销售人员都是如此。而格兰仕充分发挥每一个人的作用，用很少的人干比别人多的事情。2002 年，格兰仕有 80 多亿元的销售额，员工总数 13 000 多人，其中，管理人员只有 160 多名，销售人员也只有 160 人。通过这组数据可以看出，格兰仕人的效率很高，难怪梁庆德不断强调“人是格兰仕的第一资本”。

格兰仕正是通过“固定成本最小化，变动成本固定化”的法宝取得上述成绩的。

在企业的生产经营过程中会发生很多类型的成本，有些是变动成本，有些是固定成本，有些是混合成本，理解其成本性态对企业做出相关决策具有重大影响。因此，通过本章的学习，将会对成本性态有更深入的理解。

资料来源：周健，邓德海．买不来、带不走的格兰仕成本管理·经济管理，2004（1）.

第一节　成本习性分类

成本习性是指在一定条件下成本总额与业务量总数之间的依存关系，即从数量上分析成本与业务量之间规律性的联系。这种关系是客观存在的，具有固定的性质。这里的业务量一般是指企业在一定的生产经营期内投入或完成的经营工作量的统称，可以简单理解为产量或销售量。成本总额是指一定时期内为取得营业收入而发生的各种成本费用的总和，包括制造成本和非制造成本。一定条件是指成本习性存在的相关范围，通常包括业务量的范围和时期的范围。

成本习性分析是成本管理会计中各种分析方法的基础，按照成本习性可以将成本分为变动成本、固定成本和混合成本，现具体分析如下。

一、变动成本

变动成本（variable cost）是指在相关范围内，其成本总额和业务量总数之间保持严格的正比例关系变动的成本。例如，直接材料、直接人工的总额会随着业务量的增加而相应增加；再如，按销售额或销售量支付的佣金也会随着业务量的增加而相应增加。假设 VIP 公司是一家销售高端礼服的电商公司，支付给电商推销员的佣金是其销售额的 30%，则该公司的佣金成本就是销售额的 30%，这也是关于销售收入的变动成本。

（一）主要特点

（1）在相关范围内，变动成本总额与业务量总数保持严格正比例变动。

（2）在相关范围内，单位变动成本保持不变。

由于不同业务量上的单位变动成本相同，即业务量越高，变动成本总额越高，所以，降低单位变动成本是降低成本的一条途径。

例如，在 0 至 1 500 件的业务量范围内，单位变动成本为 4 元，若业务量分别为 1 500 件、1 200 件、1 000 件、600 件、300 件，则变动成本总额分别为 6 000 元、4 800 元、4 000 元、2 400 元、1 200 元。

（二）成本习性模型

（1）变动成本总额的习性模型如图 5-1 所示。

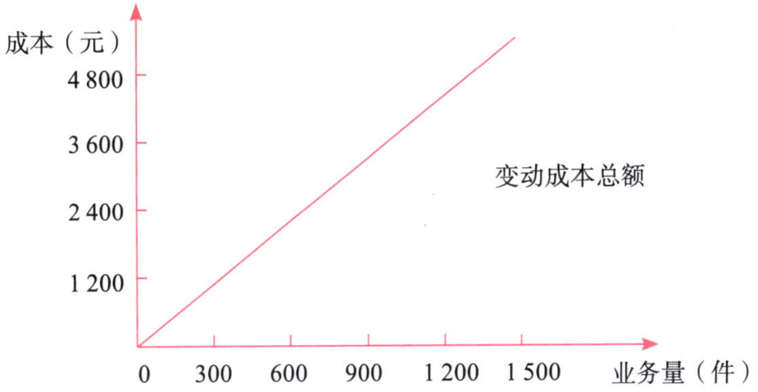

图 5-1　变动成本总额的习性模型

（2）单位变动成本的习性模型如图 5-2 所示。

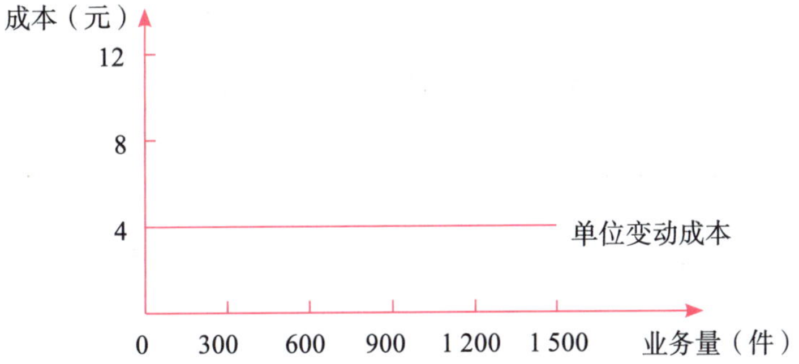

图 5-2　单位变动成本的习性模型

二、固定成本

固定成本（fixed cost）是指在相关范围（时间和业务量）内，其成本总额不随业务量变动而变动的成本，无论业务量如何变动，该成本总额始终保持不变。例如，直线法计提的固定资产折旧、租金等费用，一般是固定发生，其总额不受当期业务量变化的影响。假设FUN公司为生产无人机租用一间厂房，租金为每年 600 000 元，那么这项年支出的租金并不受无人机产量的影响。但是，在分摊这项成本时，却取决于总产量。

（一）主要特点

（1）在相关范围内，固定成本总额固定不变。

（2）在相关范围内，单位固定成本随业务量的增减而下降或上升。

由于分摊在不同业务量上的单位固定成本不同，即业务量越高，单位固定成本越低，所以，提高业务量是降低成本的一条途径。固定成本的这个习性实际上也体现了规模经济的效应，即在相关范围内，生产规模越大，每个产品分配的单位固定成本就越少，在销售价格和销量一定的前提下，企业就可以实现更大的利润。

例如，在0至1 500件的业务量范围内，固定成本总额为6 000元，若业务量分别为1 500件、1 200件、1 000件、600件、300件，则单位固定成本分别为4元、5元、6元、10元、20元。

（二）成本习性模型

（1）固定成本总额的习性模型如图5-3所示。

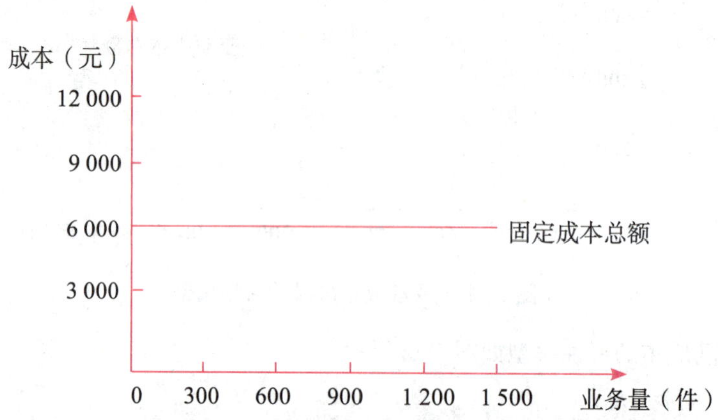

图5-3　固定成本总额的习模型

（2）单位固定成本的习性模型如图5-4所示。

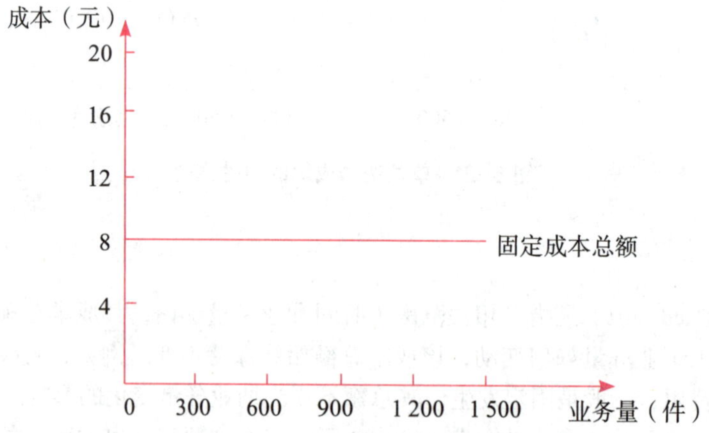

图5-4　单位固定成本的习性模型

（三）固定成本分类

固定成本按照其可控性，即决策者的决策能否改变其支出数额，还可以进一步划分为约束性固定成本和酌量性固定成本。这种分类对于成本控制和成本决策具有重要的意义。

（1）约束性固定成本。从成本控制方面，约束性固定成本属于不可控成本，它是指决策者的决策不能改变其支出数额的固定成本，如厂房设备折旧费、管理人员工资、房屋租金等。西方国家的企业将它视为开工成本和生产经营能力成本，因为它是为保持一定生产经营能力而发生的，其数额与企业规模有关，而与生产能力利用程度无关。因此，只要生产能力不变，必不可少的约束性固定成本就不会改变，在企业既定的生产能力下，决策无法改变其支出数额。

（2）酌量性固定成本。从成本控制方面，酌量性固定成本属于可控成本，它是指决策者的决策可以改变其支出数额的固定成本，如广告费、研究开发费、职工培训费、会议费等。这部分成本可以根据企业的经营目标和能动用的资金数额确定，尤其是在财力有限的情况下可酌情减少，其支出数额有一定的弹性余地。

根据两类固定成本的特点，一方面，在约束性固定成本总额不能改变的情况下需要合理经济地利用现有的生产经营能力，从而降低单位固定成本；另一方面，决策者从总量上控制酌量性固定成本，对于企业来说才是最重要的。

三、混合成本

变动成本和固定成本是两类典型且比较容易理解的成本，但是，在实际工作中，还有一些成本明细项目不能简单地将其归类于变动成本或固定成本，因为它们同时兼有变动成本和固定成本两种不同的性质。它们既非完全固定不变，也不随业务量成正比例变动，不能简单地把它们列入固定成本或变动成本，因而这类成本就统称为“混合成本”（mixed cost）。

混合成本是指随着业务量的增减变动其总额虽然也相应地发生变动，但变动的幅度并不因业务量的变动而保持严格的比例。混合成本也是现实经济生活中最常见的成本。根据混合成本同时兼有变动成本和固定成本两种不同性质的具体情况，可进一步细分为半变动成本、半固定成本、延期变动成本、曲线变动成本四类，现分述如下。

（一）半变动成本

半变动成本（semi-variable cost），通常有一个基数，一般不变，相当于固定成本。但在这个基数之上，随着业务量的增长，成本也相应地成比例增加，这部分的性质又相当于变动成本。例如，所有的公用事业费（包括电费、水费、煤气费、电话费、暖气费、有线电视费等），这些提供服务的单位每月开出的账单，一般包括两个部分：一部分是基数，属于接受服务的单位必须支出的金额，不管该月使用与否都应支付，属于固定成本性质；另一部分则根据耗用量乘以单价计算，属于变动成本性质。另外，机器设备的维修保养费及销售人员的薪金也大多属于半变动成本。

综上所述，半变动成本的总额虽随着业务量的增减而有所变动，但不保持严格的正比例关系。其习性模型如图 5-5 所示。

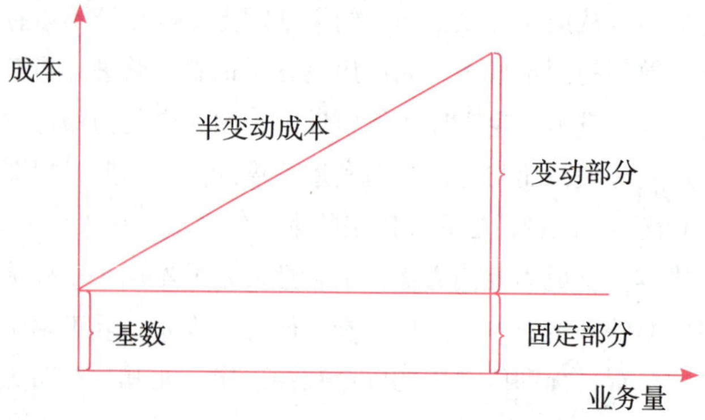

图 5-5　半变动成本的习性模型

（二）半固定成本

半固定成本（semi-fixed cost）在一定业务量范围内不随业务量的变动而变动，具有固定成本的特性，但当业务量突破这一范围，其发生额就突然跳跃到一个新的水平，并在新的业务量变动范围内固定不变，直到出现另一个新的跳跃为止。将这种变化反映在坐标图上，其成本随业务量的增长呈现出阶梯状增长趋势，故也称“阶梯式变动成本”（step-variable cost）。例如，企业的化验员、运货员、检验员、保养工、领班等的工资，以及受班次影响的动力费、整车运输费、设备修理费等，都属于半固定成本。

例如，甲企业每月生产的A产品产量在500件以内，只需化验员2人，每人每月工资500元，共1 000元。若产量在500件到1 000件以内，则需增加化验员1人，化验员工资总额应保持在1 500元的水平上。以后产量每增加500件，化验员的人数都需在原有基础上增加1人，工资总额增加500元。其习性模型如图5-6所示。

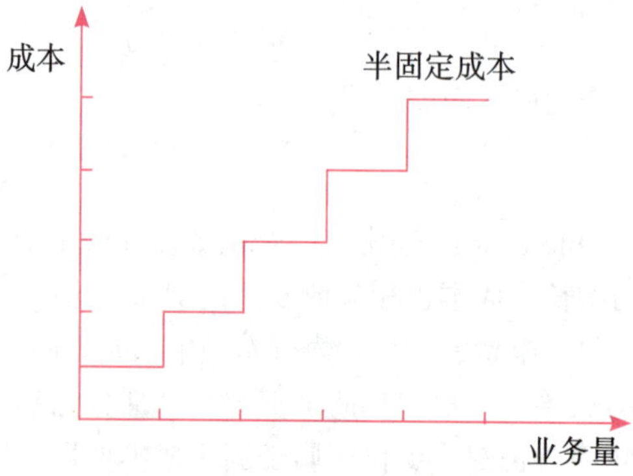

图 5-6　半固定成本的习性模型

（三）延期变动成本

延期变动成本（delayed-variable cost）是指在一定的业务量范围内总额保持固定不变，一旦突破这个业务量范围，其超额部分的成本就相当于变动成本。例如，在固定工资超定额计件的工资制度下，职工在完成正常工作定额之前，无论业务量完成多少，都只能取得固定工资或基础工资；超过正常定额的职工除了可取得基础工资外，还会得到按超定额部分和计件单价计算的超额工资。此外，加班工资、浮动工资也属于延期变动成本。其习性模型如图5-7所示。

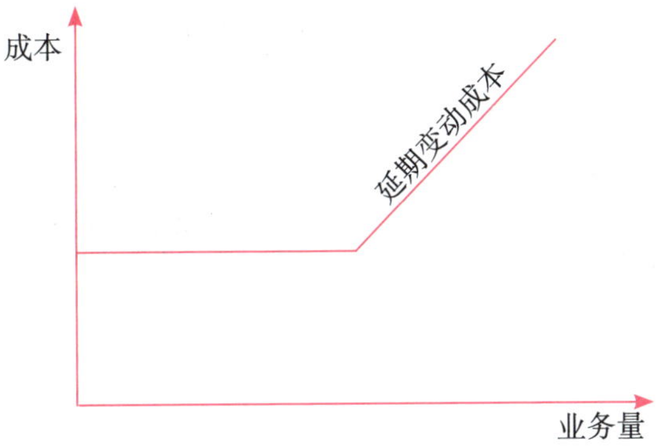

图 5-7 延期变动成本的习性模型

（四）曲线变动成本

曲线变动成本（curve variable cost），通常有一个初始量，且一般不变，相当于固定成本。但在这个初始量的基础上，随着业务量的增加，成本也逐步增加，但两者之间并不像变动成本那样保持严格的同比例变动关系，而呈非线性的曲线关系，在坐标图上表现为一条抛物线。按照曲线斜率的不同变动趋势，这种曲线成本又可进一步细分为递减曲线成本和递增曲线成本两种类型。

1. 递减曲线成本（decrease progressively curve cost）

其特点是，成本的增长幅度小于业务量的增长幅度，成本的斜率随业务量递减，反映在坐标图上呈一凸形曲线。例如，热处理的电炉设备，每班需要预热，因预热而耗电的成本（初始量）属于固定成本性质。而预热后进行热处理的耗电成本，则随业务量的增加而逐步上升。但两者不成正比例，而呈非线性关系，并且成本上升越来越慢，即其上升率是递减的。其习性模型如图 5-8 所示。

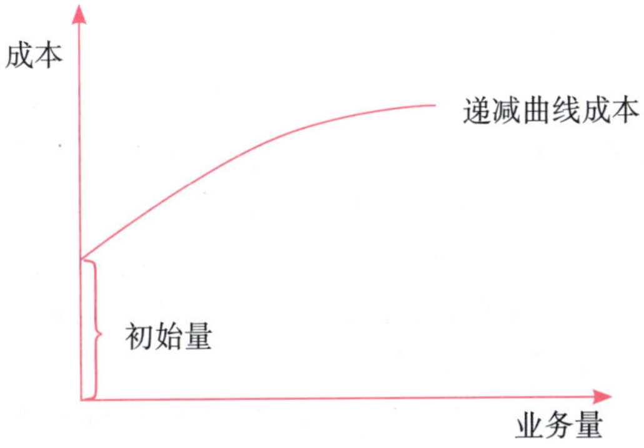

图 5-8 递减曲线成本的习性模型

2. 递增曲线成本（increase progressively curve cost）

其特点是，成本的增长幅度随业务量的增长而呈更大幅度变化，成本的斜率呈递增趋势，在坐标图上表现为一凹形曲线。例如，累进计件工资、各种违约金、罚金等，在刚达到约定产量（或约定交货时间）时，成本是固定不变的，属于固定成本性质。但在这个基础之上，随着产量（或延迟时间）的增加，计件工资（或违约金、罚金）就逐步上升，其上升率是递增的。其习性模型如图 5-9 所示。

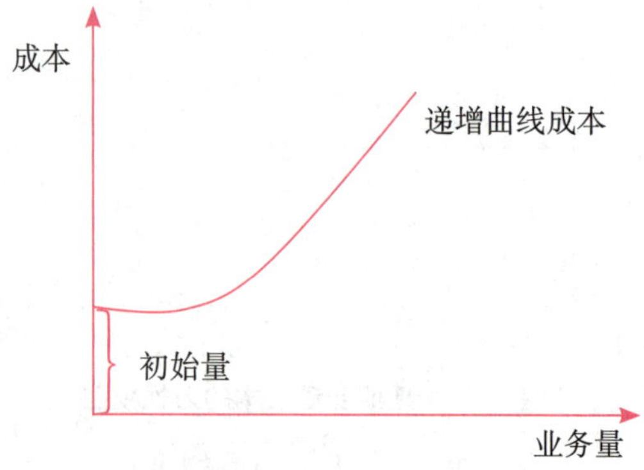

图 5-9　递增曲线成本的习性模型

通过上述对混合成本种类的分析不难发现，混合成本具有以下几个特点。

（1）混合成本总额与业务量的关系比较复杂，它兼有固定成本和变动成本的某些特征。其总额随业务量的增减而变动，但不保持严格的正比例关系，这是混合成本最重要的特征。

（2）单位混合成本一般与业务量保持反比例变动，随着业务量的增加而下降，随着业务量的减少而上升。但单位混合成本的升降幅度并不与业务量成反比，它的升降幅度一般会小于单位固定成本的升降幅度。

总之，无论哪一类混合成本都可以直接或间接地用一个直线方程 $y=a+bx$ 去模拟它，其中，y 代表混合成本总额；x 代表业务量；a 代表混合成本中的固定成本总额；bx 代表混合成本中的变动成本总额；b 代表混合成本中的单位变动成本。这就为采用一定方法进行混合成本分解提供了数学依据。

四、成本习性与相关范围

绝对的固定成本或者变动成本几乎是不存在的。通过考察企业的成本费用支出不难发现，某一成本属于固定成本或者变动成本或者混合成本只能相对于某一业务范围而言。例如，当企业的产量超过原生产能力时，折旧费就可能发生变化。再如，当企业的用电量在电力部门限定的用电量范围内，每度电的价格相等；但当企业的用电量超过这一限度时，超额用电每度价格将与额定用量每度价格不相等。前述半固定成本实例中，如果可以肯定 A 产品的产量在 500 件以上至 1 000 件，则化验员的工资为固定成本。

同样，一项成本属于固定成本、变动成本或混合成本也和时间相关。随着时间的推移，企业所处的经营环境、内部的生产经营条件都会发生变化，由此将导致成本与业务量之间的关系发生变化。例如，某企业装配 A 种产品需外购甲种配件。一般而言，配件总成本直接取决于装配 A 种产品的数量。但是，不同时期甲种配件的外购成本也不一定相等。这样一来，配件总成本与装配 A 产品数量之间的固定比例关系就只存在于一定时期内。

成本总额与业务量总数之间的依存关系所存在的时间范围与业务量范围就是相关范围。研究相关范围具有两个重要意义：第一，一定的成本习性只存在于一定的业务量范围与时间范围内。进行成本习性分析，明确成本的习性应以时间与业务量为前提。第二，成本习性分析以及以成本习性分析为基础的其他分析必然存在两个基本假定，即时间范围假定和业务量范围假定。这种假定表明一定的习性模型只在一定范围内适用，任一成本习性分析和以成本习性分析为基础的其他分析必然存在着局限性。

第二节　混合成本的分解

为了规划与控制企业的经济活动，必须先把全部成本按其习性划分为变动成本和固定成本两大类。然而，在实际工作中都存在着“混合成本”，这就需要将性质相近的成本汇集在一起，并运用专门的方法将变动成本和固定成本两种因素分解出来，再分别纳入变动成本和固定成本中，这就叫作混合成本的分解（segre-gation of mixed cost）。

混合成本的分解旨在将混合成本分解为固定成本和变动成本两部分，即将混合成本表述为：$y=a+bx$。常见的用于分解混合成本的方法有两大类：一类是定性分析法，如账户分析法、合同确认法、技术测定法等。采用这类分析方法，就是根据各个成本账户的性质、合同中关于支付费用的规定、生产过程中各种成本的技术测定等具体分析，进而确认哪些成本属于固定成本，哪些成本属于变动成本。另一类是定量分析法，即利用一定期间的业务量与成本的历史数据，采用适当的数学方法进行分析，确定所需分解的混合成本的函数方程，进而将其分解为固定成本和变动成本。常用的定量分析法有高低点法、布点图法和回归直线法，现分述如下。

一、账户分析法

账户分析法（account analysis approach）又称会计分析法，是根据各个成本项目及明细项目的账户性质，通过经验判断，把与变动成本较为接近的项目划入变动成本；把与固定成本较为接近的项目划入固定成本。对不易简单地划入变动成本或固定成本的项目，则可通过一定比例将它们分解为变动成本和固定成本两部分。例如，燃料及动力成本项目，虽然它与产量并非呈严格的正比例关系，但其变动与产量的关系较大，因此可视作变动成本处理；管理费用以及制造费用中的间接人工、固定资产折旧费、设备租金、保险费、不动产税费等，因为它们与产量的变动关系不显著，因此均可视作固定成本处理。但是也应考虑不同行业的具体情况，把制造费用中的外部加工费、物料消耗、运输费、低值易耗品摊销等，与产量关系较密切的明细项目单独划出，列入变动成本。

综上所述，账户分析法虽然粗糙一些，但简便易行，是一种常用的分解方法。需要注意的是，一定要把在会计期间发生的一切不正常的或无效的支出都排除在外。

【例 5-1】某企业某车间的月成本如表 5-1 所示。

表 5-1　产量为 5 000 件时的成本

项 目	原材料	直接人工	燃料动力	维修费	间接人工	折旧	行政管理	合计
总成本（元）	10 000	12 000	4 000	2 000	2 000	8 000	2 000	40 000

要求：采用账户分析法对成本进行分解。

解：在表 5-1 中，原材料和直接人工为变动成本，燃料动力费、维修费、间接人工等虽然都会随着产量变动而变动，但由于不了解其他产量水平下的实际成本，因此无法对其进行成本习性分析，只能将其先视为变动成本。行政管理费包括许多杂项支出，大部分与产量没有明显的关系，但也可能会有变动的因素。基于上述同样的原因，仍可将其视为固定成本。

根据表 5-1，可将该车间的总成本分解为“固定成本”和“变动成本”两部分，并以直线方程 $y=a+bx$ 表示，其中，$a=10\ 000$，$b=\dfrac{30\ 000}{5\ 000}=6$ 则有：

$$y=10\ 000+6x$$

【例 5-1】说明账户分析法具有简便易行的显著特点，而且其计算结果也不像其他方法那样抽象，可以具体了解固定成本、变动成本包括的项目有哪些。如果实际总成本发生超支，还可据此进一步查明原因。因此，这种方法在实际工作中得到了广泛运用。但由于使用这一方法，需要分析人员做出一定的主观判断，故而它不可避免地带有局限性：第一，该方法在确定成本习性时，仅依赖某一产量水平下的一次观测值，无法反映成本随着产量变动的波动情况，因而据以进行的成本分解不一定符合客观实际情况。第二，该方法在很大程度上取决于对某一账户成本项目成本习性的主观判断。

在【例 5-1】中，如果间接人工费用大部分为固定费用，则将使分解后得到的直线方程有较大的误差。

二、合同确认法

合同确认法（contract confirm approach）是根据企业与供应单位所订立的合同（或契约）中关于支付费用的规定来确认并估算哪些属于变动成本、哪些属于固定成本的方法。这种方法特别适用于有明确计算方法的各种初始量变动成本，如电费、水费、煤气费、电话费等各项公用事业费。其账单上的基数即为固定成本，而按耗用量多少计价部分则属于变动成本。该方法也可在没有历史成本数据的情况下应用。

由于任何种类的混合成本都含有固定成本和变动成本两部分，因此所有类型的混合成本公式都可用 $y=a+bx$ 来表示。其中，y 代表混合成本总额；a 代表混合成本中的固定成本总额；b 代表混合成本中的单位变动成本；x 代表业务量。

因此，在采用合同确认法时，首先要根据具体情况建立混合成本公式，然后据以分别确定固定成本总额与变动成本总额。

【例 5-2】假定某企业与当地供电局在订立合同时规定：企业每月需支付给供电局的变压器维持费为 600 元，每月用电额度 50 000 度。在额度内每度电费为 0.20 元，如超额用电，则按正常电价 10 倍计算。该企业每月照明用电平均为 1 000 度，生产甲产品时平均每件耗电 7 度。

要求：确定该企业在用电额度内以及超额度用电时的固定成本总额和变动成本总额。

解：首先，计算在每月用电额度内生产甲产品的最高产量。

用电额度内甲产品的最高产量＝（用电额度－照明用电量）÷甲产品每件耗电量＝（50 000−1 000）÷7=7 000（件）

其次，建立电费在额度内的混合成本公式。用电额度内的电费混合成本为：$y=a+bx=$（600+0.20×1 000）+（0.20×7）$x=800+1.4x$

若甲产品的产量在 7 000 件以内，则电费混合成本中的固定成本总额为 800 元，单位变动成本为 1.4 元，此时变动成本总额为单位变动成本与产量的乘积。

最后，建立超额度用电时的混合成本公式。超额度用电时的电费混合成本为：

$y=a+bx=$产量 7 000 件的电费成本＋产量 7 000 件以上部分的电费

＝（800+1.4×7 000）+[0.20×10×7×（$x-7\,000$）]

=10 600+（$14x-98\,000$）

$=-87\,400+14x$

若甲产品的产量在 7 000 件以上，则电费混合成本中的固定成本总额为－87 400 元，单位变动成本为 14 元，此时变动成本总额为：单位变动成本与产量的乘积。

三、技术测定法

技术测定法（technique determine approach）也称工程分析法，是由工程技术人员通过某种技术方法测定正常生产流程投入—产出之间的规律性联系，以便逐项研究决定成本高低的每个因素，并在此基础上直接估算出固定成本和单位变动成本的一种方法。其基本点就是把材料、工时的投入量和产量进行对比分析，用来确定单位产量的消耗定额，并把与产量有关的部分汇集为单位变动成本，与产量无关的部分汇集为固定成本。例如，热处理的电炉设备在预热过程中的耗电成本（初始量），可通过技术测定，划归为固定成本，而预热后对零部件进行热处理的耗电成本，则可划归为变动成本。采用这种方法测定的结果虽比较准确，但工作量很大，特别是对某些制造费用和管理费用的明细项目，分析起来比较困难。因此，该方法通常适用于没有历史数据可供参考的企业，或企业已建立了标准成本制度（或已制定了定额成本），有现成的消耗定额资料可作为测定的依据。

【例 5-3】假定某企业铸造车间用于铸造工段的熔炉燃料，分别在点炉和熔化铁水这两项工序中使用。按照最佳的操作方法，每次点炉要用木柴 0.08 吨，焦炭 1.2 吨；熔化 1 吨铁水要使用焦炭 0.12 吨；每一个工作日点炉一次，全月工作日为 24 天。木柴每吨价格为 250 元，焦炭每吨价格为 400 元。

要求：确定该车间每月燃料总成本中的固定成本和单位变动成本。

解：第一步，选择需要研究的成本项目——燃料成本。

第二步，对整个过程进行技术测定，确定最佳操作方法，并将其作为标准方法使用。

第三步，测定标准方法的每项投入成本，并按成本习性划分固定成本和变动成本。

本例中，点炉燃料（木柴、焦炭）属于固定成本，熔化铁水所用燃料与产量相联系，属于变动成本。

设每月燃料总成本为y，铸件产量为x，每日固定成本为a，单位变动成本为b，则：

每月固定成本＝（0.08×250+1.2×400）×24=12 000（元）

每吨铸件变动成本=0.12×400=48（元）

因而有：y=12 000+48x

然而，技术测定法仍有一些不足之处，具体为：工程研究所花费的代价太高；由于所依赖的投入—产出关系只存在于生产过程中的直接消耗部分，因而对于不能直接把成本归属于特定的投入—产出关系的，或者不能单独进行观察的联合过程，如各种间接成本，就不能使用这种方法。

四、数学分解法

数学分解法（mathematics segregation method）又称历史成本分析法，它是通过对历史成本数据的分析，根据以前各期实际成本与产量间的依存关系，采用适当的数学方法加以分解，来推算一定期间固定成本和单位变动成本的平均值，并以此来确定所估算的未来成本的一种方法。采用此种方法分解混合成本时应注意：所收集的数据是否会因会计政策的变化而产生较大的偏差，其间的成本性态是与该期的会计政策密切相关的；选择恰当的期间，以便能消除期限较长带来的不稳定状态的影响，使所选择的期间可获得较为精确可靠的成本数据；要选择适宜的业务量计量单位。在实际工作中，最常用的数学分解法有高低点法、布点图法、回归直线法，现分述如下。

（一）高低点法

高低点法（high-low points method），是运用数学上两点确定一条直线的原理，根据历史资料中业务量最高点和最低点的成本数据来分析并分解混合成本的一种方法。其基本原理是：任何一个混合成本项目都包含有变动成本和固定成本两种因素，而收集的历史数据处在一个相关范围内，因此，可以假定其成本与业务量之间存在线性联系，即它的数学模型可用直线方程式$y=a+bx$来表示。

高低点法是混合成本分解的一种简便方法。它是以一定期间相关范围内最高点业务量的混合成本与最低点业务量的混合成本之差，除以最高点业务量与最低点业务量之差，求出混合成本中的单位变动成本b；然后再将b的值代入最高点或最低点的混合成本中求出固定成本a。其具体步骤如下。

1.确定业务量最高点$x_{高}$、业务量最低点$x_{低}$，以及分别对应的混合成本$y_{高}$、$y_{低}$。

必须指出，在混合成本$y=a+bx$的方程式中，根据成本习性，a在相关范围内是固定不变的，高低点业务量发生变动对它没有影响，因而可不加考虑。若b在相关范围内是一个常数，则变动成本总额就会随着高低点业务量的变动而变动。

2.计算单位变动成本b和固定成本a。其计算公式为：

$$b=(y_{高}-y_{低})\div(x_{高}-x_{低})=\Delta y\div\Delta x;\quad a=y_{高}-b\cdot x_{高}\text{或}a=y_{低}-b\cdot x_{低}$$

必须指出，采用高低点法选用的历史成本数据，应能代表该项业务活动的正常情况，不得含有任何不正常状态下的成本。此外，通过高低点法分解而求得的混合成本公式，只适用于相关范围内的情况，超出相关范围即不适用。同时，还必须特别注意，高低点的选择是根据业务量水平大小，而不是根据成本大小。若业务量最高点有好几个，则应该选择成本最高的那个点；

同理，若业务量最低点有好几个，就应该选择成本最低的那个点。

在实际工作中，若混合成本的变动部分与业务量基本上保持正比例关系，则采用高低点法进行分解最为简便。但此方法也有明显的局限性，因为它只采用了历史成本资料中的高点和低点两组数据，没有考虑其他数据的影响，当成本变化较大时，误差也较大，因而带有一定的偶然性，代表性较差。所以，这种方法只适用于各期成本变动趋势较稳定的情况。

【例 5-4】某企业 202× 年 1—6 月有关产量和成本的资料如表 5-2 所示。

表 5-2　产品产量及成本资料

项目	1月	2月	3月	4月	5月	6月	合计
产量（件）	400	200	300	500	400	600	2 400
成本（元）	3 000	2 000	2 800	4 000	3 200	4 400	19 400

要求：采用高低点法进行混合成本的分解。

解：通过观察表 5-2 可知，高点为 6 月，低点为 2 月。

单位变动成本 b=（4 400−2 000）÷（600−200）=2 400÷400=6（元/件）

固定成本 a=4 400−6×600=800（元）

或　　　=2 000−6×200=800（元）

混合成本 y=800+6x

（二）布点图法

布点图法（scatter diagram method）也可译作“散布图法”，就是利用画图的方法将混合成本分解为固定成本和变动成本，即把过去一定期间混合成本的历史数据逐一标在坐标图上，一般以横轴代表业务量（x），纵轴代表混合成本金额（y）。这样，各个历史成本数据就形成若干个成本点散布在坐标图上。通过目测，在各个成本点之间画一条能反映成本变动的平均趋势直线，其与纵轴的截距即为固定成本，再据此计算单位变动成本。其基本步骤如下。

1. 在平面直角坐标系中，绘制成本的散布点，以横轴 x 代表业务量，纵轴 y 代表成本，于是历史成本的数据就形成若干点散布于坐标系中。由此绘制的图即称散布图。

2. 用目测画出一条反映成本平均变动趋势的直线，保证散布图中各点均在此直线上或者尽量使画出的这条直线两边的散布点个数相同，同时使各点到直线的距离之和达到最小。

3. 确定固定成本的平均值。目测确定的直线在纵轴上的截距即为固定成本 a。

4. 计算单位变动成本。目测确定的直线斜率即为单位变动成本 b。也可在所画的直线上任取一点业务量，即可对应地查出成本的值。这时单位变动成本就可通过 $b=\frac{y-a}{x}$ 这一公式求得。

必须指出：采用布点图法分解混合成本，应注意尽可能使所画直线具有代表性，因而应使成本点比较均匀地分布在直线的两侧，而对于个别异常的成本点，可不予考虑。

【例 5-5】沿用【例 5-4】中的资料。

要求：采用布点图法进行混合成本的分解。

解：根据资料在坐标图上标出 6 个成本点如图 5-10 所示。

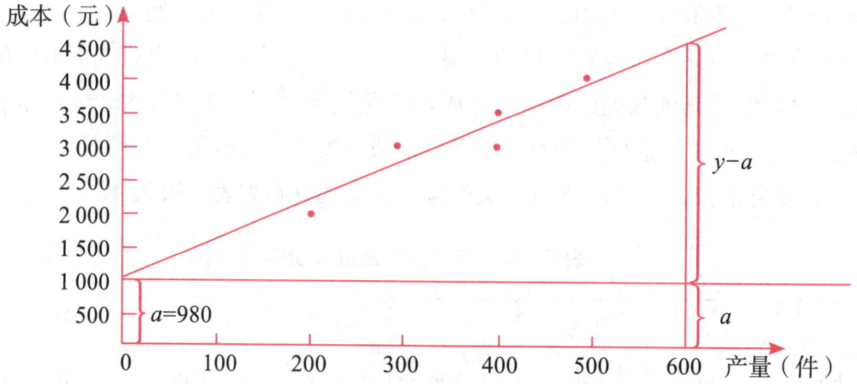

图 5-10　混合成本的布点图

通过目测在 6 个成本点之间画一条能反映混合成本的平均变动趋势直线，并要求该直线与直线上下各成本点之间的误差之和相等。该直线在纵轴上的截距即为固定成本 a=980 元，直线的斜率即为单位变动成本 b。也可在所画的直线上任取一点业务量（600 件），即可对应地查出成本值（4 400 元）。这时单位变动成本 $b=\dfrac{y-a}{x}=\dfrac{4\,400-980}{600}=5.7$（元/件）

所以混合成本的公式为：

$$y=980+5.7x$$

布点图法的特点是可排除偶然因素的影响，因此，比高低点法分解混合成本更精确。但通过目测画成本变动的平均趋势直线，往往因人而异，这样固定成本的确定就带有一种随意性，一般很难准确，故用布点图分解混合成本仍不能达到较高的精确度，只适用于对混合成本的分解精确度要求不是很高的企业。但该法使用简便、易于理解。

（三）回归直线法（regression line method）

回归直线法是根据过去一定期间的业务量（x）和混合成本（y）的历史资料，应用最小平方法原理，算出最能代表 x 与 y 关系的回归直线，借以确定混合成本中的固定成本和变动成本的方法。

回归直线法的基本原理是：采用布点图法分解混合成本，关键的问题在于目测所确定的直线能否代表各点的变化趋势与分布规律。一般的要求是散布图中各点应尽可能在这一条直线上或距此直线的距离和最近。但如前所述，画这种直线时，往往会因人而异，究竟哪一条较为准确呢？从数学的观点来看，应选用全部观测数据（成本点）的误差平方和最小的直线，这条直线在数理统计中称为“回归直线”。而回归直线法就是运用数学上回归分析的原理求解一条散布图中各点与之距离最近的直线。正因为这种方法要使所有成本点的误差平方和达到最小值，因此也称最小平方法。

回归直线法的数学推导，仍以混合成本的直线方程式为基础，即 $y=a+bx$。其中，y 代表混合成本总额，x 代表业务量，a 代表混合成本中的固定成本总额，b 代表混合成本中的单位变动成本。

采用回归直线法的关键在于确定回归直线方程中的两个参数 a 和 b。其具体步骤如下。

（1）确定反映混合成本与相关业务量之间关系的各观测值。各观测值一般为相关的混合成本历史数据。

（2）确定混合成本与相关业务量之间的线性相关程度。设x表示业务量总数，y表示混合成本总额，n表示所取观测值的组数，则相关系数$r=A/\sqrt{BC}$。其中，$A=n\sum xy-\sum x\sum y$，$B=n\sum x^2-(\sum x)^2$，$C=n\sum y^2-(\sum y)^2$。

一般而言，相关系数r的取值范围是[−1，+1]，当$r=0$时，表明y与x之间不存在线性关系；当$r=1$时，表明y与x之间存在完全正相关关系；当$r=-1$时，表明两个变量之间存在完全负相关关系。r的数值越大，两个变量之间的相关程度越大；r的数值越小，两个变量之间的相关程度越小。

如果根据所取观测值确定的r值表明混合成本与业务量之间线性相关，则可进行第三步，否则不能采用任何“线性”分解方法。

（3）利用各观测值求解回归直线方程$y=a+bx$中的参数a和b。

根据混合成本的基本方程式及实际所采用的n个观测值，即可建立回归直线的联立方程式。

把基本方程式用n个观测值和的形式来反映，即得：

$$\sum y=na+b\sum x \tag{1}$$

将式（1）的左右双方各项用业务量（x）加权，即得：

$$\sum xy=a\cdot\sum x+b\cdot\sum x^2 \tag{2}$$

把式（1）移项化简，即得：

$$a=(\sum y-b\sum x)/n \tag{3}$$

将式（3）代入式（2），并移项化简，即得：

$$b=(n\sum xy-\sum x\sum y)\div[n\sum x^2-(\sum x)^2] \tag{4}$$

将式（4）代入式（3），并移项化简，即得：

$$a=(\sum x^2\sum y-\sum x\sum xy)\div[n\sum x^2-(\sum x)^2] \tag{5}$$

由于x与y两个变量之间必须保持线性关系，通过回归方程$y=a+bx$来描述成本变动趋势才有意义。所以，运用回归直线法之前，应先用r检验y与x的相关程度。

回归直线法可以使混合成本的分解建立在科学分析和精确计算的基础上，相对而言，它得到的数值较为精确，但计算比较复杂。

（四）三种数学分解方法的比较分析

（1）若混合成本的变动部分与业务量基本上保持正比例关系，则采用高低点法最为简便。但由于该方法只使用了高点与低点两组数据，所以其代表性较差。高低点法适用于各月份成本比较稳定的企业，否则只选用最高和最低两点来确定成本对业务量的变动情况，误差往往较大。这种方法所得到的只能是近似值，会比较粗略。若混合成本中的变动部分与业务量的关系并不按一定的变动率进行增减，同时，最高与最低业务量的混合成本有畸高、畸低现象，那么就应采用布点图法或回归直线法。

（2）布点图法的优点是可以排除偶然因素的影响，对于不正常的坐标点可以不予考虑，在直观作线时应尽可能防止过大的误差，使不在线上的点沿纵轴方向到直线上相应点的距离之和最小。这种方法所得到的仅是近似值，只有在分析精度要求不高的情况下才可以使用。当然，布点图法通过目测画线，往往因人而异，一般很难准确。但该法使用方便，容易理解。

（3）回归直线法是一种统计学中的方法，根据两个变量之间存在的不确定但又相关的关系，通过回归方程$y=a+bx$以求得变量的相关系数r，根据r值的大小以判别两个变量直线关系的密切程度。从数学的观点来说，它利用了离差平方和最小的原理，因此较为准确，但计算工作量较大。

（4）上述三种数学分解方法均包含估计的成分，带有一定程度的假定性，因此其分解结果均不可能绝对准确，只能求得近似值。正因为如此，在实际工作中，还可采用更为简便的方法，即把凡是能定额控制的费用列为固定成本，其余均为变动成本。对于某些混合成本，如果估计其中的变动成本数额不大，则可以将该混合成本全部当作固定成本处理。在西方国家的一些中小型企业中，如果它们的混合成本在相关范围内数额变动不大时，为了简化计算手续，也可把混合成本全部视作固定成本处理，不再进行分解。

总之，在分解混合成本的方法中，合同确认法和技术测定法的采用都是有条件的，或者有合同可查，或者可通过技术资料对成本项目进行测算。但企业中许多混合成本项目是不具备这些条件的，所以宜采用数学分解法，包括高低点法、布点图法和回归直线法三种方法来分解混合成本。这三种方法各有特点，计算的结果和准确性也有差别。

※ 思考题 ※

1. 什么是成本习性？按照成本习性分类可分为哪几类成本？
2. 什么是混合成本？它有哪些具体分类？
3. 什么是成本相关范围？研究成本相关范围具有哪些重要意义？
4. 常见的用于分解混合成本的方法有哪些？数学分解法又分为哪几种？
5. 为什么说了解成本习性对于管理决策很重要？举例说明理由。
6. 现实中，有些企业把混合成本归集为固定成本或变动成本时，没有采用正规的分解方法，如何解释这种做法？

第六章　变动成本法

学习目标

1. 理解变动成本法的产生与发展及其理论依据。
2. 理解变动成本法和完全成本法的计算流程、优缺点。
3. 掌握变动成本法和完全成本法的计算及两者的差异分析。
4. 掌握变动成本法和完全成本法结合的现实应用。

引　例

销售规模增长利润反而下降

凯茜·怀斯担任药品供应部的经理已经有三年了。第一年，部门净利润比上年大幅增加。第二年，利润增加更多。凯茜的老板答应，如果今年能保持同样的利润增长率，将奖励她5 000美元。凯茜信心十足，因为其销售合同总额已经超过了上年，而成本与上年持平。

第三年年末，凯茜收到了三年来的经营数据。读完这些数据，凯茜十分高兴，因为自己的销售额比上年增加了20%，而成本保持稳定。可是，当她看完年度利润表后，却感到十分沮丧和困惑。第三年的利润并没有大幅增加，反而降低了一些。她认为一定是会计部门弄错了。药品供应部门的会计主任弗而达·马休斯，接见了凯茜并向她解释出现异常结果的原因。

"凯茜，这没有错。今年净利润确实比前两年低。这很容易通过存货的变动来解释。"

"存货？它与利润有什么关系？今年我们进行了大量的工作来管理存货。存货在过去的两年里是增加了，但今年我增加了销售量并降低了存货，这是好事，不是坏事！"

"凯茜，从经营角度来看确实是这样的。但是，你要意识到存货中包含着成本。这些成本直到销售后才列示在利润表上，然后从收入中流出，减少了利润。"

"这不公平。这是否意味着即使我们售出所有存货，实现预定的成本和销售计划，我也会失去奖金？"

"是的，凯茜，我很抱歉。但是，利润是确定的。我很高兴能向你解释我们如何计算利润。我们使用完全成本法，这是公认的会计准则所要求的。还有另外一种方法即变动成本法。看来，你正不自觉地使用了这种方法。"

"有两种计算利润的方法吗？它们有区别吗？"

"是的，变动成本计算法下，存货变动不影响利润。因此，如果用变动成本法计算，你们今年的利润就会较高，可是，过去两年的利润却会低一些。因而从长期看，利润总额相等。"

从这个案例中需要思考为什么凯茜会失去5 000美元的奖金？通过本章学习可以揭开这个谜底。

第一节 变动成本法的产生

一、变动成本法的产生与发展

任何一种成本计算方法的产生，都与特定的经济背景相联系。20 世纪 20 年代受产业革命的推动，为了配合一系列的生产程序复杂化而采用的完全成本法（full costing），是指在计算产品成本和存货成本时，把一定期间内在生产过程中所消耗的直接材料、直接人工、变动制造费用和固定制造费用的全部成本都包括在内的方法。因为它把所有变动成本和固定成本都归纳到产品成本和存货成本中去，所以又称归纳（或吸收）成本法（absorption costing）。

在完全成本法中，固定制造费用也是存货成本的一个组成部分。只有当存货售出时，这部分固定制造费用才构成销货成本反映在利润表内，并与当期的销售收入相配合。换句话说，在采用完全成本法时，任何会计期间只要产量大于销售量，就必然会有一部分固定制造费用滞留在存货成本内。这样就会使按完全成本法所确定的税前净利润，既不符合经济学原理，也很难使管理人员接受、理解，甚至还会促使企业片面追求产量，盲目生产社会不需要的产品，造成仓库积压，财政虚收。为了避免出现上述不合理的现象，西方会计学术界早在 20 世纪 30 年代，就有人提出应该采取一种新的成本计算方法来代替它，这就是变动成本法。

变动成本法最初被称为直接成本法（direct costing，又称直接成本计算法），主要是由于当时的产品成本只包括与业务量关系比较明显的直接材料和直接人工。后来人们发现有些间接费用尽管不是直接成本但随业务量的变动而变动，有些直接成本虽然能直接计入特定对象，但并非变动成本。因此，主张将直接成本法改为变动成本法。然而，迄今为止在美国相关管理会计文献中仍有使用“直接成本法”的术语。由于变动成本法能够提供边际贡献，所以在英国被称为边际成本法（marginal costing，又称边际成本计算法）。

关于变动成本法的起源，国外会计专著缺乏统一论述。有学者称早在 1836 年曼彻斯特工厂（英）就出现其雏形；也有学者认为法国的斯特劳斯·别尔格在 1876 年曾宣布过变动成本法的初步设想；在 1904 年英国出版的《会计百科全书》中已经记载了与变动成本法相关的内容。根据美国权威的《柯勒会计辞典》记载，第一篇专门论述直接成本法的论文是由美国会计学家哈里斯（Jonathan N.Harris）于 1936 年撰写的，并刊登在《成本会计学会会刊》。自从哈里斯的文章公开发表后，直接成本法的观念才得以广泛传播。

20 世纪 30 年代至今，变动成本法经历了一个由粗糙到完善、由不被重视到广泛应用的漫长过程。在其起源之初，只是敏感的会计学家研究的课题，并未引起广泛的社会重视，在实际工作中也很少被企业采用。经历了 1929—1933 年世界性经济危机沉重打击的西方资本主义经济复苏之后，由于激烈的竞争，资本主义企业进一步集中，出现了更大规模的经营，迫使人们去探索科学化管理的道路。20 世纪 50 年代，随着企业环境的改变、竞争的加剧及决策意识的增强，人们逐渐认识到传统的完全成本法提供的会计信息越来越不能满足内部管理的需要，企业管理当局迫切要求会计部门提供更广泛、更有用的管理信息（如单位变动成本、边际贡献、经营杠杆率等），以便加强对经营活动的事前规划与日常控制。所以，必须重新认识变动成本法，充分发挥其积极作用。美国的一些会计师、经理人重新研究变动成本法并在实务中应用。实践充分表明，变动成本法不但有利于企业加强成本管理，而且有利于制订利润计划、组织科学经营决策。到 20 世纪 60 年代，变动成本法已被普遍应用于欧美各国的内部管理方面。

随着我国经济体制改革的不断深化和社会主义市场经济体制的逐步完善，市场观念、价值观念、信息观念日益受到人们的重视。自 20 世纪 80 年代初，很多专家、学者对变动成本法的应用和改造问题，撰文进行了深入研究并提出许多高明的见解，使之成为成本核算改革研究的重要课题和改革方向。

二、两种成本计算法的成本流程

（一）完全成本法

完全成本法是把企业的全部成本分为生产成本与非生产成本两类。为生产产品而发生的直接材料、直接人工和制造费用的全部生产耗费，属于生产成本，应全部计入产品成本。不是为制造产品而发生的费用，如销售费用、管理费用等属于非生产成本，应作为期间成本，全数从当期销售收入内补偿。所以，完全成本法计算的产品成本和存货成本，不仅包括直接材料、直接人工、变动制造费用，还包括固定制造费用。完全成本法的成本流程如图 6-1 所示。

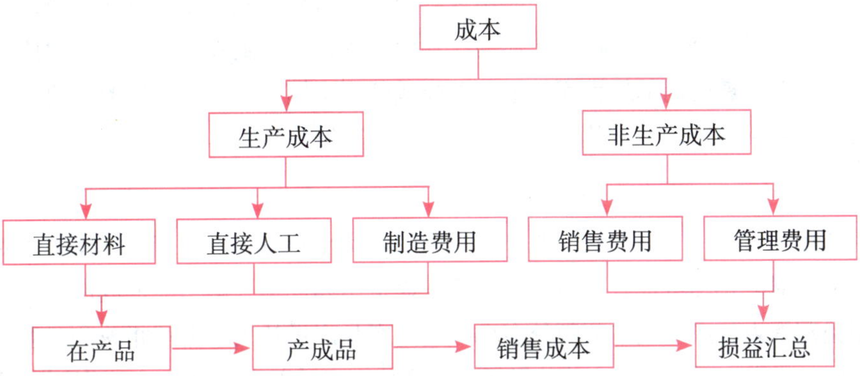

图 6-1　完全成本法的成本流程

（一）变动成本法

变动成本法是指在计算产品成本和存货成本时，只包括在生产过程中所消耗的直接材料、直接人工和变动制造费用，而把固定制造费用全数以“期间成本”的名称列入利润表，作为“贡献毛益总额”减项的一种成本计算方法。变动成本法改变了完全成本法中把固定制造费用在本期销货与存货之间进行分配的传统，而由当期的销货负担全部固定成本。因为变动成本法不包括固定制造费用在内，所以也称直接成本法。在英国则习惯称为边际成本法。变动成本法的成本流程如图 6-2 所示。

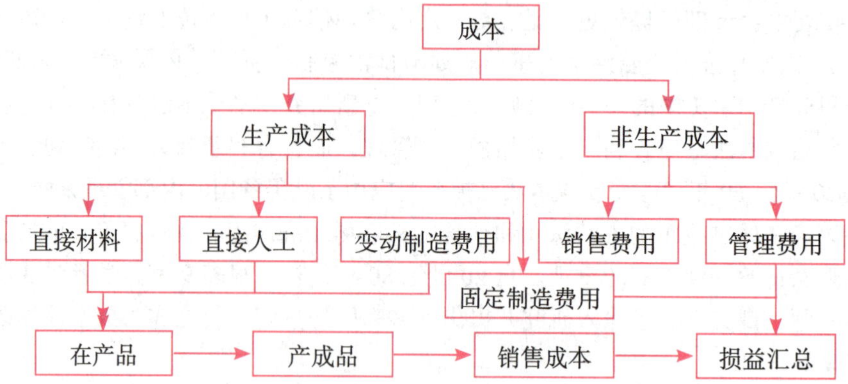

图 6-2　变动成本法的成本流程

三、变动成本法的理论依据

完全成本法认为，凡是同产品生产有关的成本都应计入产品成本，即将全部生产成本作为产品成本的构成内容。固定制造费用是为保持一定的经营条件而发生的，也就是同形成企业正常生产能力相联系，产品在生产过程中不仅要消耗一定的直接材料、直接人工、变动制造费用，还要消耗一定的生产能力（表现为固定制造费用）。

根据管理会计理论的解释，产品成本是指在生产过程中发生的，随着产品实体的流动而流动，随着产量的变动而变动，只有当产品实现其销售收入时才能与相关收入实现配比，并得到补偿的成本。期间成本是指不随产品实体的流动而流动，而是随着产品生产经营持续期间的长短而增减，其效益随着时间的推移而消逝，不能递延到下期，只能于发生的当期记入利润表并由当期的销售收入补偿的费用。因此，变动成本法的理论依据如下。

（一）产品成本只应该包括变动生产成本

从定性角度来看，一方面，产品是产品成本的物资承担者，没有产品具体实体的存在，产品成本就失去了对象化的载体；另一方面，不消耗费用和成本，就不能形成产品。从定量角度来看，在相关范围内，产品成本数额的多少必然与产品产量的大小密切相关，在生产工艺没有发生实质变化、成本水平保持不变的前提下，产品总额应随着产量的增减而同比例增减。因此，只有变动生产成本才能构成产品的内容，这显然比完全成本法仅仅从生产过程与产品之间的因果关系出发，得出“凡是同产品生产有关的成本都应计入产品成本”的理论更合理。

（二）固定生产成本作为期间成本处理

固定生产成本只是定期地创造了企业的生产能力，显然与生产期间关联更为密切。它与管理费用、销售费用和财务费用等非生产成本只是定期地创造了维持企业经营的必要条件，是具有同等性质和作用的。不管这些生产能力和条件是否在当期被有效利用，在相关范围内，固定生产成本的数额与实际产品产量的多少并无因果关系。其效益随着时间推移而逐渐丧失，不能递延到后期，而应在费用发生的当期全部列入利润表内，作为本期贡献毛益总额的减项。因此，固定生产成本应与非生产成本一样作为期间成本处理。假定当期产品产量为零，不存在“产品”

这个物质载体，则当期产品成本应该也为零。按照完全成本法的理论，产品成本包括了变动生产成本和固定生产成本，在这种情况下，由于车间照提折旧等费用而导致固定生产成本不为零，就造成了无产品却存在产品成本的奇特现象。

四、变动成本法的主要特点和意义

（一）变动成本法的主要特点

1.变动成本法以成本习性分析为基础

采用变动成本法，是以全部成本划分为变动成本和固定成本两大类为基础的，仅把与产品生产过程直接联系的变动成本计入产品成本，而把固定成本作为期间成本直接从本期损益中扣减。

2.在变动成本法下，企业利润由贡献式利润表来确定

为了便于取得贡献毛益信息，变动成本法把企业利润改由贡献式利润表确定，分两步计算。其计算公式如下：

销售收入－（销售产品变动成本＋变动非生产成本）＝销售收入－变动成本总额＝贡献毛益

贡献毛益－期间成本＝贡献毛益－（固定生产成本＋固定非生产成本）＝税前利润

3.变动成本法主要用于企业内部的经营管理

变动成本法不仅是一种比较成熟的成本计算方法，还是企业内部的一种成本会计制度。因此，成本项目必须按成本习性进行分类。同时，成本的记录、账户的设置、成本的汇集、内部报表的编制等，均需按此分类进行会计处理。但由于相关的会计准则仍要求企业按完全成本法提供成本资料、编制对外财务报表，因此，尽管变动成本法具有一定的优越性，但仍主要用于企业内部的经营管理。

（二）变动成本法的意义

采用变动成本法计算产品成本和存货成本主要是基于以下原因。

1.它能提供每种产品的盈利能力资料

每种产品的盈利能力资料，是利润规划和经营管理中许多决策要考虑的重要依据。而每种产品的盈利能力可通过“贡献毛益”来综合表现。“贡献毛益”，是指产品的销售收入扣减其变动成本之后的余额。显然，各种产品的贡献毛益，首先用来补偿整个企业的固定成本，补偿之后还有余额，企业才能实现最终利润。所以，各种产品的贡献毛益，不仅是其盈利能力的表现，还是它对企业最终利润所做贡献大小的重要标志，而变动成本计算法正好可以提供每种产品的变动成本资料。

2.它能提供正确制定经营决策以及进行成本计划和控制的有价值资料

以贡献毛益分析为基础，进行盈亏临界点和本—量—利分析，有助于揭示产量与成本变动的内在规律，找出生产、销售、成本与利润之间的依存关系，并用于预测前景、规划未来（如规划目标成本、目标利润及编制弹性预算等）。同时，这些资料也有利于正确地制定短期经营决

策。因为企业现有的生产能力一经形成，在短期内就很难改变。所以，用于维持现有生产能力的固定成本就是一种与短期决策无关的成本。但变动成本则会受到短期决策的影响，这就使得短期经营决策常常借助于贡献毛益信息来进行

3. 变动成本计算便于和标准成本、弹性预算及责任会计等直接结合，在计划和日常控制的各个环节发挥重要作用

变动成本与固定成本具有不同的成本习性，对于变动成本可通过制定标准成本和建立弹性预算进行日常控制。在一般情况下，变动成本的高低可反映出生产部门和供应部门的工作业绩。例如，在直接材料、直接人工和变动制造费用方面，如有所节约或超支，就可视为其业绩好坏的反映，这样就便于分清各部门的经济责任。而固定成本的高低一般不是基层生产单位所能控制的，通常应由管理部门负责，可以通过制定费用预算加以控制。因此，采用变动成本法，既有利于采用科学的成本分析方法和正确的成本控制方法，也有利于正确评价各部门的工作业绩。

第二节　变动成本法与完全成本法的比较

一、变动成本法与完全成本法的区别

为了进一步认识变动成本法的特点，应将其与完全成本法进行比较。概括起来，两种成本方法的区别主要体现在以下几个方面。

（一）应用的前提条件不同

完全成本法首先要求把全部生产成本按其发生的领域或经济用途划分为生产成本和非生产成本。其中，凡是在生产领域为生产产品而发生的成本就属于生产成本，构成产品成本的内容；发生在流通领域或服务领域等由于组织日常销售或进行日常行政管理而发生的成本则属于非生产成本，作为期间费用。

而变动成本法首先要求进行成本性态分析，将全部成本按照成本性态划分为变动成本和固定成本，尤其要把混合性制造费用进一步分解为变动制造费用和固定制造费用。

（二）成本划分和产品成本构成内容不同

根据两种成本方法的含义进行比较，变动成本法和完全成本法的主要区别在于是否将全部固定制造费用包含在产品成本中。两者对产品成本界定的理论依据不同，完全成本法依据传统的职能方式，而变动成本法依据成本性态方式。完全成本法认为，凡是同产品生产有关的成本都应计入产品成本。固定制造费用是为保持一定的经营条件而发生的，也就是同形成企业正常生产能力相联系，产品在生产过程中不仅要消耗一定的直接材料、直接人工、变动制造费用，还要消耗一定的生产能力。变动成本法则认为，直接材料、直接人工、变动制造费用的发生额，

与产品产量呈正比例关系变动，因此应计入产品成本；固定制造费用的发生额与产品产量没有直接联系，因此不应计入产品成本。

变动成本法和完全成本法在成本划分及产品成本构成内容方面的差异，如表 6-1 所示。

表 6-1　两种成本方法在成本划分及产品成本构成内容方面的差异

<table>
<tr><th>区别标志</th><th colspan="3">变动成本法</th><th colspan="2">完全成本法</th></tr>
<tr><td>划分依据</td><td colspan="3">按成本习性</td><td colspan="2">按成本经济内容和用途</td></tr>
<tr><td rowspan="4">成本划分类别</td><td rowspan="2">变动成本</td><td>变动生产成本</td><td>直接材料
直接人工
变动制造费用</td><td rowspan="2">生产成本</td><td rowspan="2">直接材料
直接人工
全部制造费用</td></tr>
<tr><td>变动非生产成本</td><td>变动销售费用
变动管理费用</td></tr>
<tr><td rowspan="2">固定成本（全部作为期间成本）</td><td>固定生产成本</td><td>固定制造费用</td><td rowspan="2">期间成本</td><td rowspan="2">全部销售费用
全部管理费用</td></tr>
<tr><td>固定非生产成本</td><td>固定销售费用
固定管理费用</td></tr>
<tr><td>产品成本构成内容</td><td>变动生产成本</td><td colspan="2">直接材料
直接人工
变动制造费用</td><td>全部生产成本</td><td>直接材料
直接人工
全部制造费用</td></tr>
</table>

【例 6-1】某企业只生产甲产品，202× 年有关的产销量、单价及成本资料如表 6-2 所示。

表 6-2　产销量、单价及成本资料　　单位：万元

存货及单价		成本项目	变动	固定	合计
期初存货	0 件	直接材料	2 400		2 400
本期完工投入	400 件	直接人工	1 200		1 200
本期销售	300 件	制造费用	400	1 000	1 400
期末存货	100 件	销售费用	100	400	500
单价	20 元 / 件	管理费用	200	600	800

要求：按完全成本法和变动成本法分别计算产品成本及期间成本。

解：计算结果如表 6-3 所示。

表 6-3　产品成本及期间成本计算表　　单位：万元

成本	项 目	变动成本法		完全成本法	
		总成本	单位成本	总成本	单位成本
产品成本	直接材料	2 400	6	2 400	6
	直接人工	1 200	3	1 200	3
	变动制造费用	400	1	—	—
	制造费用	—		1 400	3.5
	合计	4 000	10	5 000	12.5
期间成本	固定制造费用	1 000		—	
	销售费用	500		500	
	管理费用	800		800	
	合计	2 300		1 300	

本例计算结果表明，按变动成本法确定的产品总成本与单位成本要比完全成本法的数值低，而它的期间成本却高于完全成本法，这种差异来自两种成本计算法对固定制造费用的不同处理。

（三）存货成本构成内容及销货成本的水平不同

1.存货成本构成内容不同

由于两种方法的产品成本构成内容不同，因而确定产成品、在产品等存货成本的构成内容，即存货的估价也存在不同。在完全成本法下，存货成本中不仅包含了变动生产成本，而且包含了一部分分配来的固定生产成本。本期发生的固定制造费用要在本期销货和期末存货之间分配，因此，被销货吸收的那部分固定制造费用作为销货成本记入当期利润表，被期末存货吸收的另一部分固定制造费用则随期末存货成本递延到下期。

在变动成本法下，存货成本仅包含了变动生产成本，而将固定生产成本全部作为期间成本直接记入当期利润表，因而没有转化为销货成本或存货成本的可能。由此必将导致变动成本法下确定的存货成本要低于完全成本法下确定的存货成本。存货成本的不同必然导致当期销售成本的不同。

存货成本可以用以下公式计算：

期末存货成本=期末存货量 × 本期单位产品成本

需要注意的是，在计算期末存货成本时，两种方法的单位产品成本是不同的。

2.销货成本的水平及销货成本计算公式不同

两种成本法下，存货成本的不同必然导致当期销售成本的不同。

销售成本可以用以下两个公式来计算：

本期销售成本=期初存货成本+本期生产成本－期末存货成本 （1）

或者，本期销售成本=期末销售量 × 本期单位产品成本 （2）

需要注意的是，计算销售成本的两个公式并不都适用于两种方法，其中，公式（1）两种方法都可以用，而公式（2）只适用于变动成本法。

因为在变动成本法下，销货成本全部由变动生产成本构成，当期末存货量为零时，单位期末存货成本、本期单位产品成本和本期单位销货成本这三个指标相等；当前后期成本水平不变时，单位期初存货成本、单位期末存货成本、本期单位产品成本和本期单位销货成本都可以用统一的单位变动生产成本来表示。而在完全成本法下，由于各期分配的固定制造费用不一样，各期的产品单位成本也可能会不同，所以，只适用公式（1）来计算本期的销售成本。除非期初存货等于零，单位期末存货成本、本期单位产品成本和本期单位销货成本这三个指标等于单位生产成本指标时，才使用公式（2）来计算销货成本。

【例 6-2】承【例 6-1】，分别按两种方法计算产品存货成本和销货成本，并分析其产生差异的原因。

解：计算结果如表 6-4 所示。

表 6-4 产品存货成本和销货成本计算表

项 目	变动成本法	完全成本法	差异
期初存货成本（万元）	0	0	0
本期产品成本（万元）	4 000	5 000	−1 000
可供销售商品成本合计（万元）	4 000	5 000	−1 000
单位产品成本（元/件）	10	12.5	−2.5
期末存货量（件）	100	100	0
期末存货成本（万元）	1 000	1 250	−250
本期销货成本（万元）	3 000	3 750	−750

在本例中，变动成本法下的期末存货成本全部由变动生产成本构成，为 1 000 万元。在完全成本法下，期末存货成本为 1 250 万元，其中，除了包括 1 000 万元变动生产成本外，还包括 250 万元（2.5 × 100）固定制造费用，因而导致变动成本法下的期末存货成本比完全成本法下的存货成本少了 250 万元。同理，变动成本法下的 3 000 万元销货成本完全是由变动生产成本组成的，而完全成本法下的本期销货成本中包括了 3 000 万元变动生产成本和 750 万元固定制造费用，由此导致变动成本法的销货成本比完全成本法少了 750 万元。

总之，上述两种差异的产生，都是因为在变动成本法下，1 000 万元固定制造费用被全额计入了当期的期间成本；而在完全成本法下，这部分固定制造费用则被计入了产品成本（其中，有 250 万元计入存货成本，750 万元计入本期销货成本）所造成的。

（四）分期计算损益的方式不同

变动成本法的主要特点是单位产品成本和存货成本中仅包含变动生产成本，而完全成本法则将变动生产成本和固定生产成本都吸收到产品的生产成本和存货成本中。这就导致两种方法下计算的损益必然存在差别。

1. 营业利润计算公式不同

在变动成本法下计算营业利润时，必须考虑如何计算和确定边际贡献总额。边际贡献总额是指销售收入与变动成本之间的差额。在变动成本法的贡献式损益确定程序下，其营业利润的计算公式如下：

边际贡献总额 = 销售收入 − 变动成本

其中，变动成本包括变动生产成本和变动非生产成本。

营业利润 = 边际贡献总额 − 固定成本（期间成本）

其中，固定成本包括固定生产成本和固定非生产成本。

在完全成本法的传统式损益确定程序下，其营业利润的计算公式如下：

销售毛利 = 销售收入 − 销售成本

营业利润 = 销售毛利 − 期间成本（销售费用、管理费用等非生产性成本）

其中，销售成本 = 期初存货成本 + 本期生产成本 − 期末存货成本

结论：变动成本法把本期发生的固定生产成本和固定非生产成本全部列为期间成本在边际贡献总额下扣减；而完全成本法把本期发生的固定生产成本在已销售产品和期末存货之间进行分摊，必然导致两种方法计算的营业利润互有差异。

【例 6-3】承【例 6-1】，用两种成本方法计算营业利润。

解：（1）在贡献式损益确定程序下。

营业收入 =25 × 300=7 500（万元）

销货中的变动生产成本 =10 × 300=3 000（万元）

变动成本 =3 000+100+200=3 300（万元）

贡献边际 =7 500−3 300=4 200（万元）

固定成本 =1 000+400+600=2 000（万元）

营业利润 =4 200−2 000=2 200（万元）

（2）在传统式损益确定程序下。

营业收入 =25 × 300=7 500（万元）

销货成本 =0+5 000−1 250=3 750（万元）

销售毛利 =7 500−3 750=3 750（万元）

期间费用 =500+800=1 300（万元）

营业利润 =3 750−1 300=2 450（万元）

根据本例计算结果，完全成本法下得到的营业利润大于变动成本法下计算的营业利润，其差额 250 万元（2 450−2 200），主要是因为在完全成本法下，100 件期末存货中吸收了 250 万元的固定制造费用并结转到下期。而在变动成本法下，1 000 万元的固定制造费用全部作为期间费用予以在本期利润中扣除。因此，变动成本法下计算出的营业利润必然低于完全成本法下的营业利润。

2. 两种成本方法使用的利润表格式也存在不同

变动成本法使用贡献式利润表，中间指标是“贡献边际”；而完全成本法使用传统式利润表，中间指标是“营业毛利”，两种成本方法的利润表格式如表 6-5 所示。

表 6-5　两种成本方法的利润表格式

贡献式利润表	传统式利润表
销售收入	销售收入
减：变动成本	减：销售成本
变动生产成本	期初存货成本
变动销售费用	本期生产成本
变动管理费用	可供销售的商品生产成本
变动成本合计	期末存货成本
贡献边际	销售成本合计
减：固定成本	销售毛利
固定制造费用	减：期间费用
固定销售费用	销售费用
固定管理费用	管理费用
固定财务费用	财务费用
固定成本合计	期间费用合计
营业利润	营业利润

【例 6-4】根据【例 6-3】中的计算结果，编制两种方法的利润表如表 6-6 所示。

表 6-6 两种方法的利润表 单位：万元

贡献式利润表		传统式利润表	
销售收入	7 500	销售收入	7 500
减：变动成本		减：销售成本	
变动生产成本	3 000	期初存货成本	0
变动销售费用	100	本期生产成本	5 000
变动管理费用	200	可供销售的商品生产成本	5 000
变动成本合计	3 300	期末存货成本	1 250
贡献边际	4 200	销售成本合计	3 750
减：固定成本		销售毛利	3 750
固定制造费用	1 000	减：期间费用	
固定销售费用	400	销售费用	500
固定管理费用	600	管理费用	800
固定成本合计	2 000	期间费用合计	1 300
营业利润	2 200	营业利润	2 450

从表 6-6 中可以看出贡献式利润表与传统式利润表在格式上的异同，具体如下。

（1）两种成本法利润表中的销售收入是相同的。因为销售收入取决于单价和销量，与产品成本计算无关。

（2）本期发生的管理费用、销售费用、财务费用等期间费用被全额记入当期的利润表，但在记入两种利润表的位置和补偿途径方面存在形式上的区别。在变动成本法下，变动期间费用作为销售收入的扣减项，在贡献边际中补偿，固定期间费用则作为贡献边际的扣减项，在营业利润中补偿。在完全成本法下，全部的期间费用作为销售毛利的扣减项，在营业利润中补偿。

（3）两种成本法利润表所提供的中间指标不同，贡献式利润表的中间指标是“贡献边际”，传统式利润表的中间指标是“销售毛利”。这两个指标的意义和作用是完全不同的。

（五）所提供的信息用途不同

完全成本法是传统的成本方法，它主要依据公认会计原则，汇集和分配企业一定会计期间所发生的生产费用，计算并确定产品成本和存货成本。其提供的信息能揭示外界公认的成本与产品在质的方面的归属关系，按该法提供的成本信息有助于促进企业扩大生产，刺激增产的积极性，因而能广泛地被外界接受。在完全成本法下，产量越高，单位产品负担的固定成本就越低。因此，在其他条件不变的情况下，各期产品单位成本会因为每期产量的不同而有所不同，从而影响各期的利润水平。但是，这种信息也存在着一定的局限性，企业可能会为了降低单位产品所耗用的固定生产成本而盲目地扩大生产，最终有可能导致产品的积压，不利于企业资金的流通与周转，同时，也可能歪曲各部门努力降低成本的真实业绩。

变动成本法能够提供科学反映成本与业务量之间、利润与销售量之间变化规律的信息，有助于加强成本管理，强化预测、决策、计划、控制和业绩考核等职能，促进以销定产，减少或避免因盲目生产而带来的损失。当单价和成本水平不变时，营业利润额应该直接与销售量的多少挂钩，营业利润的变动趋势应该直接与销售量的变动趋势相联系。营业利润可以看作反映企业销售量多少的晴雨表，营业利润与销售量呈正方向的变化关系。当某期销售量比上期增加时，该期按变动成本法确定的营业利润比上期增加；反之亦然。在一个较长时期内，当某期销售量达到最高或最低时，该期按变动成本法确定的营业利润也达到最高或最低。当任意两期销售量相同时，这两期按变动成本法确定的营业利润额也相同。因此，变动成本法主要适用于管理会计系统，用以编制企业的内部报表，为内部管理提供有用的信息。

由此可见，变动成本法要求区分变动成本与固定成本，可将其分解落实到有关责任单位，便于开展业绩考核评价，调动各有关单位降低成本的积极性，同时，也有助于企业重视市场销售。

二、两种成本计算方法计算分期税前利润的差额及其变化规律

（一）同一会计期间，产销平衡时计算的税前利润

前述已说明，两种成本计算方法在分期损益计算上的差别主要表现为税前利润计算公式的不同，而实质上则是当产销不平衡时，两种成本方法由于对固定制造费用的不同处理导致所确定的分期税前利润不同，为具体说明两种成本计算方法计算分期税前利润的差额及其变化规律，由以下实例来进行说明。

【例 6-5】假定某企业只产销甲产品，20×2 年正常产量 6 000 件（假定期初无存货），本期销售 6 000 件。销售单价 50 元，每件产品需要直接材料 15 元、直接人工 10 元、变动制造费用 8 元，全年固定制造费用总额 42 000 元，固定推销管理费用总额 10 000 元，单位产品变动推销管理费用 3 元。要求分别按两种成本法计算 20×2 年度的税前利润并编制利润表。

解：（1）按两种成本计算方法编制的单位产品成本计算单如表 6-7 所示。

表 6-7　单位产品成本计算单

项目	完全成本法	变动成本法
变动生产成本（元）	15+10+8=33	15+10+8=33
固定生产成本（元）	$\frac{42\ 000}{6\ 000}=7$	—
单位产品成本（元/件）	40	33

（2）按两种成本计算方法编制的利润表如表 6-8 所示。

表 6-8　利润表

20×2 年度　　　　单位：元

变动成本法（贡献式）		完全成本法（传统式）	
销售收入	300 000	销售收入	300 000
减：变动成本		减：销售成本	
变动生产成本	198 000	期初存货成本	0
变动销售及管理费用	18 000	本期生产成本	240 000
变动成本合计	216 000	可供销售的商品生产成本	240 000
贡献边际总额	84 000	期末存货成本	0
减：固定成本		销售成本合计	240 000
固定制造费用	42 000	销售毛利	60 000
固定销售及管理费用	10 000	减：期间费用	
固定成本合计	52 000	变动销售及管理费用	18 000
		固定销售及管理费用	10 000
		期间费用合计	28 000
营业利润	32 000	营业利润	32 000

表 6-8 中的计算结果表明，当本期产销平衡时，若期初无存货或期初存货成本等于期末存货成本，则两种方法计算的税前利润是相同的。因为产销平衡时，在完全成本法下，固定制造费用全部（期初无存货）或等同于当期的全部额度（期初存货=期末存货）纳入当期产品成本中，这将与变动成本法下将全部的固定制造费用作为期间成本全额在本期损益中扣除是一样的，所以，两种方法下的营业利润相同。由此，可以得出如下结论：

当产销平衡时，即本期产量等于销售量，期末存货量等于期初存货量，同时，期初存货与期末存货的数量及其所包含的固定生产成本都相等时，完全成本法下计算的当期营业利润等于变动成本法下计算的营业利润。

（二）同一会计期间，产销不平衡时计算的税前利润

产销不平衡意味着本期产量大于销售量或者产量小于销售量，则必然导致期初存货量与期末存货量的不同。

【例 6-6】承【例 6-5】，假定该公司 20×2 年度销量为 5 000 件，其他相关资料不变。要求分别按两种成本法计算 20×2 年度的税前利润并编制利润表。

解：由于相关成本资料没变，则成本计算结果与【例 6-5】一致。编制的利润表如表 6-9 所示。

表 6-9　利润表

20×2 年度　　　　单位：元

变动成本法（贡献式）		完全成本法（传统式）	
销售收入	250 000	销售收入	250 000
减：变动成本		减：销售成本	
变动生产成本	165 000	期初存货成本	0
变动销售及管理费用	15 000	本期生产成本	240 000
变动成本合计	180 000	可供销售的商品生产成本	240 000
贡献边际总额	7 000	期末存货成本	40 000
减：固定成本		销售成本合计	200 000
固定制造费用	42 000	销售毛利	50 000
固定销售及管理费用	10 000	减：期间费用	
固定成本合计	52 000	变动销售及管理费用	15 000
		固定销售及管理费用	10 000
		期间费用合计	25 000
营业利润	18 000	营业利润	25 000

表 6-9 中的计算结果表明，在完全成本法下，固定制造费用作为产品成本的构成内容，当本期产量大于本期销售量时，即期末存货大于期初存货，有一部分固定成本被期末存货吸收并递延到下期，将在下期损益中扣减；同时，本期销货成本中的固定制造费用必定小于本期投入的固定制造费用总额。本例中 42 000 元的固定制造费用，其中，35 000 元的固定制造费用计入本期销售成本中，在本期损益中扣除，剩下的 7 000 元的固定制造费用则被 1 000 件的期末存货承担并将递延到下期。而在变动成本法下，本期固定制造费用全部作为期间成本在本期损益中

扣除，在本例中，42 000 元的固定制造费用在本期损益中全额扣除。由此，可以得出如下结论：

当本期产量大于销售量，即期末存货大于期初存货时，完全成本法下计算的当期营业利润大于变动成本法下计算的营业利润。

（三）非同一会计期间，产销不平衡时计算的税前利润

1. 各期产量相同而销量不同的情况

【例 6-7】承【例 6-5】，假定该企业 20×2 年、20×3 年、20×4 年的产量均为 6 000 件，其销量分别为 5 000 件、6 000 件、7 000 件。要求分别按两种方法编制三年的利润表。

解：根据表 6-7 的产品成本计算结果，编制贡献式利润表和传统式利润表，如表 6-10 和表 6-11 所示。

表 6-10　贡献式利润表（变动成本法）　　单位：元

项 目	20×2 年	20×3 年	20×4 年
销售收入	250 000	300 000	350 000
减：变动成本			
变动生产成本	165 000	198 000	231 000
变动销售及管理费用	15 000	18 000	21 000
变动成本合计	180 000	216 000	252 000
贡献边际总额	7 000	84 000	98 000
减：固定成本			
固定制造费用	42 000	42 000	42 000
固定销售及管理费用	10 000	10 000	10 000
固定成本合计	52 000	52 000	52 000
营业利润	18 000	32 000	46 000

表 6-11　传统式利润表（完全成本法）　　单位：元

项 目	20×2 年	20×3 年	20×4 年
销售收入	250 000	300 000	350 000
减：销售成本			
期初存货成本	0	40 000	40 000
本期生产成本	240 000	240 000	240 000
可供销售的商品生产成本	240 000	280 000	280 000
期末存货成本	40 000	40 000	0
销售成本合计	200 000	240 000	280 000
销售毛利	50 000	60 000	70 000
减：期间费用			
变动销售及管理费用	15 000	18 000	21 000
固定销售及管理费用	10 000	10 000	10 000
期间费用合计	25 000	28 000	31 000
营业利润	25 000	32 000	39 000

表 6-10 和表 6-11 的计算结果表明：

（1）对比 20×2 年的营业利润，完全成本法计算的营业利润比变动成本法计算的营业利润多 7 000 元。原因在于 20×2 年的产量（6 000 件）大于销售量（5 000 件），使得期末存货增加了 1 000 件。完全成本法下产品单位成本为 40 元/件，而变动成本法下产品单位成本为 33 元/件，其差额 7 元/件是固定制造费用在 6 000 件产品产量中分摊的数额。因此，在完全成本法下，期末 1 000 件存货中包含的固定制造费用 7 000 元（7×1 000）转至下一年度，从而使本期销售成本减少了 7 000 元，结果使其营业利润比变动成本法计算的高出 7 000 元。

（2）20×3 年由于产销平衡，本期产量等于销售量，期末存货量等于期初存货量，期初存货与期末存货的数量及其所包含的固定生产成本都相等，所以两种方法计算的营业利润相同。

（3）对比 20×4 年的营业利润，完全成本法计算的营业利润比变动成本法计算的营业利润少 7 000 元。原因在于 20×4 年的产量（6 000 件）小于销售量（7 000 件），20×4 年销售量中包括了 20×3 年的存货 1 000 件。所以，在完全成本方法下，当期销货成本既包括了本期的全部固定制造费用，也负担了上期转入的 7 000 元制造费用；而在变动成本法下，销售产品只负担本期的固定制造费用。因此，变动成本法计算的营业利润要多 7 000 元。

（4）根据资料，该公司三年的产量总和与销售量总和相等（产量=销售量=18 000 件），计算结果显示，在两种方法下，三年的营业利润之和是相等的。其中，变动成本法下的三年营业利润之和=18 000+32 000+46 000=96 000（元），完全成本法下三年的营业利润之和= 25 000 + 32 000+39 000=96 000（元）。

（5）根据变动成本法计算的三年营业利润，在销售量最高（7 000 件）的 20×4 年营业利润达到最大，而在销售量最低（5 000 件）的 20×2 年营业利润是最低的。由此可见，在变动成本法下，营业利润的变化趋势与销售量的变化趋势保持一致。

（6）根据完全成本法计算的三年营业利润，由于产量没变，产品的单位成本都保持在 40 元/件，因此，营业利润将随着销售量的上升而上升。

2. 各期销量相同而产量不同的情况

【例 6-8】承【例 6-5】，假定该企业 20×2 年、20×3 年、20×4 年三年的销量均为 6 000 件，产量分别为 7 000 件（期初无存货）、6 000 件、5 000 件。要求按两种方法编制三年的利润表。计算结果如表 6-12 至表 6-15 所示。

表 6-12　各期产品成本和销货成本计算表　　单位：元

变动成本法	20×2 年	20×3 年	20×4 年
期初存货成本	0	33 000	33 000
本期生产成本	231 000	198 000	165 000
可供销售商品成本合计	231 000	231 000	198 000
期末存货量（件）	1 000	1 000	0
期末存货成本	33 000	33 000	0
本期销货成本	198 000	198 000	198 000
产品单位成本（元/件）	33	33	33

表 6-13　各期产品成本和销货成本计算表　　单位：元

完全成本法	20×2 年	20×3 年	20×4 年
期初存货成本	0	39 000	40 000
本期生产成本	273 000	240 000	207 000
可供销售商品成本合计	273 000	279 000	247 000
期末存货量（件）	1 000	1 000	0
期末存货成本	39 000	40 000	0
本期销货成本	234 000	239 000	247 000
产品单位成本（元/件）	39	40	41.4

表 6-14　贡献式利润表（变动成本法）　　单位：元

项目　　年份	20×2 年	20×3 年	20×4 年
销售收入	300 000	300 000	300 000
减：变动成本			
变动生产成本	198 000	198 000	198 000
变动销售及管理费用	18 000	18 000	18 000
变动成本合计	216 000	216 000	216 000
贡献边际总额	84 000	84 000	84 000
减：固定成本			
固定制造费用	42 000	42 000	42 000
固定销售及管理费用	10 000	10 000	10 000
固定成本合计	52 000	52 000	52 000
营业利润	32 000	32 000	32 000

表 6-15　传统式利润表（完全成本法）　　单位：元

项目　　年份	20×2 年	20×3 年	20×4 年
销售收入	300 000	300 000	300 000
减：销售成本			
期初存货成本	0	39 000	40 000
本期生产成本	273 000	240 000	207 000
可供销售的商品生产成本	273 000	279 000	247 000
期末存货成本	39 000	40 000	0
销售成本合计	234 000	239 000	247 000
销售毛利	66 000	61 000	53 000
减：期间费用			
变动销售及管理费用	18 000	18 000	18 000
固定销售及管理费用	10 000	10 000	10 000
期间费用合计	28 000	28 000	28 000
营业利润	38 000	33 000	25 000

表 6-14 和表 6-15 的计算结果表明：

（1）对比 20×2 年的营业利润，完全成本法计算的营业利润比变动成本法计算的营业利润多 6 000 元。原因在于 20×2 年的产量（7 000 件）大于销售量（6 000 件），使得期末存货增加了 1 000 件。完全成本法下产品单位成本是 39 元/件，而变动成本法下产品单位成本为 33 元/件，其差额 6 元/件是固定制造费用在 7 000 件产品产量中分摊的数额。因此，在完全成本法下，期末 1 000 件存货中包含的固定制造费用 6 000 元（6 元/件 ×1 000 件）转至下一年度，从而使本期销售成本减少了 6 000 元，结果使其营业利润比变动成本法计算的高出 6 000 元。

（2）20×3 年产销平衡，本期产量等于销售量，期末存货数量等于期初存货数量（1 000 件），但是两种方法下计算出来的营业利润不相同。主要原因在于，在完全成本法下，20×2 年和 20×3 年的产量不同，导致两年的产品单位成本不同，从而影响到存货成本的差异。20×2 年的产品单位成本是 39 元/件，所以 20×3 年的期初存货成本就是 39 000 元（39 元/件 ×1 000 件），而 20×3 年的产品单位成本是 40 元/件，所以 20×3 年的期末存货成本为 40 000 元（40 元/件 ×1 000 件）。前述编制的利润表是基于存货按照先进先出法作出的假定，由此 20×3 年销售成本中首先承担了期初 1 000 件的存货，上年的单位固定制造费用比本年少了 1 元每件，销售成本相应减少了 1 000 元。所以，完全成本法下计算的营业利润比变动成本法下计算的营业利润高了 1 000 元。

（3）对比 20×4 年的营业利润，完全成本法计算的营业利润比变动成本法计算的营业利润少 7 000 元。原因在于 20×4 年的产量（5 000 件）小于销售量（6 000 件），20×4 年销售量中包括了 20×3 年的存货 1 000 件。所以，在完全成本方法下，当期销货成本既包括了本期的全部固定制造费用，也负担了上期转入的 7 000 元制造费用；而在变动成本法下，销售产品只负担本期的固定制造费用。因此，变动成本法计算的营业利润要多 7 000 元。

（4）根据资料，该公司三年的产量总和与销售量总和相等（产量 = 销售量 =18 000 件），计算结果显示，在两种方法下，三年的营业利润之和是相等的。其中，变动成本法下的三年营业利润之和 =32 000+32 000+32 000=96 000（元），完全成本法下三年的营业利润之和 =38 000 +33 000+25 000=96 000（元）。

（5）根据变动成本法计算的三年营业利润，由于销售量相同，故三年的营业利润也相同。

（6）根据完全成本法计算的三年营业利润，尽管三年的销售量都为 6 000 件，但是营业利润却在 20×2 年达到最高。这是因为 20×2 年的产量最高（7 000 件），则每件产品分摊的固定制造费用最低，导致产品单位成本三年最低（39 元/件），因此，销售成本水平也最低。而在产量最低的 20×4 年，即使销售量仍然保持 6 000 件，却因为产量低导致单位产品成本达到三年最高（41.4 元/件），使得销售成本上升，利润降低。

（四）结论

1. 当本期产量 = 本期销售量时，即期末存货 = 期初存货

期末存货包含的固定制造费用等于期初存货中的固定制造费用，两种方法扣除的固定制造费用总额一致，计算出的税前利润也必然相等。

2. 当本期产量 > 本期销售量时，即期末存货 > 期初存货

期末存货包含的固定制造费用大于期初存货中的固定制造费用，按完全成本法计算的本期

销售成本要小于按变动成本法计算的本期销售成本，因而完全成本法下的税前利润要大于变动成本法下的税前利润。

3. 当本期产量 < 本期销售量时，即期末存货 < 期初存货

期末存货包含的固定制造费用小于期初存货中的固定制造费用，因而完全成本法下的税前利润要小于变动成本法下的税前利润。

第三节　两种成本计算方法的结合应用

一、对两种成本方法的评价

（一）对变动成本法的评价

变动成本法自 20 世纪 30 年代产生以来，经历了半个多世纪的艰难历程才得到会计理论界的认可，并在一定范围内的实践中得到运用，这无疑是由于它本身所具有的优越性。因此，有不少会计学者都主张采用变动成本法，并对变动成本法做出了客观的评价。从以上分析中可以看出，完全成本法有利于改善企业成本管理存在的一系列问题，变动成本法突破了传统的狭隘的成本观点，在一定程度上弥补了完全成本法的局限性，为企业的管理开辟了新的途径。

1. 变动成本法的优点

（1）采用变动成本法能提供有用的管理信息，为企业预测前景、参与决策和规划未来服务。企业管理人员为做好经营预测、制定经营决策、科学规划和严格控制企业未来的生产经营活动，必须掌握各种信息。采用变动成本法将全部成本按习性划分为变动成本和固定成本，在此基础上求得的单位变动成本、贡献毛益总额以及其他有关信息（如贡献毛益率、变动成本率、经营杠杆率等），对管理当局十分有用。因为它们能够揭示业务量与成本变动的内在规律，找出生产、销售、成本和利润之间的依存关系，提供各种产品盈利能力、经营风险等的重要信息。所有这些，能够帮助管理当局深入地进行本—量—利分析和贡献毛益分析，用来预测前景、规划未来（如预测保本点，规划目标利润、目标销售量或销售额、目标成本，编制弹性预算等），并且有利于企业正确地进行短期经营决策（如是否接受追加订货的决策、用不同工艺进行加工的决策、最优生产批量的决策、产品最优组合的决策等）。因为在有些短期决策中，不存在生产能力变动的因素，因而固定成本就成为一种不相关的成本。因此，在对各种不同的短期决策方案进行比较时，都采用贡献毛益分析，而这些信息必须采用变动成本法计算才能提供。所有这些内容，详见以后各章。

（2）采用变动成本法，有利于科学地进行成本分析和成本控制，有利于正确进行不同期间的业绩评价，有利于推行和完善经济责任制。经济责任制是在国家计划指导下，以提高社会经济效益为目的，以经济责任为中心，为实行责、权、利、效相结合的生产经营管理制度。变动成本法能提供按变动成本和固定成本分类的信息。一般来说，变动成本是生产部门的可控制成本，其高低最能反映出生产部门和供应部门的工作成绩。例如，在直接材料、直接人工和变动制造费用方面出现的节约或超支，就会立即从产品的变动成本指标上反映出来，从而确定生产部门的责任。它可以通过事前制定标准成本和编制弹性预算进行日常控制。而固定生产成本是各职能部门的可控制成本，其发生额的多少，一般不是生产部门的责任，而通常应由高层管理部门负责，可以通过制定费用预算的办法进行控制。这样，采用变动成本法时，产品成本就只是由变动生产成本构成，其单位产品成本的升降能直接反映生产部门成本控制的效果，单位产品成本直接体现了成本耗费水平。

例如，某公司本年度A、B两个生产车间生产同样一种产品，单位变动生产成本为4元，固定制造费用总额为20 000元。在不同的产量水平下，采用完全成本法所计算的单位产品成本是不同的，在产量不断扩大时，单位产品成本会逐渐降低。如果以完全成本法计算产品成本，则在生产5 000件时，单位产品成本为8元/件（4+20 000÷5 000）。企业管理当局要求生产部门将单位产品成本降低为6元/件，A车间通过技术革新、节约能源、提高生产效率等措施，经过较大努力才将单位变动生产成本降低50%，从而使单位产品成本控制在6元/件（4×50%+20 000÷5 000）；而B车间并未采取任何成本降低措施，只是将产量提高50%，达到10 000件，也使单位产品成本下降到6元/件（4+20 000÷10 000）。尽管两个车间的单位产品成本最终结果是一致的，但A车间是成本水平降低的结果，B车间是产量提高的结果。产量增长引起单位固定制造费用的下降从而使单位产品成本降低，这并不是成本控制的结果。

尽管完全成本法的支持者认为，采用完全成本法能鼓励企业提高产量、扩大生产规模。但就具体生产部门这种责任中心来说，产品的产量不是生产部门所能自由控制的，而是由管理部门根据市场需求下达产量计划指令。上述B车间尽管靠提高产量降低了成本，但所提高的产量并不一定能销售取得相应的收入。所以，真正能反映生产部门成本控制业绩的是变动生产成本，只有在变动成本法下把固定制造费用排除在产品成本之外，单位产品成本才能反映真正的生产成本水平。

综上所述，变动成本法提供的资料能分清业务量变动和成本控制水平各个因素对成本升降的影响程度，不仅有利于进行科学的分析，以及采用正确的方法进行成本控制，还能对各有关责任单位履行经管责任的工作实际做出恰当的、实事求是的评价，更有利于进一步完善经济责任制。因为采用完全成本法时，如果本期的生产能力得不到充分利用，单位成本就将随产量的下降而上升。当其中部分产品转入下期销售时，这种损失还会被部分地转嫁到下期，从而减少下期的利润。反之，则会猛增下期的利润，使盈亏不能正确反映当期的工作成绩。而采用变动成本法时，固定成本金额从当期销售收入中扣除，库存产品只按变动成本计价，可以避免或减少库存产品积压或削价对后期经营带来的损失。这样，更符合我国目前推行企业经济责任制的原则，有利于分清各期经营的责任。

（3）采用变动成本法能够促使企业管理层重视销售环节，防止盲目生产，有利于全面完成产销计划。随着科学技术的迅速发展，生产自动化程度的提高，固定成本在全部成本中的比重呈上升趋势，在固定成本较高的情况下，采用完全成本法计算的单位产品成本受产量变动的影响程度较大，企业只要大幅增产，就可以降低单位产品成本，即使销售量不变，甚至销售量下降，也会增加利润。这是因为期末存货相应增加，固定制造费用会随着所增加的期末存货不断转移到下一会计期间，本期净利润也就不断扩大。这样处理的实质是把未来的收益在本期提前予以实现，会促使企业盲目扩大产量，而不注重销售。同时，销售部门扩大销售，在利润表上却表现为利润下降，这种情况不但难为管理层所理解，也不能据以评价销售业绩。而采用变动成本法，可以排除产量高低对单位产品成本的影响，使企业的盈利高低与产量高低、存货量的增减没有直接联系，在销售单价、单位变动成本、销售组合不变的情况下，盈利将随着销售量的增加而增加，企业在一定期间内所获利润数额的多少往往同产品销售数量的多少密切相关，保持销售量与利润同向变动（尽管不呈正比例关系变动）。这样能够正确揭示利润与销售的内在联系，促使企业管理层重视销售环节，千方百计开展、各种促销活动，并把主要精力集中在研究市场动态、了解消费者需求、搞好销售预测上，力求做到适销对路、薄利多销、贯彻以销定产的方针。因此，可以防止企业盲目生产，促使管理人员注重经营管理，生产适销对路的产品，提高产品质量，增加产品的花色品种，加强销售工作，加速资金周转，大力做好售后服务工作，以此来提高产品的信誉和企业的声望，从而促进企业长期健康发展。

（4）采用变动成本法最符合“费用与收益相配合”这一公认会计原则的要求。费用与收益相配合的原则，就是要求会计所记录的在一定期间所发生的收益和费用，必须属于这一会计期间；也就是说，在一定的会计期间内，应当以产生的收益为依据，把有关的费用同所产生的收益配合起来。这项原则与我国 1992 年 11 月底颁布的《企业会计准则》中“权责发生制”记账基础的要求是完全吻合的。权责发生制的原则，是指以应收应付为计算标准来确定本期收益和费用的原则，也就是会计所计算的各个会计期间的收入和费用，必须属于这一会计期间。变动成本法的基本原理就是把转作本期费用的成本，按照成本习性分为两大部分：一部分是直接与产品制造有联系的成本，即变动成本，如直接材料、直接人工、变动制造费用。它们需要按产品销售量的比例，将其中已销售的部分转作销售成本（当期费用），同本期销售收入（当期收益）相配合；另外将未销售的产品成本转作存货成本，以便与未来预期获得的收益相配合。另一部分是同产品制造没有直接联系的成本，即固定成本，如固定制造费用、全部推销费用和管理费用。它们是为了保持生产能力并使其处于准备状态而引起的各种费用。这类成本与生产能力的利用程度无关，既不会因产量的提高而增加，也不会因产量的下降而减少；它们只联系期间，并随着时间的消逝而逐渐丧失，因此应全部列作期间成本，同本期的收益相配合，由当期的净利润来负担。由于固定制造费用是为了提供生产条件和生产能力而发生的，因此利用这种条件和能力的机会是随时间消逝的，当期不利用这些条件和能力就会产生机会损失，这种机会损失不应当通过期末存货转移到以后会计期间。只有把固定制造费用列入期间成本，才能解释某一会计期间没有制造行为但会产生固定制造费用的现象。所有实例都充分证明变动成本法是完全符合这一公认会计原则的要求，因此，变动成本法能够较好地体现权责发生制的要求，真实地反映企业生产经营的财务成果，避免完全成本法由于受本期产量高低的影响，而把功过延期反映在下个会计期间的销售成本和盈亏上。

（5）采用变动成本法可以简化成本计算工作，避免固定成本分摊中的主观随意性，便于加强日常管理。采用变动成本法计算产品成本，把固定制造费用列作期间成本，从贡献毛益总额中一笔减除，可以省掉许多间接费用的分摊手续。这不仅大大简化了产品成本计算中的费用分摊工作，使报表编制工作得以提前完成，还避免了间接费用分摊过程中可能存在的主观随意性（特别是在生产多品种的企业内）。既有利于保证经营管理信息的及时性和准确性，也有利于财会人员从繁重的核算工作中解放出来，集中精力加强日常管理，深入生产基层，了解技术领域的经济问题，实现技术与经济的有机结合。

基于变动成本法上述种种优点，美国全国会计师协会（NAA）、美国会计学会（AAA）的委员，以及其他很多会计学家、会计师和一些大中型企业的经理及管理会计师，都认为变动成本法既适用于内部管理也适用于对外报告。

2. 变动成本法的缺点

尽管变动成本法的优点是主要的，在对内管理上有很多优势，但财务会计核算中一直没有接受这种方法，除了它不符合传统的成本概念和公认会计原则编制对外财务报表的要求外，变动成本法还存在某些局限性。

（1）采用变动成本法所提供的成本资料不能满足长期经济决策和定价决策的需要。从企业的短期经营而言，单位变动成本不变，固定成本总额不变。但从长期来看，由于受技术进步和通货膨胀等因素的影响，销售单价、单位变动成本和固定成本总额都很难固定不变。因此，尽管变动成本法所提供的信息在短期经营决策中能作为确定最优方案的重要依据，但不能解决诸如增加或减少生产能力，以及扩大或缩小经营规模的长期决策问题。另外，在定价决策中，一般需要掌握产品的全部成本资料（包括变动成本和固定成本信息），因为从长期来看，全部的固定成本都应得到补偿。如果将固定制造费用不计入产品成本，那么在制定产品价格时，就会把价格定得偏低，以至于不能补偿固定成本，给企业造成不应有的损失。可见，变动成本法提供的成本资料，一般不能适用于长期决策的需要。

（2）采用变动成本法计算的产品成本不符合传统成本概念的要求。美国会计学会的成本概念和准则委员会认为："成本是为了达到一个特定的目的而已经发生或可能发生的以货币计量的牺牲。"按照这个传统观念，产品成本就应该既包括变动成本也包括固定成本，而变动成本法计算的产品成本只包括了直接材料、直接人工、变动制造费用，显然不能满足上述观点的要求。

（3）采用变动成本法按成本习性对成本的划分不够精确。采用变动成本法的，前提是按成本习性将成本划分为变动成本和固定成本，这在很大程度上是假设的结果，而不是一种非常精确的计算。由于企业大部分成本费用都是混合成本，因此必须先按一定的方法分解混合成本。对混合成本的分解是一种粗略的计算，根据这些不太精确的数据计算出来的产品成本也是不够准确的。尽管变动成本法减轻了成本分摊的工作量，但同时也加重了混合成本分解的工作量和主观性。

（4）采用变动成本法不仅无法满足对外财务报告的要求，还会影响有关方面的利益。如前所述，对外财务报告不能以变动成本法为基础，而只能以完全成本法为基础进行编制。在实际工作中，如由原来的完全成本法改用变动成本法，则在计算产品成本和编制对外财务报告时，一方面，会降低期末存货的计价，这将使资产负债表上的资产价值偏低（期末存货的成本构成中排除了固定制造费用）；另一方面，期间成本偏高（固定制造费用不计入产品成本而作为期间成本），又将造成利润表上的净收益偏低。因为要等这些存货售出时才能实现利润，于是就会减少当期的税前净利润。这就会使企业延迟支付当期的所得税和股利，从而暂时影响当期税务机关的所得税收入和投资者的股利收益。

由于变动成本法存在上述的局限性，美国会计界的权威机构（如美国注册会计师协会、美国证券交易委员会）目前仍反对根据变动成本法编制对外财务报告，美国国税局（IRS）也不允许采用这种方法计算税前净利润，但是西方企业几十年来的实践经验证明：变动成本法在强化企业内部经营管理、提高经济效益方面确实起着巨大的作用。

（二）对完全成本法的评价

1.完全成本法的优点

（1）采用完全成本法可以激发企业管理层提高产品产量的积极性。20世纪50年代中叶至70年代中叶，据不完全统计，西方企业的生产有了较大的发展，为了提升竞争力，许多企业大量采用新工艺、新设备，增加固定资产投资。例如，美国增加4倍；联邦德国、法国增加近10倍；日本增加30倍以上。当今世界正步入信息社会的高技术时代，国际、国内市场竞争激烈，由于采用自动化机器设备生产，许多人工已被机器取代，机器人、计算机辅助设计、计算机辅助制造等日趋普及，从而使固定成本占总成本比例大幅增加。企业为了应对竞争对手，追求高额利润，不得不经常更新设备，开发新产品；政府部门为了支持和鼓励企业采用高新技术，加快科学技术向生产力的转化，增强企业的后劲，允许某些行业采用加速折旧的方法，使固定资产的价值以实体周转率一倍以上的速度往产品上转移。在这种情况下，如果采用完全成本法，就会使单位产品成本发生急剧变化，即产量越高，单位产品分摊的固定成本越少，使单位产品成本下降，从而大大激发了企业提高产品产量的积极性。

（2）采用完全成本法可以保证产品成本计算和存货计价的完整。成本会计的核心在于尽可能客观地计算并确定产品的实际成本。因此，在理论上和实务中必须着重解决一个根本性的问题，就是根据企业各项成本在产品形成过程中所起的作用，决定哪些项目应该包括在产品成本之内，哪些项目应该排除在产品成本之外。美国会计学会的成本概念和准则委员会认为：“成本是为了达到一个特定的目的而已经发生或可能发生的，以货币计量的牺牲。”按照这个理解，产品成本应该包括为生产产品而发生的所有变动成本和固定成本。而完全成本法计算的产品成本显然是符合传统产品成本概念的，即符合上述成本定义。值得注意的是，美国注册会计师协会强调：“存货会计的一个主要目的是通过适当的成本与收入配合的程序以正确地确定收益。存货会计的基本依据是成本，它的一般定义是取得一项财产所支付或所考虑的价格。如应用于存货，则成本在原则上应理解为将一个项目（物品）达到目前状态和地位而直接或间接发生的适当支出和费用总额。”可见，这一理解与传统成本概念相同。

（3）采用完全成本法可以便于企业直接编制对外财务报表。因为完全成本法得到公认会计原则的认可和支持，所以企业只能以完全成本法为基础编制对外财务报表。同时，企业财务报表的使用者，如投资人、债权人等都是以一种长期的观点来衡量一个企业，为了满足他们的要求，企业也应当提供产品及其存货的全部成本资料，保证他们执行长期决策的需要。完全成本法提供的成本资料可以直接用来编制对外的财务报表，不需要进行任何加工处理。

2.完全成本法的缺点

（1）采用完全成本法不利于企业成本控制和考核。因为完全成本法所计算的单位产品成本，包括了变动制造成本和固定制造成本，单位产品成本的高低不仅受成本控制好坏的影响，还受产量多少的影响。所以，采用完全成本法计算出来的单位产品成本不仅不能反映生产部门的真实业绩，反而掩盖或夸大了它们的生产实绩。管理层业绩评价通常与经营利润挂钩，为了提高其业绩考评，管理层会有“为存货而生产”（而非“为销售而生产”）的不良动机，从而忽视甚至无视大量存货能否及时销售出去。

例如，某企业生产甲产品，年计划产量2 000件，全年固定制造费用总额10 000元，单位变动制造成本20元，则计划单位产品成本=20+（10 000÷2 000）=25（元）。

在实际生产中，生产部门努力节约原材料，提高劳动生产率，使单位变动成本降低 10%，即由 20 元降低到 18 元。但由于生产安排不当，全年只完成产量 1 250 件，固定制造费用总额不变，则实际单位产品成本 =18+（10 000÷1 250）=26（元），比计划单位产品成本升高 1 元。有时，生产部门不注意节约，使单位变动成本升高 5%，即单位变动成本上升为 21 元，如产量增加到 3 200 件，则实际单位产品成本 =21+（10 000÷3 200）=21+3.125=24.125（元），比计划单位产品成本下降 0.875 元。这说明，完全成本法计算的单位产品成本难以对各部门进行正确的考核，不能及时揭示生产和管理中存在的问题，不利于成本控制和考核。

（2）采用完全成本法所确定的分期损益难为管理部门所理解。按照经济学原理，商品只有销售出去，其价值才算得到社会的承认，企业才能获得收入和利润。在销售单价、单位变动成本和固定成本总额水平不变的情况下，多销售产品就应该多获得利润。而采用完全成本法，利润的多少和销售量增减不能保持相应比例，有时销售量增加，税前净利润反而减少，其计算所得的利润指标不能真实反映企业生产经营的实际情况。因此，按照完全成本法所确定的税前净利润，往往会使管理人员感到困惑，甚至会促使企业片面追求高产量、高产值，盲目生产社会不需要的产品，造成产品积压，这对企业提高产品质量、扩大产品销路及加速资金周转都是很不利的。

（3）采用完全成本法使得固定制造费用的分摊十分烦琐。采用完全成本法，对于固定制造费用往往需要经过复杂的分配手续摊入产品成本，如采用不同的分摊方法和分摊标准在不同的产品中进行摊销，不但工作量很大，而且分摊的方法及分配结果不可避免地要受会计主管人员主观判断的影响，带有较大的主观随意性。

（4）采用完全成本法所提供的成本资料不便于企业预测和决策分析。采用完全成本法，不按成本习性将变动成本和固定成本进行区分，计算的产品成本包括固定成本、变动成本和混合成本，提供的成本资料不能把成本—业务量—利润之间的内在关系有机地联系起来，不便于进行预测、决策分析及编制弹性预算。因此，如果企业要进行预测分析、参与决策、编制弹性预算，管理人员还需要进行加工整理。对于收到的这类财务报表，必须另行分类计算，才能据以规划和控制企业的经济活动。

二、两种成本计算方法结合应用的必要性

变动成本法在加强企业内部管理方面发挥着重要作用，随着我国经济体制改革的深入，企业的自主权不断扩大，学习并采用变动成本法是十分必要的。但国家现行统一会计制度规定，产品成本计算必须采用完全成本法。如果一个企业同时采用两种成本计算方法，既增加了核算的工作量，又造成人力、物力、财力和时间上的极大浪费。为此把两种成本计算方法有机地结合起来，使企业成本计算既符合国家统一会计制度的规定，又满足企业内部管理的需要也是十分必要的。

综上所述，完全成本法与变动成本法各有优缺点，或者说，各自有其适用性和局限性。同时，在某种意义上，两者的优缺点正好又是互相转化的。比如，完全成本法适用于编制对外财务报告，而变动成本法却不适合；前者无法提供企业经营管理需要的各种有用信息，不利于企业的短期决策，而后者正好可以提供这些信息，有利于短期决策。因此，两者不是互相排斥，也不可能互相取代，而应互相结合、互相补充。

从企业会计的职能来看，一方面，要通过灵活多样的方法和手段，为企业内部的经营管理提供决策、规划、控制等诸多方面的有用信息；另一方面，要通过定期提供财务报告，为企业外部的投资人、债权人和其他有关机构服务。因此，为了满足这两方面的需要，既不能用一种成本计算法取代另一种成本计算法，也不能用两种并行不悖的成本计算体系，而只能以一种成本计算法为基础构建统一的成本计算体系。

统一的成本计算体系应以何种成本计算法为基础，需要从何种成本计算法的工作量最大和对管理最重要来确定。既然企业内部的工作量是大量的、经常的，并且满足内部经营管理的需要又占据首位（因为只有发展生产、多创效益，才能为国家多纳税、为投资者和债权人多提供收益），而对外编制财务报告通常只有一年一次，那么理应以变动成本法为基础，对它做适当的调整和变通，以满足外部的需要。这样做大大简化了核算流程，减少了工作量，使会计人员将更多时间和主要精力投入到更为重要的工作中。

三、建立统一的成本计算体系的具体做法

日常核算应以变动成本法为基础，在产品或产成品均按变动成本法反映，即只包括直接材料、直接人工和变动制造费用。各个月份的内部利润表也可按变动成本法编制。

具体做法如下：

（1）设置“在产品”“产成品”等账户用来登记变动成本。

（2）设置“变动制造费用”账户，归集日常生产过程中发生的各种变动制造费用，期末将发生额转入“在产品”账户，用来计算产成品和在产品的成本。

（3）设置“存货中的固定制造费用”账户，归集日常发生的各种固定制造费用，期末按当期产品销售量的比例，把其中应归属于本期已销售产品的部分转入“销售成本”账户，并列入利润表作为本期销售收入的一个扣减项目；对其中应属于期末在产品、产成品的部分，则仍留在该账户上，成为该账户的期末余额，并将其余额附加在资产负债表中的在产品、产成品项目上，使它们仍按所耗费的全部成本列示。

（4）“销售成本”账户仍然按完全成本法使用，已销售产品的变动成本由“产成品”账户转入，应负担的固定制造费用由“存货中的固定制造费用”账户转入。

（5）根据有关账户资料加以调整，便可以分别编制两种成本计算方法下的资产负债表和利润表。

※思考题※

1.什么是变动成本法？变动成本法的理论依据是什么？

2.什么是完全成本法？完全成本法的理论依据是什么？

3.变动成本法的主要特点与意义有哪些？

4.在实际应用过程中，如何将变动成本法和完全成本法结合应用？

5.在现实成本核算中，相比于完全成本法，变动成本法的优势体现在哪里？请举例说明。

第七章 成本报表编制与分析

学习目标

1. 了解成本报表的概念和种类。
2. 理解成本报表的作用和编制要求。
3. 掌握产品生产成本报表、主要产品单位成本报表和各种费用报表的作用及编制方法。
4. 熟悉成本分析的常用方法。

第一节 成本报表概述

一、成本报表的概念及作用

（一）成本报表的概念

成本报表是根据产品成本和期间费用的核算资料以及其他有关资料编制的，用来反映企业一定时期产品成本和期间费用的水平及其构成情况的报告文件。编制和分析成本报表，是成本会计工作的一项重要内容。

成本是综合反映企业生产技术和经营、管理工作水平的一项重要指标。企业物质消耗、劳动效率、技术水平、生产经营管理，以及外部因素（如物价、国家经济政策等）都会直接或间接地在产品成本和期间费用中表现出来。通过编制和分析成本报表，可以考核成本、费用计划的执行情况，寻找降低成本、费用的途径。

（二）成本报表的作用

1.综合反映企业成本费用计划完成情况

成本报表反映了企业在一定时期内的成本费用水平及其构成情况。将成本报表的实际数字与成本计划进行比较，可以检查成本计划的执行情况，为进一步分析完成或未完成计划的具体原因、制订下期的成本计划提供依据。

2.揭示影响产品成本指标和费用项目变动的因素

通过成本报表，可以揭示影响产品成本指标和费用项目变动的因素，从生产技术、生产组织和经营管理等各方面挖掘节约费用和降低产品成本的潜力，提高企业经济效益。

3.满足成本管理与决策的需要

成本报表提供的实际产品成本和费用资料，不仅可以满足企业、车间和部门加强日常成本、费用管理的需要，而且是企业进行成本、利润预测、决策，编制产品成本和各项费用计划，制定产品价格的重要依据。

二、成本报表的分类

成本报表作为企业的内部报表，其格式、编报时间、报送对象等，都由企业根据自身特点和企业管理要求而定。不仅不同企业之间的成本报表各不相同，同一企业在不同时期也可能设置不同的成本报表。依据不同的分类标准，成本报表可进行以下分类。

（一）按成本报表反映的内容分类

1.反映产品成本计划执行情况的报表

这类报表有产品生产成本表、主要产品单位成本表等。这类报表主要反映报告期内企业各种产品的实际成本水平。通过将本期实际成本分别与前期平均成本、本期计划成本进行对比，可以了解企业成本发展变化趋势和成本计划的完成情况，找出差距，发现薄弱环节，进一步采取有效措施，为挖掘降低成本内部潜力提供有效的资料。

2.反映各种费用支出的报表

这类报表有制造费用明细表、管理费用明细表、销售费用明细表等。通过这类报表可以知道企业在一定时期内费用支出总额及其构成，了解费用支出的合理性，分析费用支出的变动趋势，有利于企业管理部门正确制定费用预算，考核各项消耗支出指标的完成情况，明确各有关部门和人员的经济责任。

3.反映生产经营情况的报表

这类报表有生产情况表、材料耗用表、材料价格差异分析表等。这类报表属于专题报表，主要反映生产过程中影响产品生产成本的某些特定的重要问题，一般依据实际需要灵活设置。

（二）按成本报表编制的时间分类

成本报表按编制的时间可分为年报、季报、月报。成本报表根据管理上的要求一般可按月、按季、按年编报。同时，针对企业内部管理的特殊需要，也可以按旬、按周、按日甚至按工作班来编报，以满足日常临时或特殊任务管理的需要，使成本报表及时服务于生产经营的全过程。成本报表也可以按照编制时间是否定期分为定期报表和不定期报表。

（三）按报表编制的范围分类

（1）企业（全厂）成本报表。这类报表是指反映整个企业范围成本费用状况的报表。

（2）车间成本报表。这类报表是指反映车间范围成本费用状况的报表。

（3）班组成本报表。这类报表是指反映班组范围成本费用状况的报表。

三、成本报表编制的依据

企业编制成本报表主要依据以下资料：

（1）报告期产品成本的账簿资料，包括总账和明细账。

（2）本期成本计划和费用预算资料。

（3）以前年度的成本报表资料。

（4）本企业内部与成本管理有关的统计资料、生产技术资料等其他资料。

四、成本报表编制要求

（一）成本报表设置要求

成本报表一般根据企业的生产特点与管理需要自行设置，并可随着报表的种类、格式进行调整。在设置成本报表时应重点考虑以下几个方面的内容：

1. 报表的专题性

专题性是指成本报表的设置要反映成本管理某一方面的需要，突出管理中的重点问题，要对成本形成影响大、费用发生集中的部门设置成本报表，使成本报表的编制能取得最好的效果。

2. 报表指标内容的实用性

成本报表指标的设置以适应企业内部管理的需要为基础。成本指标既可按完全成本反映，也可按变动成本反映，还可以考虑将成本指标与生产工艺流程及各项消耗定额对照，以便从最原始的资料入手，分析成本升降的原因，挖掘降低成本的潜力。

3. 报表格式的针对性

成本报表格式要针对某一具体业务的特点及其存在的问题进行设计，重点突出、简明扼要。

（二）成本报表编制要求

1. 全面反映，突出重点

企业编制成本报表的种类应当全面，表内项目和表外的补充资料应当齐全，能够全面反映企业成本核算和成本管理的基本情况，通过成本报表的分析，能够抓住主要问题，因此要求成本报表及成本报表分析资料中有数字、有情况、有分析、有建议、有措施，重点突出。

2. 数字真实，计算准确

数字真实、计算准确，是指成本报表中的各项数据必须依据真实资料计算得到，不能任意估计，更不允许弄虚作假、篡改数字。因此，企业在编制报表前，应将所有的经济业务登记入账，并核对各种账簿之间的记录，做到账账相符；清查资产、物资，做到账实相符。然后再依据有关账簿的记录编制报表。报表编制完毕后，还应检查各个报表中相关指标的数字是否准确无误。

3. 指标一致，数据可比

在编制成本会计报表时，采用的指标应当一致，相互可比，从而使管理者在使用报表时能够在不同企业之间及同一企业前后各期之间进行比较。只有指标一致，才能使报表使用者更好地分析企业在整个社会特别是同行业中的地位，了解、判断企业过去、现在的成本情况，预测企业成本的未来变化趋势，进而作出相关管理决策。

4.编报及时，说明清楚

成本报表有些是定期编制，有些是不定期编制，无论是哪种编制方式，都要求及时编制、及时反馈。编报的及时性是指根据企业管理部门的需要能迅速地提供各种成本报表。只有这样，才能及时地对企业成本完成情况进行检查和分析，从中发现问题，及时采取措施加以解决，以充分发挥成本报表的应有作用。要做到这一点，要求企业不仅要做好日常成本核算工作，还要注意整理、收集有关的历史成本资料、同行业成本资料、统计资料、成本计划资料和费用预算资料等。

第二节 成本报表编制

一、产品生产成本报表概述

（一）产品生产成本报表的意义

产品生产成本报表是反映企业在报告期内生产的全部产品总成本和各种主要产品单位成本及总成本的报表。利用产品生产成本报表，可以揭示企业为生产一定数量的产品所付出的成本是否达到了预期的要求，可以考核和分析企业产品成本计划执行情况以及可比产品成本降低计划的执行情况，对企业的成本管理工作进行一般评价。

产品生产成本报表是反映企业全部产品成本的报表，也是成本报表中最主要的报表。产品生产成本报表一般按月编报。产品生产成本报表一般分为按产品种类反映的产品生产成本报表和按成本项目反映的产品生产成本报表。

（二）按产品种类反映的产品生产成本报表

1.按产品种类反映的产品生产成本报表的结构

按产品种类反映的产品生产成本报表分为正表和补充资料两部分。

正表格式如表 7-2 所示。正表项目栏的纵栏中首先分为可比产品与不可比产品两部分。可比产品是指上一年正式生产过，有上年度较完备的成本资料的产品。由于可比产品需要同上年度实际成本进行比较，因此表中不仅要反映本期的计划成本和实际成本，还要反映按上年实际平均单位成本计算的总成本。不可比产品是指上一年没有正式生产过，没有上年度成本资料的产品。对于不可比产品，由于没有上年度实际单位成本资料，所以只反映本年度的计划成本和实际成本。将可比产品成本与不可比产品成本加总，可以求得全部产品生产的制造成本。正表项目栏的横栏中，分别反映各种产品的实际产量、单位成本、本月总成本和本年累计总成本，分别以上年实际平均单位成本、本年计划单位成本和本月实际单位成本为标准计算的实际产量总成本，以便将本年实际与上年实际和本年计划进行比较，正确评价企业成本工作的业绩。

补充资料则是按年填报可比产品成本降低额、降低率、产值成本率的累计实际数与计划数，以及按现行价格计算的商品产值等，以便于对报表资料进行分析和利用。

2.按产品种类反映的产品生产成本报表的编制方法

（1）“产品名称”栏按企业规定的主要产品的品种分别列示，每项注明该品种的名称、规格和计量单位；

（2）“实际产量”栏数字应根据成本计算单等资料所记录的本月和从年初起到本月末止的各种主要产品实际产量填列；

（3）“单位成本”栏数字应按上年度或以前年度报表资料、本期成本计划资料和本期实际成本资料分别填列；

（4）“本月总成本”栏数字按本月实际产量分别乘以上年实际平均单位成本、本月计划单位成本和本月实际单位成本的积填列；

（5）“本年累计总成本”栏数字应按自年初到本月末止的本年累计产量分别乘以上年实际平均单位成本、本年计划单位成本和本年累计实际平均单位成本的积填列；

（6）补充资料中，可根据计划、统计和会计等有关资料计算后填列。其中，可比产品的成本降低额和可比产品的成本降低率，可以按下列公式计算后填列：

可比产品成本降低额＝可比产品按上年实际平均单位成本计算的成本－可比产品本年累计实际成本

可比产品成本降低率＝可比产品成本降低额 ÷ 可比产品按上年实际平均单位成本计算的总成本 ×100%

【例 7-1】某公司生产 A、B、C 三种产品。A、B 产品是老产品，C 产品为本年新生产产品。202× 年 12 月有关产品成本资料如表 7-1 所示。

表 7-1　202× 年 12 月产品成本资料

单位：件，元

产品	每月计划产量	本月实际产量	本年累计产量	本年计划单位成本	本月实际单位成本	上年实际平均单位成本	本年累计实际平均单位成本
A	130	130	1 290	191	195	200	189
B	55	60	530	144	140	150	145
C	55	56	500	177	172		165

根据表 7-1 的资料编制产品生产成本表，如表 7-2 所示。

表 7-2　按产品种类反映的产品生产成本表

202× 年 12 月　　单位：件，元

产品名称	实际产量		单位成本				本月总成本			本年累计总成本		
	本月实际	本年累计	上年实际平均	本年计划	本月实际	本年累计实际平均	按上年平均单位成本计算	按计划单位成本计算	本月实际	按上年平均单位成本计算	按计划单位成本计算	本年实际
可比产品							35 000	33 470	33 750	337 500	322 710	320 660
A 产品	130	1 290	200	191	195	189	26 000	24 830	25 350	258 000	246 390	243 810
B 产品	60	530	150	144	140	145	9 000	8 640	8 400	79 500	76 320	76 850
不可比产品												
C 产品	56	500		177	172	165		9 912	9 632		88 500	82 500
合计	—	—	—	—	—	—	35 000	43 382	43 382	337 500	411 210	403 160

补充资料：可比产品成本降低额；可比产品成本降低率

可比产品成本降低额=337 500−320 660=16 840（元）

可比产品成本降低率=16 840÷337 500×100%=4.99%

（三）按成本项目反映的产品生产成本报表

1.按成本项目反映的产品生产成本报表的结构

按成本项目反映的产品生产成本报表是按成本项目汇总反映企业在报告期内发生的全部生产费用以及产品生产成本合计数的报表。

按成本项目反映的产品生产成本报表一般分为生产费用和生产成本两部分。其中生产费用部分按照成本项目反映报告期内发生的各种生产费用及其合计数；产品生产成本部分是在生产费用合计数的基础上，加上期初在产品和自制半成品的余额，减去期末在产品和自制半成品的余额，计算出产品生产成本的合计数。为了方便日后的成本分析，这些费用和成本应按上年实际数、本年计划数、本月实际数和本年累计实际数，分栏反映。

【例 7−2】某公司 202× 年 12 月份产品生产成本项目情况如表 7−3 所示。

表 7−3　按成本项目反映的产品生产成本表

202× 年 12 月　　　　单位：元

项　目	上年实际	本年计划	本月实际	本年累计实际
直接材料	1 266 520	1 208 520	133 840	1 482 520
直接人工	405 640	401 700	43 860	536 860
制造费用	820 020	784 880	82 780	925 560
生产费用合计	2 492 180	2 395 100	263 480	2 944 940
加：期初在产品、自制半成品余额	167 880	98 800	131 000	130 040
减：期末在产品、自制半成品余额	130 040	142 980	166 280	164 280
生产成本合计	2 530 020	2 350 920	228 200	2 910 700

2.按成本项目反映的产品生产成本报表的作用

（1）可以反映报告期内全部产品生产费用的支出情况和各种费用的构成情况，并据以进行生产费用支出的一般评价。

（2）将表中各期产品生产成本与各该期的产值、销售收入或利润进行对比，计算成本产值率、成本销售收入率或成本利润率，可以考核和分析各期的收益情况。

（3）将本年累计实际数和上年实际数相比较，可以考察和分析企业各项生产费用和产品生产成本的变动情况及原因；将本年实际和本年计划相比较，可以考核和评价费用和成本计划的完成情况和各月费用的控制情况。

产品生产成本表（按成本项目反映）中本月实际和本年累计实际的产品生产总成本合计数与前列产品生产成本表（按产品种类反映）中相应产品生产成本合计数核对相符。

二、主要产品单位成本报表概述

（一）主要产品单位成本报表的意义

主要产品单位成本报表是反映企业一定时期内主要产品生产成本水平、变动情况及构成情况的成本报表。由于产品生产成本报表中各主要产品的成本只列示总数，无法根据表格分析构成情况，因此要编制本报表作为产品生产成本报表的补充报表。通过本报表，可以反映出主要产品单位成本的变动情况，并可分析产品成本变动的原因。

（二）主要产品单位成本报表的结构

主要产品单位成本报表的结构可分为两部分：第一部分为本表的基本部分，是分别按每一种主要产品进行编制的，表中除反映产品名称、规格、计量单位、产量、售价外，主要是按成本项目反映单位成本的构成和水平，以及各项主要技术经济指标；第二部分为本表的补充资料，反映上年和本年的几项经济指标，为分析、考核提供简便的资料。主要产品单位成本报表的格式如表 7-4 所示。

表 7-4 主要产品单位成本报表

编制单位：× × 公司　　202× 年 12 月　　单位：千克，小时，元

产品名称	乙产品	本月计划产量	6 台	本年累计计划产量	80
销售单价	150 元	本月实际产量	8 台	本年累计实际产量	100
成本项目	历史先进水平	上年实际平均	本年计划	本月实际	本年累计实际平均
直接材料	98	108	100	121	120
直接人工	20	24	25	20	23
制造费用	12	18	15	14	13
生产成本	130	150	140	155	156
主要技术经济指标	用量	用量	用量	用量	用量
1. 主要材料	10	10.8	10	11	10.75
2. 生产工时	8	9	8.5	8	8.2

补充资料：

项　目	上年实际	本年实际
成本利润率（%）		
资金利润率（%）		
净产值率（%）		
流动资金周转次数（次）		
实际利税总额		
职工工资总额		
年末职工人数		
全年平均职工人数		

三、主要产品单位成本报表的编制方法

(1)“本月计划产量”和“本年累计计划产量”项目，根据本月和本年产品产量计划资料填列。

(2)“本月实际产量”和“本年累计实际产量”项目，根据相应的产品产量资料，或产品入库单填列。

(3)“主要技术经济指标”项目，反映主要产品每一单位产量所消耗的主要原材料、燃料、工时等的数量，应根据产品成本计算资料(包括领料单等凭证)以及统计资料整理填列。

(4)“历史先进水平”项目，指本企业历史上该种产品成本最低年度的实际平均单位成本和实际单位用量，应根据该年的成本资料填列。

(5)“上年实际平均”项目，指上年实际平均单位成本和单位用量，应根据上年度本表的“本年累计实际平均单位成本”和“单位用量”的资料填列。

(6)“本年计划”项目，指本年计划单位成本和单位用量，应根据年度成本计划中的资料填列。

(7)“本月实际”项目，指本月实际单位成本和单位用量，应根据本月完工的该种产品成本明细账上的有关数字计算后填列。

(8)“本年累计实际平均”项目，指本年年初至本月末止该种产品的平均实际单位成本和单位用量，应根据年初至本月末止已完工产品成本计算单等有关资料，采用加权平均法计算后填列。相关计算公式如下：

某产品的实际平均单位成本=该产品累计总成本 ÷ 该产品累计产量

某产品的实际平均单位用量=该产品累计总用量 ÷ 该产品累计产量

补充资料有关指标的计算公式如下：

成本利润率=产品销售利润率 ÷ 产品销售成本 ×100%

资金利润率=利润总额 ÷ 资金总额 ×100%

净产值率=工业净产值 ÷ 产品销售收入 ×100%

流动资金周转次数(次)=产品销售收入 ÷ 流动资金平均余额

由于主要产品单位成本报表是产品成本表的补充报表，因此，该表中按成本项目反映的“上年实际平均”“本年计划”“本月实际”“本年累计实际平均”的单位成本合计，应按产品生产成本报表中的各该单位成本的数字分别填列。

编制主要产品单位成本报表是为了考核各种主要产品单位成本计划的执行情况，了解单位成本的构成，分析各个成本项目的变化及其原因，以便寻找差距、挖掘潜力、降低成本。

四、制造费用明细表概述

(一)制造费用明细表的意义

制造费用明细表是反映企业在一定时期内为组织和管理生产所发生费用的总额和各明细项目数额的报表。利用该报表可以考核企业制造费用的构成和变动情况。制造费用明细表中费用明细项目的划分，可参照财政部有关制度的规定，也可根据企业的具体情况增减，但不宜经常变动，以保持各报告期之间相关数据的可比性。若本年度内对某些明细项目的划分进行了修改

使得计算结果与上年不一致时，应将上年度有关报表中对应的明细项目按照本年度划分标准进行调整，并在表后的附注中用文字说明。

（二）制造费用明细表的结构

制造费用明细表的结构是按规定的制造费用项目，分别反映“本年计划数”“上年同期实际数”“本月实际数”“本年累计实际数”的数据，使报表使用者可以通过表中的数据进行对比分析，了解制造费用的构成与变动情况，以便加强对制造费用的管理。

制造费用明细表的格式和内容，如表 7-5 所示。

表 7-5　制造费用明细表

编制单位：××公司　　　　202×年 12 月　　　　单位：元

费用项目	行次	本年计划数	上年同期实际数	本月实际数	本年累计实际数
职工薪酬	1	—	—	25 550	281 000
福利费	2	—	—	15 000	172 000
折旧费	3	—	—	10 500	128 500
修理费	4	—	—	26 000	269 000
办公费	5	—	—	7 700	61 150
水电费	6	—	—	1 100	12 500
差旅费	7	—	—	6 050	66 000
运输费	8	—	—	14 000	120 000
保险费	9	—	—	4 300	50 000
租赁费	10	—	—	4 500	48 250
设计制图费	11	—	—	4 100	41 700
试验检验费	12	—	—	2 700	32 840
在产品盘亏与毁损	13	—	—	950	10 000
停工损失	14	—	—	1 445	17 500
其他费用	15	—	—	3 950	42 500
合　计	16	—	—	127 845	1 352 940

五、制造费用明细表的编制方法

（1）“本年计划数”栏的各项数字，应根据制造费用预算中的有关项目数字填列。

（2）“上年同期实际数”栏的各项数字，应根据上年本表的“本年累计实际数”栏内数据填列。如果表内所列费用项目和上年的费用项目在名称或内容上不相一致，应对上年的各项数字按照表内规定的项目进行调整。

（3）“本月实际数”栏的各项数字，应根据制造费用明细账上“本月发生数”填列。

（4）“本年累计实际数”栏的各项数字，填列自年初起至编报月末止的累计实际数，应根据制造费用明细账的记录计算填列，或根据“本月实际数”加上期本表的“本年累计实际数”填列。

第三节 成本报表分析

一、成本报表分析的概念与作用

（一）成本报表分析的概念

成本报表分析是根据成本核算资料和成本计划资料及其他有关资料，运用一系列专门方法，来揭示企业成本计划完成情况，查明影响成本计划完成的原因，计算各种因素变动对成本计划完成的影响程度，以帮助企业寻找降低成本、挖掘企业内部增产节支潜力的一项专门工作。

产品成本是反映企业生产经营管理工作质量和劳动消耗水平的综合性价值指标。在企业生产经营过程中，原材料和能源消耗多少、劳动生产率高低、产品质量优劣、生产技术状况、设备和资金利用效果及生产组织管理水平等，都会直接或间接地反映到产品成本中，因而做好成本分析有利于揭示企业生产经营中存在的问题，总结经验，改善管理工作。

（二）成本报表分析的作用

成本报表分析的主要作用表现在以下三个方面：

1.查明成本计划完成情况

通过成本分析可以查明企业成本计划的完成情况，找出影响计划完成的原因，分析影响成本计划完成的各种因素的影响程度和影响方向，评价企业成本计划的先进性和可行性，总结成本管理工作中的经验教训，发现成本管理工作中的问题。

2.落实成本管理责任制

通过成本分析，可以明确企业内部各个部门和单位及责任人在成本管理方面的责任，有利于考核和评估成本管理工作的业绩，落实成本管理责任制。

3.挖掘内部增产节支潜力

通过成本分析可以挖掘企业内部增加生产、节约费用、降低成本的潜力，促使企业改进生产经营管理和成本管理，提高经济效益。

二、成本报表分析的常用方法

（一）对比分析法

对比分析法，又称指标对比法或比较分析法，它是将两个以上的同类经济指标进行数量对比，借以揭示指标之间差距及其程度的一种分析方法。通过比较可以揭示客观上存在的差距，并为进一步分析指明方向。对比分析法是一种最基本的分析方法，其他各种分析方法都是在其基础上进行工作的。

采用对比分析法时，由于分析的目的不同，对比的基期数也有所不同。常用的对比指标主要有以下几种：

1. 实际指标与计划指标或定额指标相比较

用于确定企业成本计划指标或定额指标的完成情况，为进一步分析指明方向。

2. 本期实际指标与前期指标相比较

用于揭示成本指标的变动情况和变动趋势，借以观察企业生产经营管理水平的提高程度。

3. 本企业指标与同类型企业指标相比较

用于体现企业的先进（落后）程度及其差距，借以判断本企业的成本管理水平，在更大的范围内寻找差距，推动企业改进经营管理，向更高的目标努力。

对比分析法只适用于同质指标的数量对比，因此，在运用这种方法时，要注意对比指标的可比性，即对比指标的计算口径、计价基础、时间单位等应当保持一致，这是正确运用对比分析法的重要条件。

（二）比率分析法

比率分析法是指通过计算各指标之间的相对数，即比率，借以考察、评价企业成本活动的相对效益的一种分析方法。比率分析法主要有相关指标比率分析法、构成比率分析法。

1. 相关指标比率分析法

相关指标比率分析法是对两个性质不同而又相关的指标的比率进行数量分析的方法。在实际工作中由于企业规模不同等原因，单纯地对比产值、销售收入或利润等绝对数的多少，不足以说明各个企业经济效益的好坏，可以通过计算成本与产值、销售收入或利润相比较的相对数进行说明。例如，将利润项目同销售成本项目相比较，求出成本利润率，用以观察比较企业成本效益。

2. 构成比率分析法

构成比率分析法是通过连续若干期相同指标的对比，来分析该项指标的增减变化发展趋势，据以预测经济发展趋势的一种分析方法。分析时，可以以某个时期为期限，其他各期均与该时期的基数进行对比，即进行定基分析；也可以在各个时期之间进行环比分析，即分别以上一时期为基数，下一时期与上一时期的基数进行对比。产品成本构成比率的计算公式如下：

某成本项目比率＝该成本项目金额 ÷ 该产品成本 × 100%

（三）因素分析法

因素分析法是将某一综合指标分解为若干相互联系的因素，并分别计算、分析各个因素影响程度的方法。利用因素分析对综合性指标的变动进行分析，应首先确定该指标的组成因素，并建立各因素与综合指标的函数关系，然后根据分析目的，选择适当的分析方法，测定各因素变动对指标影响的程度。连环替代法是最常用的因素分析法。

1. 因素分析法的运用程序

（1）根据综合性指标的特征和分析目的，确定构成该指标的因素。例如，影响产品成本材料消耗的因素有产品产量、材料价格和单位产品材料消耗量等。

（2）根据因素的依存关系，按一定顺序排列因素。由于采用连环替代法，改变因素的排列顺序，计算结果会有所不同。为了便于分析比较，应当确定因素的排列顺序。在实际工作中，一般将反映数量的因素排在前，反映质量的因素排在后；反映实物量和劳动量的因素排在前，反映价值量的因素排在后。例如，影响产品材料消耗的因素，一般按产品产量、单位产品材料消耗量、材料单价的顺序排列。

（3）确定比较的标准（如各因素的本期计划数值）后，依次以各因素的本期实际数值替换该因素的标准数值，每次替换都计算出新数据，有几个因素就替换几次，直至最后计算出该指标的实际数据。

（4）用每次替换后计算出的新数据，减去前一个数据，差额即为该因素变动对经济指标的影响程度。

（5）综合各个因素的影响程度，其代数和应等于该经济指标的实际数与标准数据的差异。

2. 因素分析法的计算原理

因素分析法的计算原理可用简单的数学公式表示，具体如下：

设成本指标C是由X、Y、Z三个因素乘积所组成，其计划成本指标与实际成本指标分别计算如下：

计划成本：$C_1=X_1\times Y_1\times Z_1$

实际成本：$C_2=X_2\times Y_2\times Z_2$

差异总额：$D=C_2-C_1$

在分析各因素的变动对指标的影响时，首先，确定三个因素的替代顺序依次为X、Y、Z；其次，假定在Y、Z这两个因素不变的条件下，计算第一个因素X变动对指标的影响；再次，在第一个因素已经替代的基础上，计算第二个因素Y变动对指标的影响，依此类推，直到各个因素变动的影响都计算出来为止；最后，计算各因素对综合指标影响值的代数和，以验证分析结果的正确性。或用公式表示：

第一个因素变动的影响（D_1）计算如下：

$C_1=X_1\times Y_1\times Z_1$ ①

$C_3=X_2\times Y_1\times Z_1$ ②

$D_1=$②$-$①$=C_3-C_1$

第二个因素变动的影响（D_2）计算如下：

$C_4=X_2\times Y_2\times Z_1$ ③

$D_2=$③$-$②$=C_4-C_3$

第三个因素变动的影响（D_3）计算如下：

$C_2=X_2\times Y_2\times Z_2$ ④

$D_3=$④$-$③$=C_2-C_4$

将各因素变动的影响加以汇总，其结果应与实际脱离计划的总差异相等：

$D=C_2-C_1=D_1+D_2+D_3$

【例7-3】乙产品的原材料费用由产品产量、单位产品原材料消耗量和原材料单价三个因素组成，这三个因素的关系可用下列公式表示：

原材料费用=产品产量×单位产品原材料消耗量×原材料单价

有关资料如表 7-6 所示，运用因素分析法分析各因素变动对材料费用实际脱离计划的影响。

表 7-6 乙产品原材料成本分析资料

计量单位：件，千克，元

项 目	符号	计 划 数	实 际 数
产品产量	X	50	55
单位产品原材料消耗量	Y	25	20
材料单价	Z	5	6
材料费用	C	6 250	6 600

确定分析对象：$C_2-C_1=6\,600-6\,250=350$

因素分析：

$C_1=X_1\times Y_1\times Z_1=50\times 25\times 5=6\,250$ ①

$C_3=X_2\times Y_1\times Z_1=55\times 25\times 5=6\,875$ ②

$C_4=X_2\times Y_2\times Z_1=55\times 20\times 5=5\,500$ ③

$C_2=X_2\times Y_2\times Z_2=55\times 20\times 6=6\,600$ ④

产品产量变动的影响数：

$D_1=$②－①$=6\,875-6\,250=625$（元）

单位产品原材料消耗变动的影响数：

$D_2=$③－②$=5\,500-6\,875=-1\,375$（元）

材料单价变动的影响数：

$D_3=$④－③$=6\,600-5\,500=1\,100$（元）

产量、材料单耗、材料单价三因素综合影响：

$D=D_1+D_2+D_3=625+(-1\,375)+1\,100=350$（元）

从以上分析计算可以看出，该种产品所耗材料费用超支 350 元，主要是由于材料价格提高和产品产量增加而引起的。由于材料价格提高使产品的材料费用超支 1 100 元，这是企业供应部门的责任，应当由企业供应部门查明原因。由于产品产量增加使产品的材料费用超支 625 元，产量增加应具体分析，如果乙产品是适销对路，则增加产量是允许的，否则将会由于产品积压而形成浪费。从计算结果可以看出，单位产品原材料消耗不仅没有超支，还节约了 1 375 元。如果产品产量没有增加、材料价格没有提高，产品的材料费用不仅没有超支，还节约了，这一般是生产车间成本管理的成绩。应该在以上分析计算的基础上，进一步查明产品产量增加、材料价格提高以及单位产品原材料消耗节约的具体原因，以便总结经验、保持成绩、采取措施、克服缺点、加强管理、节约产品的材料费用。

应用连环替代法时应注意以下两个问题：一是分析某一因素变动对经济指标差异的影响程度时，必须假定其他因素不变。二是因素分析的顺序不能改变，如果顺序改变了，则各个因素对分析指标的影响程度也将改变。为保持分析结果的可比性，一般情况下不应随意改变替代因素的顺序。

（四）差额分析法

差额分析法是连环替代法的一种简化形式，它是利用各个因素的实际数与基数之间的差额，直接计算各个因素对分析指标差异的影响程度。这一方法的特点在于运用数学提出因数的原理，来简化连环替代法的计算程序。差额分析法与连环替代法要求相同，只是计算比较简单，所以实际中应用得比较广泛。

使用【例 7-3】提供的分析资料，改用差额分析法，可以得到同样的结果：

产品产量变动的影响数：（55−50）×25×5=625（元）

单位产品原材料消耗量变动的影响数：55×（20−25）×5=−1 375（元）

材料单价变动的影响数：55×20×（6−5）=1 100（元）

产量、材料单耗、材料单价三因素综合影响数：625+（−1 375）+1 100=350（元）

三、产品生产成本报表分析

产品生产成本报表的分析就是要揭示产品总成本计划的完成情况，找出影响成本升降的因素，确定各个因素对成本计划完成情况的影响程度，为进一步挖掘降低成本的潜力、寻求降低成本的途径指明方向。产品生产成本报表的分析主要包括产品成本计划完成情况分析和可比产品成本降低任务完成情况分析。

（一）产品成本计划完成情况分析

产品成本计划完成情况的分析，主要是通过能总括反映企业的生产耗费水平和降低产品总成本这一指标的分析进行的，以便发现差异，为进一步分析指明方向。所以进行产品成本计划完成情况的分析，通常是从全部产品成本计划完成情况的分析开始的。

全部产品成本计划是按产品类别和成本项目分别编制的，全部产品成本计划完成情况的分析，也应当按照产品类别和成本项目分别进行。通过分析，查明全部产品和各种产品成本计划的完成情况；查明全部产品总成本中各个成本项目的成本计划完成情况；同时应找出成本超支或降低幅度较大的产品和成本项目，为进一步分析指明方向。

1. 按产品类别分析全部产品成本计划完成情况

全部产品按产品类别进行的成本计划完成情况分析，应当依据分析期产品生产成本报表（或产品生产成本和销售成本表）和按产品类别编制的全部产品成本计划表。

（1）将全部产品的实际总成本与计划总成本进行对比，确定实际总成本相较于计划总成本的成本降低额与成本降低率。

成本降低额=计划总成本−实际总成本=∑[实际产量×（计划单位成本−实际单位成本）]

计划总成本=∑（各种产品实际产量×各种产品计划单位成本）

成本降低率=成本降低额÷全部产品计划总成本×100%

（2）按产品类别分析考核可比产品和不可比产品成本计划完成情况，分别计算可比产品和不可比产品的成本降低额和成本降低率。

可比产品成本降低额=可比产品计划总成本−可比产品实际总成本

可比产品成本降低率=可比产品成本降低额÷可比产品计划总成本×100%

不可比产品成本降低额=不可比产品计划总成本−不可比产品实际总成本

不可比产品成本降低率＝不可比产品成本降低额 ÷ 不可比产品计划总成本 ×100%

2. 按成本项目分析全部产品成本计划完成情况

此项分析是将全部产品的总成本按成本项目汇总，以实际总成本的成本项目构成与计划总成本的成本项目构成进行对比，确定每个成本项目的降低额和降低率。全部产品成本的各成本项目的计划与实际构成情况如表 7-7 所示。

表 7-7 全部产品成本计划完成情况表（按成本项目类别）

单位：元

成本项目	全部产品成本		降低指标	
	计划	实际	降低额	降低率
直接材料	21 300	24 000	−2 700	−12.68%
直接人工	6 200	5 360	840	13.55%
制造费用	4 150	3 740	410	9.88%
生产成本	31 650	33 100	−1 450	−4.58%

通过表 7-7 可以看出，全部产品总成本出现超支，主要根源在于直接材料成本项目超支，而直接人工和制造费用等成本项目是降低的。所以，还需要进一步对各成本项目进行分析，特别是直接材料成本项目，通过分析找出成本超支和降低的具体原因。

（二）可比产品成本降低任务完成情况分析

可比产品成本降低任务是以上年实际平均单位成本为依据确定的，具体包括降低额和降低率两个指标。可比产品成本降低任务完成情况分析，就是将可比产品的实际降低额（按实际产量计算）和降低率与计划降低额（按计划产量计算）和降低率进行比较，来检查是否完成成本降低的任务。当实际的成本降低额和降低率等于或大于计划的成本降低额和降低率，说明完成或超额完成了任务；反之，则说明没有完成任务。

影响可比产品成本降低任务完成情况的因素概括起来有以下三个方面：可比产品的产量变动、可比产品的品种结构变动和可比产品的单位成本变动。

1. 可比产品的产量变动

产品产量变动必然会直接影响成本降低额。但当产品品种结构和产品单位成本不变时，产量变动不会影响成本降低率，因为当品种结构不变时，说明各种产品的产量计划完成率都相同，在计算成本降低率时，因分子、分母都具有相同的产量增减比例而不变。

2. 可比产品的品种结构变动

由于各种产品成本降低率不同，当产品产量不是同比例增长时，就会使降低额和降低率同时发生变动。如果提高成本降低率大的产品在全部可比产品中的比重，就会使成本降低额绝对值增大，并使成本降低率相对值增大；相反，则会减少成本降低额的绝对值和降低率的相对值。

3. 可比产品的单位成本变动

可比产品成本降低计划和实际完成情况，都是以上年单位成本为基础计算的。这样，各种产品单位成本实际比计划降低或升高，必然引起成本降低额和降低率实际比计划相应地升高或降低。产品单位成本的变动与成本降低额和降低率的变动呈反方向。

四、主要产品单位成本报表的分析

主要产品单位成本分析包括主要产品单位成本计划完成情况的分析、产品单位成本项目的因素分析、技术经济指标对产品单位成本的影响分析。

（一）主要产品单位成本计划完成情况的分析

产品单位成本计划完成情况分析，应采用比较分析法，计算单位成本实际比计划、比上期、比历史先进水平的升降情况，然后着重对某些产品进一步按成本项目对比研究其成本变动情况，查明影响单位成本升降的原因。

【例 7-4】承表 7-4 的资料，对 ×× 公司的乙产品的单位成本进行分析，比较分析表如表 7-8 所示。

表 7-8　产品单位成本分析表

产品名称：乙产品　　202× 年 12 月　　单位：元

成本项目	计划成本	实际成本	升降情况		
			升降额	升降率	各项目升降对单位成本的影响程度
直接材料	100	120	20	20%	14.29%
直接人工	25	23	-2	-8%	-1.43%
制造费用	15	13	-2	-13.33%	-1.43%
合 计	140	156	16	11.43%	11.43%

从表 7-8 中可以看出，乙产品单位成本实际比计划的增加额为 16 元，降低率为 11.43%，主要是由直接材料成本超支所致，直接人工与制造费用比计划均有所降低。从降低额对单位成本的影响来看，由于材料成本的上升，使乙产品的单位成本大幅增加，直接人工费用与制造费用的降低相对减缓了乙产品单位成本上升的速度。以上数据说明企业在加强生产管理和提高劳动生产率方面取得了较好的成绩，但材料费用上升过快，需要查明其原因。

（二）影响主要产品单位成本变动的主要因素分析

1. 直接材料成本费用的分析

影响单位产品的材料费用因素有产量、单位产品的材料消耗和材料单价，可用因素分析法计算三个因素变动对直接材料费用的影响。

在对直接材料进行综合分析之后，还必须进一步分析材料消耗量变动和价格变动的影响因素，这样才能揭示直接材料发生差异的原因。

（1）影响直接材料消耗量的因素分析。影响直接材料消耗量变动的因素较多，主要有以下几种：

第一，产品设计的改进。在保证或提高产品功能的前提下，改进产品设计能减少材料的消耗量。

第二，材料质量的变化。材料质量高，可以减少材料消耗量；反之，则会增加材料的消耗量。

第三，加工操作技术的变化。加工操作技术高，可以充分利用材料的边角余料，从而减少材料消耗量。

第四，代用材料的变化。以单价低廉的材料代替昂贵的材料，以国产材料代替进口材料，是减少材料用量、节约材料费用的有效措施。

第五，加强材料管理，回收利用废料，避免材料损失浪费。

第六，材料的配比发生变化。

（2）影响直接材料价格变动的因素分析。影响直接材料价格变动的因素主要有：采购价格；运输费用；运输途中的损耗；采购部门的管理水平；有关税金；材料采购批量的大小等。

因素分解与分析公式如下：

单位产品材料成本 = ∑（单位产品材料消耗量 × 材料单价）

利用因素分解公式测定各因素的变动对单位材料成本的影响，具体计算公式如下：

单耗变动对单位材料成本的影响 = ∑[（实际单耗 − 计划单耗）× 计划材料单价]

单价变动对单位材料成本的影响 = ∑[实际单耗 ×（实际材料单价 − 计划材料单价）]

【例 7-5】根据 ×× 公司的主要产品单位成本表（见表 7-4）所列乙产品单位材料成本资料，整理后如表 7-9 所示。

根据表 7-9 的资料，分析计算乙产品单位材料成本的变动情况。

单位产品材料成本变动额=120 −100=20（元）

单位材料成本=单耗材料数量 × 材料单价

单耗变动对单位材料成本的影响=（10.75−10）×10=7.5（元）

材料单价变动对单位材料成本的影响=10.75×（11.162 8−10）=12.5（元）

上述分析说明，乙产品材料成本实际比计划上升 20 元，是单耗与材料单价两个因素共同变动影响的结果。其中：单耗变动使单位材料成本比计划上升了 7.5 元，材料单价变动使单位材料成本比计划上升了 12.5 元。

表 7-9 产品单位材料成本资料

产品名称：乙产品　　202× 年 12 月　　单位：千克，元

材料名称	计划			实际			差异		
	单耗	单价	材料成本	单耗	单价	材料成本	单耗	单价	材料成本
A 材料	10	10	100	10.75	11.162 8	120	0.75	1.162 8	20
合计	—	—	100	—	—	120	—	—	20

2. 直接人工费用的分析

直接人工费用的分析必须结合工资制度来进行，因为工资制度不同，会导致影响直接人工的因素不同。

在计件工资制度下，影响单位成本中工资费用的因素是计件单价；在计时工资制度下，产品单位成本中的费用受工时数和小时工资率变动的影响。

（1）影响工时变动的因素分析。影响工时变动的因素主要有：企业生产高度合理对提高劳动生产率、减少工时有很大的影响；材料的质量和规格；生产工艺和操作方法；生产工作质量；设备性能和保养；工人技术熟练程度和劳动态度。

（2）影响生产工人工资总额变动的因素分析。影响生产工人工资总额变动的因素主要有：企业的工资、奖励制度；企业的产品特点；企业的物质条件、企业的工人素质、企业的管理水平等。

（3）单一产品人工成本的分析。当企业只生产一种产品时，单位产品的人工成本，是用人工成本总额除以产品总量求得的，其因素分解式为：

单位产品人工成本=生产工人薪酬总额÷完工产品产量

这种情况下，影响单位产品人工成本的因素只有两个，即工人薪酬因素和产品产量因素。

这两个因素变动对单位人工成本的影响可用如下公式测定：

产品产量变动对单位产品人工成本的影响=计划工人薪酬总额÷实际产品产量－计划工人薪酬总额÷计划产品产量

工人薪酬总额变动对单位产品人工成本的影响=（实际工人薪酬总额－计划工人薪酬总额）÷实际产品产量

人工成本总额的变动与企业工资政策、岗位定员、出缺勤等情况有关，所以应结合有关因素深入分析；产品总量的变动结合企业生产和销售的具体情况进行分析。

（4）多种产品的人工成本的分析。在大多数企业中，生产的产品品种往往不是单一的，各产品的人工费用一般按生产工时比例分配计入各种产品成本。因此，单位产品人工成本的高低取决于单位产品的生产工时和小时薪酬率这两个因素，其因素分解公式为：

单位产品人工成本=单位产品生产工时×小时薪酬率

每个因素变动对单位产品人工成本的影响，可以用下列公式测定：

单位产品工时变动对单位产品人工成本的影响=（单位产品实际工时－单位产品计划工时）×计划小时薪酬率

小时薪酬率的变动对单位产品人工成本的影响=单位产品实际工时×（实际小时薪酬率－计划小时薪酬率）

3.制造费用的分析

产品单位成本中制造费用的分析，通常与计时工资制度下直接人工费用的分析类似，先要分析单位产品所耗工时变动和每小时制造费用变动两个因素对制造费用变动的影响，然后查明这两个因素变动的具体原因。

（1）单一产品制造费用的分析。企业只生产一种产品时，单位产品制造费用的因素分解公式为：

单位产品制造费用=制造费用总额÷完工产品产量

上式中各因素变动对单位产品制造费用的影响的测定公式为：

产品产量变动对单位产品制造费用的影响=计划制造费用实际产品产量－计划制造费用计划产品产量

制造费用总额变动对单位产品制造费用的影响=（实际制造费用总额－计划制造费用总额）÷实际产品产量

（2）多种产品制造费用的分析。企业生产多种产品，则单位产品的制造费用应按以下分解公式进行因素分析：

单位产品制造费用=单位产品生产工时×小时制造费用率

每个因素变动对单位制造费用的影响，可按以下公式测定：

单位产品工时变动对单位产品制造费用的影响=（单位产品实际工时－单位产品计划工时）×计划小时制造费用率

小时制造费用率的变动对单位产品制造费用的影响=单位产品实际工时×（实际小时制造费用率−计划小时制造费用率）

五、制造费用明细表分析

制造费用明细表的分析主要采用对比分析法。这是通过实际数与基数的对比来揭示实际数与基数之间的差异，借以了解经济活动的成绩和问题的一种分析方法。

在采用对比分析法进行分析时，通常先将本月实际数与上年同期实际数进行对比，揭示本月实际与上年同期实际之间的增减变化。在表中列有本月计划数的情况下，则应先与计划数进行对比，以便分析和考核制造费用月度计划的执行结果。在将本年累计实际数与本年计划数进行对比时，数据不是来自 12 月的制造费用明细表，这两者的差异只反映年度内某一期间计划执行的情况，据以发出信号，提醒人们应该注意的问题。例如，利用 4 月的制造费用明细表数据进行对比，发现企业本年度制造费用累计实际数已经接近、达到甚至超过本年计划的半数时，就应注意节约以后各月的费用，以免全年的实际数超过计划数。如果数据来自 12 月的制造费用明细表，则本年累计实际数和本年计划数的差异，就是全年费用计划执行的结果。为了具体分析制造费用增减变动和计划执行好坏的情况及原因，上述对比分析应该按照费用项目进行。由于制造费用的项目很多，可以选择变化较大、差异较大或者费用比重较大的项目有重点地进行分析。

六、期间费用明细表分析

对各项期间费用的分析主要采用对比分析法和构成比率分析法。首先应采用对比分析法，视分析的目的选择各费用明细表中某项数字为基数，将本期实际与基数进行对比，确定各个项目本期实际与对比基数的差异。分析时，可以将各项费用的本期实际数与计划数进行对比，分析计划执行的结果；也可以将各项费用的本期实际数与上期实际数进行对比，了解其增减变化，分析发展趋势。其次应采用构成比率分析法，以各项费用的总额为基数，分别用各项费用的各个项目与总额进行计算，求出所占比重，以便找出影响费用总额的重点项目，确定管理的重点环节。

※ 思考题 ※

1. 成本报表的作用？
2. 实际工作中需要编制的成本报表一般有哪几种？
3. 成本报表分析有哪些方法？不同的成本报表应采用的分析方法是否相同？

第八章　本—量—利分析

学习目标

1. 理解本—量—利分析的含义及其基本公式，了解本—量—利分析的基本假设及其用途，掌握本—量—利分析的相关基本概念。

2. 理解保本点的意义、性质及其形式，掌握单一保本点的预测分析与多种产品保本点的预测方法，以及安全边际和安全边际率模型。

3. 了解利润预测的定义及作用，掌握预测利润和预测目标利润的方法，理解实现目标利润的模型，了解非确定性条件下目标利润的预测分析，掌握利润的敏感性分析。

引　例

凯文是GYL公司的销售经理，公司销售的A产品，销售单价为10元，单位变动成本为8元，固定成本总额为180 000元，他们一直很努力地把年销量维持在100 000件，可是公司每年的盈利还是不理想，公司要求他们再加把劲，争取让公司的利润翻倍，你觉得他们会怎么做呢？

首先，他们应该搞清楚公司现在的盈利状况；其次，他们应该找出现在的销售情况不理想的原因；再次，如果能通过提高销售量使利润翻倍，那么他们应该售出多少A产品才能达到目的；最后，他们应该确定想要利润翻倍，提高销售量是不是最好的办法，影响利润的因素都有哪些，还有哪些方法可以实现利润翻倍。

第一节　本—量—利分析概述

一、本—量—利分析的含义及其基本公式

（一）本—量—利分析的含义

通过“成本习性”的研究，已经基本上掌握了成本与业务量之间的相互关系。但由于任何企业都是为谋取利润的经济组织，因而在上述基础上，还必须把利润因素考虑在内，研究成本、业务量、利润这三者之间的数量关系，即本—量—利分析的研究，以便获取最佳经济效益。

本—量—利分析是对“成本习性”研究合乎逻辑的发展。

本—量—利分析是“成本—业务量—利润分析”的简称，也称CVP分析（cost volume profit analysis）。它是指在成本习性分析和变动成本法的基础上，运用数量化的模型揭示企业一定期间内的成本、业务量和利润之间相互影响、相互制约关系的一种定量分析方法。它所提供的原理、方法在管理会计中有着广泛的用途，同时，它又是企业进行决策、计划和控制的重要工具。

销售数量、销售成本、销售价格、销售利润之间存在着错综复杂的关系。在通常情况下，销售价格降低，销售数量就会增加；销售价格提高，销售数量就会减少。但实际上产品销售数量增加，由于固定制造费用总额（在相关范围内）不变，单位产品成本会下降，产品销售单价降低会使利润减少，而销售数量增加和单位产品成本降低又会使利润增加；反之售价提高，产品销售数量减少，即使费用的耗费水平不变，单位产品成本会也升高，产品销售单价提高会使利润增加，而销售数量减少和单位产品成本升高又会使利润减少。具体地说，本—量—利分析就是研究企业产品的销售单价、销售数量、销售成本等的变动对利润的影响。灵活地运用它，可以合理地处理成本与产品的关系，正确地确定产品的产销量，达到降低产品成本、增加企业利润的目的。

（二）本—量—利分析的基本公式

企业的日常经营管理工作通常以产量、销售量等业务量为起点，以利润为终点目标，影响利润、销售额和成本额的因素均与业务量相关。因此，如果把成本、业务量和利润三者之间的依存关系用方程式来描述，就得到了本—量—利分析的基本公式，即

销售单价 × 销售量 -（固定成本总额 + 单位变动成本 × 销售量）= 利润或销售量 ×（销售单价 - 单位变动成本）- 固定成本总额 = 利润

设销售单价为p，销售量为x，固定成本总额为a，单位变动成本为b，利润为P。

现将这些符号代入上述方程式，则为：

$$px-(a+bx)=P \tag{1}$$

必须指出，上述公式（1）的利润P，在管理会计中是指未扣除利息和所得税以前的“营业利润”，也就是西方财务会计中的“息税前利润”（earnings before interesl and tax，EBIT）。至于按销售额的一定百分率计缴的增值税则通常视作变动成本处理。

另外，在上述本—量—利分析的基本公式中，涉及五个相互联系的变量，即销售单价p，固定成本总额a，单位变动成本b，销售量x，利润P，并将利润P放在等号左边，这种形式有利于确定计划期的预计利润。在进行本—量—利分析时，如果企业待求的数值是利润P以外的其他变量，只要其中四个变量的数值被确定，就可通过移项，把待求变量放在等号左边，其他参数放在右边，利用这个公式推算出另一个变量的数值，从而就形成本—量—利分析基本公式的四个变形方程式。这就是本—量—利分析的原理和根本目的。

本—量—利分析基本公式的四个变形方程式如下。

预计销售单价 = [固定成本总额 +（单位变动成本 × 销售量）+ 预计利润] ÷ 销售量

$$\text{或} p=\frac{a+bx+P}{x} \tag{2}$$

预计单位变动成本＝[（销售单价 × 销售量）－固定成本总额－预计利润]÷销售量

或 $b=\dfrac{px-a-P}{x}$ （3）

预计固定成本总额＝（销售单价 × 销售量）－（单位变动成本 × 销售量）－预计利润

或 $a=px-bx-P$ （4）

预计销售量＝（固定成本总额＋预计利润）÷（销售单价－单位变动成本）

或 $x=\dfrac{a+P}{p-b}$ （5）

【例 8-1】假定某出版社 202× 年将要出版一种新书，已知每本新书的单位变动成本为 20 元，固定成本总额为 50 000 元，销售单价定为 25 元。通过征订，预计 202× 年可售出 60 000 本。

要求：预计该出版社 202× 年出售此种新书可获得的利润。

解：将有关数据代入下列公式。

$$P=px-(a+bx)=25\times60\ 000-(50\ 000+20\times60\ 000)=250\ 000\text{（元）}$$

【例 8-2】承【例 8-1】，假设成本水平和销售量不变。

要求：为了实现 262 000 元的目标利润，如何确定新书的销售单价。

解：将有关数据代入下列公式。

$$p=\frac{a+bx+P}{x}=\frac{50\ 000+20\times60\ 000}{60\ 000}=25.2\text{（元）}$$

【例 8-3】承【例 8-1】，假设销售单价、固定成本总额和销售量不变。

要求：计算实现 262 000 元目标利润的单位变动成本。

解：将有关数据代入下列公式。

$$b=\frac{px-a-P}{x}=\frac{25\times60\ 000-50\ 000-262\ 000}{60\ 000}=19.8\text{（元）}$$

【例 8-4】承【例 8-1】，假设销售单价、单位变动成本和销售量不变。

要求：计算实现 262 000 元目标利润的固定成本总额。

解：将有关数据代入下列公式。

$$a=px-bx-P=25\times60\ 000-20\times60\ 000-262\ 000=38\ 000\text{（元）}$$

【例 8-5】承【例 8-1】，假设销售单价和成本水平不变。

要求：计算实现 262 000 元目标利润的销售量。

解：将有关数据代入下列公式。

$$x=\frac{a+P}{p-b}=\frac{50\ 000+262\ 000}{25-20}=62\ 400\text{（本）}$$

本—量—利分析作为一整套方法体系，它的各种具体方法主要用于企业经营管理工作的预测和决策两大环节之中。在预测分析中，它既可以预测企业的目标利润，也可以预测实现目标利润而相应发生的成本或业务量，还可以预测某些因素发生变化后对其他因素的影响。在决策分析中，可以采用本—量—利分析中的某些具体技术或原理来计算、分析各个经营方案，从而为管理者选择最佳的经营方案。

二、本—量—利分析的基本假设及其用途

（一）本—量—利分析的基本假设

假设是解释客观事实的必要前提，解释是对研究领域的已知事实作出的说明，是根据已有知识从因果联系上去理解事实的思维活动。人们的认识存在一定的局限性，因而不可能对客观世界做出完全的解释，只能在一些不证自明公理与假设下说明过去已知的事实或预见未来。假设规定了科学理论应用的界限。本—量—利分析也是建立在一定的基本假设基础上，简单的本—量—利分析不超出一定假设的限度。超过一定的假设，转入非线性的、不确定性的、涉及更多因素变动的本—量—利分析称为复杂的本—量—利分析，这一复杂的本—量—利分析是这一研究领域要不断研究的问题。

本—量—利分析理论及其所建立的分析模型和图形，都是建立在一定的假设下，不同的分析理论和模型源于不同的假设。运用本—量—利分析，能揭示目标利润、销售量、销售单价、单位变动成本和固定成本总额等因素之间的内在联系，能给企业管理层提供进行预测和决策所需的资料。但是，在运用这种分析方法时，要注意一些基本假设。

国外许多学者认为，本—量—利分析的基本假设有下列三条。

（1）相关范围假设。在相关范围内，固定成本不随产量变动而变动，变动成本随产量变动而变动。事实上，固定成本和变动成本的习性并非完全如此。

（2）会计可靠性假设。会计人员可以知道哪些成本是固定的，哪些成本是变动的，并能确认它们和产量之间的数量关系。事实上，固定成本和变动成本有时不能截然分开，难以确认。

（3）其他因素不变假设。除确认的变量因素外，其他因素在一定时期不变。事实上，许多因素不可能始终如一，保持不变。

国外有的学者在运用本—量—利分析时，还附加了下列一些限制性的假设。

（1）在一定的相关范围内，收入与成本呈线性关系。

（2）各项费用能够明确区分为固定成本和变动成本。

（3）销售的产品品种结构不变。

（4）产品销售价格和各成本要素价格保持不变。

（5）在盈亏平衡计算时，存货的计价及数量不变。

（6）员工的生产效率不变。

鉴于上述假设，我国学者提出了下列几条本—量—利分析的基本假设。

第一，成本习性分析的假设。假定成本习性分析的基本工作已经完成，全部成本可完全分解为变动成本和固定成本，而且可以通过成本习性模型反映。实际上，这种划分是比较困难的，并不十分精确，主要是因为变动成本和固定成本存在于相关范围内，纯变动成本和纯固定成本很难确定，且混合成本的分析方法是一种近似的分解方法。

第二，相关范围及线性的假设。在一定时期和一定业务量范围内，假设销售收入线和成本线呈线性关系，即在现有生产能力不变的前提下，生产效率不变，各生产要素的价格，包括原材料、工资、制造费用水平不变，成本函数表现为线性方程；售价不随外部环境变化而变化，销售收入函数也是直线方程。

第三，产销平衡和品种结构稳定的假设。假定在只安排一种产品生产的条件下，本期生产

的产品在本期全部售出，或在本期产量不变的情况下，期初存货量与期末存货量相等，即产销平衡；企业在生产多种产品时，不仅各种产品产销量平衡，而且各种产品销售额占全部产品销售额的比重并不发生变化，即品种结构稳定。这种假定可使分析人员能够集中注意力分析价格、成本以及业务量对营业净利润的影响。

第四，变动成本法的假设。假定产品成本是按变动成本法计算，而不是按完全成本法计算。成本中的全部固定成本均作为期间成本一次性全部扣除。

第五，经营利润的假设。本—量—利分析中所指的“利”是经营利润额；财务会计中所讲的“利”一般是指利润总额，利润总额不仅包括经营利润，还包括投资净损益、营业外收支净额等。需要指出的是，西方管理会计本—量—利分析中所讲的“利”，通常是指“息税前利润”。因此，假定营业外收支净额与投资净损益之和为零的条件下，营业净利润等于利润总额。

此外，还假设固定成本总额、单位变动成本在相关范围内不变，存货水平不变。

通过上述假设，本—量—利分析法才能抽象化、简单化，可以十分便利地使用简单的数学模型或图形来揭示成本、业务量和利润等诸因素之间联系的规律性，有助于深刻理解本—量—利分析的基本原理。在实际工作中，运用本—量—利分析法时，还可以在上述假设所确定的简单分析模型基础上，改变有关的条件，衍生出其他复杂分析模型或配合其他分析方法分析，克服在一定限制条件下进行分析所产生的局限性。同时，了解了上述假设，也会为在实际工作中应用本—量—利分析原理指明方向，即不能盲目套搬本—量—利分析的现成结论，必须从动态的角度去研究企业经营条件、市场价格、生产要素、品种结构与技术条件等诸因素的实际变动情况，调整修正分析结构，克服本—量—利分析的局限性，积极应用动态分析、风险性分析和敏感性分析等技术。

（二）本—量—利分析的用途

本—量—利分析是管理会计中一项重要的定量分析方法，具有简便易行、易学易懂的特点。目前，在西方和我国的实际工作中，已经得到了广泛应用。特别是在合理规划、科学决策和有效控制等领域具有广阔前途。它主要表现在以下六个方面：对保本点进行预测；对保证目标利润实现的目标销售量和目标销售额进行预测；通过对利润的敏感性分析，估计销售单价、销售量和成本水平的变动对目标利润的影响；为生产决策和定价决策做出最优抉择；规划目标利润并编制利润预算和责任预算；对全面预算和责任预算的执行情况进行业绩评价。

三、本—量—利分析中的基本概念

（一）贡献毛益

“贡献毛益”（contribution margin）是本—量—利分析中的一个重要概念，又称“边际贡献”“贡献边际”“创利额”。它是指企业的产品销售收入减去其变动成本后的余额。它应该先用于补偿固定成本，补偿固定成本之后还有余额，才能为企业提供利润。如果贡献毛益不足以补偿发生的固定成本，则企业将发生亏损。所以，虽然贡献毛益不是利润，但它是反映企业盈利能力的一项重要指标。与贡献毛益密切相关的有以下两组词汇。

1. 单位贡献毛益和贡献毛益总额

贡献毛益有两种表现形式，第一种表现形式是单位概念，称为“单位贡献毛益”，是指产品的销售单价减去单位变动成本后的余额。其计算公式如下：

单位贡献毛益 = 销售单价 − 单位变动成本

或 $cm=p-b$

单位贡献毛益的性质反映该产品的盈利能力，也就是每增加一个单位产品销售可提供的毛益。

贡献毛益的第二种表现形式是总括概念，称“贡献毛益总额”，是指产品的销售收入总额减去变动成本总额后的余额。其计算公式如下：

贡献毛益总额 = 销售收入总额 − 变动成本总额

或 $Tcm=px-bx$

或 $Tcm=(p-b)x=cm\cdot x$

贡献毛益总额的性质反映它将为企业的营业利润做出多大贡献。

【例 8-6】沿用【例 8-1】中的资料。

要求：计算该出版社 202× 年出售此种新书的单位贡献毛益和贡献毛益总额。

解：将有关数据代入下列公式。

单位贡献毛益 $cm=p-b=25-20=5$（元）

贡献毛益总额 $Tcm=px-bx=25\times60\ 000-20\times60\ 000=300\ 000$（元）$=cm\cdot x=5\times60\ 000=300\ 000$（元）

总之，在管理会计中贡献毛益是一项很重要的管理信息，是衡量产品盈利能力的重要依据。当企业进行短期经营决策分析时，一般都以备选方案能提供最大值的贡献毛益总额为择优标准。

2. 贡献毛益率和变动成本率

贡献毛益率是指以单位贡献毛益除以销售单价的百分率，或以贡献毛益总额除以销售收入总额的百分率，两者的计算结果相同。它反映每百元销售额中能提供的毛益金额。现设 cmR 为贡献毛益率，其计算公式如下：

$$贡献毛益率=\frac{单位贡献毛益}{销售单价}\times100\%=\frac{贡献毛益总额}{销售收入总额}\times100\%$$

$$或\ cmR=\frac{cm}{p}\times100\%=\frac{Tcm}{px}\times100\%$$

变动成本率是指以单位变动成本除以销售单价的百分率，或以变动成本总额除以销售收入总额的百分率，两者的计算结果相同。它反映每百元销售额中变动成本所占的金额。现设 bR 为变动成本率，其计算公式如下：

$$变动成本率=\frac{单位变动成本}{销售单价}\times100\%=\frac{变动成本总额}{销售收入总额}\times100\%$$

$$或\ bR=\frac{b}{p}\times100\%=\frac{bx}{px}\times100\%$$

正因为贡献毛益率和变动成本率都是以销售收入作为分母进行计算的，所以它们之间的关系可用下列公式表示：

贡献毛益率（cmR）$=1-$变动成本率（bR）

变动成本率（bR）$=1-$贡献毛益率（cmR）

【例 8-7】沿用【例 8-1】中的资料。

要求：计算该出版社 202× 年出售此种新书的贡献毛益率、变动成本率以及两者之间的关系。

解：将有关数据代入下列公式。

$$贡献毛益率\ cmR=\frac{cm}{p}\times 100\%=\frac{5}{25}\times 100\%=20\%$$

$$=\frac{Tcm}{px}\times 100\%=\frac{300\ 000}{25\times 60\ 000}\times 100\%=20\%$$

$$变动成本率\ bR=\frac{b}{p}\times 100\%=\frac{20}{25}\times 100\%=80\%$$

$$=\frac{bx}{px}\times 100\%=\frac{20\times 60\ 000}{25\times 60\ 000}\times 100\%=80\%$$

贡献毛益率（cmR）=1－变动成本率（bR）=1－80%=20%

变动成本率（bR）=1－贡献毛益率（cmR）=1－20%=80%

综上所述，贡献毛益率和变动成本率属于互补性质。凡变动成本率低的企业，其贡献毛益率高，创利能力大；反之，变动成本率高的企业，其贡献毛益率低，创利能力小。因此，凡贡献毛益率高（或变动成本率低）的企业，只要其产品在市场上适销对路，就应千方百计增加产销量，若销量超过“保本点”，其利润就可迅速增加；凡贡献毛益率低（或变动成本率高）的企业，创利能力小，增产不仅不会增利，甚至还会减利或造成亏损。所以，贡献毛益率或变动成本率的高低，对企业的经营决策来说，是个导向性的指标，有举足轻重的影响。

（二）经营杠杆

“经营杠杆”（operating leverage）是本—量—利分析中的另一个重要概念。根据成本习性的原理，在一定的业务量（产销量）范围内，业务量的增加一般不会改变其固定成本总额，但会使单位固定成本降低，从而提高单位产品的利润，并使利润的增长率大于业务量的增长率；反之，业务量的减少，会使单位固定成本升高，从而降低单位产品的利润，并使利润的下降率大于业务量的下降率。显然，产品只有在没有固定成本的条件下（企业的所有成本都是变动的），贡献毛益总额等于营业利润，利润的变动率才有可能与业务量的变动率同步增减。实际上，这种情况是不存在的。因此，在经济生活中，由于企业存在固定成本而出现的只要在销售上有较小幅度变动就会引起利润上有较大幅度变动（利润变动率大于业务量变动率）的现象，被称为经营杠杆，它可以反映企业的经营风险，并帮助管理当局进行科学的预测分析和决策分析。经营杠杆分析是用来检验企业的营业利润对销售量变动的敏感程度，也可以说是营业利润的销售弹性。

为了便于对经营杠杆现象进行定量，将经营杠杆量化的一个指标是“经营杠杆的程度”（the degree of operating leverage），它是指利润变动率相当于业务量变动率的倍数，也称“经营杠杆率”（DOL）。

设基期的利润为 P，基期的销售量（或销售额）为 S；计划期的利润为 P'，计划期的销售量

（或销售额）为S'。其计算公式如下：

$$经营杠杆率（DOL）=\frac{利润变动率}{销售变动率}=\frac{(P'-P)/P}{(S'-S)/S}$$

【例 8-8】某企业 20×2 年度产销甲产品 20 000 件，销售单价为 50 元，单位变动成本为 40 元，固定成本总额为 50 000 元。20×3 年计划销售 25 000 件，而销售单价及成本水平不变。

要求：计算该企业 20×3 年销售甲产品的经营杠杆率。

解：（1）将给定的资料编制计算表，如表 8-1 所示。

表 8-1　相关资料计算率

摘要	基期 20×2 年（元）	计划期 20× 年（元）	变动额（元）	变动率（%）
销售收入总额（px）	1 000 000	1 250 000	+250 000	+25
变动成本总额（bx）	800 000	1 000 000	+200 000	+25
贡献毛益总额（Tcm）	200 000	250 000	+50 000	+25
固定成本总额（a）	50 000	50 000	0	
利润（P）	150 000	200 000	+50 000	+33.33

（2）将表 8-1 中有关数据代入下列公式：

$$经营杠杆率（DOL）=\frac{利润变动率}{销售变动率}=\frac{+33.33\%}{+25\%}=1.33$$

必须指出，由于经营杠杆的主要用途之一是用来预测计划期利润，也就是说，销售与利润两项指标必须在未发生变动之前计算出来。因此，就出现了以下的简便计算公式：

$$经营杠杆率（DOL）=\frac{基期贡献毛益总额}{基期利润}=\frac{Tcm}{p}$$

实际上，经营杠杆率的简便公式，也可从它的原始公式推导出来（设销售变动率用R代替）：

$$DOL=\frac{(P'-P)/P}{(S'-S)/S}=\frac{(P'-P)/P}{R}=\frac{P'-P}{PR}=\frac{[Tcm(1+R)-a]-[Tcm-a]}{PR}$$

$$=\frac{Tcm\times R}{PR}=\frac{Tcm}{P}$$

经营杠杆率主要有以下三种用途。

1.反映企业的经营风险

众所周知，市场供需的变化以及生产、成本等因素的不确定性，是引起企业经营风险的主要原因，而经营杠杆本身并非企业营业利润不稳定的根源。但如前所述，利润变动率=销售变动率 × 经营杠杆率。若企业的经营杠杆率有所增加，就意味着该企业在销售量增加时，利润将以经营杠杆率倍数的幅度增加；反之，当销售量减少时，利润又将以经营杠杆率倍数的幅度下降。由此可见，经营杠杆率扩大了市场、生产和成本等不确定因素对利润变动的影响。经营杠杆率越大，利润的变动越剧烈，企业的经营风险也就越大。总之，经营杠杆率的变动，能反映出企业经营风险的大小。一般来说，在销售情况多变的企业内，保持较低水平的经营杠杆率是有利的。这就需要进一步研究影响经营杠杆率高低的因素有哪些？

影响 DOL 高低的因素主要有固定成本总额和销售量两种。现分述如下。

（1）固定成本总额对经营杠杆率的影响。从经营杠杆率的计算公式来看：

$$DOL=\frac{Tcm}{P}=\frac{P+a}{P}=1+\frac{a}{P}$$

上述公式的推导，充分证明只要企业有固定成本存在，则经营杠杆率总是大于1，而且DOL随着 a 的变动而同方向变动。即在利润给定的情况下，企业固定成本的比重越大，经营杠杆率就越大；反之，企业固定成本的比重越小，经营杠杆率也就越小。因此，在销售量的相关范围内，降低固定成本总额，不仅能提高等额的利润，还能降低企业的经营风险。

（2）销售量对经营杠杆率的影响。从经营杠杆率的计算公式来看：

$$DOL=\frac{Tcm}{P}=\frac{Tcm}{Tcm-a}=\frac{cm\cdot x}{cm\cdot x-a}=\frac{cm}{cm-(a/x)}$$

上述公式的推导，可以清楚地说明经营杠杆率（DOL）是随着销售量（x）的变动而反方向变动的，即销售量上升，会使经营杠杆率下降，经营风险也随之降低；反之，若销售量下降，将使经营杠杆率上升，从而使经营风险增大。因此，充分利用现有生产能力，努力扩大销售，不仅可以增加利润，还可以降低经营风险。

2. 帮助企业管理当局进行科学的预测

当求得经营杠杆率后，即可结合计划期的销售变动率预测计划期的利润。其计算公式如下：

预测计划期利润=基期利润×（1+销售变动率×经营杠杆率）

$$\text{或}P'=P\times(1+R\cdot DOL)$$

【例8-9】承【例8-8】，某企业销售甲产品从基期的20 000件增加到30 000件，而销售单价及成本水平不变。

要求：预测计划期的利润。

$$\text{解：由于计划期的销售变动率}R=\frac{30\,000-20\,000}{20\,000}\times100\%=50\%$$

$$\text{所以有：预测计划期利润}P'=P\times(1+R\cdot DOL)$$

=150 000×（1+50%×1.33）≈250 000（元）

3. 帮助企业管理层做出正确的经营决策

引进新设备、采用先进技术，虽然可提高产品的产量和质量，增加花色品种，降低单位变动成本，提高贡献毛益率，但会使固定成本总额增加，经营杠杆率增高。因此，只有在该产品处于“成长”或“成熟”的发展阶段，市场畅销、销售额呈持续增长的情况下，才宜作出引进新设备、采用先进技术的决策，并随着产销量的增加，可以充分发挥较强的经营杠杆效应，使利润迅速增长。但是，若该产品在市场上已达到或接近饱和阶段，市场疲软，销售量不能保持持续增长的势头，甚至出现下降趋势时，则对于引进新设备、采用先进技术，应持慎重态度。因为经营杠杆率提高，风险也随之增大，若市场销售量略有下降，就会引起利润大幅滑坡的危险。

另外，通过降价扩大销售来增加利润，是企业为了应对竞争而经常采用的营销策略之一，但其效果对不同类型的企业却并不相同。例如，对于技术密集型企业来说，固定成本总额高，单位变动成本低，经营杠杆的作用大；降价销售后，单位产品利润虽有所降低，但由于销售量的增长，仍可使企业的营业利润大幅提高。可是，对劳动密集型企业来说，单位变动成本高，固定成本总额低，经营杠杆的作用小；降价销售往往不能提高企业的利润，甚至还会使利润下降。

总之，管理会计人员必须掌握成本习性的基本原理，以及本—量—利分析方法的具体应用，协助企业管理层作好经营决策，进而提高企业的经济效益和社会效益。

第二节　保本点预测分析

成本习性分析为保本点的确定创造了前提条件，变动成本法又为保本点的计算提供了数量依据。因此，保本点的预测分析是本—量—利分析方法的具体应用之一，是成本习性分析和变动成本法合乎逻辑的发展。

保本分析就是研究当企业恰好处于保本状态时本—量—利关系的一种定量分析方法。它是确定企业经营安全程度和进行保利分析的基础，又称盈亏临界分析、损益平衡分析、两平分析、够本分析等。保本分析的关键是保本点的确定。

一、保本点的意义、性质及其表现形式

保本点（break-even point，BEP），也称“够本点”“损益两平点”“盈亏平衡点”“盈亏临界点”，是指企业的经营达到不盈不亏的状态，“所得”等于“所费”，或“销售收入”等于“销售成本”，即利润为零的平衡状态。

对企业来说，保本点是其经营活动中一项十分重要的管理信息，因为“保本”是企业获得利润的基础。任何一个企业为了预测利润，从而把目标利润确定下来，必须首先预测保本点，只有在达到保本点的基础上继续增加销售量，企业才能获得利润。

保本点通常有两种表现形式：一种是用实物量表现，称为“保本销售量”，即销售多少数量的产品才能保本，简称“保本量”（BEu）；另一种是用货币金额表现，叫作“保本销售额”，即销售多少金额的产品才能保本，简称“保本额”（BEd）。

二、单一产品保本点的预测分析

如果企业生产并销售单一产品，其保本点预测有以下三种方法可供选择。

（一）基本等式法

根据保本点的定义，运用本—量—利分析的基本公式，即

销售单价 × 销售量 -（固定成本总额+单位变动成本 × 销售量）=利润

或销售量 ×（销售单价 - 单位变动成本）- 固定成本总额=利润

假设：p 为销售单价；x 为销售量；a 为固定成本总额；b 为单位变动成本。把这些符号代入上述方程式，则有：

$px-(a+bx)=P$

或

$(p-b)x-a=P$

确定保本点，意味着企业处于不盈不亏状态，即利润等于零。那么上述关系式就变为：

$px-(a+bx)=0$

或

$(p-b)x-a=0$

通过移项，得：

$px-bx=a$

或

$(p-b)x=a$

故有：

$$x=\frac{a}{p-b}$$

需要说明的是，这里的 x 是有特定含义的，那就是在利润为零情况下的销售量，即保本点的销售量。所以有：

$$保本销售量(BEu)=\frac{a}{p-b}=\frac{固定成本总额}{销售单价-单位变动成本}$$

保本销售额（BEd）$=p\cdot$BEu=销售单价 × 保本销售量

【例 8-10】某企业生产经营甲产品，根据设计部门有关资料计算，甲产品的单位变动成本为 12 元，固定成本总额为 1 000 元，若该产品销售单价为 22 元，那么该企业必须销售多少数量或多少金额的甲产品才能保本？

解：保本销售量 $x=a\div(p-b)$=1 000÷（22−12）=100（件）

保本销售额=100×22=2 200（元）

（二）贡献毛益法

产品所提供的贡献毛益总额不是企业的营业净利润，它必须先补偿固定成本总额，如补偿后尚有多余，才能为企业提供利润；反之，如果贡献毛益总额不足以补偿固定成本总额，则形成企业的亏损。因此，只有当产品提供的贡献毛益总额正好等于固定成本总额时，才能表明企业的经营不亏不赚，正好达到保本点，即

贡献毛益总额=固定成本总额

或

单位贡献毛益 × 销售量=固定成本总额

因为：

贡献毛益率=单位贡献毛益 ÷ 销售单价

或

贡献毛益率=贡献毛益总额 ÷ 销售收入总额

假设：p为销售单价；x为销售数量；a为固定成本总额；b为单位变动成本；cm为单位贡献毛益；Tcm为贡献毛益总额；cmR为贡献毛益率。把这些符号代入上述方程式，则有：

$Tcm=a$

即：

$cm \cdot x=a$

则有：

$$x=\frac{a}{cm}$$

所以有：

$$\text{保本销售量（BEu）}=\frac{a}{cm}=\frac{\text{固定成本总额}}{\text{单位贡献毛益}}$$

$$\text{又有 } cmR\ \frac{cm}{p}\text{，则：}$$

$$\text{保本销售量（BEd）}=p \cdot \text{BEu}=p \cdot \frac{a}{cm}=\frac{a}{cm/p}=\frac{a}{cmR}=\frac{\text{固定成本总额}}{\text{贡献毛益率}}$$

【例 8-11】承【例 8-10】，用贡献毛益法预测甲产品的保本销售量和保本销售额。

解：单位贡献毛益 cm=22－12=10（元）

贡献毛益率 cmR=10÷22=45.45%

保本销售量=a÷cm=1 000÷10=100（件）

保本销售额=a÷cmR=1 000÷45.45%=2 200（元）

通过对比可以看出，按以上两种方法计算保本销售量和保本销售额，并没有实质上的差别，只不过贡献毛益法在计算过程中使用了贡献毛益的概念。

（三）图示法

图示法就是通过绘制保本图来反映企业保本点的情况。保本图（break-evenchart）是围绕保本点，将影响企业利润的有关因素及其相应关系，集中在一张图上，形象而具体地表现出来。也有人称之为盈亏临界图、利润图、盈亏转折图、损益平衡图或利润规划图。利用它可以一目了然地看到有关因素的变动对利润发生怎样的影响，从而有助于决策者在经营管理工作中提高预见性和主动性。保本图虽具有直观、简明的优点，但因为它是依靠目测绘制而成，所以不可能十分准确，通常应与其他方法结合使用。

保本图可以根据不同目的及掌握的不同资料而绘成不同形式的图形。通常有基本式、贡献毛益式、量利式三种。

1. 基本式

基本式保本图的绘制方法如下。在直角坐标系中，以横轴表示销售量，以纵轴表示成本和销售收入。

绘制固定成本线。在纵轴上确定固定成本的数值，并以此为起点，绘制一条平行于横轴的直线，即为固定成本线。

绘制销售收入线。以坐标原点为起点，并在横轴上任取一个整数销售量，计算其销售收入，在坐标上找出与之相对应的纵轴交叉点，连接这两点就可画出总收入线。

绘制总成本线。在横轴上任取一个整数销售量并计算其总成本，在坐标上标出该点，然后将纵轴上的固定成本点与该点连接便可画出总成本线。

销售总收入线与总成本线的交点即为保本点。

由于基本式保本图的绘制基础是本—量—利分析的基本公式，所以，它也被称为本—量—利式保本图。图 8-1 就是根据【例 8-10】中的资料绘制而成的保本图。

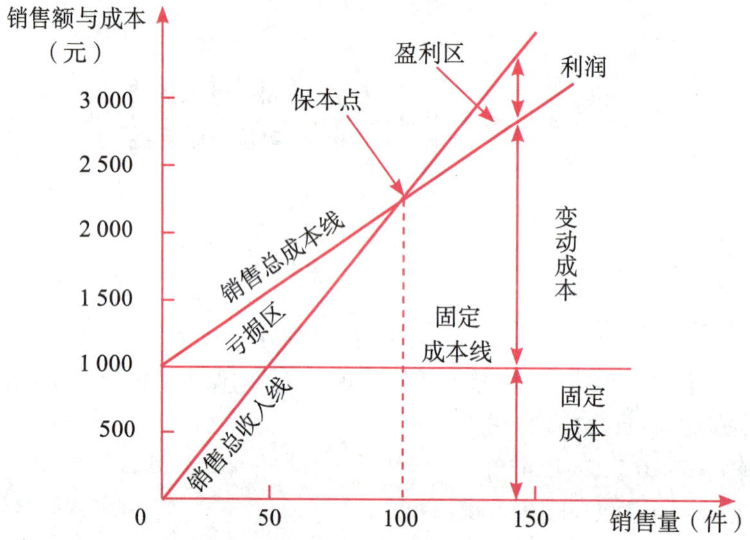

图 8-1　基本式保本图

图 8-1 从动态上集中而又形象地反映了销售量、成本与利润之间的相互关系，从中可以得出以下基本规律。

（1）保本点不变，销售量越大，能实现的利润就越多，或亏损越少；销售量越小，能实现的利润就越少，或亏损越多。

（2）销售量不变，保本点越低，能实现的利润就越多，或亏损越少；保本点越高，能实现的利润就越少，或亏损越多。

（3）在销售总成本既定的条件下，保本点受销售单价变动影响而变动。产品单价越高，表现为销售总收入线的斜率越大，保本点就越低；反之，保本点就越高。

（4）在销售收入既定的条件下，保本点的高低取决于固定成本和单位变动成本的多少。固定成本越多，或单位变动成本越多，保本点就越高；反之，保本点就越低。

明确以上基本规律，对企业根据主、客观条件有预见地采取相应的措施，实现扭亏为盈，将有较大帮助。

2. 贡献毛益式

这种图式可以使人直观地了解贡献毛益的数值。图 8-2 就是根据【例 8-10】中的资料绘制而成的保本图。

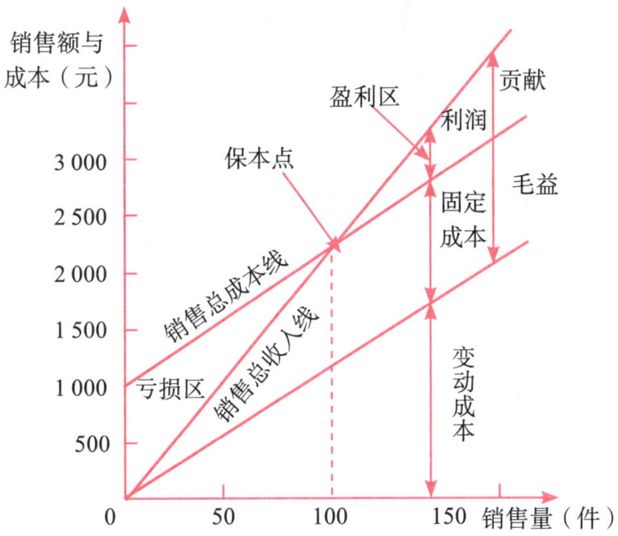

图 8-2　贡献毛益式保本图

通过图 8-1 和图 8-2 可以看出，贡献毛益式与基本式的主要区别在于：前者将固定成本置于变动成本之上，以便形象地反映贡献毛益的形成过程和构成，即产品的销售收入减去变动成本的差额就是贡献毛益，贡献毛益再减去固定成本便是利润。而后者则将固定成本线置于变动成本线之下，以便表明固定成本在相关范围内稳定不变的特征。

两种图式的比较也说明，边际贡献式的绘制方法是先确定销售总收入线和变动成本线，然后以零（固定成本）为起点，再画一条与变动成本线平行的直线，即为总成本线，它与销售总收入线的交点为保本点。

比较一下上述两个图式可得，由于它们所取的数据是相同的，因而两者的保本点也是一致的。

3. 量利式

因为这种图纵坐标的销售收入及成本因素均被省略，整个图形仅仅反映销售量与利润之间的依存关系，所以又被称为利润图。这是一种简化的保本图，却受到企业高层经理人员的欢迎，因为它特别简明扼要、易于理解。

该图的绘制方法如下。

（1）在直角坐标系中，横轴表示销售量（可用实物或单位金额表示），纵轴表示利润和亏损。

（2）在纵轴利润等于零的点上画一条水平线，代表损益两平线（损益平衡线）。

（3）在纵轴标上固定成本点，该点即销售量为零时的亏损数。

（4）在横轴上任取一个整数销售量，然后计算在该销售量水平下的损益数，并依此在坐标图中再确定一点，连接该点与固定成本点，便可画出利润线。

（5）利润线与损益两平线的交点即为保本点。

图 8-3 便是根据【例 8-10】中的资料绘制的保本图。

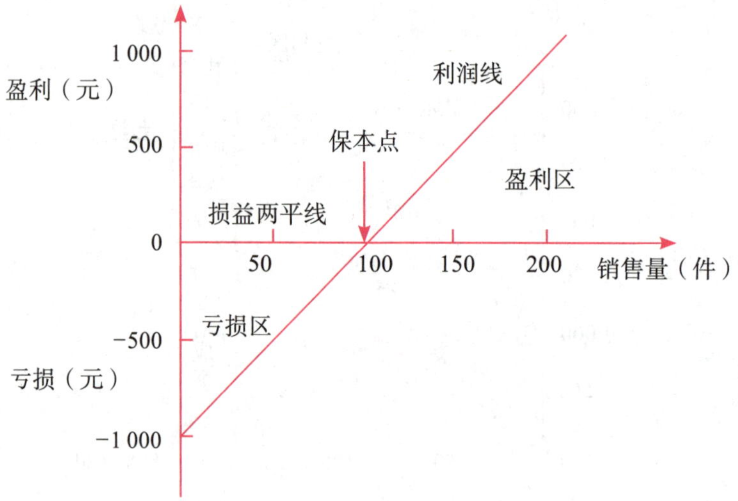

图 8-3 量利式保本图

从量利式保本图中可观察到以下规律：

（1）当销售量为零时，企业的亏损额等于固定成本。

（2）当产品的销售价格及成本水平不变时，销售量越大，利润就越多，或亏损越少；反之，销售量越小，利润就越少，或亏损越多。

综上所述，利用保本图不但能与前两种方法获得同样结果，用来控制企业的利润，而且能把本—量—利三者之间的依存关系，描绘得更为直观，容易使人理解。另外，通过保本图还可以帮助认识本—量—利之间的一些规律性联系，具体如下：

一是在保本点不变的情况下，如产品销售量超过保本点一个单位的业务量，即可获得一个单位贡献毛益的盈利；销售量越大，盈利就越多。反之，若产品销售量低于保本点一个单位的业务量，即亏损一个单位贡献毛益；销售量越小，亏损额就越大。

二是在销售量不变的情况下，保本点越低，盈利区三角形面积就有所扩大，亏损区三角形面积就有所缩小；它反映了产品的盈利性有所提高，即能实现更多的盈利，或更少的亏损。反之，保本点越高，则盈利区三角形面积就有所缩小，而亏损区的三角形面积则有所扩大；它反映了产品的盈利性有所降低，能实现的盈利越小，或亏损越大。

三是在销售收入既定的情况下，保本点的高低取决于单位变动成本和固定成本总额的多少。若单位变动成本或固定成本总额越小，则保本点越低；反之，则保本点越高。

总之，以上有关本—量—利三者之间规律性联系的认识，对于我国目前把企业推向市场，要求企业管理当局增强竞争意识，并根据本单位的主客观条件，采取积极、稳妥而有效的措施，实现扭亏转盈，提高经济效益，是大有好处的。

必须指出的是，在上述保本点的预测分析中，都假定一个企业的销售单价（p）、单位变动成本（b）、固定成本总额（a）在计划期间保持不变。这些假定在规划企业目标利润时，是完全有必要的。但在实际工作中，对于这些假定的关系，都有一个有效的相关范围。例如，在业务量方面，不论是生产负荷能力或销售量，都有一个合理的限度，不能无限制延伸。它们在一定数量内，销售单价和成本水平一般不会发生变动；如果超过这个数量范围，往往就会需要增加单位变动成本或固定成本总额。另外，在时间方面，一般只适用于一年以内的期限；如超过一年，产品的销售单价以及支付各项成本的金额，均可能发生变化。总之，这些假定如与实际情况有出入，那么预测分析的结果就必须作相应的修正。

此外，以保本点为基础还可得到另一个辅助性指标，即“达到保本点的作业率”。该指标对企业的生产安排具有一定的指导意义。它是指保本销售量（或销售额）占企业“正常销售量（或销售额）”的比重。其计算公式如下：

$$\text{达到保本点的作业率}=\frac{\text{保本销售量（或销售额）}}{\text{正常销售量（或销售额）}}\times 100\%$$

这里的“正常销售量（或销售额）”是指在正常市场情况和正常开工情况下企业的销售量（或销售额）。

这个比率表明，企业保本业务量在正常业务量中所占的比重。由于大多数企业的生产经营能力是按正常销售量来规划的，生产经营能力与正常销售量基本相同，所以，这个指标能表明保本状态下生产能力的利用程度。

在【例 8-10】中，假定 160 件是属于该企业正常开工完成的销售量，则达到保本点的作业率 $\frac{100}{160}\times 100\% = 62.5\%$。也就是说，该企业要获得利润，作业率必须达到 62.5% 以上，否则就会亏损。

三、多种产品保本点的预测方法

以上所讲的都是单一产品保本点的预测，但是在实际经济生活中绝大多数企业都不只生产经营一种产品。若企业生产并销售多种产品时，其保本点的预测就不能用实物量表现，而只能用金额来反映，即只能计算它们的保本销售额。因为不同品种的销售量无法直接相加，同时，以销售量单位为 x 轴的保本图也不能用于反映多种产品的本—量—利关系。这就需要进一步研究适用于多种产品条件下的本—量—利分析方法和模型。

关于多种产品的保本点预测，可以运用的本—量—利分析方法有多种形式，包括综合贡献毛益率法、联合单位法、分算法、顺序法和主要品种法等。下面结合表 8-2 所提供的资料，分别介绍主要的多种产品条件下本—量—利分析方法的原理及其应用。

表 8-2　三种产品收入、成本、销量及损益

产品	销售量	单价（元）	单位变动成本（元）	销售收入（元）	贡献毛益（元）	贡献毛益率（%）
	①	②	③	④=①×②	⑤=①×（②-③）	⑥=⑤/④
A	100 000 件	10	8.5	1 000 000	150 000	15
B	25 000 台	20	16	500 000	100 000	20
C	10 000 套	50	25	500 000	250 000	50
合计	—			2 000 000	500 000	25

固定成本总额：3000 元

（一）综合贡献毛益率法的原理及其应用

综合贡献毛益率法是指在确定企业综合贡献毛益率（cmR'）的基础上分析多种产品条件下本—量—利关系的一种方法。该方法对各品种一视同仁，不要求分配固定成本，而是将各品种所提供的贡献毛益视为补偿企业全部固定成本的收益来源。

该方法的关键是正确计算综合贡献毛益率。在实际工作中综合贡献毛益率的计算方法主要有以下三种。

1.总额法

总额法是指根据一定条件下全厂各种产品创造的贡献毛益总额与销售收入总额之比来确定综合贡献毛益率的一种方法。其计算公式如下：

$$\text{综合贡献毛益率}=\frac{\text{全厂贡献毛益总额}}{\text{全厂销售收入总额}}\times 100\%$$

上式中的各项总额资料，既可以按事先计划的资料确定，也可以按最近一期或几期的实际资料来确定。当利用计划资料时，称为计划总额法；当利用实际资料时，称为近期总额法。不论采用什么资料，分子分母的归属期必须一致。

【例 8-12】某企业组织A、B、C三种产品的生产经营，有关计划资料如表 8-2 所示。

要求：用计划总额法计算综合贡献毛益率，并测算计划期保本额和实现 150 000 元目标利润的销售额。

解：由表 8-2 中的合计栏得知，该企业计划销售收入总额为 2 000 000 元，贡献毛益总额为 500 000 元，固定成本总额为 300 000 元，则：

综合贡献毛益率=500 000÷2 000 000×100%=25%

保本额=300 000÷25%=1 200 000（元）

实现 150 000 元目标利润的销售额=（300 000+150 000）÷25%=1 800 000（元）

该企业计划期保本额和保利额分别为 120 万元和 180 万元。

由于该方法只需掌握企业的贡献毛益总额和销售收入总额，而不必了解每一品种的单价、单位变动成本和销售量资料，就可以计算出综合贡献毛益率，因而比较简单。但该方法无法进一步确定每一品种的保本点等指标。

2.全厂贡献毛益率总和法

该方法要求先计算每一品种为全厂创造的贡献毛益率，再求出所有品种的该项指标之和，即可得到综合贡献毛益率。其计算公式如下：

综合贡献毛益率=∑某种产品为全厂创造的贡献毛益率

$$\text{某种产品为全厂创造的贡献毛益率}=\frac{\text{该产品创造的贡献毛益}}{\text{全厂各种产品的销售收入之和}}\times 100\%$$

【例 8-13】根据表 8-2 中第⑤栏所列的各种产品的贡献毛益和全厂销售收入总和，按全厂贡献毛益率总和法计算综合贡献毛益率。

解：A产品为全厂创造的贡献毛益率=150 000÷2 000 000×100%=7.5%

B产品为全厂创造的贡献毛益率=100 000÷2 000 000×100%=5%

C产品为全厂创造的贡献毛益率=250 000÷2 000 000×100%=12.5%

综合贡献毛益率=7.5%+5%+12.5%=25%

按该方法计算的综合贡献毛益率同总额法计算结果相同。

全厂贡献毛益率总和法适用于已知每种产品为全厂创造的贡献毛益率的企业。其缺点是无法进一步确定每种产品的保本点等指标。

3.加权平均法

由于各种产品的贡献毛益率各有所异，而整个企业的综合保本销售额与产品的品种结构有着直接的联系。因此，首先，需要对每种产品的贡献毛益率分别用其销售比重（各产品的销售额占全部产品总销售额的百分率）进行加权；其次，以固定成本总额除以各种产品的综合贡献毛益率，即可求得各种产品的综合保本销售额；最后，以综合保本销售额分别乘以各产品的销售比重，即可预测出各种产品的保本销售额。在实际工作中，加权平均法是预测多种产品保本点最常用的方法。它的计算程序和公式如下：

（1）预计全部产品的总销售额=∑（各种产品的销售单价 × 各种产品的预计销售量）

（2）$\text{各种产品的销售比重}=\dfrac{\text{各种产品的销售额}}{\text{全部产品总销售额}}\times 100\%$

（3）各种产品的综合贡献毛益率=∑（各种产品的贡献毛益率 × 各种产品的销售比重）

（4）$\text{综合保本销售额}=\dfrac{\text{固定成本总额}}{\text{各种产品的综合贡献毛益率}}$

（5）各种产品的保本销售额=综合保本销售额 × 各种产品的销售比重

【例 8-14】按表 8-2 中的资料，用加权平均法计算综合贡献毛益率，并求出全厂综合保本额及各种产品的保本点。

解：从表 8-2 中第⑥栏中可查得A、B、C三种产品的贡献毛益率分别为 15%、20% 和 50%。

A产品的销售比重=1 000 000÷2 000 000 × 100%=50%

B产品的销售比重=500 000÷2 000 000 × 100%=25%

C产品的销售比重=500 000÷2 000 000 × 100%=25%

全厂综合贡献毛益率=15% × 50%+20% × 25%+50% × 25%=7.5%+5%+12.5%=25%

全厂综合保本额=300 000÷25%=1 200 000（元）

A产品保本额=1 200 000 × 50%=600 000（元）

B产品保本额=1 200 000 × 25%=300 000（元）

C产品保本额=1 200 000 × 25%=300 000（元）

用每种产品的保本额分别除以各产品的单价，就可以求出它们的保本量：

A产品保本量=600 000÷10=60 000（件）

B产品保本量=300 000÷20=15 000（台）

C产品保本量=300 000÷50=6 000（套）

该企业计划期综合保本额为 120 万元，A产品的保本点为 6 万件和 60 万元，B产品的保本点为 1.5 万台和 30 万元，C产品的保本点为 0.6 万套和 30 万元。

同理，也可以计算出各种产品实现目标利润的业务量。

上述三种计算综合贡献毛益率的方法其实质是一样的，只是它们分别适用于掌握资料详略不同的各种情况。尽管加权平均法要求掌握比其他两种方法更详细、更具体的资料，但它也因能够提供比其他两种方法更为有用的信息而更具有实用性。在管理会计实务中，大多按加权平均法计算综合贡献毛益率，因此也有人将综合贡献毛益率法直接称为加权平均法。

鉴于销售比重会影响到综合贡献毛益率水平，因而销售比重即品种结构因素必然构成影响多种产品本—量—利关系的另一要素。显然，在其他条件不变的前提下，企业应积极采取措施，努力提高贡献毛益率水平较高的产品的销售比重，降低贡献毛益率水平较低的产品的销售比重，从而提高企业的综合贡献毛益率水平，达到降低全厂保本额的目的。

【例 8-15】假定【例 8-14】中的A、B、C三种产品的销售比重由原来的50%、25%、25%转变为25%、25%、50%，它们的贡献毛益率和全厂固定成本总额均不变。

要求：计算销售结构变化后的综合保本额。

解：综合贡献毛益率=15%×25%+20%×25%+50%×50%=3.75%+5%+25%=33.75%

全厂综合保本额=300 000÷33.75%≈888 888.89（元）

（二）联合单位法的原理及其应用

联合单位法是指在事先掌握多种品种之间客观存在的相对稳定的产销实物量比例的基础上，确定每一联合单位的单价和单位变动成本，进行本—量—利分析的一种方法。

如果企业生产的多种产品的实物产出量之间存在着较稳定的数量关系，而且所有产品的销路都很好，那么就可以用联合单位代表按实际实物量比例构成的一组产品。如果企业生产的甲、乙、丙三种产品的销量比为1∶2∶3，则一个联合单位就相当于一个甲、两个乙和三个丙的集合，其中，甲产品为标准产品。以这种销量比就可计算出每一联合单位的联合单价和联合单位变动成本。在此基础上，可以按单一品种的本—量—利分析法计算联合保本量。其计算公式是：

$$联合保本量=\frac{固定成本}{联合单价-联合单位变动成本}$$

上式中，联合单价等于一个联合单位的全部收入；联合单位变动成本等于一个联合单位的全部变动成本。

在此基础上，可计算出每种产品的保本量和保利量，其计算公式为：

某产品保本量=联合保本量×该产品销量比

【例 8-16】已知资料如表 8-2 所示。

要求：用联合单位法进行保本分析。

解：（1）确定产品销量比。A∶B∶C=10∶2.5∶1

（2）联合单价=10×10+20×2.5+50×1=200

（3）联合单位变动成本=8.5×10+16×2.5+25×1=150

（4）联合保本量=300 000÷（200−150）=6 000（联合单位）

（5）各种产品保本量计算：

A产品保本量=6 000×10=60 000（件）

B产品保本量=6 000×2.5=15 000（台）

C产品保本量=6 000×1=6 000（套）

（6）各种产品保本额计算：

A产品保本额=10×60 000=600 000（元）

B产品保本额=20×15 000=300 000（元）

C产品保本额=50×6 000=300 000（元）

（三）分算法的原理及其应用

分算法是指在一定条件下，将全厂固定成本按一定标准在各种产品之间进行分配，然后再对每种产品分别按单一产品的预测方法进行计算的一种本—量—利分析方法。

有的企业虽然组织多种产品的生产经营，但由于生产技术的缘故而采用封闭式生产方式。在这种条件下，区分产品的专属固定成本不成问题，共同固定成本则选择适当标准分配给各种产品（例如，销售额或销售量的比例，贡献毛益的大小，产品的重量、长度、面积或所需工时的比例等）。若产品种类过多，则可先将贡献毛益率相同或相近的产品归为一类，然后按类分别计算。

这种方法可以提供各种产品计划与控制所需要的详细资料，因而受到基层管理部门的重视与欢迎。但在选择分配固定成本的标准时容易出现问题，尤其是品种较多时比较烦琐。鉴于固定成本需由贡献毛益来补偿，因而按照各种产品之间的贡献毛益比重分配固定成本较为合理。

【例 8-17】仍按表 8-2 中的资料。

要求：用分算法进行保本分析（假定固定成本按贡献毛益的比重分配）。

解：固定成本分配率=300 000÷500 000=0.6

分配给A产品的固定成本=150 000×0.6=90 000（元）

分配给B产品的固定成本=100 000×0.6=60 000（元）

分配给C产品的固定成本=250 000×0.6=150 000（元）

A产品的保本量=90 000÷（10−8.5）=60 000（件）

A产品的保本额=10×60 000=600 000（元）

B产品的保本量=60 000÷（20−16）=15 000（台）

B产品的保本额=20×15 000=300 000（元）

C产品的保本量=150 000÷（50−25）=6 000（套）

C产品的保本额=50×6 000=300 000（元）

（四）顺序法的原理及其应用

顺序法是指按照事先规定的品种顺序，依次用各种产品的贡献毛益补偿全厂的固定成本，进而完成本—量—利分析任务的一种方法。该方法通常要以事先掌握的各种产品的贡献毛益和销售收入计划数为前提，并按各种产品贡献毛益率的高低确定品种的销售顺序。由于人们对风险的态度不同，故在确定品种顺序时会选择截然不同的两种标准：一种是乐观的排列，即假定各品种的销售顺序是按其贡献毛益率由高到低排列的，贡献毛益率高的产品先实现销售，贡献毛益率低的产品后售出；另一种是悲观的排列，即假定顺序恰恰与乐观排列相反。

在顺序法下，多种产品本—量—利分析的任务可分别采用列表法和图示法两种方式完成。

1.列表法

在该方法下，首先，根据有关资料编制顺序分析表，其格式如表 8-3 所示。然后，根据具体的本—量—利分析任务按以下方法进行分析。

表 8-3 顺序分析表

顺序	产品	贡献毛益率（%）	销售收入（元）	累计销售收入（元）	贡献毛益（元）	累计贡献毛益（元）	固定成本总额（元）	累计损益（元）	目标利润（元）	累计剩余损益（元）
i		①	②	③	④=①×②	⑤	⑥	⑦=⑤-⑥	⑧	⑨=⑦-⑧
1	A	15	1 000 000	1 000 000	150 000	150 000		−150 000		−300 000
2	B	20	500 000	1 500 000	100 000	250 000	300 000	−50 000	150 000	−200 000
3	C	50	500 000	2 000 000	250 000	500 000		+200 000		+50 000

（1）进行保本分析时，需利用表 8-3 第⑦栏所列示的“累计损益”数据。若能在第⑦栏中找到零时，则零所在行的累计销售收入就是保本额。若在第⑦栏中找不到零时，则可按下列公式计算保本额：

$$保本额=保本产品前累计销售额+\frac{保本产品前累计损益}{保本产品的贡献毛益率}$$

保本产品是指“累计损益”栏中第一次出现正值时所对应的产品。

（2）进行保利分析时，需利用表 8-3 第⑨栏所列示的“累计剩余损益”数据，原理类似于保本分析。

若能在第⑨栏中找到零时，则零所在行的累计收入就是保利额。若在第⑨栏中找不到零时，则可按下列公式计算保利额：

$$保本额=保利产品前累计销售额+\frac{保利产品前累计剩余损益}{保利产品的贡献毛益率}$$

保利产品是指“累计剩余损益”栏中第一次出现正值时所对应的产品。

【例 8-18】按表 8-2 中的资料。

要求：用顺序法列式计算该企业计划期保本额和保利额（目标利润为 150 000 元）。

解：根据已知计划资料编制顺序分析表，如表 8-3 所示。

保本额=1 500 000+（|−50 000|÷50%）=1 600 000（元）

保利额=1 500 000+（|−200 000|÷50%）=1 900 000（元）

该企业计划期保本额和保利额分别为 160 万元和 190 万元。

2.图示法

该法需要利用累计销售额和累计损益数据编制以销售额为横轴的利润—业务量式的本—量—利分析图，从而确定多种产品条件下的保本额、亏损区和利润区。图 8-4 就是根据表 8-3 中的有关数据按顺序法绘制的利润—业务量式分析图。

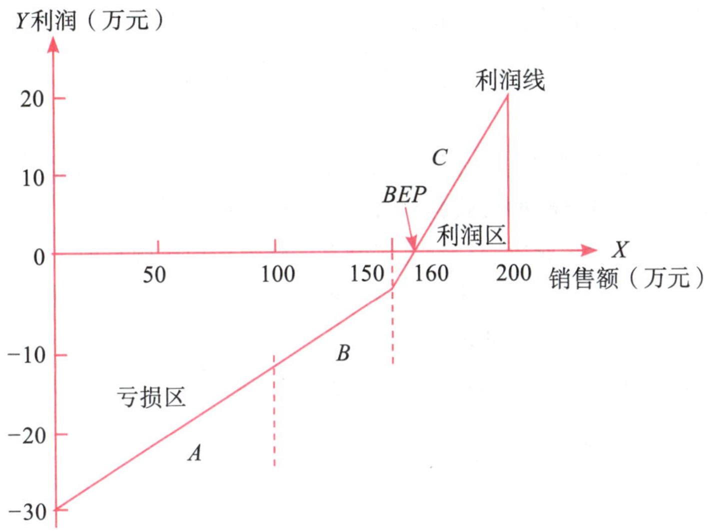

图 8-4 利润—业务量式分析图

在图示法下，利润—业务量式分析图上的利润线是按不同产品分段编制的，各段斜率分别反映每种产品的贡献毛益率水平。因此，也将顺序法称为分段法。

在图示法下，品种顺序也可按市场实际销路是否顺畅来确定。但这种顺序的确定缺乏统一标准，存在一定主观随意性。

（五）主要品种法原理及其应用

如果企业生产经营的多种产品中有一种是主要产品，它提供的贡献毛益占全厂比重很大，而其他产品贡献毛益较小或为不足轻重的副产品或为发展余地不大的产品，则可按该主要品种的有关资料进行本—量—利分析，视同单一产品。另外，如果其他产品的销售额比重极小，或其他产品的贡献毛益率与主要产品的贡献毛益率很接近，为了简化计算，也可把它们视为单一产品，并按主要产品的贡献毛益率进行预测。

这种方法的根据在于主要品种必然是企业生产经营的重点，由此，固定成本应该由主要产品负担。然而盈利条件下的本—量—利分析肯定会出现一些误差，但由于其他产品影响不大，可以忽略不计或适当加以调整。因此，只要事先掌握误差的方向和大致的幅度并适当加以调整，这种方法不失为一种简便的方法。

确定主要品种应以贡献毛益额为标志，并只能选择一种主要产品。

【例 8-19】某企业生产三种产品，有关资料见表 8-4。

表 8-4 三种产品收入及损益

品种	销售收入		贡献毛益		贡献毛益率（%）
	金额（元）	比重（%）	金额（元）	比重（%）	
甲	2 400	24	900	90	37.5
乙	100	1	70	7	70
丙	75 00	75	30	3	0.4
合计	10 000	100	1 000	100	

若按销售额则丙产品占较大比重；按贡献毛益率则以乙产品为主；但实际上应该选择甲产品作为主要产品，依据是只有贡献毛益才能补偿固定成本。

（六）上述方法的比较

显然联合单位法、分算法和主要品种法都属于将多种产品条件下的本—量—利分析转化或简化为单一产品本—量—利分析的形式，但又有各自的运用条件。比如，联合单位法必须在有严格产出规律的联产品生产企业应用；分算法要求能够客观地将固定成本在各种产品之间进行分配；主要品种法则要求品种主次分明。综合贡献毛益率法一般要求资料齐备、产品结构相对稳定；顺序法比较特殊，要求事先确定品种顺序，而且分析结果可能因人而异。在实际应用时，应根据具体情况，选择适合本企业特点的方法进行多种产品的本—量—利分析。

四、安全边际与安全边际率模型

该模型主要用于企业分析其经营的安全程度。企业处于不盈不亏状态，意味着当期的贡献毛益已全部被固定成本抵销，所以，只有企业的销售量（额）超过保本点的销售量（额），其超出部分所提供的贡献毛益才能形成企业的最终利润。显然，企业的销售量（额）超过保本点销售量（额）越多，说明企业发生亏损的可能性就越小，企业的经营也就越安全。由此，可以得到与保本点有关的另一个指标，即“安全边际”（margin of safety），也称“安全幅度”。

安全边际是把保本点和企业的利润联系起来的一个概念。它是指正常销售量（或销售额）超过保本点销售量（或销售额）的差额。它标志着从正常销售量（或销售额）到保本点有多大的差距，或者说，正常的销售量（或销售额）再降低多少仍不会发生亏损。

安全边际同样有两种表现形式：一种是用实物量表现，称为“安全边际量”（MSu）；另一种是用货币金额表现，称为“安全边际额”（MSd）。它们的计算公式如下：

$$安全边际量（MSu）=正常销售量（Su）-保本点销售量（BEu）$$

$$安全边际额（MSd）=正常销售额（Sd）-保本点销售额（BEd）$$

有时企业为了考察当年生产经营安全情况，还可以用本年实际订货量代替正常销售量计算安全边际。

此外，企业生产经营的安全性不仅可以用绝对数指标安全边际量（额）反映，还可以用相对数指标安全边际率表示，即安全边际量（额）与正常销售量（额）的比值。其计算公式如下：

$$安全边际率（MSR）=\frac{安全边际量（额）}{正常销售量（额）}\times 100\%$$

显然，对企业的经营来说，安全边际越大，经营风险越低；安全边际越小，其风险越高。或者说，安全边际率越大，企业的经营就越安全。一般来说，可以用表 8-5 所示的经验性数字大致衡量企业经营的安全程度。

表 8-5　企业经营的安全程度标准

安全边际率	10% 以下	11%—20%	21%—30%	31%—40%	41% 以上
安全程度	危险	值得注意	比较安全	安全	很安全

【例 8-20】假定在【例 8-10】和【例 8-11】中，该企业正常的销售量可达到 160 件。

要求：分别计算该企业的安全边际量、安全边际额和安全边际率，并评价企业经营的安全程度。

解：安全边际量（MSu）= 正常销售量（Su）- 保本点销售量（BEu）

=160-100=60（件）

或

安全边际额（MSd）= 正常销售额（Sd）- 保本点销售额（BEd）

=160 × 22-2 200=1 320（元）

$$安全边际率（MSR）=\frac{安全边际量（额）}{正常销售量（额）}\times 100\%$$

$$安全边际率=\frac{60}{160}\times 100\%=37.5\%$$

或

$$安全边际率=\frac{1\ 320}{3\ 520}\times 100\%=37.5\%$$

由于安全边际率为 37.5%，因此可以认为该企业的经营是安全的。

此外，还应了解安全边际率与其他三个相关指标的关系。

（一）安全边际率与销售利润率的关系

因为只有保本点以上的销售量（额），即安全边际量（额）才能为企业提供利润，所以销售利润又可按下列公式计算：

销售利润（P）= 安全边际量（MSu）× 单位贡献毛益（cm）　（1）

或

销售利润（P）= 安全边际额（MSd）× 贡献毛益率（cmR）　（2）

在【例 8-11】中有：

销售利润 =60 × 10=600（元）

或　　=1 320 × 45.45%=600（元）

式（2）两边同除以销售收入，得：

销售利润率（R）= 安全边际率（MSR）× 贡献毛益率（cmR）

在【例 8-20】中有：

销售利润率 =37.5% × 45.45%=17.05%

利用有关的数字进行直接计算，也可得到同样的结果：

$$销售利润率=\frac{销售收入-销售成本}{销售收入}=\frac{160\times 22-(160\times 12+1\ 000)}{160\times 22}=\frac{3\ 520-2\ 920}{3\ 520}$$

=17.05%

（二）安全边际率与保本点的关系

由于：安全边际量（MSu）= 正常销售量（Su）- 保本点销售量（BEu）

安全边际额（MSd）=正常销售额（Sd）-保本点销售额（BEd）

$$安全边际率（MSR）=\frac{安全边际量（额）}{正常销售量（额）}\times 100\%$$

$$所以：安全边际率=1-\frac{保本点销售量（额）}{正常销售量（额）}$$

移项得到如下公式：

保本点销售量（额）=正常销售量（额）×（1-安全边际率）

即BEu=Su×（1-MSR）

BEd=Sd×（1-MSR）

【例 8-21】沿用【例 8-10】和【例 8-20】中的资料。

要求：分别计算该企业的保本点销售量和保本点销售额。

解：将有关数据代入下列公式。

BEu=Su×（1-MSR）=160×（1-37.5%）=100（件）

BEd=Sd×（1-MSR）=3 520×（1-37.5%）=2 200（元）

（三）安全边际率与经营杠杆率的关系

由于：利润（P）=安全边际量（MSu）×单位贡献毛益（cm）

或

利润（P）=安全边际额（MSd）×贡献毛益率（cmR）

$$经营杠杆率（DOL）=\frac{贡献毛益总额（Tcm）}{利润（P）}=\frac{Tcm}{MSd\times cmR}=\frac{Tcm}{MSd\times（Tcm/px）}$$

$$=\frac{1}{MSd\times(Tcm/px)\times(1/Tcm)}=\frac{1}{MSd/px}$$

而px=Sd，所以有：

$$DOL=\frac{1}{MSd/Sd}=\frac{1}{MSR}$$

从DOL推导出的公式表明：经营杠杆率与安全边际率是互为倒数的关系。即企业的经营杠杆率越高，则安全边际率越低，企业的经营风险越大；反之，企业的经营杠杆率越低，则安全边际率越高，企业的经营风险越小。因为，经营杠杆率高的企业对销售的敏感性大，稍微提高销售量就可以大幅地增加利润，同时，也要承担销售量略有下降会大幅降低利润的风险，所以，企业有发生亏损的可能。而经营杠杆率低的企业，虽然增加利润的潜力较小，但对销售量的敏感性小，当销售量下降时，其利润的下降风险也较小，所以，企业的经营较为安全。

第三节 利润预测分析

一、利润预测的定义及作用

利润是一项综合性很强的经济指标。企业在一定期间内的全部生产、技术、财务活动和经营管理工作的好坏，最终都要在利润指标上反映出来。在市场经济条件下，利润是企业在一定的会计期间进行生产经营活动的结果，是营业收入减去与其相配比的各项费用后的差额。当然，在该期间内所得到的各项收入总额必须大于所消耗的费用总数，才能获得利润；如果“所得”小于“所费”，则属于亏损。

利润预测是按照企业经营目标的要求，通过综合分析企业的内外部条件，测算企业未来一定时期可能达到的利润水平及其变动趋势，以及为达到目标利润所需相应达到的销售、成本水平的一系列专门方法。预测可能实现的利润，规划最优的目标利润，并为实现目标利润提供各种有关的销售量、价格等的可行性方案，是利润预测分析的主要内容。因此，做好利润的预测工作，对于加强企业管理、扩大经营成果、提高经济效益有着极为重要的作用。

（一）利润预测是改善生产经营、提高经济效益的重要手段

利润既是反映企业经营成果的综合指标，也是衡量企业经济效益的重要标准。一般来说，在商品的单位售价和税金不变的情况下，企业所获利润的多少主要取决于产销量的多少和销售成本的高低，而有关商品产销量的多少和销售成本的升降，又从一个非常重要的侧面反映着企业经营管理水平的高低和经济效益的好坏。在实际工作中，企业要增加利润，就必须加强经营管理，扩大产品销路，节约费用开支。通过利润预测，可以将企业管理各方面的积极性广泛调动起来，将生产经营各环节的潜力充分挖掘出来，从而达到改善经营管理、增加收入、节约开支、提高经济效益的目的。

（二）利润预测是实现企业经营目标的重要环节

利润是企业一定期间的销售收入扣除有关成本（费用）、税金之后的余额，是企业职工劳动创造的一部分剩余产品的货币表现。任何一个企业，若想在激烈的市场竞争中求得生存并不断得到发展，就必须首先明确自身的经营目标。尽管企业在不同时期可能有不同的经营目标，但经营目标的实现，都直接或间接地同利润紧密相连。因此，做好利润预测工作，不仅能够合理地确定企业未来一定期间的利润目标，还可以使整个企业的总体奋斗目标建立在坚实可靠的基础之上。

（三）利润预测是企业加强利润管理的重要措施

利润既是企业自身发展、改善职工生活的必要条件，又是整个国家发展经济、增强国力的必备基础，每个企业都必须对利润进行有效的管理。为了加强利润管理，企业管理者必须认真做好确定目标利润、编制利润计划、拟定实现目标利润的可行途径、组织利润计划的具体实施

等各项工作。企业利润管理工作的正常开展，在很大程度上取决于利润预测的过程和结果。因为利润预测不仅可以为目标利润的确定和利润计划的编制提供科学依据，还可以指明企业实现目标利润的方向，为利润计划的圆满实现制定相应的措施。

二、预测利润

企业在预测保本点以后，再根据市场供需情况和本企业的具体条件，合理安排销售和生产计划，采取积极措施，提高产品质量，增加花色品种，扩大产销数量，降低单位变动成本，压缩固定成本总额，即可获得利润。因此，确定保本点后的步骤应该是：预测利润，规划最优的目标利润，为保证目标利润实现对目标销售量、销售额和销售单价进行预测，非确定条件下目标利润的预测，以及对利润的敏感性分析。

预测利润一般可根据企业销售预测中预计的计划期经营活动水平（销售量）和成本水平，应用本—量—利的相互关系、贡献毛益、经营杠杆、安全边际等概念的基本知识来建立各式各样的数学模型。其中，最常用的有以下四类七种。

（一）应用本—量—利分析的基本公式

预计利润（P'）=销售单价×销售量－（固定成本总额+单位变动成本×销售量）

$=px-(a+bx)$

（二）应用贡献毛益的基本概念

预计利润（P'））=贡献毛益总额－固定成本总额

=（销售单价×销售量－单位变动成本×销售量）－固定成本总额$=Tcm-a=(px-bx)-a$

预计利润（P'）=单位贡献毛益×销售量－固定成本总额

$=cm\cdot x-a$

预计利润（P'）=（销售单价×销售量）×贡献毛益率－固定成本总额

$=px\cdot cmR-a$

（三）应用经营杠杆的基本概念

预计利润（P'）=基期利润×（1+销售增长率×经营杠杆率）

$=P\times(1+R\cdot DOL)$

（四）应用安全边际的基本概念

预计利润（P'）=安全边际量×单位贡献毛益

$=MSu\cdot cm$

预计利润（P'）=安全边际额×贡献毛益率

$=MSd\cdot cmR$

【例 8-22】某零售商店销售某种盒装食品，每盒售价 10 元，单位变动成本 7.5 元，每月固定成本总额为 5 000 元。预计月销售量从 2 500 盒增至 3 000 盒，而售价与成本水平不变。

要求：预测月销售量为 3 000 盒时将实现的利润。

解：（1）用给定的资料先计算基期的某些数据。

$cm=p-b=10-7.5=2.5$（元）

$cmR=cm \div p=2.5 \div 10=25\%$

$P=px-(a+bx)=10\times 2\,500-(5\,000+7.5\times 2\,500)=1\,250$（元）

$R=(Su'-Su)\div Su=(3\,000-2\,500)\div 2\,500=20\%$

$Tcm=cm\cdot x=2.5\times 2\,500=6\,250$（元）

$DOL=Tcm\div P=6\,250\div 1\,250=5$

$$BEu==\frac{a}{p-b}=\frac{5\,000}{10-7.5}=2\,000（盒）$$

（2）将有关的数据代入预测利润的四类七种公式中。

①$P'=px-(a+bx)$

$=10\times 3\,000-(5\,000+7.5\times 3\,000)=2\,500$（元）

②$P'=(px-bx)-a$

$=(10\times 3\,000-7.5\times 3\,000)-5\,000=2\,500$（元）

③$P'=cm\cdot x-a$

$=2.5\times 3\,000-5\,000=2\,500$（元）

④$P'=px\cdot cmR-a$

$=10\times 3\,000\times 25\%-5\,000=2\,500$（元）

⑤$P'=P\times(1+R\cdot DOL)$

$=1\,250\times(1+20\%\times 5)=2\,500$（元）

⑥$P'=MSu\cdot cm$

$=(3\,000-2\,000)\times 2.5=2\,500$（元）

⑦$P'=MSd\cdot cmR$

$=(3\,000\times 10-2\,000\times 10)\times 25\%=2\,500$（元）

三、预测目标利润

用本—量—利分析方法预测目标利润是一种重要的方法。此外，目标利润的预测还可用销售额比例增长法、资金利润率法利润增长率法等。

（一）销售额比例增长法

销售额比例增长法是以上年度实际销售收入总额和利润总额，以及下年度预计销售收入总额为依据，按照利润与销售额同步增长的比例来确定下年度目标利润总额的一种方法。其计算公式如下：

$$目标利润=\left(\frac{下年度预计销售收入总额}{上年度实际销售收入总额}\right)\times 上年度实际利润总额$$

【例 8-23】某企业上年度实际销售收入为 640 000 元，实现利润 50 000 元。预计下年度销售收入总额为 720 000 元。

要求：预测该企业下年度的目标利润。

解：目标利润 =（720 000÷640 000）×50 000=56 250（元）

即该企业下年度的目标利润预计为 56 250 元。

（二）资金利润率法

资金利润率是指企业在一定期间内实现的利润总额与全部资金的比率。资金利润率法就是根据企业上年度的实际资金占用状况，结合下年度的预计投资总额和资金利润率，确定下年度目标利润总额的一种方法。其公式如下：

目标利润=（上年度实际占用资金总额+下年度预计投资总额）×预计资金利润率

【例 8-24】某企业上年度固定资金和流动资金占有总额 1 500 000 元，预计下年度资金占用总额将比上年度增加 2%，资金利润率为 12%。

要求：预测该企业下年度的目标利润。

解：目标利润=（上年度实际占用资金总额+下年度预计投资总额）×预计资金利润率

=（1 500 000+1 500 000×2%）×12%=183 600（元）

即该企业下年度的目标利润为 183 600 元。

（三）利润增长率法

利润增长率法是根据上年度已经达到的利润水平及近期若干年（通常为近三年）利润增长率的变动趋势、幅度与影响利润的有关因素在下年度可能发生的变动等情况，首先确定一个相应的预计利润增长率，然后确定下年度利润总额的一种方法。其公式如下：

目标利润=上年度实际利润总额×（1+预计利润增长率）

【例 8-25】某企业上年度实现利润 500 000 元，根据过去连续三年盈利情况的分析和测算，确定下年度的利润增长率为 8%。

要求：预测该企业下年度的目标利润。

解：目标利润=上年度实际利润总额×（1+预计利润增长率）

=500 000×（1+8%）=540 000（元）

即该企业下年度目标利润为 540 000 元。

四、实现目标利润的模型

实现目标利润模型是保本点基本模型的扩展。因为保本点只能表明企业避免亏损的最低销售量，而无法揭示企业为实现预计目标利润应达到的产销水平。既然企业经营的目的在于盈利而非保本，那么，为了分析和规划目标利润，就有必要了解实现目标利润的模型。此种模型又分为以下两种。

（一）实现税前目标利润的模型

预测目标利润销售额，即根据已确定的目标利润，预测需要销售多少数量（或金额）的商品。如前所述，以固定成本总额除以贡献毛益率，可得保本点销售额，即

$$\text{保本点销售额}=\frac{\text{固定成本总额}}{\text{贡献毛益率}}$$

通过上式可知，保本点销售额与贡献毛益率的乘积——贡献毛益总额正好够抵补固定成本总额。即这时的贡献毛益总额等于固定成本总额。用公式表示如下：

保本点销售额×贡献毛益率=贡献毛益总额=固定成本总额

如果某一销售额与贡献毛益率的乘积不但够抵补固定成本总额，而且其余数正好是目标利润，那么，这个销售额就是实现目标利润所需要完成的销售额，即目标利润销售额。用公式表示如下：

目标利润销售额 × 贡献毛益率＝固定成本总额＋目标利润

由上式，可求得计算目标利润销售量和目标利润销售额的公式：

目标利润销售额（TSd）＝（固定成本总额＋目标利润）÷ 贡献毛益率

$$=\frac{\mathrm{a}+TP}{\mathrm{cm}R}$$

或 ＝（固定成本总额＋目标利润）÷（1－变动成本率）

$$=\frac{\mathrm{a}+TP}{1-\mathrm{b}R}$$

目标利润销售量（TSu）＝（固定成本总额＋目标利润）÷ 单位贡献毛益

$$=\frac{\mathrm{a}+TP}{\mathrm{cm}}$$

（二）实现税后目标利润的模型

以上所讲的目标利润是指缴纳所得税前的利润。但真正影响企业生产经营中现金流量的现实因素，不是税前利润，而是税后利润。所以，从税后利润着眼，进行目标利润的规划和分析，将更能符合企业生产经营的实际。为此，需要进一步考虑所得税率变动对实现目标利润的影响。

由于税后利润＝税前利润 ×（1－所得税税率），因此，税前利润转化为税后利润的计算公式是：

$$目标利润的销售量=\frac{税后目标利润\div（1-所得税税率）+固定成本}{单位贡献毛益}$$

则

$$目标利润的销售额=\frac{税后目标利润\div（1-所得税税率）+固定成本}{贡献毛益率}$$

【例 8-26】承【例 8-22】，该商店要实现的税后目标利润为 2 800 元，所得税税率为 30%，而售价与成本水平不变。

要求：计算需要销售多少数量与多少金额的盒装食品才能保证目标利润的实现。

解：将有关数据代入下列公式。

$$目标利润的销售量=\frac{税后目标利润\div（1-所得税税率）+固定成本}{单位贡献毛益}$$

$$=\frac{2\,800\div（1-30\%）+5\,000}{2.5}=3\,600（盒）$$

$$目标利润的销售额=\frac{税后目标利润\div（1-所得税税率）+固定成本}{贡献毛益率}$$

$$=\frac{2\,800\div(1-30\%)+5\,000}{25\%}=36\,000\text{（元）}$$

在实际工作中，企业可根据自身的基本条件和管理要求选择上述某种方法开展目标利润的预测工作。不过，在具体应用上述方法测算未来一定期间的目标利润时，必须充分考虑并力求避免有关方法的某种不足之处或尚欠合理成分的影响，以使目标利润预测值尽可能接近实际。

五、非确定条件下目标利润的预测分析

（一）价格、成本因素存在多种可能

当企业经营的有关产品的销售单价、单位变动成本和固定成本总额等因素存在着两种以上的可能性时，为预测未来一定期间的目标利润，往往应借助概率分析方法对影响利润的有关因素进行特殊的分析和计算。

【例 8-27】某企业下年度经营某种产品，年正常销售量为 8000 件，经调查测算所取得的有关资料，如表 8-6 所示。

表 8-6　产品的售价、成本及概率表

销售单价（元/件）	概率	单位变动成本（元/件）	概率	固定成本总额（元/件）	概率
18	0.90	8	0.70	50 000	0.80
15	0.10	9	0.20	40 000	0.20
		10	0.10		

要求：预测该企业下年度的目标利润。

解：通过编制概率分析表的方式进行预测，具体方法如表 8-7 所示。

表 8-7　目标利润预测概率分析表

组合	销售单价		单位变动成本		固定成本总额		利润总额（元/件）	联合概率	目标利润 的期望值（元/件）
	金额（元/件）	概率	金额（元/件）	概率	金额（元/件）	概率			
1	18	0.90	8	0.70	50 000	0.80	30 000	0.504	15 120
2	18	0.90	8	0.70	40 000	0.20	40 000	0.126	5 040
3	18	0.90	9	0.20	50 000	0.80	22 000	0.144	3 168
4	18	0.90	9	0.20	40 000	0.20	32 000	0.036	1 152
5	18	0.90	10	0.10	50 000	0.80	14 000	0.072	1 008
6	18	0.90	10	0.10	40 000	0.20	24 000	0.018	432
7	15	0.10	8	0.70	50 000	0.80	6 000	0.056	336
8	15	0.10	8	0.70	40 000	0.20	16 000	0.014	224
9	15	0.10	9	0.20	50 000	0.80	−2 000	0.016	−32
10	15	0.10	9	0.20	40 000	0.20	8 000	0.004	32
11	15	0.10	10	0.10	50 000	0.80	−10 000	0.008	−80
12	15	0.10	10	0.10	40 000	0.20	0	0.002	0

计算结果表明，该企业下年度的目标利润为 26 400 元。

（二）价格、成本因素伴随产销量变动

当企业经营的有关产品的产销量不断增长而销售单价却随之相应下降，单位变动成本开始趋于下降继而逐渐上升，致使其总收入和总成本都呈曲线状态（至少有两个盈亏平衡点）时，往往应借助一定的数学方法，首先求解有关产品实际最大利润的产销量，其次计算这一特定产销量的利润总额，从而完成未来一定期间目标利润的预测工作。

【例 8-28】某企业下年度经营某种产品，经调查测算产品总成本函数（C）为 $50+6x+0.5x^2$，总收入函数（R）为 $20x$。

要求：预测该企业下年度的目标利润。

解：该企业下年度的目标利润就是已知总成本函数和总收入函数所决定的利润最大值，或者说，在现有生产经营条件下所能够获得的最大利润即为企业在未来一定期间的利润目标，其测算方法如下。

由于总收入 $R=20x$，总成本 $C=50+6x+0.5x^2$，所以，总利润（以P表示）应为：

$$P=R-C=20x-(50+6x+0.5x^2)=-0.5x^2+14x-50$$

上式表明，该企业下年度所能获得的利润是其所经营的某种产品产销量的二次函数。为此，以x为自变量，对P求一阶导数，并令其为零，即

$$\frac{dP}{dx}=-x+14=0$$

于是：$x=14$（实物单位）

在这里，$x=14$ 就是该产品实现最大利润时的产销数量。在此特定的产销数量下，某产品的最大利润为：

$$P_{max}=-0.5\times14^2+14\times14-50=48\text{（货币单位）}$$

计算结果表明，该企业下年度经营某产品的目标利润预测值为 48（货币单位）。

六、利润的敏感性分析

在现实经济生活中充满诸多不确定因素，因而未来实际状况同预测数据难免会有出入。分析未来实际状况对预测数据的偏差会对决策产生何种影响的方法，称为敏感性分析。敏感性分析对各个不确定因素的变动，无论是以相对值表示，还是用绝对数表示，均以各个因素的原始取值为基准，计算每次变动对决策指标的影响程度，根据各个因素变化对决策指标影响程度的大小，便可以得到各个因素敏感性强弱的排序。

敏感性分析是在求得某个模型的最优解后，研究模型中某个或若干个参数允许变化到多大，仍能使原最优解的条件保持不变；或者当参数变化超出允许范围，原最优解已不能保持最优性时，提供一套简捷的计算方法，重新求得最优解。利润的敏感性分析是本—量—利分析方法另一个常见的具体应用。利润的敏感性分析主要研究与分析有关参数发生多大变化会使盈利转为亏损、各参数变化对利润变化的影响程度以及各因素变动时如何调整销量以保证原目标利润实现等问题。其基本计算公式如下：

$$P=(p-b)x-a$$

其中，P表示目标利润；x表示目标销售量；p表示预计销售单价；b表示预计单位变动成本；a表示固定成本总额。

（一）各有关因素变动对实现目标利润的影响

1.销售单价变动的影响

在其他因素不变的情况下，销售单价提高将使产品的贡献毛益增加，从而使保本点降低，目标销售量减少；反之，销售单价降低将使产品的贡献毛益减少，从而使保本点提高，目标销售量增加。

2.变动成本变动的影响

在其他因素不变的情况下，变动成本的变动，对贡献毛益会产生影响，从而对保本点也必然发生影响。当单位产品的变动成本增加时，单位贡献毛益按其增加额相应地减少，保本点必然提高，目标销售量将会随之提高；反之，单位产品变的动成本减少时，单位贡献毛益按其减少额相应地提高，保本点必然下降，目标销售量也随之减少。

3.固定成本总额变动的影响

在其他因素不变的情况下，固定成本总额增加或减少对保本点和目标销售量均会发生影响。当固定成本总额增加时，保本点和目标销售量会提高或增加；反之，当固定成本总额减少时，保本点和目标销售量则会降低或减少。

4.多因素同时变动的影响

在现实经济生活中，影响利润的诸因素是相互关联的。为了提高产量，往往需要增加固定成本，与此同时，为了把产品顺利地销售出去，有时又需要降低销售单价或增加广告费用等固定成本。

5.所得税税率变动的影响

上述各有关因素变动对实现目标利润的影响，一般是指税前利润。但实际上从税后利润角度进行目标利润的规划和分析，将更符合企业生产经营的需要。上述税前利润如改为税后利润，其计算公式是：

$$税后利润=税前利润\times(1-所得税税率)$$

则

$$税前利润=\frac{税后利润}{1-所得税税率}$$

如果目标利润是按税后利润计算的，则实现目标利润的销售量应按下列公式计算：

$$实现目标利润的销售量=\frac{固定成本+[税后目标利润/(1-所得税税率)]}{单位贡献毛益}$$

6.销售结构变动的影响

当企业生产并销售多种产品时，为了保证目标利润的实现，可以通过产品销售结构的变动，也就是在满足社会需要的前提下，多生产贡献毛益率高的产品，少生产贡献毛益率低的产品，通过提高综合的贡献毛益率，来提高企业的盈利水平。

（二）敏感系数

敏感系数是反映各参数（销售单价、单位变动成本、固定成本、销售量）变化对利润变化的敏感程度的指标。各参数变化都会引起利润的变化，但其影响程度是各不相同的。有些参数发生微小变化，就会使利润发生很大的变动，利润对这些参数的变化十分敏感，这类参数称为敏感因素。与此相反，有些参数发生变化后，利润的变化不大，反应较为迟钝，这类参数称为不敏感因素。用敏感系数指标来反映各参数的敏感程度，其计算公式如下：

$$敏感系数=\frac{目标值变动百分比}{参数值变动百分比}$$

【例 8-29】某公司产品销售单价增长 20%时，目标利润在其他因素不变的情况下，将在原有基础上增长 100%；单位变动成本增长 20%时，目标利润在其他因素不变的情况下，将在原有基础上降低 60%；固定成本总额增长 20%时，目标利润在其他因素不变的情况下，将在原有基础上降低 20%；销售量增长 20%时，目标利润在其他因素不变的情况下，将在原有基础上增长 40%。

要求：计算各参数的敏感系数。

解：依据公式，各参数的敏感系数计算如下。

销售单价的敏感系数=100%÷20%=5

单位变动成本的敏感系数=−60%÷20%=−3

固定成本总额的敏感系数=−20%÷20%=−1

销售量的敏感系数=40%÷20%=2

从以上计算可以看出，销售单价对利润的影响很大，利润以 5 倍的速率随销售单价而变化，销售单价每降低 1%，企业将失去 5%的利润。单位变动成本对利润的影响比销售单价要小，单位变动成本每上升 1%，利润将减少 3%。固定成本总额增加时，利润将等量减少。销售量对利润的敏感系数，也称“经营杠杆系数”，即销售量的较小变动会引起利润的较大变动，本例中，两者的变动百分比为 1∶2。另外，敏感系数为正值表明它与利润为同向增减；敏感系数为负值表明它与利润为反向增减。

同样，从影响利润各因素的敏感性计算公式也可以得出相同的结果，进而来计算相应的敏感系数。假定利润的变动率为 R_1，则各因素的敏感性计算公式如下。

（1）销售单价增长率 $R_2=P\cdot R_1\div px$

（2）单位变动成本降低率 $R_3=P\cdot R_1\div bx$

（3）销售量增长率 $R_4=P\cdot R_1\div(p-b)x$

（4）固定成本总额降低率 $R_5=P\cdot R_1\div a$

【例 8-30】沿用【例 8-1】和【例 8-2】中的资料。

要求：为了实现 262 000 元的目标利润，计算各参数的敏感系数。

解：（1）销售单价：在其他因素不变的情况下，销售单价从 25 元提高到 25.2 元，销售单价提高 0.8%。

（2）单位变动成本：在其他因素不变的情况下，单位变动成本从 20 元降低到 19.8 元，单位变动成本降低 1%。

（3）销售量：在其他因素不变的情况下，销售量从 60 000 件增加到 62 400 件，销售量增长 4%。

（4）固定成本总额：在其他因素不变的情况下，固定成本总额从 50 000 元降低到 38 000

元，固定成本总额降低 24%。

（5）利润从 250 000 元增加到 262 000 元，利润提高 4.8%，将有关数据代入下列公式：

销售单价增长率$R_2=P\cdot R_1\div px=250\,000\times4.8\%\div25\times60\,000=0.8\%$

单位变动成本降低率$R_3=P\cdot R_1\div bx=250\,000\times4.8\%\div20\times60\,000=1\%$

销售量增长率$R_4=P\cdot R_1\div(p-b)x=250\,000\times4.8\%\div(25-20)\times60\,000=4\%$

固定成本总额降低率$R_5=P\cdot R_1\div a=250\,000\times4.8\%\div50\,000=24\%$

（6）依据公式，各参数的敏感系数计算如下：

销售单价的敏感系数=4.8%÷0.8%=6

单位变动成本的敏感系数=4.8%÷−1%=−4.8

销售量的敏感系数=4.8%÷4%=1.2

固定成本总额的敏感系数=4.8%÷−24%=−0.2

按照计算的绝对值可以看出，影响利润各因素的敏感程度从大到小排序为销售单价p、单位变动成本b、销售量x、固定成本总额a。其中，销售单价和销售量敏感系数为正值，表明它们与利润为同向增减；单位变动成本和固定成本总额敏感系数为负值，表明它们与利润为反向增减。

※思考题※

1.什么是本—量—利分析？说明本—量—利分析的意义。

2.阐述保本点的实质及其在单一产品和多品种情况下的应用。

3.保本点上的边际贡献率是不是利润？为什么？

4.企业利润预测的方法有哪些？

第九章　预测分析

学习目标

1. 了解预测分析的内容、基本方法、基本原理和原则、一般程序和应注意的问题。
2. 了解销售预测的重要性，掌握销售预测的方法。
3. 了解成本预测的重要性、步骤和目标成本预测，掌握成本预测最常用的方法。
4. 了解资金预测的意义及其主要依据，掌握资金预测最常用的方法。

引　例

凯文是GYL公司的销售经理，公司的A产品年销量维持在100 000件，可是公司要求他们再加把劲，争取让公司的利润翻倍，于是在成本不变的情况下，测算出利润翻倍要实现的年目标销售量，他们最了解销售的情况，接下来会怎么做呢？

一方面，他们根据现在各季度的销售情况预测下一年四个季度的销售量，进一步估计下一年各季度销售量预测值的合计数是否能够达到目标销售量；另一方面，如果不能达到目标销售量实现利润翻倍，那么应该从成本预测的角度看看成本是否能够降低，考虑影响成本降低率的因素有哪些。

第一节　预测分析概述

一、预测分析的内容

为了对企业的经济活动进行规划，要先对一些重要的经济指标如销售、利润、成本和资金等进行科学的预测分析，并把目标利润、目标销售量、目标成本等确定下来。然后，再规划完成这些目标的具体措施。销售预测分析、成本预测分析、利润预测分析和资金预测分析构成了成本管理会计预测分析的主要内容。

（一）销售预测

销售预测是指根据企业产品过去的经营状况及其他有关资料，对未来一定时期内销售量、销售状态及其变化发展趋势的预计和推测。做好销售预测，可减少盲目生产，使企业的供应、生产、销售之间合理衔接，从而提高企业的经济效益。

（二）成本预测

成本预测就是根据成本特性及其有关历史成本资料和企业现有的经济、技术条件，结合今后的发展前景，采用科学的预测方法对未来一定时间内成本水平及其变动趋势进行预计和测算。通过成本预测，可了解成本的升降趋势，为编制成本计划提供依据。

（三）利润预测

利润作为一个综合性经济指标，受企业生产经营活动许多方面的影响，如产品的产销数量、成本、价格等。利润预测是对影响利润增减变动的各项因素作综合分析，测算企业在未来一定期间利润水平的变动趋势。它可以为企业确定最优的利润目标提供依据，是正确编制利润预算的重要依据。

（四）资金预测

资金预测是根据历史资金资料及销售、成本、利润等其他资料，对企业未来一定时期内资金需求量及其来源进行的估计和判断。销售预测是资金预测的主要依据。资金预测不仅要看资金成本的高低，还要看投资效果的大小，而同这两者密切相关的筹资来源、投资方向、资金需求量的确定及资金投放时间的安排等构成了资金预测的各个方面。

二、预测分析的基本方法

经济规律是客观的、可以认识的，这是预测方法论的基础，预测的基本方法大体上可归纳为定量预测法和定性预测法两大类，现简述如下。

（一）定量预测法

定量预测法又称数量预测法，是根据过去比较完备的统计资料，应用一定的现代数学方法和各种计算工具对各种数量资料进行科学的加工处理，充分揭示各种有关变量之间的规律性联系，预测未来事物发展趋势。按照具体做法的不同，定量预测法又可以分成以下两种类型。

1.趋势预测分析法

趋势预测分析法是根据某项指标过去的、按时间顺序排列的数据，运用一定的数学方法进行加工计算，借以预测未来发展趋势的预测方法，这意味着把未来作为“过去历史的延伸”。根据所采用的具体数学模型的不同，趋势预测分析法又可分为移动加权平均法、趋势平均法、指数平滑法等。

2.因果预测分析法

因果预测分析法是根据某项指标与其他有关指标之间相互依存、相互制约的规律性联系，建立相应的因果数学模型进行预测的方法。它的实质是通过事物发展的因果关系来推测事物发展的趋势。

采用因果预测分析法一般是根据所掌握的资料，找出所要预测的变量与它相关联的变量之间的关系，一般把预测对象作为因变量y，把影响预测对象变化的变量作为自变量x。如果函数关系为线性，则可以用回归直线法建立预测模型；当影响预测对象变化的变量有一个以上时，则可建立多元线性回归预测模型。

（二）定性预测法

定性预测法又称直观预测法，是用定性的方法来研究、确定未来事件的发展性质，以及可能估计到的发展程度的方法。这种方法主要是由熟悉该企业情况和业务的专家，利用自己的专业知识和经验，对过去和现在发生的问题进行分析，从中找出规律，然后通过召开座谈会或发出征求意见书等各种形式进行综合归纳，作为预测未来的依据。

定性预测法的主要依据是主观判断和直观资料，一般在企业缺乏完备的历史资料或主要因素难以定量分析的条件下应用。如某些新技术领域或初次投入市场的产品往往采用定性预测法。定性预测法包括先导指标法、市场调查预测法、专家集合意见法等方法。

在实际工作中，预测人员应根据具体情况把定量预测法和定性预测法结合起来加以应用，以取得良好预测效果，因为它们并非相互排斥，而是相辅相成的。对于一个有完备历史资料的企业来说，除运用定量分析法建立经济预测模型，进行数学推导外，还应充分考虑国家方针政策、经济发展趋势、竞争对手的动态、投资者的意向等难以或不能归纳在数学模型之内的许多非计量因素的影响，才能使预测结果更加接近于客观实际，提高预测的准确性。

三、预测分析的基本原理和原则

预测分析的基本原理是，建立在任何经济过程的发展趋势总有一定规律可循，而且是在可以被人们认识和掌握的基础上。就企业来说，在其经营活动过程中各因素之间相互联系，也必然会存在一些客观规律。它们实质上就成为预测分析的基本原则。预测分析的基本原则主要包括以下四点。

（一）延续性原则

延续性原则是指企业在经营活动过程中，过去和现在的某种发展规律将会延续下去，并假设决定过去和现在发展的条件，同样适用于未来。预测分析根据这条原则，就可以把未来视作历史的延伸进行推测。趋势预测分析法就是基于这条原则建立的。

（二）相关性原则

相关性原则是指企业在经营活动过程中一些经济变量之间存在着相互依存、相互制约的关系。预测分析根据这条原则，就可以利用对某些经济变量的分析研究来推测受它们影响的另一个（或另一些）经济变量发展的规律性。因果预测分析法就是基于这条原则建立的。

（三）相似性原则

相似性原则是指企业在经营活动过程中不同的（一般是无关的）经济变量所遵循的发展规律有时会出现相似的情况。预测分析根据这条原则，可以利用已知经济变量的发展规律类推出未知变量的发展趋势。判断分析法就是基于这条原则建立的。

（四）统计规律性原则

统计规律性原则是指企业在经营活动过程中对于某个经济变量所做出的一次观测结果，往往是随机的；但多次观测的结果，却会出现具有某种统计规律性的情况。预测分析根据这条原则，就可以利用概率分析及数理统计的方法进行推测。回归分析法就是基于这条原则建立的。

四、预测分析的一般程序

预测分析的一般程序，大体可分以下七个步骤。

（一）确定预测目标

要弄清楚预测什么？是预测保本点，还是预测利润；是预测销售量，还是预测成本等。然后根据预测的具体对象和内容，确定预测的范围，并规定时间期限及计量单位等。

（二）收集、分析信息

系统的、准确的相关信息及其他有关的原始资料和数据，是开展预测分析的前提条件。但必须注意，收集的信息，既要完整、全面，又要重视资料的可靠性。有些信息还需进行加工、整理、归纳、鉴别，“去伪存真、去芜存菁”，找出各因素之间相互依存、相互制约的关系，并从中发现事物发展的规律，作为预测的依据。

（三）选择预测方法

对于定量预测，要选择预测分析的专门方法，建立数学模型；对于定性预测，也要选定方法，建立设想的逻辑思维模型，并拟定预测的调查提纲。

（四）实际进行预测

应用选定的预测方法和建立的模型，分别进行定量分析和定性分析，并提出实事求是的预测结果。

（五）对预测结果进行验证评价

经过一段时间后，对上一阶段的预测结果，必须进行验证和分析评价，即将实际数与预测数进行比较，检查过去预测的结果是否准确，并找出误差原因，以便及时对原选择的预测方法加以修正。这是一个反复进行信息数据处理和选择判断的过程，也是多次进行反馈的过程。

（六）修正预测结果

对于原用定量方法进行的预测，常常由于某些因素的数据不充分或无法定量而影响预测的精度，这就需要用定性方法考虑这些因素，并修正定量预测的结果。至于原用定性方法预测的结果，往往也需应用定量方法加以修正、补充，使预测结果更接近实际。总之，这个过程是定量分析与定性分析相结合的过程。

（七）输出最后预测结论

根据上一阶段的修正、补充，把最后的预测结论传输给有关管理当局。

五、预测分析应注意的问题

预测的过程，实际上是信息处理的过程。首先，要收集大量的信息资料；其次，要整理分析资料、去粗存精、分清主次；最后，要对各种因素的影响程序或变化趋势进行测算，并修正预测值，才能取得比较可靠的结果。因此，预测应注意以下问题。

（一）掌握丰富可靠的信息资料

预测分析必须有丰富可靠的信息资料，才能准确地反映经济发展变化的规律，取得准确的数据和可靠的预测结果。

（二）预测分析的时间不宜太长

预测分析的外推时间越短越准确。因为在当今复杂多变的社会里，预测的时间越长，就会受到许多捉摸不定或意想不到的因素的影响，从而致使预测的数值偏离实际。

（三）根据预测的经济过程与现象选择方法

由于客观经济过程与经济现象是错综复杂的，因此，应选择适当的预测方法，并对所采用的预测方法事先加以检验测试。通常应选用简便易行、成本较低、预测结果比较准确的方法。

（四）预测分析应充分估计预测的可能误差

预测是在一定的假定前提下对经济现象和经济过程所作的估计和推断。未来存在着各种不确定因素，误差在所难免，因此，预测还要对差异加以评价和分析，说明预测值的可信赖程度，从而控制误差，使预测结果更接近实际。

第二节 销售预测分析

一、销售预测的重要性

任何企业的产品只有被销售出去，才能实现利润。因此，销售是企业整个生产经营活动过程中的中心环节。企业为了实现目标利润，产品销售必须达到目标利润的要求，因而需要确定目标销售量或销售额。但在计划期间企业究竟能销售多少，还必须通过市场调查进行科学的销售预测。

销售预测是在对市场进行充分调查的基础上，根据市场供需情况的发展趋势，以及本企业的销售单价、促销活动、产品改进、分销途径等方面的计划安排，对该项商品在计划期间的销售量或销售额所做出的预计和推测。从企业的角度来说，销售预测是订购材料、安排人工、规划生产、处理财务的基础，是编制企业全面预算的出发点。良好的销售预测是企业规划未来的先决条件，必须实事求是地认真做好。否则，销售预测值的过高或过低，都会给企业带来不必要的巨大损失。

另外，做好销售预测，不仅有利于企业提高企业经营决策的科学性，还可使企业的经营目标同社会生产的发展和消费的需要相适应，便于“以销定产”，使产品的生产、销售、调拨和库存之间密切联系，从而大大提高企业的经济效益。

二、销售预测的方法

销售预测的方法主要有趋势预测分析法、因果预测分析法和判断分析法。销售预测虽然有一些科学的方法，但市场形势瞬息万变，如生产发展趋势、市场容量、价格、需求、企业市场占有率等的变化这些因素都含有不确定性。因此，销售预测应根据市场多变的特点，进行日常监视，使预测值接近于实际值。

销售预测所采用的有关具体方法现分别介绍如下。

（一）趋势预测分析法

趋势预测分析法是应用事物发展的延续性原理来预测事物发展的趋势。首先把本企业的销售历史资料按时间的顺序排列下来，然后运用数理统计的方法预测未来期间的销售量或销售额，因而又称“时间序列预测分析法”。该方法的优点是收集信息方便、迅速；缺点是对市场供需情况的变动趋势未加以考虑。

趋势预测分析法根据所采用的具体数学方法的不同，又可分为算术平均法、移动加权平均法、趋势平均法、指数平滑法和回归分析法。

1.算术平均法

算术平均法是以过去若干期的销售量或销售额的算术平均数作为计划期的销售预测值。其计算公式为：

$$\text{计划期的销售预测值}=\frac{\text{各期销售量（或销售额）之和}}{\text{期数}}$$

【例 9-1】假定某公司 20×2 年上半年甲产品销售量的历史数据如表 9-1 所示。

表 9-1　20×2 年 1—6 月甲产品销售量数据表

月　份	1 月	2 月	3 月	4 月	5 月	6 月
销售量（件）	150	140	145	152	148	155

要求：采用算术平均法预测 20×2 年 7 月甲产品的销售量。

解：将给定的数据代入下列公式。

$$20\times2\text{ 年 7 月的销售预测值}=\frac{\text{各期销售量（或销售额）之和}}{\text{期数}}$$

$$=\frac{150+140+145+152+148+155}{6}=148.33\text{（件）}$$

2.移动加权平均法

移动加权平均法是先根据过去若干期的销售量或销售额，按其距计划期的远近分别进行加权（近期所加的权数大些，远期所加的权数小些），然后计算加权平均数，并据此作为计划期的销售预测值。其计算公式为：

$$\text{计划期的销售预测值}=\sum\text{各期销售量或销售额}\times\text{各自权数}$$

上述公式只能代表计划期前一定期间的实际销售水平，为了能反映近期的销售发展趋势，应在上述公式内再加上平均每月的销售变动趋势值。

平均每月的销售变动趋势值=后一季度每月平均实际销售量（额）－前一季度每月平均实际销售量（额）÷3

【例 9-2】承【例 9-1】，根据 4—6 月三个月的观测值，采用移动加权平均法预测 20×2 年 7 月甲产品的销售量。

解：（1）计算平均每月的销售变动趋势值。

平均每月的销售变动趋势值=后一季度每月平均实际销售量（额）-前一季度每月平均实际销售量（额）÷3

$$=\frac{(152+148+155)/3-(150+140+145)/3}{3}=2.22\text{（件）}$$

（2）令$\sum W=1$（$W_1=0.2$；$W_2=0.3$；）$W_3=0.5$，则：

20×2 年 7 月的销售预测值=152×0.2+148×0.3+155×0.5+2.22=154.52（件）

这一方法既考虑到近期的销售发展趋势，又根据时期的远近分别加权，从而消除了各个月份销售差异的平均化，故其预测结果比较接近计划期的实际情况。

3.趋势平均法

趋势平均法是假定计划期的销售是与它相接近时期销售的直接继续，而同较远时期的销售关系较小。同时，为了尽可能缩小偶然因素的影响，可以最近若干时期的平均值作为计算计划期预测值的基础。其计算公式为：

计划期的销售预测值=五期平均值+三期趋势平均值×距离计划期的期数

【例 9-3】假定某企业 20×1 年 1—12 月 B 产品的实际销售额如表 9-2 所示。

表 9-2 20×1 年 1—12 月 B 产品销售额数据表

月份	1	2	3	4	5	6	7	8	9	10	11	12
实际销售额（万元）	33	34	37	35	41	44	50	46	47	52	45	55

要求：采用趋势平均法预测 20×2 年 1 月 B 产品的销售量。

解：将给定资料计算编表，如表 9-3 所示。

表 9-3 20×2 年 1 月 B 产品销售量预测分析表

月 份	实际销售额（万元）	五期平均值（万元）	变动趋势（万元）	三期趋势平均值（万元）
1	33			
2	34			
3	37	36		
4	35	38.2	+2.2	
5	41	41.5	+3.2	+2.4
6	44	43.2	+1.8	+2.47
7	50	45.6	+2.4	+2.13
8	46	47.8	+2.2	+1.6
9	47	48	+0.2	+1.13
10	52	49	+1	
11	45			
12	55			
20×2 年 1 月	52.39			

20×2 年 1 月的销售预测值 = 五期平均值 + 三期趋势平均值 × 距离计划期的期数

=49+3×1.13=52.39（万元）

采用趋势平均法时，计算销售额移动平均数，应取多少期的数据进行平均，要根据时间数列项数的多少和特点而决定，期数不宜太长或过短。所取期数较长，反映波动较平滑，其预测结果的准确程度相对提高；反之，反映波动较灵敏，但仍受不规则变动的干扰，其预测结果的准确性相对较低。

这种方法虽然在一定程度上考虑到了接近计划期的实际销售量对计划期销售量的影响程度较大的问题，但是这种方法在利用前期的平均数和趋势平均数时，把各期的变化平均化了。实际上近期实际值和远期实际值对预测未来的影响程度是不同的。因而，所计算的预测值仍不可避免会出现误差。

4. 指数平滑法

指数平滑法是指对过去不同时期的实际销售量取不同的权数加以平均，用以预测计划期销售量的一种方法。由于所取加权平均的权数曲线为指数曲线，所以叫作指数平滑法。在这种方法下，考虑到了近期和远期的实际销售量对预测未来影响程度的不同，从而克服了趋势平均法存在的缺点。由于存在着连续计算的关系，因此其计算公式为：

计划期的销售预测值 = 平滑系数 × 上期销售实际值 +（1- 平滑系数）× 上期销售预测值

【例 9-4】承【例 9-1】，假定某公司 20×2 年 6 月甲产品的实际销售量为 155 件，原来预测 6 月的销售量为 158 件。平滑系数如果采用 0.6，要求采用指数平滑法预测 20×2 年 7 月甲产品的销售量。

解：将给定的数据代入下列公式。

20×2 年 7 月的销售预测值 = 平滑系数 × 上期销售实际值 +（1- 平滑系数）× 上期销售预测值

=0.6×155+（1-0.6）×158=156.2（件）

从以上计算过程来看，指数平滑法实质上也是一种加权平均法，平滑系数与（1- 平滑系数）都是权数。平滑系数要求大于 0 小于 1，它的取值范围一般为 0.3—0.7。

这个方法的优点是可以排除在实际销售中所包含的偶然因素的影响，但确定平滑系数也难免带有一定的主观因素。平滑系数越大，则近期实际数对预测结果的影响越大；反之，平滑系数越小，则近期实际数对预测结果的影响越小。因此，为了使预测的平均值能反映观测值的长期变动趋势，可选用较小的平滑系数；若是为了使预测的平均值能反映观测值的近期变动趋势，则可选用较大的平滑系数。这个方法的优点是给设定值一个权数，比较灵活方便，而且可较多地考虑近期观测值的影响，符合不断发展的实际情况。

5. 回归分析法

回归分析法，是根据 $y=a+bx$ 的直线方程式，按照数学上最小平方法的原理来确定一条能正确反映自变量 x 与因变量 y 之间具有误差平方和最小的直线。这条直线通常称回归直线，它的常数项 a 与系数 b 的值可按下列公式计算（公式的推导参见第五章混合成本的分解）：

$$a=(\sum y-b\sum x)/n$$

$$b=(n\sum xy-\sum x\sum y)/[n\sum x^2-(\sum x)^2]$$

销售预测应用回归分析法，用 y 代表销售量（或销售额），用 x 代表间隔期（观测期）。因为观测值按时间顺序排列，间隔时间是相等的，所以，可以简化计算，设法使$\sum x=0$。若实际观测期为奇数，则取x的间隔期为1，将$x=0$置于所有观测期的中间，其余观测期均以1递增或递减；若实际观测期为偶数，则取x的间隔期为2，将$x=+1$与$x=-1$置于所有观测期的中间两期，其余观测期均以2递增或递减。因为$\sum x^2=0$，所以，a与b的计算公式便简化为：

$$a=\sum y/n$$

$$b=\sum xy / \sum x^2$$

【例9-5】承【例9-1】，要求采用回归分析法预测20×2年7月甲产品的销售量。

解：（1）如果观测期为奇数，则取20×2年2—6月的数据并计算编表，如表9-4所示。

表9-4 观测期为奇数的回归分析表

月份	间隔期（x）	销售量（y）	xy	x^2
2	−2	140	−280	4
3	−1	145	−145	1
4	0	152	0	0
5	1	148	148	1
6	2	155	310	4
n=5	$\sum x=0$	$\sum y=740$	$\sum xy=33$	$\sum x^2=10$

$$a=\sum y/n=740/5=148$$

$$b=\sum xy / \sum x^2=33/10=3.3$$

20×2年7月的x值=2+1=3

20×2年7月的销售预测值=148+3.3×3=157.9（件）

（2）如果观测期为偶数，则取20×2年1—6月的数据并计算编表，如表9-5所示。

表9-5 观测期为偶数的回归分析表

月份	间隔期（x）	销售量（y）	xy	x^2
1	−5	150	−750	25
2	−3	140	−420	9
3	−1	145	−145	1
4	1	152	152	1
5	3	148	444	9
6	5	155	775	25
n=6	$\sum x=0$	$\sum y=890$	$\sum xy=56$	$\sum x^2=70$

$$a=\sum y/n=890/6=148.33$$

$$b=\sum xy / \sum x^2=56/70=0.8$$

20×2年7月的x值=5+2=7

20×2年7月的销售预测值=148.33+0.8×7=153.93（件）

（二）因果预测分析法

因果预测分析法是利用事物发展的因果关系来推测事物发展趋势的方法。它一般是根据过去掌握的历史资料，找出预测对象的变量与相关事物变量之间的依存关系，建立相应的因果预测的数学模型，然后通过对数学模型的求解来确定预测对象在计划期的销售量或销售额。

因果预测所采用的具体方法较多，最常用且最简单的是“最小平方法”，也称“回归分析法”。由于在现实的市场条件下，企业产品的销售量往往与某些变量因素（如国内生产总值、个人可支配的收入、人口、相关工业的销售量、需要的价格弹性或收入弹性等）之间存在着一定的函数关系，因此，如果利用这种关系，选择最恰当的相关因素建立预测销售量或销售额的数学模型，往往会比采用趋势预测分析法获得更为理想的预测结果。这种方法的优点是简便易行，成本低廉。

回归分析法的常数项a与系数b的计算公式为：

$$a=(\sum y-b\sum x)/n$$

$$b=(n\sum xy-\sum x\sum y)/[n\sum x^2-(\sum x)^2]$$

（三）判断分析法

判断分析法就是聘请具有丰富实践经验的经济专家、教授、推销商或本企业的经理人员、推销人员，对预测期间商品或产品的销售情况进行综合研究，并做出推测和判断的方法。一般适用于不具备完整可靠的历史资料，无法进行定量分析的企业。例如，对新产品的销售预测。判断分析法根据具体进行方式的不同，又可分为专家判断法、推销人员意见综合判断法、经理人员意见综合判断法三种。现分述如下。

1. 专家判断法

它是指向学有专长、见识广博的经济专家进行咨询，并根据他们多年来的实践经验和判断能力对预测期产品的销售量（或销售额）做出预测的方法。这里的“专家”，一般包括本企业或同行企业的高级领导人（如总经理）、销售部门经理、经销商和其他外界专家，但不包括顾客和推销人员。吸收专家意见的方式多种多样，最主要的有以下四种。

（1）个人意见综合判断法。先向各位专家征求意见，要求他们对本企业产品销售的未来趋势和当前的状况做出个人判断，然后把各种不同意见加以综合归纳，形成一个销售预测值。

（2）专家会议综合判断法。先把各位专家分成若干预测小组，分别召开各种形式的会议或座谈会共同商讨，然后把各小组意见加以综合，形成一个集体判断的销售预测值。

（3）模拟顾客综合判断法。请各位专家模拟成各种类型的顾客，通过比较本企业和竞争对手的产品质量、售后服务和销售条件等做出购买决策，然后把这些“顾客”准备购买本企业产品的数量加以汇总，形成一个销售预测值。

（4）采用国际流行的“德尔斐法”。首先，向专家分别通过函询调查的方式征求意见；其次，把各专家的判断汇集在一起，并采用匿名方式反馈给各位专家，请他们参考别人意见修正本人原来的判断，如此反复3—5次；最后，集各家之所长，对销售的预测值做出综合判断。

总之，专家判断法四种方式的共同优点是：在缺乏历史资料的条件下，能比较迅速地做出预测，成本低廉，考虑比较周到。但这类预测往往会因为缺乏事实根据，主观片面性较强。

2. 推销人员意见综合判断法

它是由本企业的推销人员根据自身的主观判断，把各个（或各类）顾客的销售预测值填入卡片或表格，然后由销售部门经理加以综合来预测企业产品在预测期的销售量或销售额。

推销人员最接近、最了解市场和顾客的情况，而且他们的预测数据大多是直接向顾客调查后填列的；该方法还便于确定分配给各推销人员的销售份额，有利于调动推销人员的积极性，促使他们努力完成各自的销售目标。但是，由于推销人员的秉性各异，往往会造成在销售预测过程中做出过于乐观或过于悲观的估计；有的还会因在最近推销过程中遭受的挫折或成功而影响对预测期的预测；有的还可能为了获得较多的推销份额而故意提高销售预测值等。因此，应用这种方法必须采取以下措施来防止推销人员高估或低估的偏向，以提高预测值的准确性。

（1）把企业过去的销售预测与实际销售的资料，分发给各推销人员，供他们参考。

（2）把企业领导对本企业前景的规划和预测资料，以及有关未来社会经济发展趋势的信息提供给所有推销人员作为导向。

（3）要求各地区的销售经理同每个推销人员讨论他们的销售预测，并分析有关预测的异常因素。

总之，推销人员意见综合判断法一般适用于直接销售给数量不多的顾客，同时，这些顾客又能事先告知未来需求量的产品。例如，机械产品行业。这种方法在最后综合意见时，对于推销人员和销售部门经理的预测值可采用算术平均法或加权平均法来确定。

3. 经理人员意见综合判断法

它是由企业经理人员，特别是那些最熟悉销售业务、能预测销售发展趋势的推销主管人员，以及各地经销商的负责人，根据他们多年来的实践经验和判断能力，对预测期销售量（或销售额）进行预估，然后再通过集思广益、博采众长，并应用加权平均法做出综合判断的方法。

这方法的优点是快捷、实用；其缺点是主观因素较多，所做出的估计和判断，易受人们乐观或悲观心理状态相互感染的影响。因此在应用这种方法之前，必须向预测人员提供近期政治经济形势和市场情况的调查分析资料，并组织座谈讨论，然后把各种意见综合平衡，做出预测结论。

第三节　成本预测分析

一、成本预测的重要性

在社会主义市场经济条件下，企业为了真正成为自主经营、自负盈亏、自我发展、自我约束的经济实体，必须改善经营管理，提高企业素质，增强竞争能力。而企业的竞争能力，一般来说，主要源于产品的价格低廉、质量优良、良好的售后服务。要做到物美价廉，就必须强化成本意识，不断降低产品成本，从薄利多销中获得巨额利润。因此，企业在提高产量、保证质量的同时，必须对如何以最低的成本水平进行生产，给予充分重视。

为了提高企业的成本管理水平，保证目标利润的实现，就绝不能只停留在过去那种烦琐的成本计算和事后的成本分析上。因为成本管理不应只是反映实际耗费和分析成本超降原因，而更应着眼于未来，要求在事前进行成本预测，规划好预测期间应当耗费多少，并据以制定目标成本，然后在日常经济活动过程中，对各个经管单位负责的成本指标严格加以控制和调节，并引导全体职工去实现这个目标。从这个意义上来说，成本预测是确定目标成本和选择达到目标成本最佳途径的重要环节。它实质上就是动员企业内部一切潜力，用最少的人力、物力和财力的消耗去完成既定目标的过程。总之，成本预测对于提高企业经营管理水平、降低产品成本、增加经济效益，具有十分重要的意义。

二、成本预测的步骤

成本预测涉及的范围较广，往往要包括生产技术、生产组织和经营管理的各个方面。因此，成本预测与销售预测一样，必须以过去的、现在的本企业和国内外其他企业同类产品的有关数据为基础；然后由企业管理层采用各种专门方法，结合当前科学技术的发展情况对本企业的生产、供应、销售、运输等方面可能发生的影响进行比较、计算和分析，最后做出判断。成本预测通常可按以下四个步骤进行。

（一）提出目标成本草案

目标成本是指在一定时期内产品成本应达到的标准。它的形式可以是“标准成本”“计划成本”“定额成本”，但不论怎样，都是要经过全体职工的辛勤努力才能实现的成本。目标成本肯定要比当前的实际成本低些，一般应按该产品的标准产量或设计生产能力来考虑。只有这样，才能使目标成本与目标利润的水平保持一致。总之，目标成本应当是现实可行的，既不能“舒舒服服地达到”，也不应“高不可攀”，而是使人们达到目标以后，会产生一种获得某项成就的光荣感。唯有如此，才能激励人们承担更多的责任，并争取更多的机会去获得成就，有所长进，有所发展。通常有以下两种做法。

1. 在西方国家，一般是采用“倒剥皮”的办法

在确定目标利润的基础上，通过市场调查，根据该项产品在国内或国际市场上的经济信息，先确定一个适当的销售单价，然后减去按目标利润计算的单位产品利润和应缴纳的税金，将其作为该产品进行生产的目标成本。这样做，有利于使目标成本与目标利润的水平保持一致。另外，由于国内、国际市场竞争激烈，产品的销售单价基本上有一定的幅度。不可太高，因为过高就会在市场上丧失竞争能力；当然也不能低于保本点，以致造成亏损。

2. 在我国，一般是以产品的某一先进的成本水平作为目标成本

例如，将本企业历史上最好的成本水平，国内外同行业同类产品的先进成本水平，本企业基期的实际平均成本扣减行业公会或主管单位下达的成本降低率所算出的数据作为目标成本。这种做法的缺点是：目标成本没有与目标利润挂钩，两者的水平不能协调一致。因此，在实际工作中多采用第一种做法。

（二）预测成本

采用各种专门方法并建立相应的数学模型，预测本企业在当前实际情况下产品成本可能达到的水平，并计算出预测成本与目标成本的差距。预测成本最常用的方法有高低点法、加权平均法、回归分析法与因素预测法四种。

（三）拟定降低成本的各种可行性方案

动员企业内部一切潜力，拟定降低成本的各种可行性方案，并力求缩小预测成本与目标成本的差距。

（四）制定正式的目标成本

对降低成本的各种可行性方案进行技术经济分析，从中优选出经济效益与社会效益最佳的成本方案，并据以制定正式的目标成本，为作出最优的成本决策提供依据。

三、目标成本预测

目标成本是指企业在一定时期内，为了完成已确定的目标利润所确定的应达到的成本水平。它是企业未来一定期间成本管理工作的奋斗目标。如果企业的目标成本不能实现，则企业的目标利润也就没有实现的基础。目标成本预测是成本管理的主要一环，预测目标成本既要考虑企业的外部因素，又要考虑内部因素；既要考虑它的先进性，又要考虑它的可行性。

目标成本预测既可应用于原有产品的生产、改造，也可应用于新增产品的设计、试制，其具体工作的开展，通常是在综合考察未来一定期间内有关产品的品种、数量、价格、应缴纳的法定税金和应取得的合理利润等因素的基础上进行的。

（一）按全部产品进行目标成本预测

在进行目标成本预测时，可从企业全局出发，综合各种产品，测算整个企业必须达到的成本水平。全部产品目标成本的计算公式为：

$$目标成本=预计销售收入-预计应缴税金-目标利润$$

预计销售收入是指未来一定期间（预测期）内，计划销售的各种产品的销售收入总额。在计算销售收入时，每种产品的销售数量和价格等，应在销售预测的基础上予以确定；预计应缴税金通常按国家规定的税种、税率和计税方法计算；目标利润是指未来一定期间内预定实现的利润总额，通常是在利润预测的基础上予以确定。

（二）按单项产品进行目标成本预测

在进行目标成本预测时，可按不同产品分别测算目标成本。其计算公式为：

$$单位产品目标成本=预计销售单价-预计单位产品税金-预计单位产品目标利润$$

$$=预计销售单价\times(1-产品税率)-\frac{目标利润}{预计产销量}$$

四、成本预测最常用的方法

对成本进行预测，一般是根据本企业产品成本的历史资料数据，按照成本习性的原理，应用数理统计的方法推测并估计成本的发展趋势。如前所述，成本的发展趋势一般可用直线方程式来反映，即：$y=a+bx$。

成本预测最常用的方法有高低点法、加权平均法、回归分析法与因素预测法，现分述如下。

（一）高低点法

高低点法是以一定期间历史资料中最高点产量与最低点产量的总成本之差 Δy，除以最高点产量与最低点产量之差x，求出单位变动成本b的值；然后再以b的值代入最高点或最低点的总成本公式中求出固定成本总额a的值，并据以推算出在计划期一定产量下的总成本和单位成本。其计算公式如下：

$$b=(y_{高}-y_{低})\div(x_{高}-x_{低})=\Delta y\div\Delta x$$

$$a=y_{高}-b\cdot x_{高}$$

或

$$a=y_{低}-b\cdot x_{低}$$

$$计划期产品总成本的预测值(y_p)=a+bx_p$$

$$计划期产品单位成本的预测值=y_p\div x_p$$

高低点法是一种简便易行的预测方法。如果企业产品成本的变动趋势比较稳定，则采用此法比较适宜；如果企业产品的各期成本变动幅度较大，则采用此法会造成较大的误差。

【例 9-6】假定某公司只生产A产品，其最近五年的产量及历史成本数据如表 9-6 所示。

表 9-6　2016—2020 年成本及产量数据表

年　度	产量（x）（件）	单位变动成本（b）（元）	固定成本总额（a）（元）
2016	2 000	60	40 000
2017	8 000	30	52 000
2018	6 000	45	54 000
2019	4 000	55	48 000
2020	10 000	40	60 000

假如计划年度 2021 年的产量为 12 000 件。

要求：采用高低点法预测 2021 年A产品的总成本和单位成本。

解：（1）从上述资料中找出最高点与最低点产量及总成本数据，如表 9-7 所示。

表 9-7　高低点法下的计算分析表

摘　要	高点（2020 年）	低点（2016 年）	差　异
产量（x）（件）	10 000	2 000	Δx=8 000
总成本（y）（元）	60 000+40×10 000=460 000	40 000+60×2 000=160 000	Δy=300 000

$$b=\Delta y\div\Delta x=300\,000\div 8\,000=37.5（元）$$

$$a=y_{高}—b\cdot x_{高}=460\,000—37.5\times 10\,000=85\,000（元）$$

$$或\ a=y_{低}—b\cdot x_{低}=160\,000-37.5\times 2\,000=85\,000（元）$$

（2）将a和b的值代入下列公式：

$$计划期产品总成本的预测值(y_p)=a+bx_p=85\,000+37.5\times 12\,000=535\,000（元）$$

$$计划期产品单位成本的预测值=y_p\div x_p=535\,000\div 12\,000=44.58（元）$$

（二）加权平均法

加权平均法是根据过去若干时期的单位变动成本和固定成本总额的历史资料，按其距离计划期的远近分别进行加权（近期所加的权数大些，远期所加的权数小些）的方法。设权数为W_i，并令$\sum W=1$，其计算公式如下：

计划期产品总成本的预测值 $(y_p)=\sum a_iW_i+\sum b_iW_i \cdot x_p$

计划期产品单位成本的预测值 $=y_p \div x_p$

加权平均法适用于企业的历史成本资料具有详细的固定成本总额和单位变动成本的数据，否则，应采用回归分析法。

【例 9-7】承【例 9-6】，要求采用加权平均法预测 2021 年 A 产品的总成本和单位成本。加权时，$\sum W=1$（$W_1=0.03$；$W_2=0.07$；$W_3=0.15$；$W_4=0.25$；$W_{1-5}=0.5$）。

解：将给定的资料代入下列公式。

计划期产品总成本的预测值 $(y_p)=\sum a_iW_i+\sum b_iW_i \cdot x_p$

$=[40\ 000 \times 0.03+52\ 000 \times 0.07+54\ 000 \times 0.15+48\ 000 \times 0.25+60\ 000 \times 0.5]+$

$[60 \times 0.03+30 \times 0.07+45 \times 0.15+55 \times 0.25+40 \times 0.5] \times 12\ 000=587\ 740$（元）

计划期产品单位成本的预测值 $=y_p/x_p=587\ 740/12\ 000=48.98$（元）

（三）回归分析法

回归分析法是按照数学上最小平方法的原理来确定一条能正确反映自变量 x 与因变量 y 之间误差平方和最小的直线。这条直线通常称为回归直线，它的常数项 a 与系数 b 的值可按下列公式计算：

$$a=(\sum y-b\sum x)/n$$

$$b=(n\sum xy-\sum x\sum y)/[n\sum x^2-(\sum x)^2]$$

计划期产品总成本的预测值（y_p）$=a+bx_p$

计划期产品单位成本的预测值 $=y_p/x_p$

回归分析法在企业历史成本资料中单位产品成本变动幅度较大的情况下采用较为适宜。

【例 9-8】承【例 9-6】，要求采用回归分析法预测 2021 年 A 产品的总成本和单位成本。

解：（1）将给定资料按照求 a 值与 b 值公式的要求编制计算表，如表 9-8 所示。

表 9-8　A 产品回归分析表

年　度	产量（x）（件）	总成本（y）$y=a+bx$（元）	xy	x^2
2016	2 000	40 000+60 × 2 000=160 000	320 000 000	4 000 000
2017	8 000	52 000+30 × 8 000=292 000	2 336 000 000	64 000 000
2018	6 000	54 000+45 × 6 000=324 000	1 944 000 000	36 000 000
2019	4 000	48 000+55 × 4 000=268 000	1 072 000 000	16 000 000
2020	10 000	60 000+40 × 10 000=460 000	4 600 000 000	100 000 000
$n=5$	$\sum x=30\ 000$	$\sum y=1\ 504\ 000$	$\sum xy=10\ 272\ 000\ 000$	$\sum x^2=220\ 000\ 000$

$b=(n\sum xy-\sum x\sum y)\div[n\sum x^2-(\sum x)^2]$

$=(5 \times 10\ 272\ 000\ 000-30\ 000 \times 1\ 504\ 000)\div[5 \times 220\ 000\ 000-(30\ 000)^2]$

$=31.2$（元）

$a=(\sum y-b\sum x)\div n=(1\ 504\ 000-31.2 \times 30\ 000)\div 5=113\ 600$（元）

（2）将a和b的值代入下列公式：

计划期产品总成本的预测值（y_p）$=a+x_p$=113 600+31.2×12 000=488 000（元）

计划期产品单位成本的预测值$=y_p \div x_p$=488 000÷12 000=40.67（元）

（四）因素预测法

因素预测法是通过测算各项措施对产品成本的影响，如节约原材料消耗、提高劳动生产率、合理利用设备、节约制造费用、减少废品损失等影响成本的重点因素进行成本降低率的测算。

1.材料费用变动对单位产品成本的影响

在保证产品质量的前提下，合理、节约地使用原材料，降低原材料费用，从而不断降低产品成本，影响其变动的因素有材料消耗定额和材料价格。其计算公式如下：

（1）材料消耗定额降低影响的成本降低率=直接材料成本占基期成本的比例×材料消耗定额的降低率=A×B

（2）材料价格降低影响的成本降低率（材料消耗定额发生变动的基础上材料价格也发生变动）=直接材料成本占基期成本的比例×（1−材料消耗定额的降低率）×材料价格降低率=A×（1−B）×C

（3）材料费用降低影响的成本降低率（综合影响）=直接材料成本占基期成本的比例×[1−（1−材料消耗定额的降低率）×（1−材料价格降低率）]=A×[1−（1−B）×（1−C）]

（4）推导：

∵（1）+（2）=A[B+（1−B）×C]=A[B+C−BC]

（3）=A×[1−（1−B−C+BC）]=A[B+C−BC]

∴（1）+（2）=（3）

以上公式也适用于燃料和动力费的测算。

2.工资费用水平的变动对单位产品成本的影响

劳动生产率的提高，表明单位时间内的产量增加，单位产品分担的工资费用减少，即劳动生产率的变动同单位产品工资费用的变动呈反比例关系；而平均工资的增长同单位产品工资费用的增长呈正比例关系。所以，当劳动生产率的提高超过平均工资增长速度时，就会带来产品成本的降低。其计算公式如下：

（1）劳动生产率提高超过平均工资增长影响的成本降低率=直接人工成本占基数成本的比例×

$$\text{比例}\times\left(1-\frac{1+\text{平均工资增长率}}{1+\text{劳动生产率增长率}}\right)$$

如果用A表示以产量表示的劳动生产率，一定时间产量提高，A提高，单位产品消耗工时下降；用B表示以单位产品消耗工时表示的劳动生产率，单位产品消耗工时下降，B提高，同样时间生产更多产品。所以A、B互为正逆指标，但A不等于1/B。

【例9-9】每小时生产的产量从8件提高到10件，单位产品消耗工时从1/8小时降低到1/10小时，A提高表示产量提高（10−8）/8=25%，B提高表示工时降低（1÷10−1÷8）÷1÷8=−20%，1+A=1+25%=5÷4；1÷（1−B）=1÷（1−20%）=1÷（4÷5）=5÷4，得到$1+A\frac{1}{1-B}$。所以，当工时定额降低而平均工资增长时带来产品成本降低的计算公式如（2）所述。

（2）工时定额降低而平均工资增长影响的成本降低率 = 直接人工成本占基数成本的比例 × $\left(1-\frac{1+\text{平均工资增长率}}{1/(1-\text{工时定额降低率})}\right)$

=直接人工成本占基期成本的比例 ×[1-（1+平均工资增长率）×（1-工时定额降低率）]

3. 制造费用的变动对单位产品成本的影响

在企业的制造费用中，有一部分属于固定费用，不随产量的变动而变动；而另一部分是变动费用，随产量的增加而增加，但只要采取适当的节约措施，其增长速度也不会超过生产增长速度，从而单位产品分摊的制造费用也会减少。其计算公式如下：

生产增长超过制造费用增长影响的成本降低率 = 直接人工成本占基数成本的比例 × $\left(1-\frac{1+\text{平均工资增长率}}{1+\text{劳动生产率增长率}}\right)$

所以，生产增长超过制造费用增长，成本降低。但如果变动费用降低而生产不增长，或生产增长而固定费用不变，成本也降低。

4. 废品损失的变动对单位产品成本的影响

企业生产出现废品，合格产品的成本会随之提高。若降低废品率则可以减少废品损失，进而降低产品成本。其计算公式如下：

废品损失减少影响的成本降低率=废品损失占基期成本的比例 × 废品损失的减少率

【例 9-10】某企业甲产品有关各成本项目影响成本的主要因素及计算过程如表 9-9 所示。

表 9-9　成本及成本影响因素表　　单位：元

成本项目	金额	主要因素
直接材料 A	79.2	提价 5%，耗量节约 10%；79.2×（1+5%）×（1-10%）=74.84
直接人工 B	61.6	增长 10%，产量增加 15%；61.6×（1+10%）÷（1+15%）=58.92
制造费用 C	48	增加 4%，产量增加 15%；48×（1+4%）÷（1+15%）=43.41
基期单位成本	188.8	计划期甲产品的单位成本为 177.17

其计算过程如下：

A 的成本降低率=79.2÷188.8×[1-（1+5%）×（1-10%）]

A 的成本降低额=79.2×[1-（1+5%）×（1-10%）]

计划期 A=79.2-79.2×[1-（1+5%）×（1-10%）]

=79.2×（1+5%）×（1-10%）

=74.84（元）

B 的成本降低率=61.6÷188.8×[1-（1+10%）÷（1+15%）]

B 的成本降低额=61.6×[1-（1+10%）÷（1+15%）]

计划期 B=61.6-61.6×[1-（1+10%）÷（1+15%）]

=61.6×（1+10%）÷（1+15%）

=58.92（元）

C的成本降低率=48÷188.8×[1-（1+4%）÷（1+15%）]

C的成本降低额=48×[1-（1+4%）÷（1+15%）]

计划期C=48-48×[1-（1+4%）÷（1+15%）]

=48×（1+4%）÷（1+15%）

=43.41（元）

第四节　资金预测分析

一、资金预测的意义及其主要依据

资金是企业进行生产经营的必备条件，资金预测是企业预测体系中不可缺少的一个组成部分。因此，除做好利润、销售、成本预测外，还需要进行资金预测。资金预测的目的，就是要有意识地在生产经营活动中以最少的资金占用来取得最佳的经济效益。因此，资金需求量的预测对改进企业经营管理和提高经济效益有着十分重要的意义。

企业生产经营活动所需的资金通常分为两类：一类是用于固定资产方面的，称为“固定资金”；另一类是用于流动资产方面的，称为“流动资金”。这里所提的资金预测是指包括流动资金和固定资金在内的资金需求总量的预测。在一般情况下，影响资金需求量的主要因素就是计划期间的预计销售金额。所以，良好的销售预测是资金需求量预测的主要依据。

二、资金预测最常用的方法

资金预测最常用的方法是销售百分比法。销售百分比法是根据资金的各个项目与销售收入总额之间的依存关系，按照计划期销售额的增长情况来预测需要相应地追加多少资金的方法。销售百分比法一般按以下四个步骤进行。

（一）分析基期资产负债表各个项目与销售收入总额之间的相互依存关系

1.资产类项目

用于生产经营周转过程的货币资金、正常的应收账款和存货等流动资产项目，一般都会因销售额的增加而相应地增加。而固定资产项目是否会增加，则需要看基期的固定资产是否已被充分利用。如尚未充分利用，则可通过进一步挖掘其利用潜力，即可产销更多的产品；如基期企业对固定资产的利用已达到饱和状态，则增加销售就需增加固定资产。至于长期投资、无形资产等项目一般不会随销售额的增加而增加。

2.权益类

应付账款、应付票据、应缴税费和其他应付款等流动负债项目，通常会因销售额的增加而自动增加。至于长期负债和股东权益等项目则不会随着销售额的增加而增加。

（二）计算基期的销售百分比

将基期资产负债表中与销售额有依存关系的各个项目，按基期销售收入计算其销售百分比并编表。

（三）确定企业内部资金来源

计划期间所提取的折旧准备（扣除计划期用于更新改造的金额）和留存收益两大项目，通常可作为企业计划期内需要追加资金的内部资金来源。

（四）按下列公式计算出计划期间预计需要追加的资金量

计划期间预计需要追加的资金量=（$A/S_0-L/S_0$）（S_1-S_0）$-Dep_1-S_1R_0$（$1-d_1$）$+M_1$

上述公式中：S_0 指基期的销售收入总额；S_1 指计划期的销售收入总额；A/S_0 指基期随着销售额增加而自动增加的资产项目占销售总额的百分比；L/S_0 指基期随着销售额增加而自动增加的负债项目占销售总额的百分比；（$A/S_0-L/S_0$）指销售额每增加 100 元所需追加的资金量；Dep_1 指计划期提取的折旧准备扣除用于更新改造金额后的余额；R_0 指基期的税后销售利润率；d_1 指计划期的股利发放率；M_1 指计划期的零星资金需要量。

【例 9-11】某公司在基期（2023 年）的实际销售收入总额为 1 000 000 元，获得税后净利润 50 000 元，并发放了普通股股利 20 000 元。假定基期的厂房设备利用率已经达到饱和状态。该公司 2023 年年末的简略资产负债表如表 9-10 所示。

表 9-10　资产负债表

2023 年 12 月 31 日　　单位：元

资　产		权　益	
1. 现金	20 000	1. 应付账款	90 000
2. 应收账款	160 000	2. 应缴税费	50 000
3. 存货	240 000	3. 长期负债	250 000
4. 厂房设备（净额）	300 000	4. 普通股股本	400 000
5. 无形资产	100 000	5. 留存收益	30 000
资产总计	820 000	权益总计	820 000

假定公司在计划期间（2024 年）的销售收入总额将增加到 1 500 000 元，销售利润率维持不变，并仍按基期股利发放率支付股利，计划期折旧准备提取数为 50 000 元，其中的 80% 用于更新改造现有的厂房设备，又假定计划期间零星资金需要量为 30 000 元。

要求：预测 2024 年需要追加的资金量。

解：（1）分析基期资产负债表各个项目与销售收入总额之间的相互依存关系，并编制 2023 年度用销售百分比形式反映的资产负债表，如表 9-11 所示。

表 9-11　资产负债表

（用销售百分比形式反映）

2023 年 12 月 31 日

资　产		权　益	
1.现金	2%	1.应付账款	9%
2.应收账款	16%	2.应缴税费	5%
3.存货	24%	3.长期负债	（不适用）
4.厂房设备（净额）	30%	4.普通股股本	（不适用）
5.无形资产	（不适用）	5.留存收益	（不适用）
A/S_0 总计	72%	L/S_0 总计	14%

表 9-11 中，$A/S_0-L/S_0=72\%-14\%=58\%$，表示该公司销售额每增加 100 元需追加资金 58 元。

（2）将有关数据按下列公式计算出计划期间预计需要追加的资金量。

$$2024\text{ 年预计需要追加的资金量}=(A/S_0-L/S_0)(S_1-S_0)-Dep_1-S_1R_0(1-d_1)+M_1$$

$$=(72\%-14\%)\times(1\,500\,000-1\,000\,000)-(50\,000-50\,000\times 80\%)$$

$$-\left(1\,500\,000\times\frac{50\,000}{1\,000\,000}\right)\times\left(1-\frac{20\,000}{50\,000}\right)+30\,000=265\,000\text{（元）}$$

※ 思考题 ※

1.企业进行预测分析的影响和意义是怎样的？

2.什么是销售预测？常见的销售预测方法有哪些？

3.什么是成本预测？常见的成本预测方法有哪些？

4.资金预测对企业的意义是什么？常见的资金预测方法有哪些？

第十章　经营决策

学习目标

1. 了解决策的意义、分类和一般程序。
2. 理解决策需要考虑的特定成本概念。
3. 掌握各种经营决策的常用方法。
4. 掌握生产决策和定价决策。

引　例

凯文是GYL公司的销售经理，公司希望利润翻倍，经过预测，A产品既能够实现年目标销售量，也能够让公司的生产能力得到充分利用。假如还有剩余的生产能力，GYL公司还会考虑哪些经营决策呢？

首先，是否利用剩余生产能力开发新产品；其次，如果生产A产品的零部件不外购，是否可以利用剩余生产能力自制；最后，如果销售部门能够拉来一些额外订单，只是客户出价比正常销售单价10元要低，而且要购买专属固定设备，这些追加订单是否会被接受。

第一节　决策概述

一、决策的意义

预测是决策的基础，正确的决策有赖于科学的预测。决策是指为实现一定目标，借助于科学的理论和方法，根据预测所获得的信息进行必要的计算、分析和判断，在若干备选方案中选择可达到目标的较优方案。因为在复杂的经济生活中，寻求"最佳"方案往往是不现实的，因而选择一个可达到目标的、较之其他备选方案更好的方案是完全能达到的。

由于市场竞争的日益激烈，企业应根据市场的变化形势进行正确的决策，如生产什么产品、如何确定产品价格等。通常，决策主要具有以下四个特点。

（1）目标性。决策目标是决策的起点，进行经营决策时必须先确定经营目标。

（2）预测性。科学预测是决策的基础，而决策也是在事件发生前所做的预先分析和抉择。

（3）选优性。这是决策的基本特征，即需要在两个或两个以上的备选方案中进行选择。

（4）实践性。决策只对未来的实践有意义，但要受到过去实践经验的影响，其结果是为了指导生产经营活动，如果不能实施就将失去意义。

西方管理学者认为："管理的重心在经营，经营的重心在决策。"可见，决策作为经营管理的核心内容，对企业未来的发展至关重要。因此，企业应针对未来经营活动面临的问题，由各级经营管理人员做出未来经营战略、方针、措施等方面的正确决策。

二、决策的分类

（一）按决策对企业的重要程度分类

按决策对企业的重要程度分类，可分为战略决策和战术决策。

1. 战略决策

战略决策又称宏观经济决策或全局决策，主要是对全局性和战略性经济问题的决策。它明确企业发展方向，事关全局又要适应外部环境变化，为实现企业总目标由较高层或最高层领导作出。

2. 战术决策

战术决策又称微观经济决策，是企业实现战略目标的具体行动方案。如为达到确定的生产、定价等目标，如何组织企业内部力量来有效完成。

（二）按决策所涉及的时间长短分类

按决策所涉及的时间长短分类，可分为短期决策和长期决策。

1. 短期决策

短期决策是对只涉及一年以内的一次性专门业务，并对该时期内企业的收支盈亏产生影响，如短期的生产、定价决策，一般不包括固定资产更新决策。决策时主要考虑怎样使现有经济资源得到最合理、最充分的利用，让企业获得最大的经济效益，从这个意义上讲类似战术决策。

2. 长期决策

长期决策是指决策方案对企业经济效益的影响超过一年并且在较长时间内对企业收支盈亏产生影响，涉及企业的发展方向和规模，投资金额大，见效时间长，受许多外界因素的影响，对企业的发展具有战略意义，类似战略决策。

（三）按决策条件未来状况的肯定程度分类

按决策条件未来状况的肯定程度分类，可分为确定型决策、风险型决策和非确定型决策。

1. 确定型决策

确定型决策是指管理者对与决策相关因素的未来状况是非常明确、十分肯定的，对各种方案的分析都会得到一个明确的结果，从中选择一个较优方案付诸实施，必须取得预期结果，不存在不确定的因素。

2. 风险型决策

风险型决策是指管理者对与决策相关的因素的未来状况不能预先肯定，呈随机状况，只知道它们存在几种可能的结果和出现的客观概率，根据这个客观概率可以求得决策对象的期望值，依照期望值的大小进行选优，会存在一定的风险。

3.非确定型决策

非确定型决策是指管理者对与决策相关的因素的未来状况不能预先肯定，虽然知道它们存在几种可能的结果，但不知道各种结果出现的客观概率，而只能依靠决策者的经验和心理因素确定一个主观概率。

（四）按决策条件之间的关系分类

按决策条件之间的关系分类，可分为单一方案决策和个方案决策。

1.单一方案决策

单一方案决策是指只对一个备选方案作出是否可行的选择，又称为接受或拒绝方案决策。如亏损产品是否停产的决策、是否接受追加订货的决策等。

2.多个方案决策

多个方案决策是指对两个或两个以上备选方案作出选优的决策，又称互斥方案决策。如新产品开发的品种决策、零件是自制还是外购的决策等。

三、决策的一般程序

（一）确定决策目标

决策的前提是要确定决策的目标，即要解决什么决策问题。企业在日常生产经营活动中会遇到很多经营决策问题，如开发哪种新产品，亏损产品是否停产，零件是自制还是外购，是否接受特殊价格的追加订货，如何确定最优售价等。确定决策目标时，其内容和含义必须明确，计量指标一定要具体，尽量做到可定量化。

（二）制定备选方案

现代化的生产经营必须取得和利用一系列人力、物力、财力资源，在一定的条件下，资源条件可能成为决策方案实施的制约因素。在确定决策目标后，一定要结合实际，有针对性地制定出若干个可行的备选方案，充分合理地利用企业现有的人力、物力和财力。

（三）收集资料、分析评价，确定最优方案

针对各备选方案收集与其有关的各种可计量的信息、数据，鉴别真伪，加工计算整理，在运用可计量因素比较分析的基础上，考虑其他非计量因素的影响，最终评选出较优方案。

（四）追踪反馈，及时修正方案

决策必须以信息为依据，掌握充分、准确、及时的信息是进行科学决策的必要条件，决策者掌握的信息越充分，综合判断能力越强，实现优中选优的可能性越大。确定最优方案并不代表决策的结束，而应从企业全局出发，在执行决策的过程中严密追踪，进行信息反馈，及时发现问题采取措施，修正决策方案并调整决策目标，只有让整个决策过程处于一个良性的动态循环中，才能确保决策的准确性。

第二节　经营决策需要考虑的特定成本概念

经营决策的目的在于确定短期内（一般为一年）的最优生产经营目标或实现某一目标的最优生产经营手段。短期的生产经营决策分析都不可避免地要考虑到决策中各备选方案的获利性以及获利性之间的差别，即需要考虑到成本。经营决策需要考虑的特定成本概念被称为“决策成本概念”，它们不同于传统的成本概念，是与决策相关的成本，有时并不是现实的资金支出。由于成本必须适应所进行的决策，于是出现以许多的特定术语来描述不同类型的成本，因此，必须掌握这些特定的成本概念。

在进行决策之前，须将会计资料进行调整、筛选，以备决策之需。对于成本资料，应按照成本的相关性区分为相关成本与无关成本两类。成本的相关性是指成本中有一部分与当前或未来的决策有关联的特性。

相关成本是指与决策相关联，进行决策分析时必须认真加以考虑的未来的各种成本，是目前尚未发生或支付的成本。它是与决策有关联、可随决策的选择而改变的成本，从根本上影响和决定着决策方案的取舍。只有同时具备以下两个条件才可视为相关成本：一是可以预期将来能够发生的成本；二是各种备选方案下金额不同的成本。

无关成本是指已经发生，或者虽未发生但与决策没有关联，进行决策分析时不必考虑的成本，通常对未来决策没有影响，不因决策的改变而改变。

值得注意的是，决策分析实际上是确定决策各备选方案之间的差异，其中项目相同、金额相等的未来成本，无论是否因决策而产生，均视为“无关成本”。

可按照以下八个方面分类了解决策成本概念，并且按相关成本和无关成本进行划分，如变动成本、差量成本、边际成本、机会成本、假计成本、重置成本、付现成本、专属成本、可避免成本、可递延成本、可分成本等都属于相关成本；固定成本、历史成本、沉没成本、共同成本、不可避免成本、不可递延成本、联合成本等都属于无关成本。企业管理者在决策过程中，能否准确划分相关成本与无关成本至关重要。这是因为，决策分析实际上就是将决策各备选方案的相关收入与相关成本对比确定其获利性，从而正确地选择出最优方案。

一、按照成本的可变性分为变动成本和固定成本

成本的可变性是指有一部分成本总额随业务量总数的变动而成正比例增减的特性。

（一）变动成本

变动成本是指在相关范围内，成本总额与业务量总数保持严格正比例关系的成本，在决策中它属于相关成本，一般都会随决策而改变。

（二）固定成本

固定成本是指在相关范围内，成本总额随业务量改变而保持不变的成本，尤其是在企业有

剩余生产能力而又无其他用途的情况下进行决策时，一般属于无关成本。

二、按照成本的差异性分为差量成本和边际成本

成本的差异性是指不同备选方案发生的成本一般是不会相等的特性。

（一）差量成本

差量成本有广义和狭义之分，它在经营决策中属于相关成本。

1.广义的差量成本。广义的差量成本是指两个备选方案的预期成本间的差异数，它表明了两个方案中成本的差异程度以及成本的高低，又称差别成本、差额成本。差量成本是经营决策中广泛应用的一个重要成本概念。备选方案的优劣，往往可以通过两个方案的差量成本进行评判。如自制成本为 12 000 元，外购支出为 15 000 元，则两个备选方案之间的差量成本是 3 000 元。

2.狭义的差量成本。狭义的差量成本是指由于生产能力利用程度不同造成的不同产量水平下所形成的成本差别，又称增量成本。由于固定成本主要与企业的生产能力直接相关，因此生产能力一旦形成，无论其利用程度如何都不会改变固定成本总额。在一定的生产能力相关范围内，随着业务量的增减一般只会改变变动成本总额，但超出相关范围后，固定成本总额和变动成本总额都会发生相应改变。

【例 10-1】2023 年某公司生产一种产品，一年最大产量为 50 000 件，固定成本总额为 10 000 元，单位变动成本为 1 元；超过 50 000 件，固定成本总额为 13 000 元，单位变动成本为 1.2 元，其生产能力利用程度不同引起的差量成本如表 10-1 所示。

表 10-1　2023 年公司不同产量及成本资料　　单位：元

产量（件）	固定成本总额	单位变动成本（元/件）	变动成本总额	成本合计	差量固定成本	差量变动成本	差量成本合计
x	*a*	b	bx	Y=a+bx	Δa	Δbx	ΔY=Δa+Δbx
0	10 000	1.0	0	10 000	—	—	—
10 000	10 000	1.0	10 000	20 000	0	10 000	10 000
20 000	10 000	1.0	20 000	30 000	0	10 000	10 000
30 000	10 000	1.0	30 000	40 000	0	10 000	10 000
40 000	10 000	1.0	40 000	50 000	0	10 000	10 000
50 000	10 000	1.0	50 000	60 000	0	10 000	10 000
60 000	13 000	1.2	72 000	85 000	3 000	22 000	25 000
70 000	13 000	1.2	84 000	97 000	0	12 000	12 000

从表 10-1 可以看出，在生产能力相关范围 50 000 件以内，由于固定成本总额都为 10 000 元，每增加 10 000 件的差量固定成本为 0，所以差量成本与差量变动成本均为 10 000 元；而超出相关范围 50 000 件以后，由于固定成本总额和单位变动成本发生改变，差量固定成本为 3 000 元，差量变动成本为 22 000 元，所以差量成本合计为 25 000 元；当固定成本总额和单位变动成本又保持不变后，差量成本合计中才只包括变动成本的差量成本 12 000 元。

所以，差量成本和变动成本之间不能直接画等号，两者是有区别和联系的。在相关范围内，由于 $\Delta a=0$，所以 $\Delta Y=\Delta a+\Delta bx=\Delta bx$；超出相关范围后，由于 $\Delta a\neq 0$，所以 $\Delta Y=\Delta a+\Delta bx\neq \Delta bx$。因此，只要 $\Delta a\neq 0$，那么 $\Delta Y\neq \Delta bx$。

（二）边际成本

从经济理论上讲，边际成本是指产品成本对业务量（如产量）无限小变化的变动部分，实质就是在相关范围内，每增减一个单位产量引起的成本变动。在现实的生产经营中，如果产量变化小到一个单位以下其实没有什么实际意义。显然，每增减一个产量的增量成本，即狭义的差量成本是边际成本的表现形式。

从数学理论上讲，边际成本是总成本对产量的导数。如总成本 $Y=a+bx$，边际成本 $Y'=(a+bx)'=b$，这表明在相关范围内，单位变动成本与边际成本相一致。

另外，若把不同产量下的成本作为不同方案的预期成本进行比较，则边际成本实际就是各个方案形成的差量成本。因此，在相关范围内，单位变动成本、狭义的差量成本和边际成本会取得一致，即边际成本也属于相关成本。

在经营决策中，差量成本和差量收入计算出的差量利润能为决策提供依据，这种方法称为差量分析法。而边际成本与边际收入结合使用能够确定最优售价，即企业利润最大。当收入和成本以函数形式出现时，可通过求导方法分析：当平均成本＝边际成本时，企业平均成本最低；当边际收入等于边际成本时，企业利润最大。

三、按照成本的排他性分为机会成本、假计成本和实支成本

成本的排他性是指任何一项成本支出，用于某一方面就不能同时用于另一方面的特性。

（一）机会成本

机会成本是指在使用资源的决策分析过程中，选取某一方案而放弃另一方案所丧失的潜在收益（可能实现的所得）或牺牲的机会，又称择机代价。它虽然不是实际的现金流出，但确实是决策需考虑的现实因素，因而在经营决策中属于相关成本。

企业的资源会面临多种选择机会，在决策时，某种资源用于一方面就无法用在其他方面，因此，企业应权衡利弊，把可能失去的机会所产生的潜在利益考虑在内。在评价最优方案的经济效益时，被放弃的次优方案所丢弃的未来收益就是所选最优方案的机会成本，这样才会对最优方案的经济效益作出全面合理的评价。

例如，对于企业在有剩余生产能力的情况下，零部件是自制还是外购的决策，如果选择外购，那么剩余的生产能力可以出租赚取租金；而如果企业选择自制放弃外购，则势必会丧失这部分租金收入。因此，租金收入就是选择自制放弃外购的机会成本。

（二）假计成本

假计成本是指因对决策方案的机会成本难以准确计量而预计、估算的结果，又称估算成本或视同成本，实际上是机会成本的特殊形态，也是一种不会引起现金实际支付的假计支出，在经营决策中也属于相关成本。

例如，企业利用自有资金购买商品而没有存入银行，因而也就放弃了存入银行产生的利息，

虽然没有实际收到利息，但在决策中，无论资金是否真正产生利息，都要把利息视同机会成本，即假计成本进行估算。

（三）实支成本

实支成本是指过去和现在实际发生的现金流出，并应计入账册的成本，在决策中属于无关成本。

四、按照成本的时效性分为历史成本、沉没成本、重置成本和付现成本

成本的时效性是指不同时期发生的成本会对决策产生不同影响的特性。

（一）历史成本

历史成本是指根据当时实际发生的支出而计算的成本，对未来决策不会产生影响，在决策中属于无关成本。

（二）沉没成本

沉没成本是指过去已经支出、现在的决策不能改变它的成本，与历史成本是同义语，又称沉落成本或旁置成本。

例如，4 年前花费 10 万元购进的一台设备，可使用 10 年且无残值，直线法计提折旧，目前账面价值为 6 万元，那么 4 年前的 10 万元就是历史成本，而 4 年后的 6 万元就是沉没成本。若此时又有新的设备需要企业抉择是否更新旧设备，那么 10 万元和 6 万元都是无关成本，企业对旧设备需要从局外人的角度分析，旧设备目前的可变现净值才是企业继续使用的相关成本。

（三）重置成本

重置成本是指目前从市场上取得同一项原有资产所需支付的成本，又称现时成本或现行成本。由于技术进步、通货膨胀等因素的影响，一项资产的重置成本差异较大，它在决策中属于相关成本。

例如，某商场购进一批服装，当时的购进价为 60 元一件，现在的购进价为 90 元一件。现在有客户愿意以 85 元一件的价格购买，若按历史成本定价，每件可获得毛利 25 元；若按重置成本定价，每件则亏损 5 元。因此，在进行有关资产的决策分析中，必须考虑资产的重置成本而不是历史成本。

（四）付现成本

付现成本是指与当前的决策相联系的、需要在未来用现金支付的成本，又称现金支出成本。企业在资金紧张、筹措困难时，对决策方案的取舍往往取决于决策方案的付现成本而不是总成本，即决策者宁可选择付现成本最低的方案代替总成本最低的方案。因此，它属于决策相关成本。

例如，企业需购进一批铜材，有两家供应商可以提供货物，其中，甲供应商的报价为 15 万元，但必须立即付清；而乙供应商的报价为 18 万元，只需先付 6 万元，其余分 12 个月付清，每月支付 1 万元。若企业现有资金 7 万元，预计短期内无应收账款收回，市场上银根紧，贷款

利率高，此时，企业一定会选择乙供应商。因为，虽然乙供应商的报价高于甲供应商，企业购买材料的总成本会高，但是其付现成本较低，企业多支付的总成本可以通过及早生产获得的利润进行补偿。

五、按照成本的可溯性分为专属成本和共同成本

成本的可溯性是指成本中有一部分可被归属于某些特定成本对象的特性。

（一）专属成本

专属成本是指可以明确归属于某种（类或批）或某个部门的成本，又称特定成本。它属于决策的相关成本，通常是决策分析时用来与相关收入进行对比的成本，应由收入直接补偿。这类成本有具体明确的承担对象，实际生产经营过程中发生的变动成本大多属于专属成本，部分固定成本也属于专属成本，被称为专属固定成本。

例如，企业在某贸易洽谈会上接到一份订单，订单上列明的产品就是企业正在生产的甲产品，只是需要在原有产品上做进一步处理。如果企业接受订单就需要专门购买一台处理设备加工甲产品，那么购买这台特殊设备的支出就是接受订单的专属固定成本。

（二）共同成本

共同成本是指应由几种（类或批）或几个部门共同分摊的成本。对于其中的某一产品或某个部门而言，分摊多少与分摊与否不会改变共同成本总额，它不因某一产品停产而不发生，也不因这一产品产量增加而增加，不对决策产生影响。因此，它在决策中属于无关成本。

例如，生产车间的照明费、几种产品共同使用的机器设备发生的折旧费等都属于共同成本。

六、按照成本的可避性分为可避免成本和不可避免成本

成本的可避性是指成本中有一部分可随管理层的决策行为改变其数额的特性。

（一）可避免成本

可避免成本是指决策者的决策行为可以改变其发生额，与决策的某一备选方案直接关联的成本，如广告费、职工培训费等酌量性固定成本，就属于决策相关成本。

（二）不可避免成本

不可避免成本是指决策者的决策行为不能改变其发生额，与特定的决策方案没有直接联系的成本，如直线法计提的固定资产折旧费等约束性固定成本，就属于决策无关成本。

七、按照成本的可递延性分为可递延成本和不可递延成本

成本的可递延性是指已决定选用方案的成本中，有一部分可推迟到以后会计年度再行开支的特性。

（一）可递延成本

可递延成本是指某个备选方案已被选中，在企业财力负担有限的情况下，如推迟执行还不至于影响企业大局，与可延缓执行方案有关的成本，又称可延缓成本，它属于相关成本。例如，

原定 2024 年建造的新办公大楼需花费 200 万元，由于 2023 年经营状况不好，决定推迟建造办公大楼，且不会影响企业正常的运作，那么与建办公楼方案相关的材料、人工等成本就属于可递延成本。

（二）不可递延成本

不可递延成本与可递延成本是相对应的，是指一经选中，必须尽快付诸实施的备选方案的成本，即使企业财力有限也不能推迟执行，否则就会影响企业大局，又称不可延缓成本，它属于无关成本。如企业生产排放的污水、废气和残渣等没有达到国家环保部门的检测标准，环保监测部门勒令企业停产整改，否则企业将被关闭。企业备选立即购买能达到环保排放要求的设备，或者改造现有设备使其达到环保要求，这些用在环保方面的投入就是不可递延成本，即使企业目前资金拮据也要想方设法解决，以保证企业正常有效的经营。

确定可递延成本和不可递延成本，可以帮助决策者在企业财力有限的情况下，区分有关决策方案的轻重缓急，充分发挥现有资源的合理利用，把有限的资源用于急需项目，让企业获得最大利益。

八、按照成本的可分性分为可分成本和联合成本

成本的可分性是指在联产品或半成品成本中，有一部分可按阶段分开的特性。

（一）可分成本

可分成本是指联产品或半成品在进一步加工阶段中所需追加的变动成本和固定成本，在决策中属于相关成本。

（二）联合成本

联合成本是指联产品或半成品在进一步加工前所发生的变动成本和固定成本，在决策中属于无关成本。

例如，企业生产的半成品甲 1 000 件可以立即出售，单位成本 35 元，单价 50 元，也可继续加工成产成品乙出售，单价 80 元，在进一步加工中追加的变动成本和固定成本共 10 000 元。半成品进一步加工前发生的联合成本为 35 000 元，在立即出售还是进一步加工的决策中属于无关成本，决策者只要比较进一步加工前后增加的销售收入与可分成本即可，若增加的销售收入大于可分成本，就选择进一步加工，反之，立即出售。通过计算，增加的销售收入为 30 000 元，大于可分成本 10 000 元，所以，半成品甲进一步加工成产成品乙出售更有利。

第三节　经营决策的常用方法

经营决策的具体内容不尽相同，所采用的决策分析方法因决策的确定条件不同而各有所异，在决策时，应根据决策内容选择某一种分析方法，进而确定采用该方法的决策评判标准是什么，即以什么指标作为方案取舍的标准，通过计算指标及不同方案之间指标的比较，得出决策的正

确结论。其中，确定型决策常用的方法主要有差量分析法、贡献毛益分析法（边际贡献分析法）、本—量—利分析法，非确定型决策常用的方法有最大的最小收益值法、最大的最大收益值法、最小的最大后悔值法，风险型决策常用的是概率分析法。

一、确定型决策常用的方法

（一）差量分析法

差量是指各个不同的备选方案之间的差异，具体分为：（1）差量收入，它是两个备选方案之间预期收入的差异数；（2）差量成本，是两个备选方案之间预期成本的差异数；（3）差量利润，是两个备选方案之间差量收入与差量成本的差额。因此，差量分析法就是根据两个备选方案的差量收入与差量成本的比较来确定哪个方案较优的方法。应用此法关键在于：只考虑那些对备选方案的预期收入和预期成本产生影响的项目，至于那些不相关的因素，则一概予以剔除。如果差量收入大于差量成本，差量利润为正数，则前一个方案较优；如果差量收入小于差量成本，差量利润为负数，则后一个方案较优。下面用公式表示：

（1）$\Delta R=R_{甲}-R_{乙}$

（2）$\Delta C=C_{甲}-C_{乙}$

（3）$\Delta P=\Delta R-\Delta C$

（4）$\Delta P>0$，甲优

（5）$\Delta P<0$，乙优

需要注意的是，计算 ΔR 和 ΔC 的方案排列顺序必须保持一致。

【例 10-2】某公司生产甲、乙两种产品，2024 年有关销售和成本的资料如表 10-2 所示。

表 10-2　2024 年公司甲、乙两种产品有关资料

项 目	甲产品	乙产品
预计销售量（件）	1 000	1 200
预计销售单价（元/件）	50	30
预计单位变动成本（元）	28	12

固定成本总额为 12 000 元。

要求：采用差量分析法为公司做出生产哪种产品比较有利的决策。

解：首先，公司无论生产哪种产品，固定成本总额都要发生，只是分摊到不同产品中的单位固定成本会不同，在决策中属于无关成本，因此，在决策中的相关成本只需考虑变动成本。

其次，编制差量分析表来求解，如表 10-3 所示。

表 10-3　差量分析表　　单位：元

$R_{甲}=1\,000\times50=50\,000$	$R_{乙}=1\,200\times30=36\,000$	$\Delta R=50\,000-36\,000=14\,000$
$C_{甲}=1\,000\times28=28\,000$	$C_{乙}=1\,200\times12=14\,400$	$\Delta C=28\,000-14\,400=13\,600$
$P_{甲}=50\,000-28\,000=22\,000$	$P_{乙}=36\,000-14\,400=21\,600$	$\Delta P=400>0$，甲优

最后，根据分析可知，企业生产甲产品比较有利。

（二）贡献毛益分析法

贡献毛益分析法是指在固定成本总额不变的情况下，通过对比不同备选方案所提供的贡献毛益进行选优的方法。因为，固定成本总额在相关范围内并不随业务量的变化而改变，在决策中它属于无关成本，只要比较不同方案贡献毛益总额的大小即可确定最优方案。应用此法关键在于：应以备选方案提供的贡献毛益总额大小，或者单位人工工时、机器小时等生产能力所创造的贡献毛益大小作为选优标准，而不能以单位产品提供的贡献毛益大小作为选优的依据。因为，企业确定是否盈利，是以贡献毛益总额补偿固定成本总额后是否有剩余，而不是以单位贡献毛益来补偿。如果在决策中发生专属固定成本，那么需要在贡献毛益总额中扣除专属固定成本后的剩余贡献毛益总额作为选优标准。

【例 10-3】某公司使用某台设备可以生产不同产品，该设备的最大生产能力为 10 000 定额工时，其他有关产品的工时定额和销售成本资料如表 10-4 所示。

表 10-4　公司产品的工时定额和销售及成本资料

项 目	A 产品	B 产品
工时定额（小时）	50	80
销售单价（元）	60	90
单位变动成本（元）	30	50
固定成本总额（元）	10 000	

要求：采用贡献毛益分析法为公司作出生产哪种产品比较有利的决策。

解：首先，无论生产哪种产品，固定成本总额在企业现有生产能力范围内都保持不变，在决策中属于无关成本，不需要考虑。因此以贡献毛益总额的大小进行选优。

其次，编制贡献毛益总额计算表，如表 10-5 所示。

表 10-5　贡献毛益总额计算表

项 目	A 产品	B 产品
最大产量（件）	10 000÷50 =200	10 000÷80=125
单位贡献毛益（元/件）	60-30=30	90-50=40
贡献毛益总额（元）	30×200=6 000	40×125=5 000

由表 10-5 的计算结果可知，尽管A产品的单位贡献毛益小于B产品，但它能够为公司提供更多的贡献毛益总额，因此，公司生产A产品更有利。

再次，由于以充分利用生产能力为前提，故也可以单位定额工时提供的贡献毛益大小作为选优标准，结论同上。编制单位定额工时贡献毛益表，如表 10-6 所示。

表 10-6　单位定额工时贡献毛益表

项目	A 产品	B 产品
工时定额（小时）	50	80
单位贡献毛益（元/件）	30	40
单位定额工时创造的贡献毛益（元/工时）	30÷50=0.6	40÷80=0.5
贡献毛益总额（元）	0.6×10 000=6 000	0.5×10 000=5 000

由表10-6的计算结果可知，A产品单位定额工时创造的贡献毛益大于B产品，在10 000定额工时的生产能力范围内，能够为公司提供更多的贡献毛益总额，因此，公司生产A产品更有利。

最后，若生产两种产品分别要发生一定的专属固定成本，则需要计算剩余贡献毛益总额进行比较选优。剩余贡献毛益总额计算表，如表10-7所示。

表10-7　剩余的贡献毛益总额计算表　　单位：元

项 目	A产品	B产品
贡献毛益总额	6 000	5 000
专属固定成本	3 500	2 000
剩余贡献毛益总额	2 500	3 000

从表10-7计算可知，如果考虑了专属固定成本，A产品提供的剩余贡献毛益总额反而比B产品少，因此，选择生产B产品对公司比较有利。

（三）本—量—利分析法

本—量—利分析法是指根据各个备选方案的成本、业务量、利润之间的依存关系确定哪个方案较优的方法。当备选方案不直接产生收入或预期收入相等时，可通过计算成本分界点来选择较优的方案，这种决策分析方法也称成本平衡法。应用此法的关键在于：确定“成本分界点”（成本平衡点），即两个备选方案预期成本相等的业务量，计算出成本分界点后，就可以确定在什么业务量范围内哪个方案较优。在决策时，若预期需求量小于成本分界点，则应选择固定成本总额小、单位变动成本大的方案；若预期需求量大于成本分界点，则应选择固定成本总额大、单位变动成本小的方案。

假设：x为成本分界点业务量；a_1、a_2分别代表方案Ⅰ和方案Ⅱ的固定成本总额；b_1、b_2分别代表方案Ⅰ和方案Ⅱ的单位变动成本；y_1、y_2分别代表方案Ⅰ和方案Ⅱ的总成本。

于是：$y_1=a_1+b_1x$

$y_2=a_2+b_2x$

根据成本分界点计算时，两个方案预期总成本相等的原理，令$y_1=y_2$，则$a_1+b_1x=a_2+b_2x$。

得：$x_0=(a_1-a_2)\div(b_1-b_2)$

成本分界点的计算公式也可表述如下：

$$\text{成本分界点业务量}\ x_0=\frac{\text{两个方案固定成本总额的差额}}{\text{两个方案单位变动成本的差额}}$$

$$=\frac{\text{甲方案固定成本总额}-\text{乙方案固定成本总额}}{\text{乙方案单位变动成本}-\text{甲方案单位变动成本}}=\frac{a_{\text{甲}}-a_{\text{乙}}}{b_{\text{乙}}-b_{\text{甲}}}$$

【例10-4】某企业每年需用A零件3 600个，外购单价包括运杂费在内为28元。若该企业金工车间目前有剩余生产能力可制造A零件，预计单位零件的成本为30元，其中，直接材料14元，直接人工6元，变动制造费用4元，固定制造费用6元。另外，每年需增加专属固定成本10 000元。

要求：假定金工车间不制造A零件，生产设备也无其他用途，A零件是自制还是外购？

解：金工车间有剩余生产能力利用，原有的固定制造费用不会因自制而增加，也不会因外购而减少，A零件自制成本中的固定制造费用属于无关成本。在决策时需要考虑的两个方案的固定成本总额和单位变动成本分别是：

自制方案：a_1=10 000（元）；b_1=14+6+4=24（元）。

外购方案：a_2=0；b_2=28（元）。

于是计算得：

成本分界点业务量=（10 000−0）÷（28−24）=2 500（个）

由于该企业每年需要量为3 600个，大于成本分界点2 500个，因此应选择固定成本总额大、单位变动成本小的自制方案。

二、非确定型决策常用的方法

（一）最大的最小收益值法

最大的最小收益值法是指在具有不确定性的几种随机事件中，选择最不利情况下具有最大收益值的方案作为最优方案的方法，也称小中取大法。应用此法的关键在于：决策者从最坏的客观环境出发，以悲观保守的态度选择最坏情况下的最好结果，也称悲观决策法。其中，收益值是指贡献毛益或已扣除专属固定成本的剩余贡献毛益，对于长期决策则指投资报酬、净现值等。

（二）最大的最大收益值法

最大的最大收益值法是指从各种决策方案中取一个最大的收益值，再从已经确定的各个最大收益值中选取收益值最大的作为最优决策方案，也称大中取大法。应用此法的关键在于：决策者从最好的客观情况出发，寻找预期结果最好的方案，也称乐观决策法，但此法带有较大的冒险性。

（三）最小的最大后悔值法

最小的最大后悔值法是指以最不利的情况为基础，即在具有不确定性的几种随机事件中选择最不利的情况下损失额最小的方案作为最优方案的方法，也称大中取小法。应用此法的关键在于：决策者要从不同备选方案确定的最大后悔值中选择最小的作为选优标准。其中，后悔值是指按各种可能出现的未来状况计算的最优方案的收益值与所采取方案的收益值之差。

【例10−5】公司经营甲产品有A、B、C三个备选方案，而预计未来市场前景有三种情况：很好、一般和较差。三个备选方案不同市场前景下的预期收益如表10−8所示。

表10−8　三个备选方案不同市场前景下的预期收益　　单位：万元

市场前景	A方案	B方案	C方案
很好	700	800	500
一般	450	400	250
较差	−100	−250	−50

要求：确定经营甲产品的最优方案。

解：（1）小中取大法，如表10−9所示。

表 10-9 小中取大法分析表 单位：万元

不同备选方案	最小收益值	最大的最小收益值	最优方案
A方案	-100		—
B方案	-250	—	
C方案	-50	-50	C方案

（2）大中取大法，如表 10-10 所示。

表 10-10 大中取大法分析表 单位：万元

不同备选方案	最大收益值	最大的最大收益值	最优方案
A方案	700	—	—
B方案	800	800	B方案
C方案	500	—	—

（3）大中取小法，如表 10-11 至表 10-13 所示。

首先，确定不同市场前景下预期收益最大的备选方案及其具体收益值。

表 10-11 大中取小法分析表 单位：万元

市场前景	A方案	B方案	C方案
很好		800	
一般	450	—	
较差			-50

其次，确定不同市场前景下三个方案的后悔值。

表 10-12 后悔值计算表 单位：万元

市场前景	A方案	B方案	C方案
很好	100=800-700	0=800-800	300=800-500
一般	0=450-450	50=450-400	200=450-250
较差	50=-50-（-100）	200=-50-（-250）	0=-50-（-50）

最后，从确定不同备选方案的最大后悔值中选择最小的作为最优方案。

表 10-13 后悔值分析表 单位：万元

不同备选方案	最大后悔值	最小的最大后悔值	最优方案
A方案	100	100	A方案
B方案	200	—	—
C方案	300		

三、风险型决策常用的方法

概率分析法主要运用于风险型决策分析中，一般而言，进行概率分析通常要经过以下三个步骤。

（1）确定这项决策可能出现哪些事件，并为每一事件的发生估计一个概率。估计概率可以是客观概率，也可以是主观概率。

（2）根据估计的概率，以及各种事件的具体条件金额（称为“条件价值”），编制期望值分析表。

（3）从期望值分析表中选出可行方案。

【例 10-6】公司拟购置一台设备用于生产产品，目前有三种型号的设备可供选择，使用寿命均为 10 年，其他有关设备售价、产品未来市场销售情况以及年均收益资料如表 10-14 所示。

表 10-14 设备售价、产品未来市场销售情况以及年均收益资料

设备售价	销售情况	概率	甲设备年均收益（万元）	乙设备年均收益（万元）	丙设备年均收益（万元）
甲 50 万元	很好	0.6	15	12	10
乙 40 万元	一般	0.3	10	8	7
丙 30 万元	较差	0.1	−2	5	1

要求：确定该公司应购置何种型号的设备。

解：按照要求计算未来 10 年三种型号设备收益的期望值如下。

甲设备的未来收益期望值=[0.6×15+0.3×10+0.1×（−2）]×10−50=68（万元）

乙设备的未来收益期望值=（0.6×12+0.3×8+0.1×5）×10−40=61（万元）

丙设备的未来收益期望值=（0.6×10+0.3×7+0.1×1）×10−30=52（万元）

计算结果表明，甲设备的未来收益期望值最高，因此公司应购置甲设备。

第四节 生产决策

一、利用剩余生产能力开发新产品的决策

当企业有剩余生产能力可以利用时，选择开发新产品需要考虑新产品能否为企业提供更多的贡献毛益总额，因为此时的固定成本总额为决策的无关成本，但是若需要增加专属固定成本，则以扣除专属固定成本后的剩余贡献毛益总额作为选优标准。

【例 10-7】某企业现有设备的生产能力为 50 000 个机器工时，现有生产能力的利用程度为 80%。现准备利用剩余生产能力开发新产品甲、乙、丙。新产品甲、乙、丙的有关资料如表 10-15 所示。

表 10-15 甲、乙、丙三种产品的有关资料

项 目	甲产品	乙产品	丙产品
工时定额（小时）	2	4	5
单位售价（元）	28	50	60
单位变动成本（元）	20	32	36

由于现有设备加工精度不足，在生产丙产品时，需要增加专属设备 5 000 元。

要求：如果在甲、乙、丙产品市场销售不受限制的情况下进行方案选择，企业应该选择生产哪种新产品？

解：该企业现有剩余机器工时为 50 000 小时 ×（1−80%）=10 000 小时，根据已知数据可以采用贡献毛益分析法编制分析表，如表 10−16 所示。

表 10−16　三种产品贡献毛益分析表

项 目	甲产品	乙产品	丙产品
工时定额（小时）	2	4	5
最大产量（件）	10 000÷2=5 000	10 000÷4=2 500	10 000÷5=2 000
单位售价（元）	28	50	60
单位变动成本（元/件）	20	32	36
单位贡献毛益（元/件）	28−20=8	50−32=18	60−36=24
贡献毛益总额（元）	5 000 × 8=40 000	2 500 × 18=45 000	2 000 × 24=48 000
剩余贡献毛益总额（元）	40 000	45 000	48 000−5 000=43 000

由表 10−16 的计算结果可知，在没有考虑专属固定成本之前，企业应该开发丙产品。但是开发丙产品需要增加专属固定成本 5000 元，那么它能为企业提供的贡献毛益总额与乙产品相比就少了 2000 元，因此，企业此时应选择开发乙产品。

二、亏损产品是否停产或转产的决策

当企业生产的某种产品出现亏损时，管理层就会考虑是否将其停产或转产的问题。通常情况下认为，停产亏损产品一定会使企业整体利润有所提升，停产是必然的结果，但实际上并非如此。这是因为，企业在一定的生产能力下生产多种产品所发生的固定成本总额并不会因为停产某种产品而少发生，只是在一定程度上由其他继续生产的产品分摊而已，停产某种产品仅仅使与之相关的变动成本总额减少。因此，对于亏损产品，绝不能简单地予以停产，而必须综合考虑企业各种产品的经营状况、生产能力的利用及有关因素的影响，采用变动成本法进行分析后，做出停产、继续生产、转产或出租等最优选择。

亏损产品也会提供相应的贡献毛益，只是不足以补偿其分摊的固定成本。如果停产，其创造的贡献毛益随之消失，其分摊的固定成本则由其他产品负担，企业整体的贡献毛益总额减少，而需要补偿的固定成本不变，最终使得企业利润同步减少，减少的金额就是亏损产品所能提供的贡献毛益。因此，在没有转产或出租等其他更好选择的情况下，只要亏损产品能够提供贡献毛益，负担一部分固定成本，就应继续生产。但如果转产或出租后提供的贡献毛益大于亏损产品现在提供的贡献毛益，则应停产。

【例 10−8】某公司某年产销甲、乙、丙三种产品，年末计算的损益情况如表 10−17 所示。

表 10-17 三种产品损益计算表

项 目	甲产品	乙产品	丙产品	合计
销量（件）	800	600	500	
销售单件（元）	25	50	20	
单位变动成本（元/件）	15	34	12	
固定总成本（元）	20 000 元（按照各种产品的销售比例分摊）			
销售收入（元）	20 000	30 000	10 000	60 000
变动总成本（元）	12 000	20 400	6 000	38 400
贡献毛益总额（元）	8 000	9 600	4 000	21 600
分摊固定成本（元）	6 667	10 000	3 333	20 000
利润（元）	1 333	−400	667	1 600

要求：采用贡献毛益分析法和差量分析法做出亏损乙产品是否停产的决策。

解：（1）采用贡献毛益分析法分析乙产品停产后的有关数据如表 10-18 所示。

表 10-18 乙产品贡献毛益分析表

项 目	甲产品	丙产品	合计
固定总成本	20 000 元（按照各种产品的销售比例分摊）		
销售收入（元）	20 000	10 000	30 000
变动总成本（元）	12 000	6 000	18 000
贡献毛益总额（元）	8 000	4 000	12 000
分摊固定成本（元）	13 333	6 667	20 000
利润（元）	−5 333	−2 667	−8 000

乙产品之所以亏损，是因为其提供 9 600 元的贡献毛益，不足以补偿其分摊的 10 000 元固定成本。从贡献毛益分析法分析可以看出，若停产乙产品，其分摊的固定成本将由其他两种产品承担，企业需要补偿的固定成本总额还是 20 000 元，其提供的贡献毛益总额就会消失，企业创造的贡献毛益总额将会同额减少 9 600 元，整体利润不但没有增加，反而亏损 8 000 元，所以，在没有其他更好的用途下，原则上乙产品不能停产。

（2）采用差量分析法计算的有关数据如表 10-19 所示。

表 10-19 乙产品差量分析计算表

项 目	不停产乙产品	停产乙产品
销售收入（元）	60 000	30 000
变动总成本（元）	38 400	18 000
贡献毛益总额（元）	21 600	12 000
分摊固定成本（元）	20 000	20 000
利润（元）	1 600	−8 000

差量收入=60 000−30 000=30 000（元）

差量成本=38 400−18 000=20 400（元）

差量利润=30 000−20 400=9 600（元）

结论：差量利润大于零，不停产乙产品。

三、零部件是自制还是外购的决策

由于企业所需零部件的数量对自制方案或外购方案都是一样的，给企业带来的预期收入是相等的，因此，通常只需要考虑自制方案和外购方案的成本高低，在相同质量并保证及时供货的情况下，就低不就高。由于影响自制或外购的因素很多，因而所采用的决策分析方法也不尽相同，但一般都要计算每个方案增加的成本来进行决策分析。

（1）当企业有剩余生产能力，自制方案不需要增加固定成本，生产设备不用于自制也无其他用途时，企业生产能力形成的固定成本总额并不会发生改变。决策需要考虑的只是与自制决策相关的单位变动成本与外购单价的大小。如果自制单位变动成本>外购单价，则应该选择外购方案；如果自制单位变动成本<外购单价，则应该选择自制方案。

【例 10-9】某公司生产甲产品每年需要A零件 5 000 件，由车间自制时每件成本为 78 元，其中，单位变动成本为 60 元，单位固定成本为 18 元。现市场上销售的A零件价格为每件 65 元，且质量更好、保证按时送货上门。该公司应自制还是外购？

解：由于自制单位变动成本 60 元<外购单价 65 元，所以企业应选择自制。这时每件A零件的成本将降低 5 元，总共降低 25 000 元。

（2）当企业有剩余生产能力，自制方案不需要增加固定成本，生产设备不用于自制会产生租金收入时，租金收入就作为自制方案的机会成本，决策需要考虑的是两个方案总成本的高低，总成本低者为优。

【例 10-10】某公司现有一空置的车间既可以用于A零件的生产，也可以用于出租。如果用来生产A零件 1 000 件，单位变动成本为 50 元，而外购单价为 60 元；如果用于出租则可获得租金收入 12 000 元。该公司应自制还是外购？

解：在决策中，如果选择用于生产A零件，则必然放弃出租获得的租金收入。因此，租金收入 12 000 元应作为生产A零件的机会成本，由自制方案负担。此时，自制方案的总成本 =50×1 000+12 000=62 000（元），而外购方案的总成本 =60×1 000=60 000（元），外购方案成本较低，企业应选择外购。

（3）当企业没有剩余生产能力，自制方案需要增加专属固定成本时。一方面，可以通过计算补偿追加固定成本所需的产量，即成本分界点来确定哪个方案较优。如果企业需要量超过补偿追加固定成本所需的产量，则采用自制方案；如果企业需要量低于补偿追加固定成本所需的产量，则采用外购方案。其计算公式如下：

$$\text{补偿追加固定成本所需的产量}=\frac{\text{每年需要增加的专属固定成本}}{\text{外购单价}-\text{自制单位变动成本}}$$

另一方面，可以通过对企业需要量自制和外购两个方案的总成本进行比较，低者为优。

【例 10-11】某公司生产乙产品需要B零件 2 500 件，由于企业没有剩余生产能力，若要自制B零件需要追加专属固定成本 30 000 元，自制的单位变动成本为 40 元，外购单价为 55 元，该公司应自制还是外购？

解：一方面，计算补偿追加固定成本所需的产量 =30 000÷（55−40）=2 000（件），企业需要量为 2 500 件超过了补偿追加固定成本所需的产量 2 000 件，企业应选择自制方案。另一方面，计算两种方案的总成本并进行比较，自制方案的总成本=40×2 500+30 000=130 000（元），低于外购方案的总成本=55×2 500=137 500（元），企业应选择自制方案。

四、半成品或联产品是继续加工还是立即出售的决策

企业生产经过若干加工步骤最终制成产成品，除最后一个步骤外的各加工步骤完工的是半成品，有些半成品既可立即出售，也可继续加工成产成品后出售。而有些企业在生产过程中投入一种原材料，可以同时生产出几种主要产品，这些产品被称为联产品。有些联产品既可直接出售也可继续加工成中间产品或最终产品出售。在半成品或联产品是继续加工还是出售的决策中，可采用差量分析法进行比较，加工后出售较立即出售增加的销售收入即为差量收入，继续加工追加的可分成本为差量成本，联合成本属于决策无关成本。只有差量收入大于差量成本，半成品或联产品继续加工对企业才更有利。

【例 10-12】企业生产的联产品甲 1 000 件既可立即出售，单位成本 30 元，单价 50 元，也可继续加工成产成品出售，损耗率 5%，单价 80 元，在进一步加工中追加的变动成本和固定成本共 10 000 元。而生产的联产品乙 1 200 件既可立即出售，单位成本 40 元，单价 70 元，也可继续加工成产成品出售，损耗率 10%，单价 100 元，在进一步加工中追加的变动成本和固定成本共 25 000 元。企业生产的两种联产品是继续加工还是立即出售？

解：由于联产品甲的差量收入=1 000×（1−5%）×80−1 000×50=76 000−50 000=26 000（元），大于联产品甲的差量成本 10 000 元，联产品甲继续加工对企业更有利。而联产品乙的差量收入=1 200×（1−10%）×100−1 200×70=108 000−84 000=24 000（元），小于联产品乙的差量成本 25 000 元，联产品乙立即出售对企业更有利。

五、产品优化组合的决策

企业在生产多种产品时，往往会受到机器设备、生产工人人数、市场销售情况等条件的限制，各种产品的产量就会相互影响。由于各种产品的盈利能力不同，所耗资源也各不相同，如何合理利用资源进行产品生产是企业管理层需要思考的决策性问题。在进行产品优化组合的决策分析中，由于一般不会改变企业现有的生产能力，因此，固定成本属于决策无关成本。只要能给企业创造更多贡献毛益的产品组合就是最优组合，必然会给企业带来较大的利润。

【例 10-13】某公司计划生产甲、乙两种产品，资料如表 10-20 所示。

表 10-20　甲、乙产品售价成本及其他资料

产品名称	甲产品	乙产品
销售单价（元）	45	15
单位变动成本（元/件）	35	9
单位贡献毛益（元/件）	10	6
最大销售量（件）	1 000	2 500
生产单位产品所需机器小时		
金工车间（最大生产能力为 4 500 机器小时）	4	1
装配车间（最大生产能力为 7 500 机器小时）	2	3

要求：根据上述资料，如何合理安排两种产品的生产能为企业提供最大的贡献毛益。

（一）逐次测试法

从单位贡献毛益的比较看，甲产品 10 元大于乙产品 6 元，说明甲产品的单位盈利能力强，但甲产品占用企业的资源（金工车间和装配车间的机器小时）也多。从单位机器小时提供的贡献毛益比较看，金工车间：甲产品 2.5 元/小时（10/4），小于乙产品 6 元/小时（6/1），因此，要提高金工车间的资源利用效果，应该优先生产乙产品；装配车间：甲产品 5 元/小时（10/2），大于乙产品 2 元/小时（6/3），因此，要提高装配车间的资源利用效率，应该优先生产甲产品。

1. 第一次测试：优先生产甲产品，剩余生产能力安排乙产品

（1）生产甲产品 1 000 件需要利用金工车间的生产能力=1 000 × 4=4 000（小时），小于其最大生产能力 4 500 小时，剩余 500 小时生产乙产品 500÷1=500（件）。

（2）生产甲产品 1 000 件需要利用装配车间的生产能力=1 000 × 2=2 000（小时），小于其最大生产能力 7 500 小时，剩余 5 500 小时生产乙产品 5 500÷3=1 833（件）。

（3）所以，生产甲产品 1 000 件后最多再安排生产乙产品 500 件，金工车间的生产能力充分利用，而装配车间的生产能力还有 4 000 小时（5 500−500 × 3），企业可实现的贡献毛益总额为 13 000 元（1 000 × 10+500 × 6）。

2. 第二次测试：优先生产乙产品，剩余生产能力安排甲产品

（1）生产乙产品 2 500 件需要利用金工车间的生产能力=2 500 × 1=2 500（小时），小于其最大生产能力 4 500 小时，剩余 2 000 小时生产甲产品，即 2 000÷4=500（件）。

（2）生产乙产品 2 500 件需要利用装配车间的生产能力=2 500 × 3=7 500（小时），等于其最大生产能力 7 500 小时，没有剩余生产能力生产甲产品。

（3）所以，装配车间最多只安排生产乙产品 2 500 件，生产能力充分利用，而金工车间生产能力还有 2 000 小时，企业可实现贡献毛益总额为 15 000 元（2 500 × 6）。

3. 第三次测试

由于前两次测试企业的金工车间和装配车间分别有剩余生产能力，故为使企业的剩余生产能力充分利用需要进一步测试。第二次测试只安排生产乙产品 2 500 件，而没有安排生产甲产品，企业金工车间还有剩余 2 000 小时可以利用。为了充分利用金工车间的剩余生产能力，就要减少乙产品的生产而相应增加甲产品的生产。若少生产 1 件乙产品，装配车间空出 3 小时可多生产 1.5 件（3/2）甲产品，同时，金工车间空出 1 小时，而多生产的 1.5 件甲产品需要利用金工车间的生产能力 6 小时（1.5 × 4），因此，少生产 1 件乙产品可以多利用金工车间的生产能力 5 小时（6−1），可以多实现贡献毛益总额 9 元（1.5 × 10−6）。所以，少生产乙产品 400 件（2 000÷5），可以多生产甲产品 600 件（400 × 1.5），即生产乙产品 2 100 件（2 500−400），生产甲产品 600 件，可以使企业金工车间和装配车间的生产能力充分利用，为企业提供的贡献毛益总额为 18 600 元（600 × 10+2 100 × 6）。

（二）几何图解法

几何图解法是一种直观简便的求解方法，在只有两个决策变量时，通过平面图上可行性求解区域的角顶计算的目标函数值，确定最大值对应的角顶即为最优产品组合。

（1）设甲和乙两个产品的销售量分别为 x_1 和 x_2，可提供的贡献毛益总额为目标函数。根据若干约束条件列出约束方程如下：

L_1:$4x_1+x_2 \leqslant x_1 \leqslant 4\,500$（机器小时）；
L_2:$2x_1+3x_2 \leqslant 7\,500$（机器小时）；
L_3:$0 \leqslant x_1 \leqslant 1\,000$（件）；
L_4:$0 \leqslant x_2 \leqslant 2\,500$（件）。
目标函数：$Tcm=（45-35）x_1+（15-9）x_2=10x_1+6x_2$
求其最大值。
（2）以x_1和x_2为横轴和纵轴，建立平面坐标系，按照约束条件作图，如图 10-1 所示。

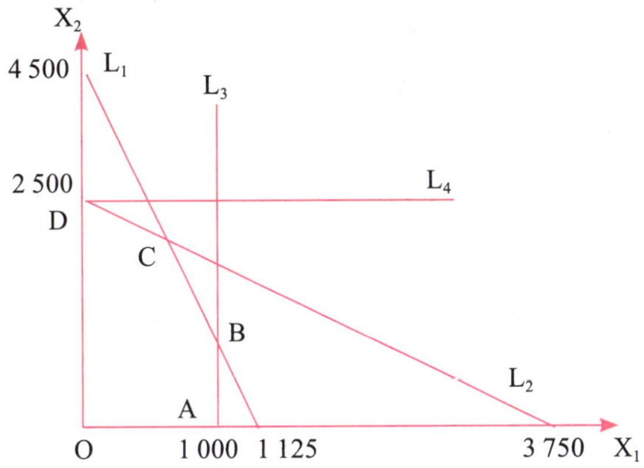

图 10-1　几何图解

（3）图 10-1 中的可行性求解区域OABCD的角顶及目标函数值计算如下：
A：（1 000，0）→Tcm=10×1 000+6×0=10 000（元）；
B：（1 000，500）→Tcm=10×1 000+6×500=13 000（元）；
C：（600，2 100）→Tcm=10×600+6×2 100=18 600（元）；
D：（0，2 500）→Tcm=10×0+6×2 500=15 000（元）；
所以，甲产品和乙产品的销售量分别为 600 件和 2 100 件时，才能获得最大的贡献毛益 18 600 元。

第五节　定价决策

企业生产的各种产品都必须有合理的价格，而影响产品价格的因素有很多，主要体现在成本因素、需求因素、商品的市场生命周期因素、政策法规因素、竞争因素、科学技术因素以及相关工业产品的销售量等方面。

企业价格制定的目标主要针对：企业是否能获取最高利润，追求利润的最大化；企业维持经营需要达到相应的投资收益指标，保持一定的投资利润率；企业要应对和防止市场恶性竞争，除了稳定产品价格外更需要保持和提高市场占有率等。

企业定价决策就是围绕产品售价对产品销售量、成本和利润等因素的影响而开展的，其正确与否将会直接关系到企业一定时期内生产经营活动的健康稳定发展。在定价决策中必须严格遵循：成本是制定价格的最低经济界限，只有超过成本的价格才能为企业带来利润，才能让企业的扩大再生产持续进行。

一、以成本为基础的定价方法

成本是企业生产和销售产品所发生的各项费用的总和，既是构成产品价格的基本因素，也是企业制定价格的最低经济界限。所以，以成本为基础制定产品价格，不仅能保证生产中的耗费得到补偿，还能保证企业获得必要的利润。凡是新产品的价格制定，都可以采用以成本为基础的定价方法。作为定价基础的成本，既可以是全部成本，也可以是制造成本、变动成本和变动制造成本，在成本基础上考虑一定的比例加成后作为产品的销售价格。

（一）全部成本加成定价法

全部成本加成定价法是以产品的全部成本为成本基数，按一定比例加成后作为产品的销售价格。其计算公式如下：

$$产品销售价格=\frac{全部成本+目标利润}{产量}=\frac{全部成本+投资额\times 期望投资报酬率}{产量}$$

（二）制造成本加成定价法

制造成本加成定价法是以产品的制造成本为成本基数，按一定比例加成后作为产品的销售价格。其计算公式如下：

$$产品销售价格=\frac{制造成本+非制造成本+目标利润}{产量}$$

$$=\frac{制造成本+固定成本+投资额\times 期望投资报酬率}{产量}$$

（三）变动成本加成定价法

变动成本加成定价法是以产品的变动成本为成本基数，按一定比例加成后作为产品的销售价格。其计算公式如下：

$$产品销售价格=\frac{变动成本+固定成本+目标利润}{产量}$$

$$=\frac{变动成本+固定成本+投资额\times 期望投资报酬率}{产量}$$

（四）变动制造成本加成定价法

变动制造成本加成定价法是以产品的变动制造成本为成本基数，按一定比例加成后作为产品的销售价格。其计算公式如下：

$$产品销售价格=\frac{变动制造成本+变动非制造成本+固定成本+目标利润}{产量}$$

$$=\frac{变动制造成本+变动非制造成本+固定成本+投资额\times 期望投资报酬率}{产量}$$

（五）各种方法加成百分比的确定

1.全部成本加成百分比的确定

$$加成百分比=\frac{投资额\times 期望投资报酬率}{产量\times 单位产品成本}\times 100\%$$

2.制造成本加成百分比的确定

$$加成百分比=\frac{投资额\times 期望投资报酬率+非制造成本}{产量\times 单位产品成本}\times 100\%$$

3.变动成本加成百分比的确定

$$加成百分比=\frac{投资额\times 期望投资报酬率+固定成本}{产量\times 单位产品成本}\times 100\%$$

4.变动制造成本加成百分比的确定

$$加成百分比=\frac{投资额\times 期望投资报酬率+固定成本+变动非制造成本}{产量\times 单位产品成本}\times 100\%$$

二、贡献毛益定价法

贡献毛益定价法是一种以变动成本作为基本要素的短期定价决策手段。当企业的生产能力有剩余或陷入过剩产品滞销的困境时，为了补偿固定成本支出，维持企业正常的生产经营活动，根据本—量—利分析保本点的要求所采取的一种灵活的定价决策方法，其基本原则是以所提供的贡献毛益的大小来确定产品价格。

（一）正常情况下的贡献毛益定价法

贡献毛益定价法的基本特点是在变动成本的基础上附加一定数额的贡献毛益，以变动成本和贡献毛益之和为制定产品销售价格的依据。其计算公式如下：

销售单价 p=单位变动成本 b+单位贡献毛益 cm

=单位变动成本 ÷（1−贡献毛益率）=b÷（1−cmR）

=（变动成本总额+预期贡献毛益总额）÷产（销）量=（bx+Tcm）÷x

（二）特殊情况下的贡献毛益定价法

企业在不影响正常的顾客订货的前提下，考虑到现有生产能力的充分利用，可以临时接受购买单位的特殊定价——高于单位变动成本而低于平均单位成本。由于企业完成正常订货后，其全部固定成本已经分摊完毕，因此，固定成本属于决策无关成本。按照特别订货单的要求增加额外的订货，只要额外订货的价格不影响正常产销量的市场，即原正常产销量价格保持不变，即使对方出价只高于单位变动成本，所增加的贡献毛益等于净利润，那么额外订货也可以接受。另外，如果为特殊订货还要发生专属固定成本的话，则需要以扣除专属固定成本后的剩余贡献毛益是否为正数作为接受标准。

【例 10-14】某企业生产 A 产品的最大生产能力为 10 000 件，尚有 40% 的剩余生产能力。单位产品直接材料为 30 元，直接人工为 15 元，变动制造费用为 11 元，固定制造费用为 120 000 元，变动销售及管理费用为 4 元，固定销售及管理费用为 6 000 元。预计贡献毛益率为 40%。现有客户提出以 70 元的价格追加订货 3 600 件，而企业由于追加订货的特殊要求需要购买一台专属设备，价值 10 000 元。请问企业能否接受该项订货？

解：正常情况下企业产品的销售单价=（30+15+11+4）÷（1−40%）=100（元）；按照完全成本法计算的单位产品成本=30+15+11+4+（126 000÷6 000）=81（元），客户的出价只有 70 元，企业似乎不该接受追加订货。但是在特殊情况下进行决策分析应该考虑以下几个方面。

（1）从生产能力来看，客户追加订货 3600 件小于企业的剩余生产能力 4 000 件（10 000×40%），可以接受订货。

（2）按照接受 3 600 件订货后计算的产品成本=30+15+11+4+（126 000÷9 600）=73.125（元），而客户出价只有 70 元，表面看追加订货每件要亏损 3.125 元，而且要增加专属固定成本 10 000 元，企业接受订货是不合算的。但是，在企业有剩余生产能力的情况下，固定制造费用 120 000 元不论是否接受追加订货都会发生，是无关成本。

（3）从贡献毛益定价法的特殊情况考虑，在企业正常订货量下计算利润时，固定制造费用已经全部补偿，因此，只要客户的出价高于产品的单位变动成本，并在补偿专属固定成本后有剩余的贡献毛益便可接受订货。追加订货后为企业增加利润：[70−（30+15+11+4）]×3 600−10 000=（70−60）×3 600−10 000=26 000（元），所以应该接受该项订货。

三、最优售价的确定

理论上的最优售价，既不是水平最高的价格，也不是水平最低的价格，而是能够使销售总收入与销售总成本的差额达到最大值时的价格，也就是使企业获得最大利润时的价格。产品最优售价决策，就是根据某种产品的销售价格，计算销售收入与销售成本，决策如何确定产品售价才能使企业在一定条件下获得最大利润。

边际收入是指增加或减少一个可计量单位的产量所引起的收入变化额；边际成本是指增加或减少一个可计量单位的产量所引起的成本变化额。当边际收入等于边际成本，即边际利润为零时，企业获利最大，此时的单位售价和销售数量就是企业的最优售价和最优销售量。这是因为，如果销售价格降低会使销售数量增加，从而引起销售收入增加，即边际收入大于边际成本时，边际利润为正数，企业的总利润会增加，其增加额等于边际利润额；如果销售价格提高会使销售数量减少，从而引起销售收入减少，即边际收入小于边际成本时，边际利润为负数，企业的总利润会减少，其减少额等于边际利润额（负数）。所以边际利润（正数）就是企业利润的净增加额。

最优售价的确定方法有列表法和公式法两种，现分述如下。

（一）列表法

【例 10-15】某企业生产甲产品，最大生产能力为 400 台，该产品单位售价为 9.25 万元。可销售 180 台，单位变动成本为 5 万元，固定成本总额为 200 万元，如果销售价格逐步下降，销售数量逐步增加，有关销售收入、销售成本及利润的计算如表 10-21 所示。

表 10-21 甲产品收入、成本及利润分析表

单位售价（p）（万元）	销售量（x）（台）	销售收入（TR）（万元）	变动成本（bx）（万元）	固定成本（a）（万元）	销售成本（TC）（万元）	利润（P）（万元）
9.25	180	1 665	900	200	1 100	565
9	200	1 800	1 000	200	1 200	600
8.75	220	1 925	1 100	200	1 300	625
8.5	240	2 040	1 200	200	1 400	640
8.25	260	2 145	1 300	200	1 500	645
8	280	2 240	1 400	200	1 600	640
7.75	300	2 325	1 500	200	1 700	625
7.5	320	2 400	1 600	200	1 800	600

根据上述资料，编制边际利润计算表，如表 10-22 所示。

表 10-22 甲产品边际利润计算表

单位售价（p）（万元）	销售量（x）（台）	销售收入（TR）（万元）	边际收入（MR）（万元）	销售成本（TC）（万元）	边际成本（MC）（万元）	边际利润（MP）（万元）	利润（P）（万元）
9.25	180	1 665	0	1 100	0	0	565
9	200	1 800	135	1 200	100	35	600
8.75	220	1 925	125	1 300	100	25	625
8.5	240	2 040	115	1 400	100	15	640
8.25	260	2 145	105	1 500	100	5	645
8	280	2 240	95	1 600	100	−5	640
7.75	300	2 325	85	1 700	100	−15	625
7.5	320	2 400	75	1 800	100	−25	600

由表 10-22 计算结果可知，随着单位售价的逐步降低，当边际收入大于边际成本时，企业利润在逐步增加，说明降低售价对企业是有利的；可是如果继续降价所带来的边际收入小于边际成本时，即边际利润为负数，企业利润将逐渐减少，表明降价对企业不利。所以，单位售价下降的最低限度应该是边际收入等于边际成本，即边际利润为零时，企业将获利最大。在本例中，当单位售价为 8.25 万元，销售量为 260 台时，企业获利最大（645 万元）。由于边际成本固定不变，所以，最优售价出现在边际利润为正数 5 万元的点，即最接近边际利润为零的点，这是一种特殊的情况。当边际成本不是稳定的，边际收入等于边际成本时的售价——销量组合，才是企业最优售价决策的选择标准。

（二）公式法

公式法是以微分极值原理为依据，对收入与成本函数直接求导，计算结果比较准确。但是，单位售价与销售量的函数关系以及销售总成本函数关系都不容易确定，且只有可微函数才能求导数，而对于非连续函数则只能借助列表法求解最优售价。

根据前述列表法提供的数据，建立单位售价与销售量之间的函数关系为：

$$p=11.5-0.0125x$$

销售收入函数即

$$TR=px=（11.5-0.0125x）x=11.5x-0.0125x^2$$

则边际收入 $MR=11.5-0.025x$。

另外，销售总成本函数

$$TC=a+bx=200+5x$$

则边际成本 $MC=5$。令 $MR=MC$，则 $11.5-0.025x=5$，可求得最优销售量 $x_0=260$（台）。将 $x_0=260$ 代入 $p=11.5-0.0125x$，可求得最优售价 $p_0=8.25$（万元）。

※思考题※

1. 什么是决策？企业的经营决策如何进行分类？
2. 简述决策的一般程序。
3. 什么是机会成本？为什么在经营决策中需要考虑机会成本？
4. 什么是沉没成本？相关成本与沉没成本有什么区别和联系？
5. 确定型决策和非确定型决策常用的基本分析方法有哪些？

第十一章　全面预算

学习目标

1.理解全面预算的概念和作用。

2.掌握全面预算的内容和编制方法。

3.了解其他常用的预算编制方法。

引　例

阿里巴巴和腾讯的红包之争

说起阿里巴巴和腾讯的红包之争，相信很多经历这起事件的人至今记忆犹新，这场堪称中国互联网两大巨头“火星撞地球”般的世纪之争最终以腾讯的大获全胜而结束。很多人知道这个结果，但并不知道其中的过程一样令人惊心动魄。

微信是这个时代最伟大的产品之一，现在不仅全球华人在使用这个产品，很多外国人也为之着迷。但微信的伟大不是一蹴而就的，它自被微信之父“张小龙”发明出来，经历了无数次的迭代。

微信 1.0 版本，只是一个在熟人之间可以免费发文本信息和图片的工具。

微信 2.0 版本，增加了微信的语音功能和“查找附近陌生人”的功能。

微信 3.0 版本，推出了“扫一扫”“服务号”，从这个版本开始，微信真正来到了“连接世界”。

微信 4.0 版本，又推出“朋友图”，微信从通信工具进化成了社交平台。

微信 5.0 版本，开始绑定银行卡，有了支付功能，火烧到了马云的地盘，开始了和支付宝的正面竞争。

微信 6.0 版本，竞争白热化，战场一路延伸到了央视。

微信在这个时候研发出微信红包。微信红包是由微信的支付团队研发出来的，这支团队脱胎于微信的财付通团队，在此之前，支付宝一直都是压在财付通头顶上的一座大山，无法逾越。

战局从 2015 年春晚发生逆转。

2015 年，微信和春晚合作。数以亿计的观众在收看春晚的间隙，拿出手机，开启微信摇一摇，就可以抢红包，红包有大有小，但是谁在意呢？春节抢个红包就是图个喜庆。就这么一个简单的操作，微信红包新增 1 亿用户，也就意味着，至少 1 亿张银行卡被微信绑定，你抢了红包，得用银行卡存起来啊。不仅如此，派红包的钱还不是腾讯出的，几亿人抢红包，这是多么大的广告流量啊，精明的腾讯人想到了，一大批的金主重金抢占微信红包的广告位。腾讯公司以较少的预算支出取得了巨大的成果。

而反观阿里巴巴呢？它也推出了支付宝红包。2016 年春晚，支付宝花了 2.69 亿元参与红包大战，与微信简单直接地抢红包不同，支付宝推出一个概念，叫“集齐五福，分两亿现金”。很多人都集齐了四福，就差最后一张敬业福，集齐五福的只有 79 万人，而支付宝的总用户有多少呢？答案是 4 亿人。4 亿人中只有 79 万人抢到了红包，占比为 0.2%，99.8%的人都与这 2.69 亿元现金无缘，也就意味着高达 99.8%的支付宝用户对这次红包营销不满意：不仅没抢到红包的人不满意，抢到红包的人中也有很多人不满意，他们抢到了红包，但金额太少，只有几块钱，而为了这几块钱，集五福时手机屏幕都快被戳烂了，高期望得到一个低回报，很多支付宝的忠实用户一气之下卸载了支付宝。因此，支付宝的这次红包大战，被很多网友戏称为“出了演太子的钱，却领了个陪太子读书的角色”。

经此一役，微信支付后来者居上，一举打破十多年来支付宝在移动支付上的统治地位，和支付宝共分天下。

腾讯和阿里巴巴的红包大战也说明一个事实：在移动互联时代，拼的往往不是钱，而是创意。腾讯用了比阿里巴巴少得多的钱，却收到了比阿里巴巴更好的效果。因此，优秀的管理者或预算的执行者不要总是把预算不够挂在嘴边，因为资源总是有限的，像多年前秦池酒业靠砸钱做央视的标王从而提升销售业绩的机会越来越少了。渠道在碎片化，传播在碎片化，人们的时间也在被碎片化。这种碎片化削弱了传统管理手段的效能，但同时也给了创新管理的机会。因此，优秀的管理者或预算执行者更应该打破传统的思维，好好想一想，如何利用企业提供的有限资源，在环境发生变化的时候，能够随机应变，果断调整，最终完成企业下达的预算目标。

资料来源：徐华、吕勇清. 全面预算管理：让公司指数级增长[M]，机械工业出版社，2019.

第一节　全面预算概述

一、全面预算的概念

全面预算是通过对企业内外部环境的分析，在预测和学习决策基础上，调配相应的资源，对企业未来一定时期的经营和财务等作出一系列具体计划。预算以战略规划目标为导向，它既是决策的具体化，又是控制经营和财务活动的依据。预算是计划数字化、表格化、明细化的表达。全面预算体现了预算全员、全过程、全部门的特征。

二、全面预算的体系

全面预算通常由营业预算、专门决策预算和财务预算三个部分组成。图 11-1 以制造业为例，勾画了全面预算体系中各项预算之间的关系。

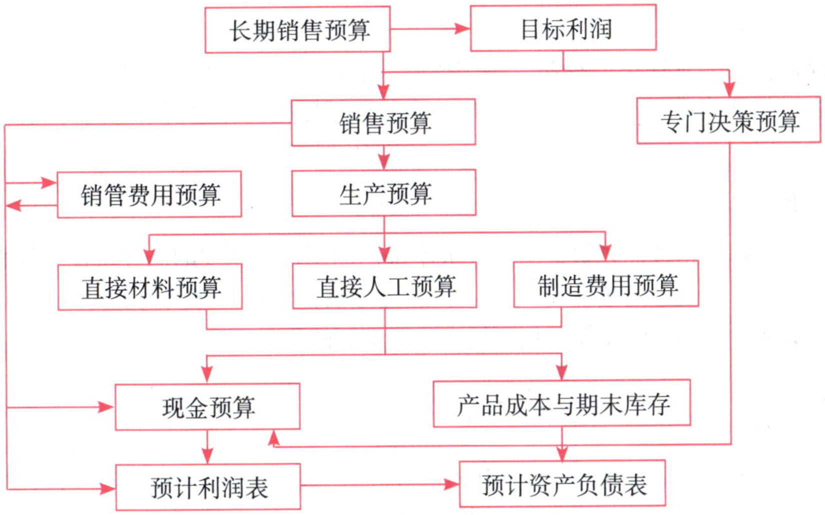

图 11-1　全面预算体系

在这三大类预算中，财务预算综合性最强，各项具体预算最后都以货币形态反映在财务预算中，因此，又称其为总预算。财务预算的编制又依赖于营业预算和专门决策预算，因此，营业预算和专门决策预算是财务预算的基础。全面预算以销售预算为起点，编制出生产预算、各项成本费用预算、现金收支预算后，以预计的财务报表作为终结。营业预算是为供、产、销及其管理活动编制的预算，主要包括销售预算、生产预算、直接材料预算、直接人工预算、制造费用预算、单位生产成本预算、销售及管理费用预算。专门决策预算是指企业为预算期内不经常发生的长期投资决策项目（如资本支出）或一次性经济业务（如并购）所编制的预算。财务预算是反映企业现金收支、经营成果和财务状况的预算，包括现金预算、预计利润表和预计资产负债表等。

全面预算按其涉及的预算期分为长期预算和短期预算。长期预算包括长期销售预算和资本预算，有时还包括长期资本筹措预算和研究与开发预算。短期预算是指年度预算，或者更短的季度或月度预算，如直接材料预算、现金预算等。通常情况下，长期和短期的划分以 1 年为界限，有时把 2 ～ 3 年期的预算称为中期预算。

三、全面预算的作用

为了使各部门预期的经济活动协调起来，达到企业的总体目标，必须编制全面预算。全面预算的作用主要体现在以下几个方面。

（一）明确目标

预算是具体化的经营目标，全面预算就是将企业的总体经营目标分解落实到各个部门的过程，从而使各个部门明确各自的工作目标和任务，企业的总体目标只有在各个部门的共同努力下才能实现。

（二）协调工作

在努力实现企业总体目标的前提下，各个部门除了自觉调整本部门的工作外，还要配合其他部门共同完成总体目标，做到企业内部上下左右协调，保持平衡。

（三）控制业务

预算的控制作用表现在事前控制、事中控制、事后控制。各个部门在预算执行过程中，要经常将工作成果与预算进行对比，及时发现差异并分析原因，尽量使本部门的经济活动符合预算的要求。

（四）评价业绩

只有各个部门都严格按照预算的要求完成本部门的工作，企业的总体目标才能完成。因此，企业会定期按照预算的要求对各个部门的工作进行考核，将各个部门的实际工作结果与预算要求进行比较，揭示差异，考核业绩，从而检查预算编制的质量。

四、全面预算的编制程序

全面预算的编制，涉及企业经营管理的各个部门，只有执行人参与预算的编制，才能使预算成为其自愿努力完成的目标，而不是外界强加的枷锁。

全面预算编制程序如下：

（1）企业决策机构根据长期规划，利用本—量—利分析等工具，提出企业一定时期的总目标，并下达规划指标；

（2）最基层成本控制人员自行草编预算，使预算较为可靠，且切合实际；

（3）各部门汇总部门预算并初步协调本部门预算，编制出销售、生产、财务等预算；

（4）预算委员会审查、平衡各预算，汇总出公司的总预算；

（5）经过总经理批准，审议机构通过或者驳回修改预算；

（6）将主要预算指标报告给董事会或者上级主管单位，讨论通过或者驳回修改；

（7）将批准后的预算下达给各部门执行。

第二节　全面预算的编制内容

一、营业预算的编制

营业预算是企业日常营业活动的预算，企业的营业活动涉及供、产、销等各个环节及其业务。营业预算包括销售预算、生产预算、直接材料预算、直接人工预算、制造费用预算、产品成本预算、销售费用预算和管理费用预算等。

（一）销售预算

销售预算是整个预算的起点，其他预算的编制都以销售预算为基础。销售预算的主要内容是销售量、销售单价和销售收入。销售量是根据市场预测或销货合同结合企业生产能力确定的；销售单价是通过定价决策确定的；销售收入是两者的乘积，在销售预算中计算得出，即

$$预计销售收入=预计销售量\times 销售单价$$

销售预算通常分品种、分月份、分季度、分销售区域、分推销员来编制。

销售预算中通常还包括预计现金收入的计算，其目的是为编制现金预算提供必要的资料。第一季度的现金收入包括两部分，即上年应收账款在本年第一季度收到的货款，以及本季度销售中可能收到的货款。

预计现金收入=上期应收账款在本期收到的货款+本期销售中可能收到的货款

【例 11-1】甲公司只产销一种产品，销售单价为 200 元，假定 2023 年年初的应收账款为 6 200 元，根据历史资料，当季货款只能收到 60%，其余下季度收回。根据资料，编制 2023 年四个季度甲公司的销售量预算，如表 11-1 所示。

表 11-1　甲公司销售预算

季度	一	二	三	四	全年
预计销售量（件）	100	150	200	180	630
预计单价（元/件）	200	200	200	200	200
销售收入（元）	20 000	30 000	40 000	36 000	126 000
收到上季应收销货款（元）	6 200	8 000	12 000	16 000	—
收到本季销货款（元）	12 000	18 000	24 000	21 600	—
预计现金收入合计（元）	18 200	26 000	36 000	37 600	117 800

（二）生产预算

生产预算是在销售预算基础上编制的，其主要内容有销售量、期初和期末产成品存货、产量。通常，企业的生产和销售往往不能做到“同步同量”，因此，需要设置一定的产成品存货，以保证能在发生意外需求时按时供货，并可均衡生产，节省赶工的额外支出。期末产成品存货数量通常按下期销售量的一定百分比确定。年初产成品存货是编制预算时预计的，年末产成品存货根据长期销售趋势来确定。其计算公式如下：

预计产量=预计销售量+预计期末产成品存货量-预计期初产成品存货量

【例 11-2】承【例 11-1】，假定甲公司每季度末产成品存货量为下一季度销售量的 10%，预计年度第一季度初产成品存货量为 10 件，年末留存 20 件。根据预计销售量和上述资料，编制 2023 年甲公司的生产预算，如表 11-2 所示。

表 11-2　甲公司生产预算　　单位：件

季度	一	二	三	四	全年
预计销售量	100	150	200	180	630
加：预计期末存货量	15	20	18	20	20
减：预计期初存货量	10	15	20	18	10
预计产量	105	155	198	182	640

生产预算在实际编制时是比较复杂的，产量受到生产能力的限制，产成品存货数量受到仓库容量的限制，只能在此范围来安排产成品存货数量和各期产量。此外，有的季度可能产销量很大，需要采用赶工方法增产，为此要多付加班费。如果提前在淡季生产，会因增加产成品存货而多付资金利息。因此，要权衡两者得失，选择成本最低的决策方案编制生产预算。

（三）直接材料预算

直接材料预算是以生产预算为基础编制的，同时要考虑材料存货水平。预计产量确定后，按照单位产品的材料耗用量，结合预计期初、期末材料库存量计算预计直接材料采购量，再根据材料单价得到预计直接材料采购额。

预计直接材料采购量＝预计产量 × 单位产品材料耗用量＋预计期末材料库存量－预计期初材料库存量

预计直接材料采购额＝预计直接材料采购量 × 直接材料单价

在实际工作中，一般还要附加编制“预计现金支出计算表”，包括前期应付购料款的偿还以及本期材料款的支付，有助于现金预算的编制。

【例 11-3】承【例 11-2】，假定甲公司生产的产品只需要一种原材料，单位产品的消耗定额为 10 千克，每千克单价为 5 元，每季度末材料库存量为下一季生产耗用量的 20%，根据历史资料，当季购货款只支付 50%，其余下季度付清。2023 年年初的应付账款为 2 350 元，预算年度第一季度初库存材料量为 300 千克，年末留存 400 千克。编制 2023 年各季度甲公司的直接材料采购量预算，如表 11-3 所示。

表 11-3　甲公司直接材料采购预算

季度	一	二	三	四	全年
预计产量（件）	105	155	198	182	640
材料消耗定额（千克）	10	10	10	10	10
预计生产消耗量（千克）	1 050	1 550	1 980	1 820	6 400
加：期末库存量（千克）	310	396	364	400	400
减：期初库存量（千克）	300	310	396	364	300
预计直接材料采购量（千克）	1 060	1 636	1 948	1 856	6 500
直接材料单价（元/千克）	5	5	5	5	5
预计直接材料采购额（元）	5 300	8 180	9 740	9 280	32 500
支付上季应付购料款（元）	2 350	2 650	4 090	4 870	—
支付本季购料款（元）	2 650	4 090	4 870	4 640	
预计现金支出合计（元）	5 000	6 740	8 960	9 510	30 210

（四）直接人工预算

直接人工预算也是在生产预算基础上编制的，确定好预计产量，按照如下公式计算：

预计直接人工工时＝预计产量 × 单位产品直接人工工时

预计直接人工成本＝预计直接人工工时 × 直接人工小时工资率

如果产品的生产需要两个或两个以上工种，则必须先按工种类别分别计算，然后加以汇总。

【例 11-4】承【例 11-2】，假定甲公司预算年度单位产品的工时定额为 10 小时，直接人工小时工资率为 2 元，并且当期全部以现金支付人工工资。根据资料，编制 2023 年度甲公司的直接人工预算，如表 11-4 所示。

表 11-4　甲公司直接人工预算

季度	一	二	三	四	全年
预计产量（件）	105	155	198	182	640
工时定额（小时）	10	10	10	10	10
预计直接人工小时（小时）	1 050	1 550	1 980	1 820	6 400
小时工资率（元/小时）	2	2	2	2	2
预计直接人工成本（元）	2 100	3 100	3 960	3 640	12 800

（五）制造费用预算

制造费用预算按成本性态分类，通常分为变动制造费用和固定制造费用两部分。

（1）变动制造费用预算可以根据预计直接人工工时和预计的变动制造费用分配率来计算。其计算公式如下：

变动制造费用预算额 = 预计直接人工工时 × 预计的变动制造费用分配率

（2）固定制造费用预算通常是根据上年的实际水平，经过适当调整取得，也可按零基预算的方法来确定。

制造费用中的绝大部分需要在当期用现金支付，但可能有一部分是以前年度已经支付而要由本年度负担，也可能有一部分不是本年度负担，要在以后年度支付的费用。此外，固定资产折旧由于不涉及现金支出，为方便编制现金预算，可在制造费用预算总额中扣除非现金支付的制造费用数额，求得以现金支付的制造费用数额。

【例 11-5】假定甲公司在预算年度根据制造费用资料编制的制造费用预算及预计需现金支出的制造费用计算表，分别如表 11-5 和表 11-6 所示。

表 11-5　甲公司制造费用预算

<table>
<tr><th colspan="2">摘要</th><th>金额（元）</th><th>分配率</th></tr>
<tr><td rowspan="5">变动制造费用</td><td>间接人工</td><td>640</td><td rowspan="5">$变动制造费用分配率=\dfrac{变动制造费用预算总额}{预计人工工时总数}$
$=\dfrac{3\ 200}{6\ 400}=0.5$（元/小时）</td></tr>
<tr><td>间接材料</td><td>640</td></tr>
<tr><td>水电费</td><td>1 280</td></tr>
<tr><td>维修费</td><td>640</td></tr>
<tr><td>合计</td><td>3 200</td></tr>
<tr><td rowspan="6">固定制造费用</td><td>管理人员工资</td><td>800</td><td rowspan="6">$固定制造费用分配率=\dfrac{固定制造费用预算总额}{预计人工工时总数}$
$=\dfrac{9\ 600}{6\ 400}=1.5$（元/小时）</td></tr>
<tr><td>维护费</td><td>3 940</td></tr>
<tr><td>保险费</td><td>460</td></tr>
<tr><td>设备折旧费</td><td>4 000</td></tr>
<tr><td>财产税</td><td>400</td></tr>
<tr><td>合计</td><td>9 600</td></tr>
</table>

表 11-6 甲公司预计需现金支出的制造费用计算表

季度	一	二	三	四	全年
预计直接人工工时（小时）	1 050	1 550	1 980	1 820	6 400
变动制造费用分配率	0.5	0.5	0.5	0.5	0.5
变动制造费用小计（元）	525	775	990	910	3 200
固定制造费用（元）	2 400	2 400	2 400	2 400	9 600
减：设备折旧费（元）	1 000	1 000	1 000	1 000	4 000
以现金支付的制造费用合计（元）	1 400	1 400	1 400	1 400	5 600

（六）产品成本预算

产品成本预算，是销售预算、生产预算、直接材料预算、直接人工预算、制造费用预算的汇总。其主要内容是产品的单位成本和总成本。单位产品成本的有关数据，来自前述三个预算。产量、期末存货量来自生产预算，销售量来自销售预算。生产成本、存货成本和销货成本等数据，根据单位成本和有关数据计算得出。具体如表 11-7 所示。

表 11-7 甲公司单位产品成本和期末存货预算

	成本项目	用量标准	价格标准	合计（元）	生产成本（640 件）（元）	期末成本（20 件）（元）	销货成本（630 件）（元）
单位产品成本预算	直接材料	10 千克	5 元/千克	50	32 000	1 000	31 500
	直接人工	10 小时	2 元/小时	20	12 800	400	12 600
	变动制造费用	10 小时	0.5 元/小时	5	3 200	100	3 150
	单位变动生产成本			75			
	固定制造费用	10 小时	1.5 元/小时	15	9 600	300	9 450
	单位产品成本			90	57 600	1 800	56 700

注：假设期初存货 10 件，单位成本是 90 元。

（七）销售费用和管理费用预算

销售费用预算，是指为了实现销售预算所需安排的费用预算。它以销售预算为基础，分析销售收入、销售利润和销售费用的关系，力求实现销售费用的最有效使用。在安排销售费用时，要利用本—量—利分析方法，费用的支出应能获取更多的收益。在草拟销售费用预算时，要利用本—量—利分析方法，对过去销售费用进行分析，考察过去销售费用支出的必要性和效果。销售费用预算应和销售预算相配合，应有按品种、按地区、按用途的具体预算数额。

管理费用是企业管理业务所必需的费用。随着企业规模的扩大，企业管理职能日益重要，其费用也相应增加。在编制管理费用预算时，要分析企业的业务业绩和一般经济状况，务必做到费用合理化。管理费用多属于固定成本，所以，一般是以过去的实际开支为基础，按预算期的可预见变化予以调整。管理费用预算必须充分考察每种费用是否必要，以便提高费用的合理性和有效性。

【例 11-6】假定甲公司在预算年度根据销售及管理费用的资料编制的销售及管理费用预算如表 11-8 所示。

表 11-8　甲公司销售及管理费用预算　　单位：元

项目	金额
销售费用：	
销售人员工资	2 000
广告费用	5 500
包装、运输费	3 000
保管费	2 700
管理费用：	
管理人员薪金	4 000
福利费	800
保险费	600
办公费	1 400
合计	20 000
每季度支付现金（20 000/4）	5 000

二、专门决策预算

专门决策预算包含资本预算和一次性专门业务。资本预算是指分析评估投资项目、选择最佳投资项目的整个活动。具体地说，资本预算是企业生产设备、房屋建筑及其他设备扩建、改良、更新、重置的投资管理计划，目的是预算未来一段时间内在设备和财产方面的资本支出，确定支出限额，将其作为财务预算的投资支出，决定现金需求量，须经企业最高管理层审批。另外，对于企业在预算年度支付利润或股利、预付所得税等一次性专门业务，也应编制专门决策预算。

【例 11-7】假定公司在预算年度的第二季度需添置固定资产，金额为 10 000 元，每季度预付所得税为 4 000 元，全年共计 16 000 元。第二、四季度分别支付股利 8 000 元，共计 16 000 元。为了给编制现金预算提供资料，对于这些专门决策发生的现金支出，编制 2023 年度甲公司需现金支出的专门决策预算如表 11-9 所示。

表 11-9　甲公司需现金支出的专门决策预算　　单位：元

季度	一	二	三	四	全年
添置固定资产	—	10 000	—	—	10 000
预付所得税	4 000	4 000	4 000	4 000	16 000
股利	—	8 000	—	8 000	16 000
现金支出合计	4 000	22 000	4 000	12 000	42 000

三、财务预算

财务预算是企业的综合性预算。财务预算是反映企业预算期内有关预计现金收支、经营成果和财务状况的预算，主要由现金预算、预计利润表和预计资产负债表组成。由于企业业务预算和专门决策预算等其他各种预算的资料都会在财务预算中反映，因此，其他各种预算也被称为“分预算”，而财务预算也称“总预算”。

（一）现金预算

现金预算是企业现金管理的重要工具，有助于企业合理安排和调动资金，降低资金使用成本。现金预算，是指企业有关现金收支预算的汇总，是用来反映预算期内企业现金流转状况的预算。编制现金预算是为了合理规划和控制企业现金收支流转状况，保证企业财务的正常运转。这里讲的现金包括库存现金、银行存款等一切货币资金。现金预算的编制期越短越好，可按年度分季、分月以及按周或逐日编制。现分述它的四个组成部分如下。

1.现金收入

现金收入包括期初现金余额和预算期内可能获得的现金收入，资料来源主要为销售预算。

2.现金支出

现金支出预算期内可能发生的现金支出，资料来源除了销售预算外，还包括各种营业预算和专门决策预算中涉及现金支出的部分。

3.现金多余或不足

现金多余或不足又称现金余缺，它是现金收入和现金支出相抵后的余额。若余额为正数，表示现金多余，多余的现金可用来偿还银行借款或购买用于短期投资的有价证券；若余额为负数，则表示现金不足，需要采取适当方式筹措资金。

4.资金的筹集与运用

资金的筹集与运用反映企业预算期内因资金不足，而向银行借款或发放短期商业票据以筹集资金，以及偿还借款和支付借款利息的有关情况。

【例 11-8】依前述有关各例资料，假定甲公司按年分季编制现金预算，各季度末现金余额不得低于 6 000 元，否则将向银行借款，银行借款的金额要求是 1 000 元的倍数，借款利率为年利率 10%，企业借款均在季度初，偿还本金及利息均在季度末，预算年度第一季度初的现金余额为 8 000 元。根据以上各种预算中有关现金收支的资料编制 2023 年甲公司的现金预算，如表 11-10 所示。

表 11-10　甲公司的现金预算

单位：元

季度	一	二	三	四	全年
期初现金余额	8 000	8 200	6 060	6 290	8 000
加：销货现金收入	18 200	26 000	36 000	37 600	117 800
可供使用现金	26 200	34 200	42 060	43 890	125 800
减：各项支出					
直接材料	5 000	6 740	8 960	9 510	30 210
直接人工	2 100	3 100	3 960	3 640	12 800
制造费用	1 900	2 300	2 300	2 300	8 800

续表

季度	一	二	三	四	全年
销售及管理费用	5 000	5 000	5 000	5 000	20 000
所得税费用	4 000	4 000	4 000	4 000	16 000
购买设备	—	10 000		—	10 000
股利		8 000		8 000	16 000
支出合计	18 000	39 140	24 220	32 450	113 810
现金多余或不足	8 200	（4 940）	17 840	11 440	11 990
向银行借款		11 000			11 000
还银行借款			11 000		11 000
短期借款利息			550		550
长期借款利息		—		1 080	1 080
期末现金余额	8 200	6 060	6 290	10 360	10 360

（二）利润表预算

预计利润表反映预算期内企业的经营成果，是在上述各种预算的基础上，按照权责发生制编制。其编制方法与一般财务报表中的利润表相同，编制依据就是销售预算、单位产品成本预算、销售成本预算、销售及管理费用预算以及现金预算等有关资料，也为预计资产负债表的编制提供相应资料。

【例 11-9】依前述有关各例资料编制 2023 年度甲公司的预计利润表，如表 11-11 所示。

表 11-11 预计利润表 单位：元

项 目	金额
销售收入	126 000
销货成本	56 700
毛利	69 300
销售费用和管理费用	20 000
借款利息	1 630
利润总额	47 670
所得税费用	16 000
净利润	31 670

（三）资产负债表预算

资产负债表预算反映预算期末的财务状况。该预算是利用本期期初资产负债表，根据有关营业和财务等预算的有关数据加以调整编制的。表 11-12 是甲公司的资产负债表预算。大部分项目的数据来源已在表中注明。普通股、长期借款两项指标本年度没有变化。年末“未分配利润”计算如下：

$$期末未分配利润=期初未分配利润+本期利润-本期股利$$

表 11-12　资产负债表预算　　单位：元

资产			负债和权益		
项 目	年初	年末	项 目	年初	年末
现金	8 000	10 360	应付账款	2 350	4 640
应收账款	6 200	14 400	长期借款	9 000	9 000
直接材料	1 500	2 000	普通股	20 000	20 000
产成品	900	1 800	未分配利润	16 250	31 920
固定资产	31 000	37 000			
资产总额	47 600	65 560	负债和所有者权益总额	47 600	65 560

编制资产负债表预算的目的在于判断预算反映的财务状况的稳定性和流动性。如果通过资产负债表预算的分析，发现某些财务比率不佳，必要时可修改有关预算，以改善企业未来的财务状况。

第三节　全面预算的编制方法

企业全面预算常用的方法包括增量预算法、零基预算法、固定预算法、弹性预算法、定期预算法与滚动预算法，这些方法广泛应用于营业预算的编制。

一、增量预算法与零基预算法

按出发点的特征不同，营业预算的编制方法可分为增量预算法和零基预算法两大类。

（一）增量预算法

增量预算法又称调整预算法，是指以历史期实际经济活动及其预算为基础，结合预算期经济活动及相关影响因素的变动情况，通过调整历史期经济活动项目及金额形成预算的预算编制方法。

增量预算法的前提条件是：现有的业务活动是企业所必需的；原有的各项业务都是合理的。

增量预算法的缺点是当预算期的情况发生变化时，预算数额会受到基期不合理因素的干扰，可能导致预算结果的不准确，不利于调动各部门达成预算目标的积极性。

（二）零基预算法

零基预算法，是指企业不以历史期经济活动及其预算为基础，而是以零为起点，从实际需要出发分析预算期经济活动的合理性，经综合平衡形成预算的预算编制方法。采用零基预算法在编制费用预算时，不考虑以往期间的费用项目和费用数额，主要根据预算期的需要和分析费用项目、费用数额的合理性，综合平衡编制费用预算。运用零基预算法编制费用预算的具体步骤如下。

（1）根据企业预算期利润目标、销售目标和生产指标等，分析预算期各项费用项目并预测费用水平。

（2）拟定预算期各项费用的预算方案，权衡轻重缓急，划分费用支出的等级并排列先后顺序。

（3）根据企业预算期预算费用控制总额目标，按照费用支出等级及顺序，分解落实相应的费用控制目标，编制相应的费用预算。

【例 11-10】某公司在编制下一年度销售及管理费用时，拟采用零基预算法。计划期间对于销售及管理费用可支出金额为 25 000 元，如何划分等级和排列顺序分配资金落实预算？

首先，由销售及管理部门的全体职工反复协商一致认为计划期间发生的费用项目及开支水平为：办公费 3 000 元，租金 5 000 元，财产税 6 000 元，广告费 9 000 元，差旅费 3 000 元，培训费 6 000 元，研发费 5 500 元。

其次，对各项费用中属于酌量性固定成本的广告费、培训费和研发费，根据历史资料进行“成本—效益分析”。每 1 元成本，收益分别为：广告费 9 元，培训费 5 元，差旅费 4 元，研发费 3 元。

最后，将所有费用项目按照性质和轻重缓急，分层次排顺序，根据企业可动用资金数额分配资金，落实预算。

第一层次，房屋租金、办公费和财产税是约束性固定成本，需要全额得到保证，共计：3 000+5 000+6 000=14 000（元）。

第二层次，差旅费、广告费、办公费、研发费属于酌量性固定成本，尚可分配资金 =25 000−14 000=11 000（元），需按成本收益率的比例分配资金。具体结果如表 11-13 所示。

表 11-13　固定费用预算分配表

项 目	初步预计（元）	可用资金（元）	分配比例	分配金额（元）	差异（元）
广告费	9 000		9÷（9+4+5+3）=0.43	4 730	−4 270
差旅费	3 000		0.19	2 090	−910
培训费	6 000		0.24	2 640	−3 360
研发费	5 500		0.14	1 540	−3 960
合计	23 500	11 000	1	11 000	−12 500

采用零基预算法编制费用预算的优点是不受前期费用项目和费用水平的制约，能够调动各部门降低费用的积极性，但其缺点是编制工作量大。零基预算法适用于企业各项预算的编制，特别是不经常发生的或预算编制基础变化较大的预算项目。

二、固定预算法与弹性预算法

按业务量基础数量特征的不同，营业预算的编制方法可分为固定预算法和弹性预算法两大类。

（一）固定预算法

固定预算法又称静态预算法，是指在编制预算时，只根据预算期内正常、可实现的某一固定业务量（如产量、销售量等）水平作为唯一基础来编制预算的方法。固定预算方法存在适应性差和可比性差的缺点，一般适用于经营业务稳定，生产产品产销量稳定，能准确预测产品需求及产品成本的企业，也可用于编制固定费用预算。

（二）弹性预算法

弹性预算法又称动态预算法，是在成本性态分析的基础上，依据业务量、成本和利润之间的联动关系，按照预算期内相关的业务量（如产量、销售量、工时等）水平计算其相应预算项目所消耗资源的预算编制方法。

理论上，该方法适用于编制全面预算中所有与业务量有关的预算，但实务中主要用于编制成本费用预算和利润预算，尤其是成本费用预算。

编制弹性预算，要选用一个业务量计量单位。如以手工操作为主的车间可以选用实物数量，修理部门可以选用直接修理工时等。

弹性预算法所采用的业务量范围，视部门业务量的变化情况而定，务必使实际业务量不至于超出相关的业务量范围。一般来说，可定在正常生产能力的70%—110%，或以历史上最高业务量和最低业务量为其上下限。弹性预算法编制预算的准确性，在很大程度上取决于成本性态分析的可靠性。

与按特定业务量水平编制的固定预算相比，弹性预算有两个显著特点：（1）弹性预算是按一系列业务量水平编制的，从而扩大了预算的适用范围；（2）弹性预算是按成本性态分类列示的，在预算执行中可以计算实际业务量的预算成本，以便于预算执行的评价和考核。

（三）运用弹性预算法编制预算的基本步骤

（1）选择业务量的计量单位。

（2）确定适用的业务量范围。

（3）逐项研究并确定各项成本和业务量之间的数量关系。

（4）计算各项预算成本，并用一定的方式来表述。

（四）弹性预算法的两种具体方法

1.公式法

公式法是运用总成本性态模型，测算预算期的成本费用数额，并编制成本费用预算的方法。根据成本性态，成本与业务量之间的数量关系可用公式表示为：

$$y=a+bx$$

其中，y表示某项成本预算总额；a表示该项成本中的固定成本预算总额；b表示该项成本中的单位变动成本预算额；x表示预计业务量。

【例 11-11】某企业制造费用与人工工时密切相关。采用公式法编制制造费用预算，如表11-14 所示。

表 11-14 制造费用预算

业务量范围	420 ～ 660（人工工时）	
费用项目	固定费用（元/每月）	变动费用（元/工时）
运输费用		0.20
电力费用		1.00
材料费用		0.10
修理费用	85	0.85
油料费用	108	0.20
折旧费用	300	—
人工费用	100	—
合计	593	2.35
备注	当业务量超过 600 工时后，修理费中的固定费用将由 85 元上升为 185 元	

因为任何成本都可用公式“$y=a+bx$”来近似地表示，所以只要在预算中列示 a（固定成本）和 b（单位变动成本），便可随时利用公式计算任一业务量（x）的预算成本（y）。

公式法的优点是便于计算任何业务量的预算成本。但是，阶梯成本和曲线成本只有用数学方法修正为直线成本，才能应用公式法。必要时，还需在“备注”中说明适用不同业务量范围的固定费用和单位变动费用。

2. 列表法

列表法是在预计的业务量范围内将业务量分为若干个水平，然后按不同的业务量水平编制预算。运用列表法编制预算，首先要在确定的业务量范围内，划分出若干个不同水平，然后分别计算各项预算值，汇总列入一个预算表格。

列表法的优点是：无论实际业务量多少，都不必经过计算即可找到与业务量相近的预算成本；混合成本中的阶梯成本和曲线成本，可按总成本性态模型计算填列，而不必用数学方法修正为近似的直线成本。但是，运用列表法编制预算，在评价和考核实际成本时，往往需要使用插补法来计算“实际业务量的预算成本”，计算过程比较烦琐。

三、定期预算法与滚动预算法

按预算期的时间特征不同，营业预算的编制方法可分为定期预算法和滚动预算法两类。

（一）定期预算法

定期预算法是以固定不变的会计期间（如年度、季度、月度）作为预算期间编制预算的方法。采用定期预算法编制预算，保证预算期间与会计期间在时期上配比，便于依据会计报告的数据与预算进行比较，考核和评价预算的执行结果。但不利于前后各个期间的预算衔接，不能适应连续不断的业务活动过程的预算管理。

（二）滚动预算法

滚动预算法又称连续预算法或永续预算法，是在上期预算完成情况的基础上，调整和编制下期预算，并将预算期间逐期连续向后滚动推移，使预算期间保持一定的时期跨度。采用滚动预算法编制预算，按照滚动的时间单位不同可分为逐月滚动、逐季滚动和混合滚动。

1.逐月滚动方式

逐月滚动方式是指在预算编制过程中，以月份为预算的编制和滚动单位，每个月调整一次预算的方法。

如在20×1年1—12月的预算执行过程中，需要在1月末根据当月预算的执行情况，修订2—12月的预算，同时，补充下一年20×2年1月的预算；到2月末可根据当月的执行情况，修订20×1年3月—20×2年1月的预算，同时补充20×2年2月的预算。依此类推。

按照逐月滚动方式编制的预算比较精确，但工作量较大。

2.逐季滚动方式

逐季滚动方式是指在预算编制过程中，以季度为预算的编制和滚动单位，每个季度调整一次预算的方法。逐季滚动编制的预算比逐月滚动的工作量小，但精确度较差。

3.混合滚动方式

混合滚动方式是指在预算编制过程中，同时以月份和季度作为预算的编制和滚动单位的方法。这种预算方法的理论依据是：人们对未来的了解程度具有对近期预计把握较大，对远期预计把握较小的特征。

运用滚动预算法编制预算，使预算期间依时间顺序向后滚动，能够保持预算的持续性，有利于结合企业近期目标和远期目标考虑未来业务活动；使预算随时间的推进不断加以调整和修订，能使预算更加符合实际情况，有利于充分发挥预算的指导和控制作用。

※思考题※

1.什么是全面预算？它可以分为哪几类？

2.预算管理流程包括哪些方面？

3.预算的作用是什么？固定预算法与弹性预算法有何差异？

4.全面预算包含哪些内容？

5.全面预算编制的主要方法有哪些？

第十二章　标准成本管理

学习目标

1. 了解标准成本的基本概念、作用以及制定原理和方法。
2. 了解标准成本的分类及其特点。
3. 掌握标准成本的制定及其差异分析和账务处理。
4. 了解标准成本法的Excel模型制作。

引　例

长江公司是一家以生产特殊产品为主的三线军工企业，企业产品种类主要以通用传统类装备为主，产品成熟，装备数量稳定，产品技术壁垒不高，进入门槛较低。近年来，随着国家“军民融合”和“民参军”发展战略的实施，企业越来越紧迫地面临成本管控压力。粗放型的成本管控模式越来越不能满足企业在市场竞争过程中的成本构成精细化报价要求，垄断模型下的成本管控也不能适应同行业企业竞争的低成本战略要求。为了适应管理转型的需要，公司在原有目标成本管控的基础上引入标准成本互为补充的“成本+市场”管控模式。

随着目标成本的深入运用和目标成本考核力度的加大，成本理念逐步得到了广大管理者的高度重视和认同。但是在运用目标成本管理时，也发现了一些不足和问题，主要表现在目标成本仍停留在分厂、车间层面，存在目标成本难以落地，不能很好地和工序、工段这些基础作业相结合，过程监控缺失，目标成本同业务过程结合不紧密的问题。经过不断摸索，公司又引入了标准成本的概念，在市场倒逼目标成本的指导下，通过标准成本工具将目标成本形成成本管控的各种标准，落实到作业、工序或工段，真正形成所有工序、工段，甚至作业都有标准成本，进一步将目标成本细化到基层，形成基层进行成本考核的新局面。

标准成本法是管理会计的重要组成部分，是指以预先制定的标准成本为基础，用标准成本与实际成本进行比较、核算和分析成本差异的一种成本方法。它的核心是按标准成本记录和反映产品成本的形成过程和结果，并借以实现对成本的控制。通过标准成本的实施，不但能够将成本管控由分厂、车间层面进一步下沉到工段、工序和班组层面，而且解决了成本分摊核算的随意性，对产品的成本构成更加明细化。通过差异分析能够使管理者抓住成本管控重点，同时将成本责任落实到班组、个人，真正形成降本增效，人人肩上有指标、全员降本的良好氛围。

2023 年 9 月，长江公司的标准成本资料和实际业绩如表 12-1 和表 12-2 所示。

表 12-1 生产A产品的标准成本 单位：元

项 目	标准成本
买入配件的成本	120
人工：2 小时，每小时 30 元	60
变动制造费用：2 小时，每小时 20 元	40
固定制造费用：2 小时，每小时 50 元	100
单位总成本	320
成本加成 20%（标准利润）	64
收取的价格	384

表 12-2 2023 年 9 月的实际业绩 单位：元

项 目	金额
收入：销售 360 套	140 400
总成本：	
材料：375 套配件（已使用）	42 375
人工：750 小时	24 750
变动制造费用	13 500
固定制造费用	39 000
成本合计	119 625
2023 年 9 月利润	20 775

案例要求

1. 分别计算出长江公司的直接材料、直接人工、变动制造费用以及固定制造费用的两项成本差异。

2. 为长江公司编制一份简短的报告，评价其 2023 年 9 月的业绩表现，说明在哪些方面需要取得进一步的信息，并指出重大差异发生的可能原因。

3. 简单论述依赖差异分析来协助一家公司控制成本的不足之处。

第一节 标准成本法的产生

一、历史成本制度的缺陷

（一）核算与分析脱节

按实际成本制度计算出来的产品成本，不便于成本分析。这是因为，本期生产费用没有进行成本差异的核算，本期完工产品成本又受到期初在产品成本水平的影响，因而依据成本核算信息也就不能直接确定影响成本升降的各种因素。

（二）反应滞后，控制性差

实际成本制度的重点是放在事后核算，而不是放在事前、事中控制。生产费用发生时，没有及时进行差异的核算。它提供的数据一般都是月末信息，不能及时向管理部门提供成本信息。

（三）难以清楚地划分责任

实际成本制度是以产品为唯一计算对象的单一成本核算方法。无法区分生产经营过程中的成本责任，因而奖惩制度就无法与成本责任相联系，企业内部的各车间、部门及职工对降低成本既缺少动力，也没有压力，致使成本控制工作处于被动局面。

（四）不便于进行成本预测和决策

在实际成本制度下，不区分变动成本与固定成本，从而无法据以确定成本与产量的函数关系，使管理人员难以掌握在不同生产能力条件下的成本和利润水平，给企业成本预测带来很大的困难。

正是因为在市场经济环境下历史成本制度有着以上四点致命的缺陷，这才促使标准成本法的产生。标准成本法自 20 世纪 20 年代产生于美国以来，历经近百年的不断发展和完善，现已在西方企业中广泛应用。

二、标准成本法的形成

标准成本法是在泰勒的生产过程标准化思想影响下形成的，也是泰勒科学管理思想在成本管理中的具体体现。标准成本法的产生与 1903 年泰勒的《工厂管理》一书有着密切的关系。书中提出产品的标准操作程序及时间定额，给标准成本法的产生提供了启示。1904 年，泰勒理论的继承者——美国效率工程师哈尔顿·爱默森（H.Emeson）首先在美国铁道公司应用标准成本法，并对该方法进行了更为详尽的研究，并认为由实际成本制度获得的数据既过时又缺乏正确性，而标准成本则能随时显示实际成本对标准成本的超额部分，使管理者对于标准的效率予以关注。由于他不是会计师，故没有提出差异的分析及会计账务处理方法。1911 年，美国会计师卡特·哈里逊（C.Harrison）首先设计出一套完整的标准成本制度。1920 年，在美国全国成本会计师协会召开的首届年会上，会计人员与工程设计人员设计了一套将实际成本与标准成本结合起来的方法，并设置了会计科目，核算实际人工、实际材料与其各自标准的差异。1923 年，随着间接费用差异分析方法的确定，标准成本法真正形成并进入了实施阶段。标准成本法作为一种成本核算和管理的方法，是适应科学管理的需要而产生和形成的，它有利于克服实际成本制度的缺陷。

标准成本在正常生产经营条件下是应该实现的，可以作为控制成本开支、评价实际成本、衡量工作效率的依据和尺度的一种目标成本。标准成本是根据对实际情况的调查，用科学方法制定的，在现有的生产技术和管理水平上，经过努力可以达到的成本。

标准成本制度由标准成本、差异分析和成本差异处理三部分组成。根据标准成本，将实际发生的成本分为标准部分和偏离标准的部分，通过实际成本和标准成本的比较，揭示成本差异，进而对差异进行分析，以便及时发现问题、区分责任、分析原因，使成本在生产的过程中得到有效控制。

实行成本控制是企业内部控制成本、评价和考核成本管理水平、降低成本、提高经济效益的重要途径。标准成本和实际成本相比，将事前成本计划、日常成本控制和最终产品成本确定有机结合，对成本控制具有重要意义。

第二节　标准成本制度及其作用

一、标准成本的概念和类型

（一）标准成本的概念

标准成本和估计成本同属于预计成本，但后者不具有衡量工作效率的尺度性，主要体现可能性，供确定产品销售价格使用。标准成本要体现企业的目标和要求，既可用于衡量产品制造过程的工作效率和控制成本，也可用于存货和销货成本计价。

标准成本是指企业在特定生产管理水平下，通过精确的调查、分析与技术测定而确定的单位产品成本，可以用来评价实际成本，衡量工作效率。在标准成本中，基本上排除了不应该发生的“浪费”，所以，标准成本是一种“应该成本”。

根据以上分析，标准成本实际上是指“成本标准”乘以“实际产量”。

“标准成本”一词在实际工作中有以下两种含义。

一是单位产品的标准成本。它是根据单位产品的标准消耗量和标准单价计算出来的，准确地说应称“成本标准”。

成本标准＝单位产品标准成本＝单位产品标准消耗量 × 标准单价

二是实际产量的标准成本。它是根据实际产品产量和单位产品标准成本计算出来的。

标准成本＝实际产品产量 × 单位产品标准成本

实施标准成本计算，将产品生产的实际成本与标准成本加以比较，揭示成本差异、评价业绩、对成本加以控制是标准成本计算的基本内容。

（二）标准成本的类型

标准成本是指产品在生产过程中应该发生的成本，即产品成本的标准。标准成本通常有以下类型。

1. 理想的标准成本

理想的标准成本是最高要求的标准成本，它是以企业的生产技术和经营管理、设备的运行和工人的技术水平都处于最佳状态为基础所确定的单位产品的成本。这种标准成本排除了机器可能的故障、可能发生的浪费以及工人的技术不熟练等因素。这种标准成本要求过高，采用这种标准成本有可能会挫伤职工的积极性，产生负效应。因此，这种标准成本在实际中很少被运用，但作为成本管理的追求目标还是有意义的。

2. 正常的标准成本

正常的标准成本是根据企业正常的开工情况、正常的工作效率以及正常的价格水平来确定的。所谓正常是指在经营活动中，排除了异常或偶然事件对成本水平的影响。确定正常标准成本时，应反映过去经营活动的平均结果，并对未来事件进行估计。

3.现行可达到的标准成本

现行可达到的标准成本是指在企业现行的生产经营条件下，在预计可能达到的开工率下，考虑了平均的先进技术水平和管理水平而确定的标准成本。现行可达到的标准成本虽非理想的成本水平，但比正常标准成本要求高，经过努力可以达到但又并非轻而易举。因此，这类标准成本也能产生有效的激励作用，在实际中被广泛采用。

二、标准成本制度的概念

企业为了对生产成本进行控制，一般会将预算成本与实际成本进行比较，找到差异，通过成本差异分析了解差异形成的原因，以区分责任、揭示问题、评价工作成果。标准成本法，是指通过建立标准成本，将企业现实成本与标准成本相比较，对计算出的差异进行分析，查找差异产生的原因，以便加强企业内部管理，降低生产中的各种消耗，从而在生产过程中进行成本控制的方法。该方法不仅是一种成本计算方法，还是将成本的计划、控制、计算和分析结合在一起的一套完整制度。

标准成本制度是集成本分析、成本控制和成本计算为一体的成本计算制度，它包括标准成本的制定、成本差异的计算与分析、成本差异的账务处理三大部分。在标准成本的制定阶段需要对产品的生产工艺、技术流程以及生产和供销过程的各个方面进行全面分析研究，制定标准成本。在产品生产的过程中将发生的实际成本同事先制定的标准成本进行比较，揭示成本差异，进行差异分析，发现问题，分析原因，使成本在生产的进程中得到控制。同时，在成本发生时计算成本，对成本进行账务处理，为存货计价和收益的计量提供成本资料。实施标准成本制度使成本计算和成本控制得到了有机的结合，是企业内部控制成本，评价和考核成本管理水平的成本计算方法。

三、标准成本制度实施的作用

企业实施标准成本计算制度，具体有如下作用。

（一）有利于控制成本，提升成本控制水平

标准成本是衡量正常成本水平的尺度，可作为评价和考核工作成果的标准。标准成本作为事前和事中控制的依据，通过差异分析，能够及时发现问题，采取措施加以控制和纠正，从而降低成本水平，提高经济效益。

（二）有利于企业各部门的业绩考核，为有效管理提供数据

标准成本是在生产开始前通过综合分析确定的、在正常的生产经营条件下应该发生的成本；它既是衡量成本水平的标准，也是评价和考核工作成果的基础和依据。在实际的生产过程中，通过实际成本同标准成本的比较，进行差异分析，可以区分经济责任，正确评价员工的工作成绩，从而有利于增强员工的成本意识，调动他们的工作积极性，关心和参与生产成本的控制和管理，挖掘降低成本的潜力。

（三）为企业的新产品定价等经营决策提供依据

采用标准成本有利于企业对新产品进行市场价格决策和预测。在给新产品定价时，通常可

在标准成本的基础上加一定的利润来确定价格。另外，在标准成本的制定过程中进行了多方面的分析，剔除了许多不合理的因素，比实际成本更为客观；在差异分析中又对实际成本脱离标准成本的差异进行分析。因此，标准成本系统所提供的信息可为企业的产品定价、接受特别订货等专门决策提供依据。

（四）能够简化成本计算及成本核算的账务处理工作

采用标准成本来反映材料和产品成本，应将实际发生的成本按照标准成本和成本差异分开列示，即原材料、在产品、产成品和产品销售成本都按照标准成本记账，实际成本和标准成本之间的差额可以直接由发生期负担，这样可以大大简化成本计算过程中日常的账务处理工作，加速成本计算。

（五）有利于企业编制预算和进行预算控制

标准成本可作为编制预算的基础。编制生产经营的全面预算是一个企业实现短期利润目标、进行综合平衡、实行全面控制的重要措施。而成本预算的客观程度直接影响着全面预算的质量和实施的现实可能性。采用标准成本系统对成本规范要求的严格程度，一般与预算编制要求相同，因此，标准成本资料可以直接作为编制预算的基础，为预算编制提供了极大的方便，并提高了预算的现实可能性。

（六）能够为对外财务报表的编制提供基础资料

在需要编制以实际成本为基础的对外财务报表时，可以把标准成本同成本差异相结合，把存货成本和产品销售成本调整为实际成本。标准成本系统下的成本信息既可用于对外财务报表也可用于内部管理控制，将内部管理职能和对外财务报表结合起来。

四、实施标准成本制度的基本条件

实施标准成本制度需要具备一些基本条件，否则标准成本制度就不能起到应有的作用。标准成本制度实施的基本条件主要有以下三点。

（一）工艺操作过程的标准化

采用标准成本，确定零部件、半成品等成本要素的标准就必须建立作业流程和工艺过程的标准化，从而确定它们同成本要素之间的数量关系。如果产品生产过程中使用的零部件、半成品和耗用的材料，使用的设备以及工艺操作方法不符合标准化，就无法进行标准成本的计量，也不能制定合理的标准。比如，按直接人工工种制定单位产品的加工时间，或按不同设备确定单位产品加工时间或耗用的材料数量等。这样才能为合理地制定标准成本、客观考核成本中心工作成果提供依据。

（二）健全的成本管理系统

采用标准成本系统目的在于成本的控制，如果只有标准成本计算而没有相应的成本管理制度，那么标准成本计算将有名无实。因此，需要建立同标准成本计算相适应的成本管理责任体系，成立专门的机构负责标准成本制定、差异的分析、工作成果的评价以及标准成本的修订等。此外，还应根据生产工艺流程和组织特点，建立成本责任中心，明确管理者在成本上的责任及权限范围，通过标准成本计算和工作成果的评价考核，对成本实行全面的控制。

（三）全体员工成本意识的提高

采用标准成本系统对成本进行全面控制，需要相关员工和各级管理人员的参与和实施。标准成本系统能否起到控制成本、降低成本的目的主要取决于管理者和实施者对标准成本系统的态度。因此，提高全体员工的成本意识，取得他们对标准成本系统的支持，使之积极参与成本管理，是实现标准成本系统目的的重要方面。

第三节 标准成本的制定

一、标准成本制定的重要性、原则和方法

（一）标准成本制定的重要性

标准成本可以作为控制成本支出的依据，考核成本支出的尺度及衡量产品制造过程的工作效率，也可用于存货和销货的成本计价。制定标准成本是实施整个标准成本制度的开端，具有非常重要的意义。如果标准成本可以轻易达到，在成本控制方面就失去了意义；反之，如果标准成本制定得过高，从而难以完成，生产人员就会认为高不可攀，以致失去信心。因此，这个环节应引起管理人员的充分重视。

（二）标准成本制定的原则

标准成本应该制定在比较先进的水平上，即只要努力就可达到，甚至超过，以激励职工挖掘降低成本的潜力。但当大多数职工都能轻易达到时，就应提高标准。如果长期不加调整，先进标准也会落后。

1. 适时调整

多长时间制定一次标准成本应该根据实际情况确定。如果修订频繁，既费人力，又不利于评价企业内部各成本核算单位的工作成绩；相反，假若多年修订一次，由于产品生产技术、工作效率和经营条件的不断变化，这种标准成本会滞后，以致不能有效发挥成本控制的作用。

2. 考虑未来

制定标准不仅要依据历史成本资料，还应预测经济情况的变动、供需市场的动向、职工熟练程度的提高和技术改革等因素，在历史水平的基础上进行调整。

3. 多方参与

在制定标准成本时，除了需要管理者收集和整理资料以及参与制定外，还应让标准成本的执行者，即生产第一线直接控制成本的人员参与。这样制定出的标准才能充分发挥其应有的激励作用。

（三）标准成本制定的方法

管理会计通常用两种方法制定标准成本，即历史数据分析法和任务分析法。

1. 历史数据分析法

历史成本数据可以用来估计未来成本。在成熟的生产过程中，企业已积累了大量的生产经

验，历史成本能为预测未来成本提供一个良好的基础，通常通过划分成本性态的方法来预测成本。管理会计还需要适时调整这些预测，以反映物价水平的变动或生产过程的技术改变。例如，生产轮胎的时候，除非轮胎的生产过程发生重大变化，否则当年生产一定数量的轮胎所耗用的橡胶数量应该与上年一样。但是当年橡胶的价格可能与上年不同，轮胎的新标准成本就必须反映这个事实。

2.任务分析法

这种方法就是分析产品的制造过程，以确定应发生的成本。其重点从研究产品过去发生多少成本转移到未来应该发生多少成本。使用任务分析法时，管理人员应与熟悉生产过程的技术人员一起工作，共同研究确定生产过程中需要多少直接材料和怎样使用机器设备，逐步确定员工完成每步工作需要多少材料和时间。

此外，管理会计在制定成本标准时，常常可以综合使用历史成本分析法和任务分析法。例如，当生产过程中只有一个步骤发生技术变化时，管理会计和技术人员可以一起为生产过程中发生技术变化的步骤重新制定标准成本，而其余的步骤仍采用历史成本数据。

二、标准成本制定的基本模型

既然产品成本包括直接材料、直接人工和制造费用三项要素，那么制定单位产品的标准成本，应分别就直接材料成本、直接人工成本和制造费用制定。

每一成本要素的标准成本都包括“数量”标准和“价格”标准两项内容。“数量”标准和“价格”标准应由管理人员组织工程技术、生产、会计、采购、销售、人事部门等相关人员分析研究确定。每一成本项目标准成本的基本计算公式如下：

$$标准成本=数量标准\times价格标准$$

即 $C_{标}=\sum Q_{标}P_{标}$

直接材料、直接人工及制造费用三项标准成本分别制定后加以汇总，就可以得出产品的单位标准成本。其计算公式如下：

单位标准成本=直接材料标准成本+直接人工标准成本+变动制造费用标准成本+固定制造费用标准成本

假设直接材料用R表示，直接人工用L表示，制造费用用M表示，那么企业生产某种产品的标准成本可以用下列模型来表示：

$$C_{标}=\sum Q_{R标}P_{R标}+\sum Q_{L标}P_{L标}+\sum Q_{M标}P_{M标}$$

三、直接材料标准成本的制定

直接材料是指可以直接归属于某种产品、构成该产品实体的原材料及主要材料。直接材料标准成本包括直接材料数量标准和直接材料价格标准。

直接材料数量标准是指在现有生产技术条件和正常经营条件下，生产单位产品所需要的各种直接材料的标准用量，其中，包括生产过程中的正常损耗和形成正常损坏所必要的材料用量。材料用量可以根据产品的不同情况由管理人员会同负责产品设计的工程技术人员确定。产品如为首次生产的新产品，则应根据产品设计要求的材料质量、规格型号等逐项分析；如为以前生产过的产品，则可以根据以前的资料加以修订调整确定。

直接材料价格标准是指产品生产所需各种材料的标准价格，包括材料的买价和采购费用（含运杂费等）。材料价格很大程度上受外部因素的影响，较难为管理人员所控制。在制定材料价格标准时，应有采购部门的参与，并征求采购部门的意见，考虑市场价格的变动和发展趋势，以及影响价格因素的订货批量和运输方式等因素。

直接材料标准成本等于单位产品所需要用的各种材料标准数量与各自的标准价格的乘积之和，即

直接材料标准成本=∑（直接材料标准用量 × 直接材料标准价格）

【例 12-1】某公司生产A产品仅需一种甲材料，经过工程技术人员测算，每生产单位A产品正常耗用甲材料 2.5 千克，生产过程允许损耗 0.5 千克，允许废品损失报废 0.3 千克。甲材料系外购取得，外购单价预计为每千克 50 元，运输费为每千克 10 元，装卸及搬运费为每千克 1 元。

生产单位A产品耗用甲材料的标准成本制定如下：

材料标准单耗=2.5+0.5+0.3=3.3（千克）

材料标准单价=50+10+1=61（元）

A产品标准材料成本=3.3 × 61=201.3（元）

具体计算结果如表 12-3 所示。

表 12-3　直接材料标准成本（产品：A）

标准	材料甲
价格标准：	
发票单价	50 元/千克
运输费	10 元/千克
装卸搬运费	1 元/千克
每千克标准价格	61 元/千克
用量标准：	
正常耗用	2.5 千克
允许损耗	0.5 千克
允许废品损失	0.3 千克
单位产量标准用量	3.3 千克
单位产品标准成本	3.3 × 61=201.3（元）

四、直接人工标准成本的确定

直接人工的用量标准是单位产品的标准工时。确定单位产品所需要的直接生产工人工时，需要按产品的加工工序分别进行，然后加以汇总。标准工时是指在现有生产技术条件下，生产单位产品所需要的时间，包括直接加工操作必不可少的时间以及必要的间歇和停工，如工间休息、调整设备时间、不可避免的废品耗用工时等。标准工时应以作业研究和工时研究为基础，参考有关统计资料来确定。

直接人工的价格标准是指标准工资率。它可能是预定的工资率，也可能是正常的工资率。如果采用计件工资制，标准工资率就是预定的每件产品支付的工资除以标准工时，或者是预定的小时工资；如果采用月工资制，则需要根据月工资总额和可用工时总量来计算标准工资率。举例如表 12-4 所示。

表 12-4 直接人工标准成本（产品：A）

小时工资率	第一工序	第二工序
基本生产工人人数	10 人	30 人
每人每月工时（25.5 天 × 8 小时）	204 小时	204 小时
出勤率	98%	98%
每人平均可用工时	200 小时	200 小时
每月总工时	2 000 小时	6 000 小时
每月工资总额	2 200 元	7 200 元
每小时工资	1.10 元	1.20 元
单位产品工时：		
理想作业时间	1.6 小时	0.80 小时
调整设备时间	0.20 小时	
工间休息	0.10 小时	0.15 小时
其他	0.10 小时	0.05 小时
单位产品标准工时合计	2 小时	1 小时
直接人工标准成本	2.20 元	1.20 元
合计	3.40 元	

五、制造费用标准成本的制定

制造费用标准成本包括“数量”标准和“价格”标准，数量标准是指制造费用分配基础的数量，如标准机器加工小时或直接人工小时等，价格标准称为制造费用分配率。制造费用分配率通常按固定制造费用和变动制造费用分别计算。

由于固定制造费用和变动制造费用的成本性态不同，所以分别论述如下。

（一）固定制造费用标准成本的制定

在变动成本下，固定成本全部作为期间费用，列于利润表上作为销售收入的扣减项目，不包括在产品的单位成本之中。而在完全成本法下，固定制造费用同变动制造费用一样，通过分配计入产品单位成本，采用标准成本制度，为固定制造费用确定标准成本和标准成本分配率。

固定制造费用标准成本通常为制造费用分配基础的标准用量乘以标准分配率，固定制造费用标准分配率计算公式如下：

固定制造费用标准分配率 = 固定制造费用预算总额 ÷ 固定制造费用分配基础（指标）预计总数量

制造费用分配基础的标准用量与标准分配率确定后，固定制造费用标准成本确定如下：

固定制造费用标准成本 = 固定制造费用标准分配率 × 分配基础标准用量

用作分母的费用分配基础通常采用代表企业或车间生产能量的机器工时、人工小时或处理数量等指标。

（二）变动制造费用标准成本的制定

变动制造费用标准成本通常为制造费用分配基础的标准用量乘以标准分配率，变动制造费用标准分配率计算公式如下：

变动制造费用标准分配率＝变动制造费用预算总额 ÷ 变动制造费用分配基础（指标）预计总数量

制造费用分配基础的标准用量与标准分配率确定后，变动制造费用标准成本确定如下：

变动制造费用标准成本＝变动制造费用标准分配率 × 分配基础标准用量

【例 12-2】甲公司制件厂生产一种产品A模具，生产能力表现为生产一线工人直接人工工时，每月可用直接人工工时最大限度为 8 600 工时，正常直接人工工时为 8 000 工时。该公司制造费用分配率按正常生产能力计算。2023 年 6 月，制件厂正常生产能力为 8 000 直接人工小时，制造费用预算总额为 160 000 元。其中，变动制造费用预算为 72 000 元，固定制造费用预算为 88 000 元。制造费用按产品直接人工工时分配计入产品成本。制造费用分配率确定如下：

变动制造费用标准分配率＝变动制造费用预算总额 ÷ 预算总工时=72 000÷8 000=9 元/小时

固定制造费用标准分配率＝固定制造费用预算总额 ÷ 预算总工时=88 000÷8 000=11 元/小时

汇总上述资料，并假设通过与材料供应商协商、市场调研以及生产工艺流程及技术分析，并会同人事劳资部门确定A模具直接材料标准用量为 3.3 千克，每千克标准价格 61 元；直接人工标准为 8 小时，每小时标准工资为 3.4 元，该模具厂生产的A模具标准成本如表 12-5 所示。

表 12-5　A模具标准成本计算表

项 目	标准用量	标准价格	单位产品标准成本（元/件）
直接材料	3.3 千克	61 元/千克	201.3
直接人工	8 小时	3.4 元/小时	27.2
变动制造费用	8 小时	9 元/小时	72
固定制造费用	8 小时	11 元/小时	88
合计			388.5

第四节　实际成本和标准成本之间的差异分析

一、成本差异分析的基本模型

标准成本控制的第二步是成本差异的计算及分析。成本差异是指产品的实际成本与标准成本之间的差额，也称标准差异。

单位产品成本差异=实际单位成本－标准单位成本

如果实际成本超过标准成本，其差异称为逆差，是不利差异，用“U”表示；如果标准成本超过实际成本，其差异称为顺差，是有利差异，用“F”表示。实行标准成本控制就是要发展有利差异，消除不利差异。在实际考核过程中，管理部门常常使用“例外原则”，即排除那些无关紧要的差异，集中注意那些值得详细调查研究的差异，进一步分析产生差异的具体原因，及时采取相应的措施控制、消除不利差异的继续发生，以实现对成本的有效控制，促进成本的降低，提高企业经济效益。

成本差异是指在生产经营过程中发生的实际成本偏离预定的标准成本所形成的差额。成本差异分析同时需要分析投入与产出，在实际产出量的基础上比较实际投入与标准投入，确定成本差异。

标准成本包括直接材料标准成本、直接人工标准成本、变动制造费用标准成本、固定制造费用标准成本。与此相对应，成本差异也有直接材料成本差异、直接人工成本差异、变动制造费用、成本差异、固定制造费用成本差异。成本差异发生的原因有很多，归纳起来主要涉及两个因素，即数量差异和价格差异。因此，每一个标准成本项目可分解为数量标准和价格标准，成本差异也可分解为数量差异和价格差异。成本差异的通用模式归纳如下。

假设：①实际价格 × 实际数量；②标准价格 × 实际数量；③标准价格 × 标准数量。则有：

价格差异=①－②

=实际价格 × 实际数量－标准价格 × 实际数量

=（实际价格－标准价格）× 实际数量

数量差异=②－③

=标准价格 × 实际数量－标准价格 × 标准数量

=（实际数量－标准数量）× 标准价格

总差异=①－③

=实际价格 × 实际数量－标准价格 × 标准数量

=价格差异+数量差异

通过上述差异计算的通用模式可以看出，差异计算分析的做法是：价格差异的计算建立在实际数量基础之上，数量差异的计算建立在标准价格基础之上。成本差异，按成本的构成可以分为直接材料成本差异、直接人工成本差异、制造费用差异。制造费用差异按其形成原因和分析方法的不同，又可分为变动制造费用差异和固定制造费用差异两部分。直接材料成本差异、直接人工成本差异、变动制造费用差异分为价格因素和数量因素。固定制造费用差异可分为耗费差异、闲置能量差异和效率差异。因此，在变动成本法下，成本差异的计算公式为：

产品成本差异=实际总成本－标准总成本

=直接材料成本差异+直接人工成本差异+变动制造费用成本差异

二、直接材料成本差异的计算和分析

直接材料成本差异是指直接材料实际成本和直接材料标准成本之间的差额，包括直接材料价格差异和直接材料用量差异。

（一）直接材料价格差异

直接材料价格差异是指因直接材料实际价格偏离其标准价格形成的直接材料成本差异。其计算公式为：

直接材料价格差异 =（材料实际用量 × 实际价格）－（材料实际用量 × 标准价格）

=材料实际用量 ×（实际价格－标准价格）

（二）直接材料用量差异

直接材料用量差异是指产品生产过程中直接材料实际用量偏离标准用量所形成的直接材料成本差异。其计算公式如下：

直接材料用量差异 =（材料实际用量 × 标准价格）－（材料标准用量 × 标准价格）

=（材料实际用量－材料标准用量）× 标准价格

计算结果为正数表示超支，为不利差异；计算结果为负数表示节约，为有利差异。

【例 12-3】某企业生产甲产品，单位产品的标准成本如表 12-6 所示。

表 12-6 甲产品标准成本计算表

成本项目	用量标准	价格标准（元）	单位标准成本（元）
直接材料：A 材料	50 千克	40	2 000
直接材料：B 材料	40 千克	30	1 200
直接人工	50 小时	20	1 000
变动制造费用	50 小时	10	500
固定制造费用（月预算额 25 000 元）	50 小时	6	300
合计	—		5 000

本月投产 100 件，实际消耗 A 材料 5 100 千克，B 材料 3 800 千克，A、B 材料的实际单价分别为 45 元和 25 元。

材料的用量差异和价格差异计算如下：

A 材料用量差异 =（5 100−50 × 100）× 40=4 000（元）（U）

A 材料价格差异 =（45−40）× 5 100=25 500（元）（U）

A 材料的成本差异 =45 × 5 100−2 000 × 100=29 500 元（U）

B 材料用量差异 =（3 800−40 × 100）× 30=−6 000（元）（F）

B 材料价格差异 =（25−30）× 3 800=−19 000（元）（F）

B 材料的成本差异 =25 × 3 800−1 200 × 100=−25 000 元（F）

材料价格差异一般应由采购部门负责。材料的实际价格实际上会受到许多因素的影响，除市场价格这一外部因素之外，还包括采购的数量、运输方法、可利用的数量折扣和购进材料的质量等各种因素，所以，材料价格控制的重点应该在采购部门。但如果是由外部因素或超过了材料采购部门能够控制范围的原因造成的直接材料价格差异，则不应由采购部门负责。属于企业内部的原因，则由有关责任部门负责，如直接材料用量差异应由领用料的生产部门负责。如果发生了有利差异，可能是加工技术有所改革、设备工具更新等原因；如果发生了不利差异，可能是由于生产中材料损失浪费增加、废品增多、设备工具陈旧等原因造成。由于这些差异主要在生产过程中发生，因此，用量差异的控制重点应该在技术设计部门和生产单位。当然也存在例外情况，如采购部门为了降低采购价格，同时降低了原材料的质量，这就不应当由生产部门负责。因而对差异形成的原因和责任还需根据具体情况作进一步的分析。

三、直接人工成本差异的计算和分析

直接人工成本差异，是指企业生产产品实际发生的直接人工与实际产量下标准人工成本之间的差额，包括直接人工效率差异和直接人工工资率差异。直接人工差异的确定与直接材料差异的确定大致相同，不同之处在于价格差异是工资率差异，数量差异是人工小时差异或人工效率差异。其计算公式如下：

直接人工效率差异＝（实际工时－标准工时）× 标准工资率＝（实际工时 × 标准工资率）－（标准工时 × 标准工资率）

直接人工工资率差异＝实际工时 ×（实际工资率－标准工资率）＝（实际工资率 × 实际工时）－（标准工资率 × 实际工时）

【例 12-4】承【例 12-3】，假定企业生产 100 件甲产品实际耗用的工时为 4 800 小时，实际人工成本为 105 600 元。

【解析】

直接人工实际工资率=105 600÷4 800=22（元）（U）

直接人工效率差异＝（4 800−50×100）×20=−4 000（元）（F）

直接人工工资率差异＝（22−20）×4 800=9 600（元）（U）

直接人工成本差异=105 600−1 000×100=5 600（元）（U）

直接人工效率差异反映的是劳动生产力水平的变动引起的差异。员工生产经验不足、原材料质量不合格、设备运转不正常、工作环境不佳等多种因素，均会导致出现直接人工效率差异。通常情况下，直接人工效率差异由生产部门负责，但如果是由生产部门不可控因素造成的，则应由相关部门负责。直接人工工资率差异相对于直接人工效率差异，比较容易确定。工资率是聘用合同中的条款规定的，实际支付与预算额不会出现差异，一般应由主管人事的部门负责。但是，如果是非生产工时造成的差异，如停工待料时间的工资、开会时间的工资等，应由生产部门负责。所以，找出差异的同时，要分析产生差异的具体原因，分清不同的责任部门，才能采取有效的控制措施。

四、制造费用成本差异的计算和分析

由于固定制造费用和变动制造费用的成本性态不同，故分别论述如下。

（一）变动制造费用差异的计算和分析

变动制造费用成本差异，是指变动制造费用的实际发生数和实际产量下标准变动制造费用总额之间的差额，包括变动制造费用效率差异和变动制造费用耗费差异，即数量差异和价格差异。数量差异是由实际耗用工时与标准工时不一致造成的，又称变动制造费用效率差异。价格差异是由变动制造费用的分配率与标准分配率不一致造成的，又称变动制造费用耗费差异。变动制造费用效率差异和变动制造费用耗费差异计算公式如下：

变动制造费用耗费差异＝（变动制造费用实际分配率－变动制造费用标准分配率）× 实际工时

变动制造费用效率差异＝（实际工时－标准工时）× 标准分配率

变动制造费用效率差异类似于直接材料用量差异和直接人工效率差异；变动制造费用耗费差异类似于直接材料价格差异和直接人工工资率差异。

【例 12-5】长江公司本月生产甲产品 800 件，实际使用工时 900 小时，实际发生变动制造费用 2 700 元；变动制造费用标准成本为 4.35 元/件，每件产品标准工时为 1.5 小时，标准工资率为 2.9 元/小时。计算变动制造费用成本差异。

变动制造费用耗费差异＝（2 700÷900−2.9）× 900=90（元）

变动制造费用效率差异＝（900−800 × 1.5）× 2.9=−870（元）

变动制造费用成本差异＝实际变动制造费用－标准变动制造费用

=2 700−4.35 × 800=−780（元）

或变动制造费用成本差异＝耗费差异＋效率差异＝90−870=−780（元）

变动制造费用耗费差异原因应根据变动制造费用明细项目进行深入分析，在实践中通常要根据变动制造费用各构成项目的弹性预算数与同类项目的实际发生数相比较，找出差异的原因及责任归属。这类差异通常是部门经理的责任。

变动制造费用的效率差异是由于实际工时脱离了标准工时，反映的是产品生产过程中的工时利用情况，其形成原因与人工效率差异相同。

（二）固定制造费用差异的计算和分析

固定制造费用差异，是指固定制造费用实际发生额与实际产量下标准总额之间的差额。固定制造费用属于固定成本，它在一定业务量范围内不随业务量的变动而变动，其内容主要与生产能力的形成及生产过程的正常维护相联系。在实际生产经营活动中，往往由于实际耗用的工时（或机器小时）总数与预计的标准有所偏离，或固定制造费用的实际发生数与预算数有所偏离而导致固定制造费用差异。产量的变动只会影响单位固定制造费用，实际产量与预计产量的差异只会对单位产品应负担的固定制造费用发生影响。因此，对固定制造费用的控制与管理，除了考察固定制造费用总额的变化外，还要注意生产和销售数量的变化对单位产品成本中固定制造费用的影响。与其他费用成本差异的计算方法有所不同，固定制造费用成本差异不能简单地分为价格差异和数量差异，通常有两种划分方法，即二因素分析法和三因素分析法。

1.二因素分析法

二因素分析法是将固定制造费用差异分为耗费差异和能量差异。

耗费差异是指固定制造费用的实际金额与固定制造费用预算金额之间的差额。固定费用与变动费用不同，不因业务量变动而变动，故差异分析有别于变动费用。在考核时不考虑业务量的变动，以原来的预算数作为标准，实际数超过预算数即视为耗费过多。其计算公式为：

固定制造费用耗费差异＝固定制造费用实际数－固定制造费用预算数

能量差异是指固定制造费用预算数与固定制造费用标准成本的差额，或者说是实际产量的标准工时与生产能量的差额计算的金额。它反映实际产量标准工时未能达到生产能量而造成的损失。其计算公式如下：

固定制造费用能量差异＝固定制造费用预算数－固定制造费用标准成本

＝固定制造费用标准分配率 × 生产能量－固定制造费用标准分配率 × 实际产量标准工时

=（生产能量 - 实际产量标准工时）× 固定制造费用标准分配率

【例 12-6】某企业本月实际产量 400 件，发生固定制造费用 1 424 元，实际工时为 890 小时；企业生产能量为 500 件，即 1 000 小时；每件产品固定制造费用标准成本为 3 元/件，即每件产品标准工时为 2 小时，标准分配率为 1.5 元/小时。

固定制造费用耗费差异 =1 424−1 000 × 1.5=−76（元）

固定制造费用能量差异 =1 000 × 1.5−400 × 2 × 1.5=1 500−1 200 =300（元）

验算：

固定制造费用成本差异 = 实际固定制造费用 - 标准固定制造费用 =1 424−400 × 3=224（元）

固定制造费用成本差异 = 耗费差异 + 能量差异 =−76+300=224（元）

2.三因素分析法

三因素分析法是将固定制造费用成本差异分为耗费差异、效率差异和闲置能量差异三部分。耗费差异的计算与二因素分析法相同。不同的是将二因素分析法中的“能量差异”进一步分为两部分：一部分是实际工时未达到生产能量而形成的闲置能量差异；另一部分是实际工时脱离标准工时而形成的效率差异。其计算公式如下：

固定制造费用闲置能量差异 = 固定制造费用预算数 - 实际工时 × 固定制造费用标准分配率

=（生产能量 - 实际工时）× 固定制造费用标准分配率

固定制造费用效率差异 = 实际工时 × 固定制造费用标准分配率 - 实际产量标准工时 × 固定制造费用标准分配率 =（实际工时 - 实际产量标准工时）× 固定制造费用标准分配率

依【例 12-6】中的资料计算：

固定制造费用闲置能量差异 =（1 000−890）× 1.5=165（元）

固定制造费用效率差异 =（890−400 × 2）× 1.5=135（元）

三因素分析法的闲置能量差异（165 元）与效率差异（135 元）之和为 300 元，与二因素分析法中的“能量差异”数额相同。

第五节　标准成本法的账务处理

一、“原材料”“生产成本”“库存商品”账户登记标准成本

在标准成本法下，从原材料到库存商品账户都使用标准成本的相关数据来记账，各账户借贷方都登记实际数量的标准成本，其余额也反映标准成本。这是与实际成本系统的最大区别，在实际成本系统下，所有账户都登记实际数量的实际成本。

“原材料”账户借方的数额是按购入材料数量乘以标准价格来入账的，贷方的数额则是按发出材料数量乘以标准价格来入账，期末反映的是库存材料的标准成本。

“生产成本”账户借方的数额中，材料项目是用实际产量的标准耗用量乘以标准单价求得，人工项目是用实际产量的标准工时乘以标准工资率求得，制造费用项目是用各自的标准分配率乘以标准工时求得。另外，从“生产成本”账户贷方结转入库产成品成本时，也是按其标准成本（产成品数量乘以单位产品标准成本）入账。

"库存商品"账户借、贷两方是分别按入库、出库产成品数量乘以其单位标准成本的数额入账，期末余额反映的是库存商品的标准成本。

二、成本差异账户登记各种成本差异

在标准成本法下，设置一系列成本差异账户反映各项成本差异。直接材料的成本差异通过"直接材料价格差异""直接材料用量差异"两个账户反映；直接人工的成本差异通过"直接人工效率差异"和"直接人工工资率差异"两个账户反映；变动制造费用差异通过"变动制造费用耗费差异"和"变动制造费用效率差异"两个账户反映；固定制造费用差异通过"固定制造费用耗费差异""固定制造费用闲置能量差异""固定制造费用效率差异"三个账户反映。应将各种不利差异分别记入各差异账户的借方；将各种有利差异分别记入各差异账户的贷方。

在登记"原材料""生产成本""库存商品"账户时，应将实际成本分成标准成本和相关的成本差异后分别登记入账，标准成本数据登记在"原材料""生产成本""库存商品"账户中，而相关的成本差异分别登记在各成本差异账户。期末，各成本差异账户发生额的合计数，反映了本期成本控制的情况。

为便于分析成本差异发生的具体原因，各部门应设置成本差异明细账，记录应由本部门负担的成本差异。

三、会计期末对成本差异的处理

为了计算原材料、在产品或产成品的实际成本和当期实际损益，在会计期末（月末或年末）时要对本期发生的成本差异进行会计处理。处理方法主要有以下三种。

（一）全部计入本期损益

这种方法是在会计期末时将所有本期差异转入"本年利润"账户，或者先将差异转入"主营业务成本"账户，再随同主营业务成本一起转到"本年利润"账户。如果为有利差异，则应增加当期的收益；如果是不利差异，则应冲减当期的收益。采用这种方法的理由是确信标准成本是真正的正常成本，成本差异是不正常的低效率和浪费造成的，应当直接体现在本期损益中，即本期的成本差异是本期成本控制的结果，应当直接体现在本期损益中，使利润能反映本期生产经营业绩。在这种方法下，资产负债表上的"在产品"项目和"产成品"项目只反映标准成本。这种方法的优点是省却了复杂的成本差异分配工作，使产品成本的计算和账务处理大为简化。缺点是如果标准成本已经过时，则不仅会导致本期经营成果不实，还会使存货成本严重脱离实际成本。因此，在成本差异数额不大时采用此法为宜。西方企业一般采用这种方法。

（二）将所有成本差异根据当月销售产品成本、月末在产品成本和月末库存产成品成本的比例进行分摊

在分摊时，是根据当月销售产品、月末在产品和月末库存产成品的标准成本的比例进行的。这种方法的依据是税法和会计准则均要求以实际成本反映存货成本和销货成本。本期发生的成本差异应由存货和销货成本共同负担。当然，采用这种处理方式会加大成本分配的工作量，此外，有些费用计入存货成本不一定合理，例如闲置能量差异是一种损失，并不能在未来带来收益，作为资产计入存货成本明显不合理，应直接计入当期损益。

（三）将标准成本差异结转入下期

有些企业各月份标准成本差异不是很大，可能某个月份产生超支差异，下个月份会产生节约差异，这样，不同月份的标准成本差异可以相互抵销。这种方法一般适用于各月份标准成本差异可以相互抵销的情况，可以大大简化会计核算的工作量。但这种方法一般只是在年度中间采用，而到了年末，则应采用前述两种方法中的一种进行处理。

四、标准成本系统账务处理程序

下面通过举例说明标准成本账务处理的程序。

（一）有关资料

（1）单位产品标准成本。

直接材料（10 千克 ×3 元/千克）	30 元
直接人工（10 小时 ×4 元/小时）	40 元
变动制造费用（10 小时 ×1.5 元/小时）	15 元
固定制造费用（10 小时 ×1 元/小时）	10 元
单位产品标准成本	95 元

（2）费用预算。

生产能量	4 000 小时
变动制造费用	6 000 元
固定制造费用	4 000 元
变动制造费用标准分配率（6 000÷4 000）	1.5 元/小时
固定制造费用标准分配率（4 000÷4 000）	1 元/小时
变动销售费用	2 元/件
固定销售费用	30 000 元
管理费用	6 000 元

（3）生产及销售情况。本月初在产品存货 50 件，其标准成本为 3 125 元。由于原材料一次性投入，因此在产品存货中含原材料成本 1 500 元（50×30）。其他成本项目采用约当产量法计算，在产品约当完工产品的系数为 0.5；50 件在产品的其他成本项目共 1 625 元[50×0.5×（40+15+10）]。本月投产 450 件，完工入库 430 件，月末在产品 70 件。

本月初产成品存货 30 件，其标准成本为 2 850 元（30 件 ×95 元/件）。本月完工入库 430 件，本月销售 440 件，月末产成品存货 20 件。销售单价 140 元/件。

（二）原材料的购入与领用

本月购入第一批原材料 3 000 千克，实际成本每千克 2.7 元，共计 8 100 元。

标准成本 =3 000×3=9 000（元）

实际成本 =3 000×2.7=8 100（元）

直接材料价格差异 =3 000×（2.7−3）=−900（元）

借：原材料	9 000	
贷：直接材料价格差异		900
应付账款		8 100

本月购入第二批原材料 2 000 千克，实际成本每千克 3.2 元，共计 6 400 元。

标准成本 =2 000 × 3=6 000（元）

实际成本 =2 000 × 3.2=6 400（元）

直接材料价格差异 =2 000 × （3.2−3）=400（元）

借：原材料　　6 000

　　直接材料价格差异　　400

　　贷：应付账款　　6 400

本月投产 450 件，领用材料 4 550 千克。

应耗材料标准成本 =450 × 10 × 3=13 500（元）

实际领料标准成本 =4 550 × 3=13 650（元）

直接材料用量差异 =（4 550−450 × 10）× 3=150（元）

借：生产成本　　13 500

　　直接材料用量差异　　150

　　贷：原材料　　13 650

（三）直接人工工资

本月实际耗用直接人工 3 500 小时，支付工资 14 350 元，平均每小时 4.10 元。

借：应付职工薪酬　　14 350

　　贷：银行存款　　14 350

为了确定应记入“生产成本”账户的标准成本数额，需计算本月实际完成的约当产量。在产品约当完工产品的系数为 0.5，月初在产品 50 件，本月投产 450 件，本月完工入库 430 件，月末在产品 70 件。

本月完成的约当产量 =70 × 0.5+430−50 × 0.5=440（件）

标准成本 =440 × 10 × 4=17 600（元）

实际成本 =3 500 × 4.10=14 350（元）

直接人工效率差异 =（3 500−440 × 10）× 4=−3 600（元）

直接人工工资率差异 =3 500 × （4.10−4）=350（元）

借：生产成本　　17 600

　　直接人工工资率差异　　350

　　贷：直接人工效率差异　　3 600

　　　　应付职工薪酬　　14 350

（四）变动制造费用

本月实际发生变动制造费用 5 600 元，实际费用分配率为 1.6 元/小时（5 600÷3 500）。

借：变动制造费用　　5 600

　　贷：各有关账户　　5 600

将其计入产品成本：

标准成本 =440 × 10 × 1.5=6 600（元）

实际成本 =3 500 × 1.6=5 600（元）

变动制造费用效率差异 =（3 500−440 × 10）× 1.5=−1 350（元）

变动制造费用耗费差异 =3 500 × （1.6−1.5）=350（元）

借：生产成本　　6 600
　　变动制造费用耗费差异　　350
　　贷：变动制造费用效率差异　　1 350
　　　　变动制造费用　　5 600

（五）固定制造费用

本月实际发生固定制造费用 3 675 元，实际费用分配率为 1.05 元/小时（3 675÷3 500）。

借：固定制造费用　　3 675
　　贷：各有关账户　　3 675

将其计入产品成本：

标准成本=440×10×1=4 400（元）

实际成本=3 500×1.05=3 675（元）

固定制造费用耗费差异=3 675−4 000=−325（元）

固定制造费用闲置能量差异=（4 000−3 500）×1=500（元）

固定制造费用效率差异=（3 500−440×10）×1=−900（元）

借：生产成本　　4 400
　　固定制造费用闲置能量差异　　500
　　贷：固定制造费用耗费差异　　325
　　　　固定制造费用效率差异　　900
　　　　固定制造费用　　3 675

（六）完工产品入库

本月完工产成品为 430 件。

完工产品标准成本=430×95=40 850（元）

借：库存产品　　40 850
　　贷：生产成本　　40 850

上述分录过账后，“生产成本”账户余额为 4 375 元，其中，材料标准成本 2 100 元（70×30），直接人工 1 400 元（70×40×0.5），变动制造费用 525 元（70×15×0.5），固定制造费用 350 元（70×10×0.5）。

（七）产品销售

本月销售 440 件，单位价格 140 元，共计 61 600 元。

借：应收账款　　61 600
　　贷：主营业务收入　　61 600

结转已销产品成本=440×95=41 800（元）

借：主营业务成本　　41 800
　　贷：库存商品　　41 800

上述分录过账后，“库存商品”账户期末余额为 1 900 元。它反映 20 件期末存货的标准成本（20 件×95 元/件）。

（八）发生销售费用与管理费用

本月实际发生变动销售费用 1 000 元，固定销售费用 2 200 元，管理费用 3 400 元。

借：变动销售费用 1 000
　　固定销售费用 2 200
　　管理费用 3 400
　　贷：各有关账户 6 600

（九）结转成本差异

假设本企业采用“结转本期损益法”处理成本差异。

借：直接材料价格差异 500
　　直接人工效率差异 3 600
　　变动制造费用效率差异 1 350
　　固定制造费用耗费差异 325
　　固定制造费用效率差异 900
　　贷：主营业务成本 5 325
　　　　直接材料用量差异 150
　　　　直接人工工资率差异 350
　　　　变动制造费用耗费差异 350
　　　　固定制造费用闲置能量差异 500

第六节 标准成本法的Excel模型制作

【例 12-7】某企业生产甲产品，单位产品的标准成本如表 12-7 所示。

表 12-7 甲产品标准成本计算

成本项目	用量标准	价格标准（元）	单位标准成本（元）
直接材料	50 千克	40	2 000
直接人工	50 小时	20	1 000
变动制造费用	50 小时	10	500
固定制造费用（月预算额 25 000 元）	50 小时	6	300
合计			3 800

本月投产 100 件，实际消耗A材料 5 100 千克，A、B材料的实际单价为 45 元，构建材料成本差异分析模型。

1.模型概要

（1）问题描述：标准成本系统包括成本标准的确定、成本差异分析、成本差异处理，而成本标准需要根据实际情况进行一定程度的调整，运用Excel可以方便地对标准成本系统进行调节，从而大大节约了分析者的工作量。

（2）主要变量：标准成本、实际成本、成本差异。

（3）决策方法：比较法、图示法。

（4）关键技术：成本差异的计算、微调器的使用、绘制堆积图。

2. 模型展示

如图 12-1 至图 12-3 所示

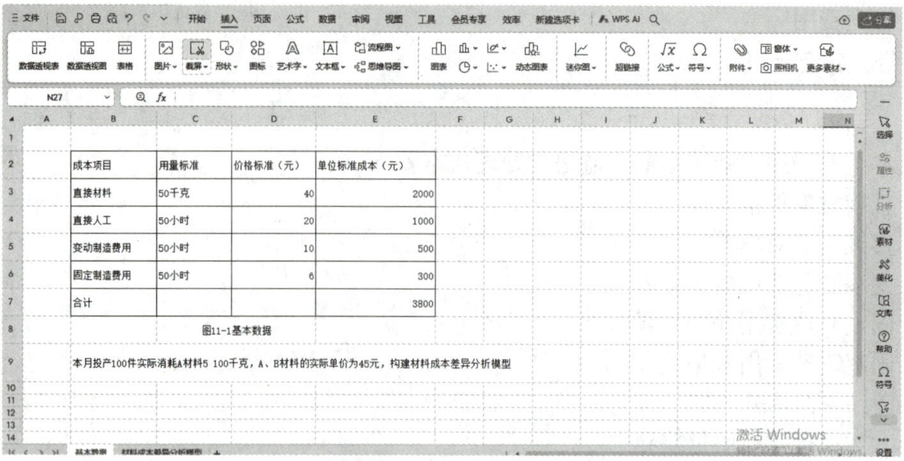

成本项目	用量标准	价格标准（元）	单位标准成本（元）
直接材料	50千克	40	2000
直接人工	50小时	20	1000
变动制造费用	50小时	10	500
固定制造费用	50小时	6	300
合计			3800

图11-1基本数据

本月投产100件实际消耗A材料5 100千克，A、B材料的实际单价为45元，构建材料成本差异分析模型

图 12-1　基本数据

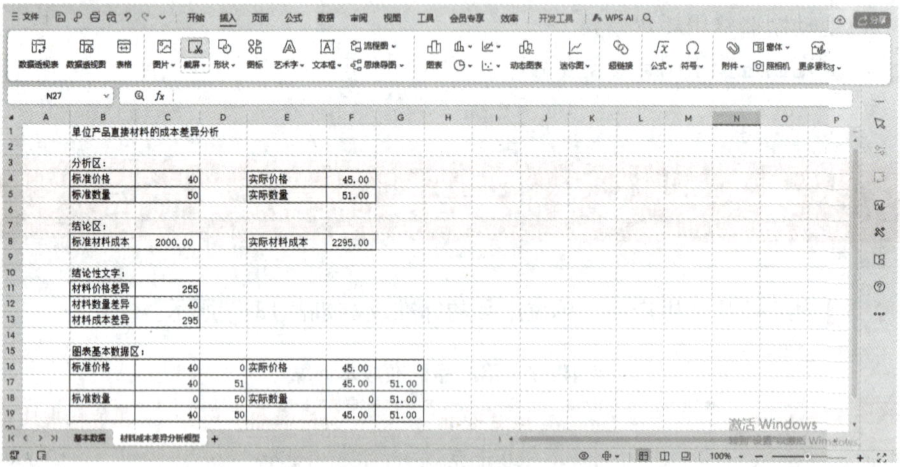

单位产品直接材料的成本差异分析

分析区：

标准价格	40		实际价格	45.00
标准数量	50		实际数量	51.00

结论区：

标准材料成本	2000.00		实际材料成本	2295.00

结论性文字：

材料价格差异	255
材料数量差异	40
材料成本差异	295

图表基本数据区：

标准价格	40	0	实际价格	45.00	0
	40	51		45.00	51.00
标准数量	0	50	实际数量	0	51.00
	40	50		45.00	51.00

图 12-2　成本控制相关表格

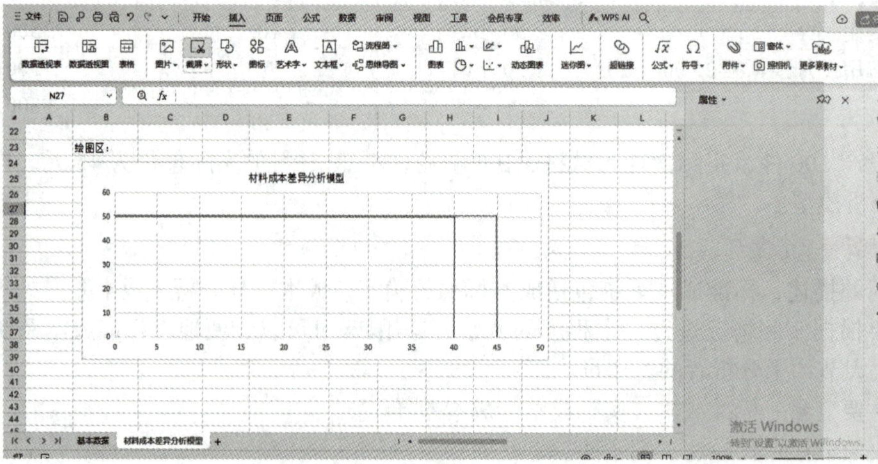

图 12-3　成本控制的 Excel 动态模拟

3. 建模步骤

第一步，在基本数据工作表输入已知条件。

第二步，在设计分析区和结论区输入相关公式，如表 12-8 所示。

表 12-8　甲产品标准成本计算公式

C8	=C4 × C5
F8	=F5 × F4
C12	=（F5−C5）× C4
C13	=C11+C12
C16、C17	=$C$4
F16、F17	=F4
D17	=IF（C5>F5，C5，F5）
D18、D19	=$C$5
G17、G18、G19	=F5

第三步，添加微调器。开发工具→插入→数值调节钮→右击调节钮→设置控件格式→设置单元格链接和步长，如图 12-4 所示。

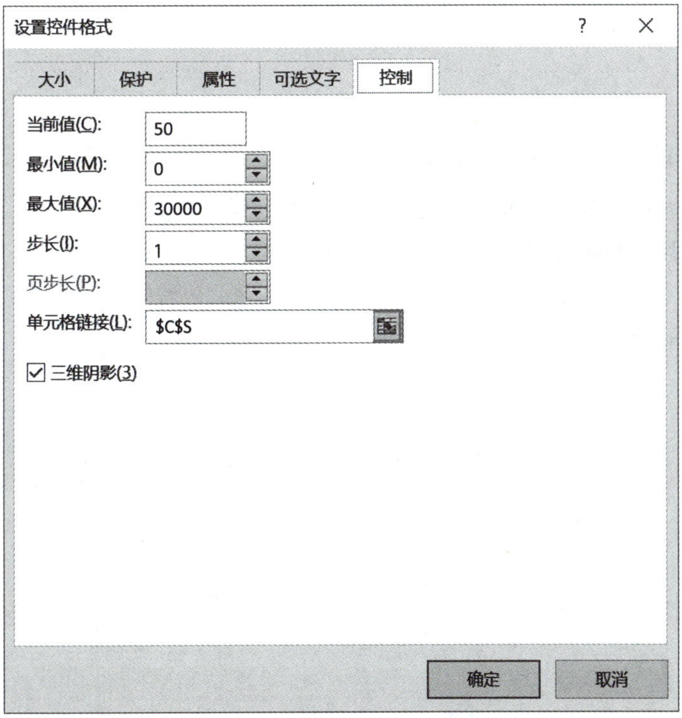

图 12-4　控件格式设置

第四步，绘制成本差异分析图。

（1）插入“带平滑线的散点图”。

（2）图表工具→设计→选择数据源→依次添加系列，如图 12-5 所示。

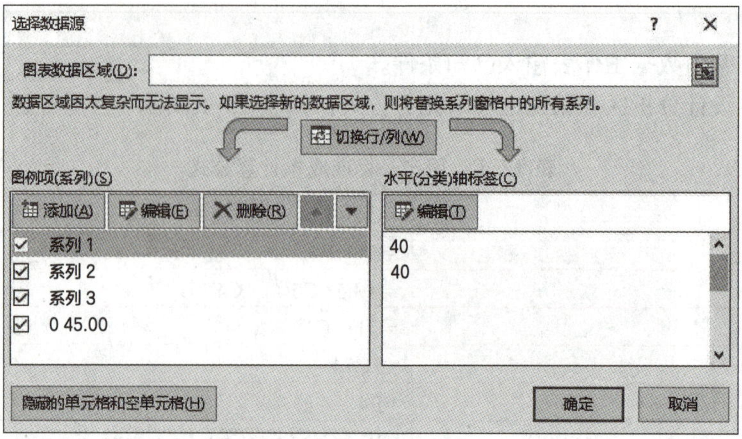

图 12-5　图表数据添加序列

每个系列数据根据图表基本数据区进行设置。如系列 1 表示标准价格，单击编辑，x轴选择$C$16:$C$17，y轴选择$D$16:$D$17。

第五步，修饰图表。

直接人工差异分析模型、制造费用差异分析模型制作过程与直接材料差异分析模型基本一致。

※思考题※

1. 实施标准成本制度有哪些作用？
2. 标准成本有哪些类型？标准成本是如何制定的？
3. 固定预算与弹性预算有何区别？
4. 在标准成本系统下，账户设置、账簿记录有哪些方面的特点？
5. 标准成本法的优点和缺点有哪些？

第十三章　作业成本法

学习目标

1. 了解作业成本法引入的背景。
2. 掌握作业成本法的基本概念、原理和开发技术程序。
3. 区别传统成本计算法和作业成本法。
4. 熟练掌握作业成本法的计算。

引　例

悦驾公司是一家汽车销售和服务企业，近年来得到快速发展，连续几年进入中国汽车流通行业经销商集团百强排行榜，排名节节攀升、成绩喜人。悦驾公司网点分布广、销售汽车品牌多、受地区政策和市场的影响大，分公司、子公司的业务经营模式和账务处理存在差异，管理存在难度；业务部门潜意识中仅考虑本部门经营，缺乏整体经营意识，不利于优化资源配置和整体的发展。

随着近年来汽车销售行业竞争的不断加剧，过去依靠整车销售和一级批发商盈利的模式逐渐改变。车价倒挂，竞争加剧，迫使汽车销售服务零售商向汽车后市场转移，向提高单体店自身经营管理水平方向发展。作为汽车销售和服务企业，悦驾公司必须适应形势发展，建立符合自身经营特点的运营模式和管理体系，应对激烈的市场竞争。

为了更好地建立符合自身经营特点的管理模式，悦驾公司高层分析了公司的基本情况。

1.分公司、子公司网点多，分布广。悦驾公司在全国各地分布广，销售汽车品牌多。

2.返利折让较大影响利润。汽车服务企业主要从主机厂进货，各下属单位对其进行分销工作，在成本管理方面普遍没有成本控制和科研支出等内容。整车厂每月根据经销商的销量及服务水平进行考核，并通过返利形式兑现，这部分返利会直接影响公司的成本和利润。但厂家返利的金额和时间普遍不稳定，原因包括：一是整车厂每月对经销商进行考核，其相关的考核标准并非年初制定，并且整车厂会进行非定期的调整；二是汽车服务零售商无法掌控返利，主动权的缺失和不固定的返利兑现时间造成成本和利润忽高忽低。

3.客户分散，外部环境影响大。汽车服务业的客户主要是散户，由于受行业、当地政府、客户等外部环境影响较大，各营业单位对繁多的费用项目的归集口径有所不同。

接着有人提出了一些经营管理方面的问题。

1.标准不统一，可比性不强。由于各汽车品牌和各业务类型的具体盈利状况和变化趋势口径不一，所以各分公司、子公司横向对标无法展开。受当地政府政策影响和市场环境影响，相同业务在不同单位、不同地区经营模式和账务确认标准存在差异，加大了管理难度。

2. 科目归集的差异性导致汇总数据无法进行具体的量化分析。显著的情况就是数据体量大，却无法进行整合、细化。例如，下属单位对延伸业务经营模式分为自营和外包，账务处理分别以收入和收益记账。由此可以看出，不同单位对于同业务类型，在账务上的处理有所差异。非统一口径的账务导致管理无法归整，零散的个体化数据提高了总部管理战略的设计与落实的难度。

3. 重视毛利，忽略费用，对费用重视管控不够。由于费用使用无责任主体，造成费用使用效益不高，无效和低效费用对收入发展和业务支撑不够。在费用和利润无法细分的情况下，企业难以对每项具体业务量化分析。其结果就是企业不能掌握各项经营业务的量化指标，不能准确地指导经营活动。

4. 缺乏对各业务的深层分析。悦驾公司及下属单位对公司经济运营分析一般侧重于销量、毛利率、总体利润等大类指标，未对某个经营实体的各项业务、成本进行透彻的挖掘和分析，其原因是对公共成本费用没有明确和统一的划分标准。

5. 企业主体责任缺失。在公共费用分摊之前，对业务部门和汽车品牌的考核主要基于业务量（销量、维修产值等）、毛利等指标。但当减去公共费用后，部分业务或汽车品牌由盈利变为亏损，这就造成部分业务部门缺乏整体经营意识，只考虑本部门经营，不利于优化资源配置和整体的发展。

最终，悦驾公司还是选择了作业成本法进行成本核算，因为他们认为随着市场竞争的加剧和企业精益管理的不断深入，及时、准确地掌握经济运营状况和变化趋势是企业的迫切需求。准确、实用、高效的管理会计工具的运用可以加强对各项数据的梳理、归纳和分析。悦驾公司基于管理现状，根据各管理会计工具的优缺点和应用情况，选取作业成本法来改善企业运营。这是因为作业成本法能够多维度分析成本信息，对公共费用进行细分，具体量化各业务指标，有助于改进作业与流程。成本的细化也能促进绩效管理、优化各下属单位的资源配置，成本动因分析、量化数据有利于基础预算，提高管理能力。

第一节　作业成本法的基本概念

一、引入作业成本法的原因

（一）技术的发展

当今社会正在经历着以微电子技术为核心的高新技术革命，它对科技、经济、社会各个领域的辐射力和渗透力都是空前巨大的，极大地促进了社会生产力的发展。这场革命不但改变了生产结构、产业结构、劳动结构和社会结构，而且改变了人们的工作方式、生活方式和思维方式。

当代高新技术革命的特征，主要表现为电子数控机床和机器人、计算机辅助设计（CDA）、计算机辅助工程（CAE）、计算机辅助制造（CAM）和弹性制造系统（FMS）的广泛应用。其高级形式表现为计算机集成制造系统（CIMS）的形式和应用。它把整个价值链过程中所使用的各种自动化系统综合成一个整体，由计算机统一进行调控。计算机集成制造系统把生产的电脑化、自动化带入一个崭新的发展阶段，并为生产经营管理进行革命性变革提供了技术支持。

（二）资本规模的扩大

技术的进步必然伴随着生产过程资本密集程度的提高。随着大量先进的制造设备投入使用，企业中的产品成本结构发生了很大的变化。直接成本在总成本中所占的比重越来越低，而间接成本在总成本中所占的比重却大大提高，并且逐渐成为产品成本的主体。

（三）社会经济环境的变化

时代在变迁，社会在发展，现代企业所面临的社会经济环境发生了巨大变化。

一方面，随着社会生产力的飞速发展，社会财富的快速增长，人们有了更多的选择余地，消费者的行为变得更具挑剔性，他们希望购买到多样化的、标新立异的、能体现其个性的产品。

另一方面，卖方市场向买方市场的转变，使得厂商之间的竞争愈加激烈。商场如战场，适者生存，不适应者将遭到淘汰。在激烈的市场竞争中，企业必须以顾客需求为导向，关注市场的动态及消费者的消费倾向。竞争的结果是大量的传统产品不得不提前退出市场，新的产品不断投入市场，而这些新产品又很快被更加新型的、独特的产品取代。产品的生命周期越来越短，有些产品未达到成熟期就开始退出市场。企业经济由单一品种、通过扩大规模来达到专业化生产的规模经济向多品种、小批量生产、满足顾客不同需求的范围经济方向发展，由传统降低产品成本的单一做法向低成本、高质量、交货速度快、售后服务完善的方向发展。

（四）管理理念的创新

为了有效地发挥当代高科技的优势，以适应顾客需求日新月异的变化，进而实现现代企业的经营目标，企业管理理论发生了深刻的革命，形成了新的企业观。新的企业观，就是把企业看作一个为了满足顾客需要而设计的“一系列作业”的集合体。每完成一项作业都要消耗一定的资源，而作业的产出又形成一定的价值，这个新的价值又会转移到下一个作业，按此逐步推移，直到把产品提供给企业外部的顾客，以满足他们的需要。企业管理已从传统的以产品为中心转变为以作业为中心，形成了“以作业为基础的管理”（ABM）。

二、传统成本计算方法的不适应性

传统成本核算方法在分配制造费用时，往往借助于单一的数量分配基准，如直接人工工时、机器工时。在公司只生产少数几种产品、构成产品成本最主要的是直接人工成本和直接材料成本的条件下，用构成产品成本主体的直接人工费用去分配少量的制造费用，所导致的成本扭曲是非常微小的。然而，随着企业所处内部环境和外部环境的变化，传统成本核算方法遇到了两大问题。

一是制造费用的比重上升，直接人工的比重下降，从而使得制造费用分配率很大，容易造成产品成本失真。在科技发达、自动化程度较高的现代化大生产方式下，一方面，机器设备等流水线的成本越来越高，这导致相应的制造费用在产品成本中所占的比重也直线上升，并且使得产品成本的构成内容大大复杂化；另一方面，直接人工成本急剧下降。然而，传统的成本计算系统却是一个典型的直接人工分配系统，产品成本中除直接材料、直接人工外，其余耗费都归入制造费用，然后以直接人工工时或机器工时为标准来分配制造费用。很显然，在技术高速发展的今天，仍然以直接人工工时为标准来分配数倍甚至数十倍于直接人工的制造费用，很容易导致成本信息失真，使得产量高、复杂程度低的产品成本高于其实际发生成本，而产量低、复杂程度高的产品成本低于其实际发生成本，从而引起成本控制失效，进一步导致经营决策上的失误。

二是随着与直接人工工时无关的费用快速增加，这种不具有因果关系的分配标准必定会产生虚假的成本信息。随着生产力的提高，顾客的需求呈现个性化、多样化，企业生产规模从少品种、大批量的生产模式转化为多品种、小批量的生产模式。那些与工时不具有直接因果关系的费用，如设计费、生产准备费、搬运费、机器维修费、售后服务费等大大增加。传统的成本核算方法忽视了这些快速增加的费用，“一刀切”地使用直接人工工时或机器工时来分配制造费用，其结果必然是小批量产品的成本被低估，大批量产品的成本被高估。

三、作业成本法的基本概念

作业成本法（Activity-based Costing，ABC），是指以作业为间接费用归集对象，通过资源动因的确认、计量，归集资源费用到作业上，再通过成本动因的确认、计量，将作业成本归集到产品或服务上的一种间接费用分配方法。从本质上说，作业成本法就是一种费用分配方法。它和传统成本法所分配的对象都是产品或服务所消耗的资源，两者的区别在于分配的方法不同。作业成本法缩小分配范围、增加分配标准，从而使分配到每一种产品或服务上的费用不一样，得出不同的成本单位。作业成本法是为了提供更准确的成本信息而对传统计算方法所作的改进，并不是全盘否定传统成本法。

作业成本法的理论基础是：产品消耗作业，作业消耗资源。随着现代企业特别是服务型企业生产经营过程中间接成本比例不断提高、企业产品种类或服务种类的增多，传统成本核算方法已不能够合理地将间接成本在各产品或服务项目间进行分配。而作业成本法细化了间接成本分配到成本对象的过程，拓宽了成本计算的范围，从而使成本信息更加真实、准确、客观。

理解作业成本法的基本概念，必须理解以下的五个关键词的概念。

（一）资源

资源是指支持作业的成本、费用来源。它是一定期间内为了生产产品或提供服务而发生的各类成本、费用项目，或者是作业执行过程中所需要花费的代价。例如，发出订货单是采购部门的一项作业，那么相应办公场地的折旧费、采购人员的工资和附加费、电话费、办公费等都是订货作业的资源费用。制造行业中典型的资源项目一般有：原材料、辅助材料、燃料、动力费用、工资及附加费、折旧费、办公费、修理费、运输费等。与某项作业直接相关的资源应该直接计入该作业，如果一项资源支持多种作业，那么应当使用资源动因将资源分配计入各项相应的作业中。

（二）作业

作业是指企业在经营活动中的各具体活动。如签订材料采购合同、将材料运达仓库、对材料进行质量检验、办理入库手续、登记材料明细账等，每一项具体活动就是一项作业。一项作业对于任何加工或服务对象，都必须是重复执行特定的或标准化的过程和方法。如轴承制造企业的车工作业，无论加工何种规格型号的轴承外套，都须经过将加工对象（工件）的毛坯固定在车床的卡盘上、开动机器进行切削、将加工完毕的工件从卡盘上取下等相同的特定动作和方法。执行任何一项作业都需要耗费一定的资源。如上述车工作业，需要耗费人工、材料、能源和资本（车床和厂房等）。一项作业可能是一项非常具体的活动，如车工作业；也可能泛指一类活动，如机械加工车间的车、铣、刨、磨等所有作业可以统称为机械加工作业，甚至可以将机械加工作业、产品组装作业等统称为生产作业（相对于产品研发、设计、销售等作业而言）。

（三）成本动因

根据成本动因在资源流动中所处的位置，可将成本动因分为资源成本动因和作业成本动因。

资源成本动因是指资源被各种作业消耗的方式和原因，体现了资源消耗量与作业之间的关系。资源成本动因作为一种分配基础，是将资源耗费分配到作业成本库的标准，反映了作业对有关资源的耗费情况。通过分析资源成本动因，可以促使企业合理配置资源，寻求降低作业成本的途径。

作业成本动因是指各项作业被最终产品或劳务消耗的方式和原因，体现了作业消耗量与最终产出之间的关系。它是将作业成本分配到产品或劳务的标准。作业成本动因也是资源消耗与最终产品相沟通的中介。通过分析作业成本动因，可以帮助企业发现和减少不增值的作业，寻求降低整体成本的途径。

（四）作业中心和成本库

作业中心是一系列相互联系、能够实现某种特定功能的作业集合。例如，在原材料采购作业中，材料采购、材料检验、材料入库、材料仓储保管等都是相互联系的，且都可以归于材料处理作业中心。

成本库是指由若干个同一（同质）成本动因导致的费用项目归集在一起的特定的集合体。成本库的建立把间接费用的分配与产生这些费用的原因——成本动因联系起来。例如，质量控制部门可分为外购材料的检验、在产品的检验和产成品的检验三个成本库，并分别以材料订购次数、设备调整与准备次数和销售产品数量作为其成本动因，以它们作为分配标准，对各个成本库所汇集的成本、费用进行分配。在作业成本法下，通过设置各种各样的成本库，并按多样化的成本动因对间接费用进行分配，既可以使成本计算的过程大大细化，也可以使成本计算的正确性和有效性大大提高。

（五）作业链和价值链

作业链也称业务流程，是指为实现某个特定目标而联系在一起的一系列作业，或者是与成本对象密切相关的一系列有序作业的集合。作业链反映了成本的流动情况，揭示了成本发生的原因。

价值链，是一系列作业价值的组合，是从货币和价值角度反映的作业链。

四、作业的分类

划分作业的方法有着不同的选择标准，尽管这些标准的划分在形式上略有不同，但在思想上是基本一致的。

（一）增值作业和非增值作业

增值作业，是指给顾客带来附加价值，因而能为企业带来利润的作业，如采购订单的获得、在产品的加工以及完工产品的包装等。非增值作业，是指不能给顾客带来附加价值的作业，如原材料、在产品、产成品的存储作业。这种划分方法是根据作业是否为增值作业来区分。增值作业与非增值作业的判别标准是，如果把作业去除，能否为顾客提供与以前同样的效果。

（二）主要作业和次要作业

主要作业是指作业的产出用于组织单位外部的作业。主要作业直接为部门或组织的使命作出贡献。次要作业是指在部门内部协助主要作业的作业。例如，就工厂技术部门而言，产品设计与改良毫无疑问属于主要作业，技术人员参加会议、接受专业培训等则属于次要作业。将作业划分为主要作业和次要作业是出于将次要作业成本分配给主要作业，以及管理主要作业与次要作业的需要。

（三）单位作业、批别作业、产品别作业及过程作业

单位作业是使单位产品或劳务受益的作业。此类作业是重复进行的，每生产一个单位产品就需要作业一次，其所耗用的成本与产品的产量呈比例变动关系，如直接材料和直接人工等。

批别作业是使一批产品受益的作业。这种作业的成本与产品批数呈比例变动关系，是该批产品所有单位产品的固定（或共同）成本。例如，机器从生产某批产品转向生产另一批产品时，就需要对机器进行准备。当生产批数越多时，机器准备成本就越多，但与产量多少无关。

产品别作业也称品种别作业，是为各种产品的生产而从事的作业，这种作业的目的是服务于各种产品的生产与销售。例如，对一种产品进行工艺设计、编制数控程序、处理工程变更、测试线路等。这种作业的成本与产品产量和批数无关，但与生产产品的品种呈比例变动关系。

过程作业也称管理级作业，是为了维持和管理生产经营活动而从事的作业，如工厂管理。这种作业的成本是企业生产所有产品的共同成本，它与产量、批次、品种数无关，而取决于组织规模和结构。

第二节　作业成本系统开发过程

一、作业成本法的实施范围

作业成本的实施范围是企业所选择的实施作业成本法的对象和区域。在一家企业中实施作业成本法需要满足以下三个条件。

（1）企业的制造费用在产品成本中所占的比重较大，而且制造费用的构成复杂，单一的分

配率难以合理对其加以分配。

（2）作业成本法是一种新型的成本核算系统，而且到目前为止，对外报告时仍然需要采用传统的成本数据。因此，要实施作业成本法的企业必须具备良好的成本核算基础，必要时能够采用电算化核算系统。

（3）作业成本法是一个复杂的成本核算系统，在实施的初期会遇到很多困难，加大员工的工作压力。因此，要成功实施该方法，不仅需要财务人员，还需要企业其他人员的理解和共同努力，只有这样才能发挥协同效应。这就需要企业的员工具有良好的素质和献身精神，需要企业的领导具有号召力，能调动广大员工齐心协力，共同促成该核算系统的成功实施。

二、作业成本系统的一般原则

（一）成本效益原则

一项工作只有其收益大于执行成本时才是经济的，实施作业成本法必须符合此项原则。作业成本法的实施，必然要投入相应的人力和物力。由于该方法对成本核算的基础工作、成本数据的收集过程等都有很高的要求，所以，执行成本也相应较高。如果企业对成本核算的精确度要求不高，则实施作业成本法的意义不大。

（二）质量与效率原则

作业成本法的实施可以提高企业数据的质量，但是，这种质量的提高必然伴随着各项基础工作的工作量加大，可能会延缓成本核算的进度。因此，在设计作业成本核算系统时，必须能够兼顾成本质量和工作效率两个方面，设计较为简单可行的工作流程，协调好各部门的工作，从而提高数据收集、处理以及成本核算的效率。

（三）易理解和可操作原则

作业成本法是一种新型的成本核算方法，尽管其基本思想仍然是对资源费用的归集和分配，但在核算过程中引入了许多新的概念，增加了许多新的工作流程，参与工作的人员范围也更广泛了。因此，必须考虑各类人员尤其是非财务人员的知识结构、数据的输入方式、输出结果的表现形式等，应该尽量易于理解、便于操作。

（四）灵活与统一原则

成本核算是一项经常性的财务核算工作，它需要遵循财务工作的一贯性原则以使各期间的数据能够保持相互可比。作业成本法同样要保持该核算系统的稳定性。但是，作业成本核算基于企业的生产流程设计，当企业的生产工艺改变或生产新产品时，就必须对现有系统进行相应的修改。因此，该系统必须根据环境、生产条件的变化作出相应的修改，保证成本核算的准确性。

（五）制约与激励并行原则

实施作业成本法需要企业各个层次的人员尤其是基层的工作人员参与，这无疑会增加他们的工作量。如果没有相应制度的保证，必然导致员工参与积极性受挫。因此，在设计系统时，必须将制约和激励机制考虑在内。一方面，从制度上加以保证，大力推进系统的实施；另一方面，从考核上加以促进，做到赏罚分明，保证各项工作的质量。

三、作业成本计算原理

作业成本计算的理论基础是：企业的成本和价值不是孤立存在的，它们以作业为中介联系在一起。成本的发生是消耗各种资源的作业引起的，而产品的成本取决于各自对作业的需求量。作业成本计算与传统成本计算最大的不同在于，它不是以成本论成本，而是把着眼点放在成本发生的前因后果上，从而进行全方位的溯本求源，实现成本计算与控制的结合。

作业成本计算涉及两个阶段的费用分配过程：第一阶段，把资源消耗所发生的费用归集到作业中心，形成作业成本；第二阶段，通过作业动因把作业成本库归集的成本分配到产品中去，最终计算出产品成本。

作业成本计算的原理是：在计算产品成本时，不是一次性把资源越过作业分配到产品，而是通过作业链分析，找出相应的作业和作业链，寻找资源、产品与作业的关系，进而恰当地进行成本费用的分配。其计算原理如图 13-1 所示。

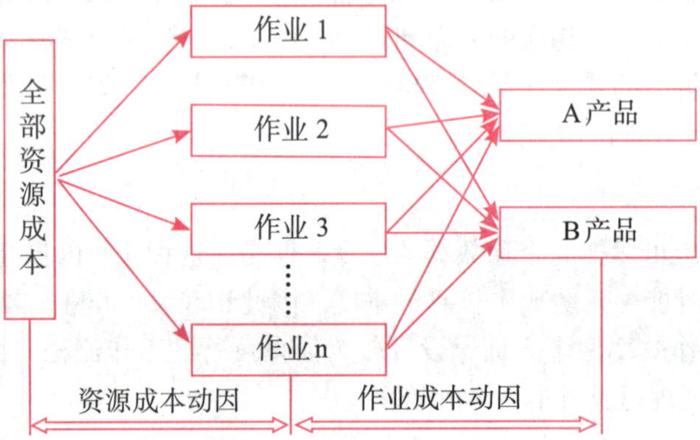

图 13-1　作业成本计算原理

四、作业成本法的技术程序

作业成本法计算过程如图 13-2 所示。

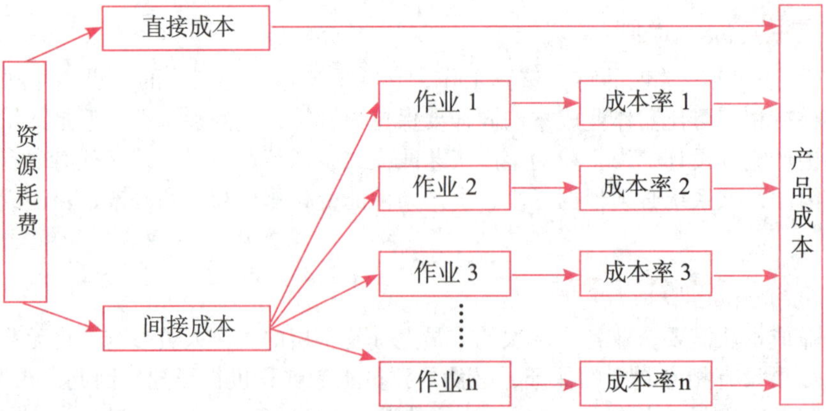

图 13-2　作业成本计算过程

（一）分析和确定资源

分析和确定资源，就是分析企业在生产经营过程中所需消耗的各项资源的不同功能并加以区分，归入不同的资源库。例如，人力资源可以根据员工的工种，把员工划分为生产工人、辅助人员、管理人员、销售人员等，他们所领取的工资就相应归入这些资源库中。这样划分的目的是明确资源的流向及功能，为正确确定作业资源的耗费奠定基础。

（二）分析和确定作业

作业是指基于一定的目的，以人为主体，消耗了一定资源的特定范围内的工作。库珀（Robin Cooper）将作业分为单位作业、批次作业、产品作业和过程作业四类。在实践中，作业可以以作业贡献于最终产品或劳务的方式和原因，即以作业动因作为依据进行分析和划分。这些作业分别以不同的形式吸纳资源价值，又分别以不同方式为最终产品提供服务。与资源的分析和确定相类似，同类的作业应整合，不同类的作业应分解。作业分类不一定正好与组织的传统职能部门一致。有时候作业是跨部门的，有时候一个部门就完成好几项作业。在分析企业各项作业时，要结合企业的工艺流程来分析，这样才能使作业的划分体现出企业产品价值增值的完整过程。

（三）确定资源动因，建立作业成本库

资源动因，是指资源被各种作业消耗的方式和原因。资源动因反映了作业对资源的消耗状况。资源动因是把各种资源分配到各个作业中心的依据。

在确定资源动因时，应注意以下三点。

（1）某一项资源能直观地确定其为某一特定产品所消耗，则直接计入该特定产品成本，此时，资源动因也就是作业动因，该动因可以认为是“终结耗费”。

（2）如果某项资源可以从发生领域上区分为某作业所消耗，则可以直接计入该作业成本库，此时，资源动因可以认为是“作业专属耗费”。

（3）如果某项资源耗费不满足以上两种情形，耗费形式较复杂，则需要选择合适的量化依据将资源分配到各作业中，这个量化依据就是资源动因。

在成本计算过程中，各资源库价值应根据资源动因分配到特定范围内的各作业成本库中，将每个作业中转入的各项资源价值相加就形成了作业成本库价值。如作业中心的资源动因单位数量为R_i（i=1，2，3，…，n，表示分配到作业中心的不同资源），对于资源i，单位资源动因资源成本为C_i（i=1，2，3，…，n），则作业中心耗费的资源，即作业成本$CR=\Sigma C\times R_i$（i=1，2，3，…，n）。

（四）确定作业动因，分配作业成本

作业动因既是将作业成本库分配到产品或劳务中的标准，也是将作业耗费与最终产出相沟通的中介。因为作业是依据作业动因确认的，就每项作业而言，其动因是确定的。

企业在选择主要作业时，至少应考虑以下两个因素。

（1）考虑成本动因是否易于获取。也就是说，在确定动因时要符合成本效益原则。如果成本动因在现有的原始资料收集系统中就可以直接获取或经过加工整理获取，则成本不高；如果通过现有的原始资源收集系统无法获取，需采取其他的方式获取，则成本可能会比较高。

（2）考虑成本动因是否是引起成本发生的主要原因，也就是要符合因果配比原则。作业成

本法要解决的就是传统成本法无法精确分配的日益复杂的制造费用问题，只有当选择的动因和成本的发生有因果关系时，才能将资源费用正确分配到成本对象中。

在确定了作业及动因后，需计算作业动因分配率，即单位作业所负担的资源成本。

作业动因分配率=资源耗费 ÷ 动因总量

作业成本=该作业耗费的动因量 × 作业动因分配率

图 13-3 简要反映了资源归集程序，这个简单模型表示的原理适用于任何复杂的情况。

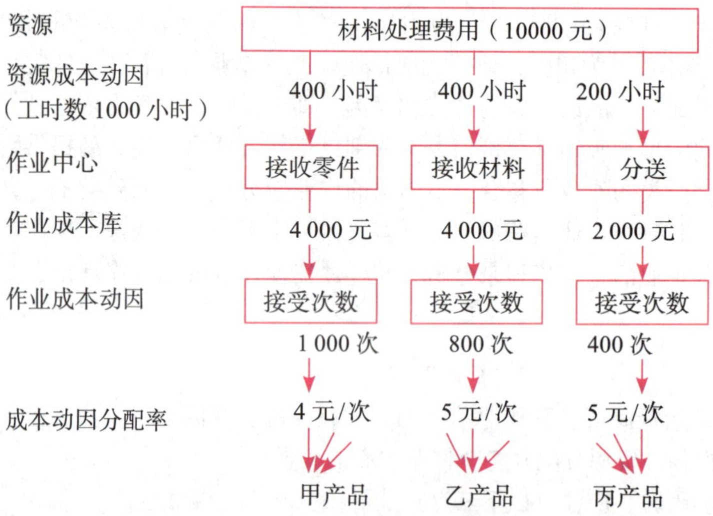

图 13-3　作业成本法资源归集程序

五、作业成本法与传统成本计算法的区别

（一）成本计算对象不同

传统成本计算法都是以企业最终产出的各种产品作为成本计算对象。作业成本计算对象是多层次的，不但把最终产出的各种产品作为成本计算对象，而且把资源、作业作为成本计算对象。

（二）间接费用归集和分配的理论基础不同

传统成本计算法的理论基础是：企业的产品按照其耗费的生产时间或者产量线性地消耗各项间接费用。在这种理论支持下，传统成本计算法将间接费用按与“产量关联”的标准分配间接费用，如材料耗用量、直接工时等。传统成本计算法图示如图 13-4 所示。

在传统成本计算法下，将资源归集在统一的成本库里，然后按照某一分配标准把成本费用分配到产品成本中。

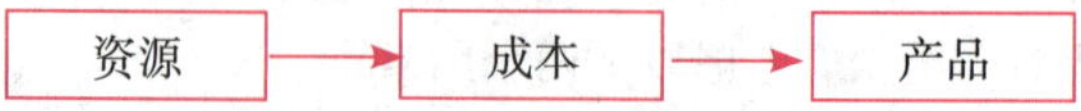

图 13-4　传统成本计算法图示

作业成本法的理论基础是成本驱动因素论，即产品耗用作业，作业耗用资源。作业成本法图示如图 13-5 所示。

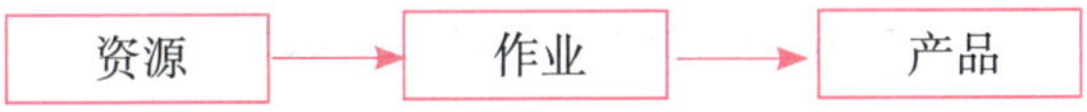

图 13-5　作业成本法图示

在作业成本法下，将资源按一定的资源动因归集在作业库里，形成作业成本，然后将作业成本库的成本按作业动因分配到产品成本中。作业成本法通过选择多样化的分配标准分配间接费用，使成本的可归属性大大提高，并将以人为标准分配间接费用、计算产品成本的比重缩减到最低程度，从而提高了成本信息的准确性。

（三）成本内涵不同

传统成本观认为，成本是企业生产经营过程中所耗资金的对象化。这一观点尽管对成本的经济实质进行了概括，但没有揭示成本在管理方面的内涵。作业成本法将成本定义为资源的耗费，而不是为获得资源而发生的支出。在作业观念下，把作业作为费用发生与成本形成的中介，而成本是一个与作业相关的多层次的概率。

（四）对成本经济内容的认识不同

在传统成本观念下，产品成本是指产品的制造成本，只包括与生产产品直接相关的费用（直接材料、直接人工、制造费用等）。在作业成本观念下，作业成本只强调费用的合理性、有效性，而不论费用是否与生产产品有直接关联，因此，与产品生产没有直接关系的一些合理、有效的费用（如采购人员工资、质量检验费、物料搬运费等）同样要计入产品成本。

（五）适用环境不同

传统成本计算法适用于与传统推进式生产管理系统相结合的手工制造系统和固定自动制造系统的经营环境。它应用在大批量生产和产品品种少、寿命周期长、工艺不复杂、制造费用比重较低的企业中。作业成本法则适用于适时生产系统与高度自动化制造系统相结合的经营环境。它应用在小批量、多品种、技术复杂、高度自动化生产、制造费用比重相对较高的现代企业中。

第三节　作业成本法计算举例

酷奇公司是一家食品加工商。公司购买面粉、奶油等原材料，进行加工制成饼干，然后包装出售。目前，酷奇公司生产两种饼干，分别是咖啡饼干和杂粮饼干，并按每袋 1 磅出售给零售商。原材料是其主要成本，然而在高度自动化的加工过程中会发生大量的间接费用，直接人工成本相对较小。2023 年 3 月，生产的咖啡饼干为 60 000 磅，杂粮饼干为 4 000 磅。生产过程中耗用直接材料和直接人工费用的有关资料如表 13-1 所示，间接费用各项作业资源耗费及成本动因资料如表 13-2 所示。酷奇公司对间接费用分设成本库，然后按作业动因进行分配。有关核算程序如图 13-6 所示。

表 13-1　直接材料和直接人工费用　　单位：元

资源	咖啡饼干	杂粮饼干	合计
直接材料	120 000	12 000	132 000
直接人工	9 000	5 000	14 000
合计	129 000	17 000	—

表 13-2　间接费用各项作业成本及成本动因　　单位：元

制造费用作业项目	作业成本（元）	作业成本动因
材料准备	8 000	准备次数
烘烤	34 000	烘烤小时
质量控制	120 000	检验次数
混合	60 000	混合小时
产品包装	127 200	包装小时
设备折旧	102 000	烘烤小时
管理工作	51 000	烘烤小时
合计	502 200	—

第一步，确认和计量有关资源消耗，如表 13-1 和表 13-2 所示。

第二步，组织会计、工艺和管理等专业人员进行作业分析，建立作业成本库，如图 13-6 所示。

第三步，对各项作业进行作业成本动因分析，导致成本发生的因素如下。

（1）咖啡饼干和杂粮饼干的材料准备次数分别为 30 次和 10 次。

（2）咖啡饼干和杂粮饼干的烘烤小时分别为 3 000 小时和 400 小时。

（3）咖啡饼干和杂粮饼干的混合小时分别为 200 小时和 100 小时。

（4）咖啡饼干和杂粮饼干的检验数分别为 40 次和 10 次。

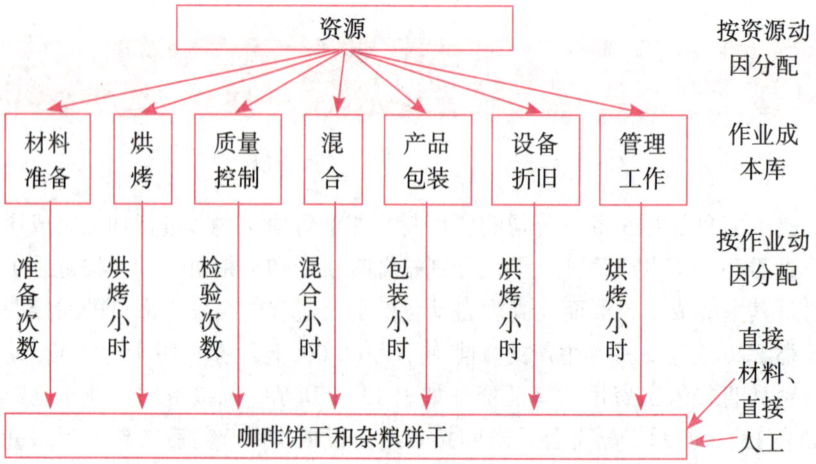

图 13-6　酷奇公司作业成本核算模型

（5）咖啡饼干和杂粮饼干的包装小时分别为 160 小时和 40 小时。

第四步，在作业成本动因分析的基础上，确定各作业成本的分配率并分配作业成本。

（1）材料准备。材料准备成本以材料准备次数为基础进行分配，计算过程如表 13-3 所示。

表 13-3　作业成本计算　　作业项目：材料准备

产品名称	作业成本动因	成本动因分配率	分配额（元）
	准备次数（次）		
咖啡饼干	30	200	6 000
杂粮饼干	10	200	2 000
合计	40		8 000

（2）烘烤。烘烤成本以烘烤小时为基础进行分配，计算过程如表 13-4 所示。

表 13-4　作业成本计算　　作业：烘烤

产品名称	作业成本动因	成本动因分配率	分配额（元）
	烘烤小时		
咖啡饼干	3 000	10	30 000
杂粮饼干	400	10	4 000
合计	3 400		34 000

（3）质量控制。质量控制费用以生产产品时的检验次数作为分配基础，计算过程如表 13-5 所示。

表 13-5　作业成本计算　　作业：质量控制

产品名称	作业成本动因	成本动因分配率	分配额（元）
	检验次数（次）		
咖啡饼干	40	2 400	96 000
杂粮饼干	10	2 400	24 000
合计	50	—	120 000

（4）混合。混合费用以咖啡饼干和杂粮饼干混合小时作为分配的基础，计算过程如表 13-6 所示。

表 13-6　作业成本计算　　作业：混合

产品名称	作业成本动因	成本动因分配率	分配额（元）
	混合小时		
咖啡饼干	200	200	40 000
杂粮饼干	100	200	20 000
合计	300	—	60 000

（5）产品包装。咖啡饼干和杂粮饼干的产品包装成本以产品包装小时作为分配基础进行分配，计算过程如表 13-7 所示。

表 13-7　作业成本计算　　　　作业：产品包装

产品名称	作业成本动因	成本动因分配率	分配额（元）
	包装小时		
咖啡饼干	160	636	101 760
杂粮饼干	40	636	25 440
合计	200	—	127 200

（6）设备折旧。设备折旧的成本以烘烤小时为基础进行分配，计算过程如表 13-8 所示。

表 13-8　作业成本计算　　　　作业：设备折旧

产品名称	作业成本动因	成本动因分配率	分配额（元）
	烘烤小时		
咖啡饼干	3 000	30	90 000
杂粮饼干	400	30	12 000
合计	3 400		102 000

（7）管理工作。管理工作发生的成本以烘烤小时作为分配的基础，计算过程如表 13-9 所示。

表 13-9　作业成本计算　　　　作业：管理工作

产品名称	作业成本动因	成本动因分配率	分配额（元）
	烘烤小时		
咖啡饼干	3 000	15	45 000
杂粮饼干	400	15	6 000
合计	3 400		51 000

第五步，汇总成本。作业成本的汇总如表 13-10 所示。

表 13-10　作业成本分配汇总　　　　单位：元

作业项目	咖啡饼干	杂粮饼干	合计
材料准备	6 000	2 000	8 000
烘烤	30 000	4 000	34 000
质量控制	96 000	24 000	120 000
混合	40 000	20 000	60 000
产品包装	101 760	25 440	127 200
设备折旧	90 000	12 000	102 000
管理工作	45 000	6 000	51 000
合计	408 760	93 440	502 200

产品成本汇总如表 13-11 所示，表中直接材料和直接人工是按产品直接归集的。

表 13-11　产品成本汇总　　单位：元

产品名称	直接材料	直接人工	制造费用	总成本	单位成本
咖啡饼干	120 000	9 000	408 760	537 760	8.962 7
杂粮饼干	12 000	5 000	93 440	110 440	27.61
合计	132 000	14 000	502 200	648 200	36.572 7

上述题目改用传统成本法来计算制造费用的分配。

咖啡饼干制造费用=502 200÷（60 000+4 000）×60 000=470 812.5（元）

杂粮饼干制造费用=502 200÷（60 000+4 000）×4 000=31 387.5（元）

※ 思考题 ※

1. 作业成本法的成本计算对象应如何确定？
2. 简述作业成本法的特点及其与传统成本计算法的区别。
3. 作业成本计算的基本程序是什么？可以分为哪几个步骤？
4. 作业成本法自身的优势与局限性有哪些？
5. 阐述标准成本法和作业成本法结合的必要性。

第十四章　绩效评价

学习目标

1. 掌握沃尔评分法的原理、应用，了解其存在的局限和需要注意的问题。
2. 掌握经济增加值的含义、计算和应用。
3. 掌握平衡计分卡的基本原理，了解其核心理念和特点。

引　例

杭州ZH科技有限公司是一家小型公司。公司处于创业初期，降低成本、提高销售额成为公司的总目标。由于业务繁忙，公司管理层没有时间制定一套正式的、完整的绩效考评评价制度，公司总经理李某兼任人力资源总监。

2023年年底公司年终考核，研发部这一年的工作成绩突出，该部门这一年员工少，原来需要10个人干的工作由4个人完成，同时，该部门还承担了6个新产品量产前的测试工作。研发部主任贾甲工作积极热情，在人员少、条件差的情况下，顺利圆满地完成了所有任务，并受到了李某的表扬。研发部张某和刘某完成工作出色，张某完成6个新产品量产前的测试工作，但工作难度较小；刘某虽然只完成了两项新产品工艺研发，但难度都比较大。研发部评选优秀员工的名额只有一个，因而将张某排在部门优秀员工候选人第一位。

研发部主任贾甲对评选有自己的看法，他认为：（1）评比优秀就是要将那些真正的优秀员工评比出来，而不应该平均分配名额；（2）有的部门在一年里并没有做很多工作，为什么也有优秀名额；（3）如果每个部门只有1个优秀名额，他更倾向于刘某当选。贾甲向李某建议把张某和刘某都评上，否则就都不要评。理由是按照绩效考核标准来衡量，刘某只需完成一项难度较大的工艺研发工作就和张某的工作量一样，而他实际上完成了两项新产品工艺研发。如果评选张某，他觉得对刘某不公平。研发部主任贾甲真的很为难。

你认为张某应该被评为优秀员工吗？你能为研发部主任贾甲出谋划策吗？

绩效评价是指运用数理统计和运筹学的方法，通过建立综合评价指标体系，对照相应的评价标准，定量分析与定性分析相结合，对企业一定经营期间的获利能力、资产质量、债务风险以及经营增长等经营业绩和努力程度的各方面进行综合判断。

科学地评价企业绩效，可以为出资人行使经营者的选择权提供重要依据，可以有效地加强对企业经营者的监管和约束，可以为有效激励企业经营者提供可靠依据，还可以为政府有关部门、债权人、企业职工等利益相关者提供有效的信息支持。

第一节　财务绩效评价：沃尔评分法

1928 年，亚历山大·沃尔出版的《信用晴雨表研究》和《财务报表比率分析》中提出了信用能力指数的概念，他选择了 7 个财务比率，即流动比率、产权比率、固定资产比率、存货周转率、应收账款周转率、固定资产周转率和自有资金周转率，分别给定各指标的比重，然后确定标准比率（以行业平均数为基础），将实际比率与标准比率相比，得出相对比率，将此相对比率与各指标比重相乘，得出总评分。此法被称为沃尔评分法。本节主要介绍以财务指标为依据进行企业财务绩效评价的沃尔评分法的原理及应用。

一、沃尔评分法原理

沃尔评分法是选取若干反映企业财务绩效的财务指标，分别设定标准数值，并将实际数值与标准数值进行比较，综合评价企业财务绩效的方法。

运用沃尔评分法，评价企业财务绩效，一般遵循以下步骤。

（一）选取若干财务指标

财务指标的选取是有效评价财务绩效的一个关键环节，从反映企业各个方面财务绩效的一系列财务指标中选取出最具代表性、相关性以及可比性的财务指标。

（二）规定各项财务指标的评分数值

沃尔评分法是从偿债能力、营运能力、盈利能力和发展能力四类财务指标中选取最具代表性、相关性和可比性的若干财务指标，需要根据重要性和代表性，并考虑企业规模等因素，赋予权重或评分数值，使权重总和为 100%。例如，鉴于盈利能力相对更为重要，偿债能力、营运能力、盈利能力和发展能力之间的权重赋值比例为 20 ∶ 20 ∶ 40 ∶ 20

（三）设定各项财务指标的标准数值

根据行业的实际情况，为各项财务指标设定标准数值。标准数值的设定可以考虑以下选择。

（1）根据企业战略规划目标设定，评价企业战略规划目标的实现程度。

（2）按照企业历史最高水平设定，评价与企业历史最高水平的差异程度。

（3）根据行业平均水平设定，评价与行业平均水平的差异程度。

（4）按照行业历史最高水平设定，评价与行业历史最高水平的差异程度。

（四）计算各项财务指标的实际数值

根据企业一定时期的实际财务报表等资料，计算所选各项财务指标的实际数值。

（五）计算各项财务比率指标实际数值与标准数值的相对比率

一般而言，各项财务指标的相对比率或比率关系，等于指标实际数值除以标准数值。需要注意的是，具体计算时，凡是实际数值大于标准数值，均属于理想的财务指标：

$$相对比率=\frac{实际数值}{标准数值}$$

例如，营业利润率的实际数值为 25%，标准数值为 20%，其相对比率= $\frac{25\%}{20\%}$ =1.25。

$$相对比率=\frac{(标准数值-|实际数值-标准数值|)}{标准数值}$$

例如，资产周转天数实际数值为 360 天，标准数值为 300 天，其相对比率= $\frac{(300-|360-300|)}{300}$ =0.8

（六）求出各项财务指标的评分数与合计数

各项财务指标的评分数，是其相对比率与评分值的乘积，将其合计数作为评价企业财务绩效的依据。

一般而言，按照沃尔评分法，某企业的评分合计数，若为 100 分或接近 100 分，表示该企业的财务绩效基本符合标准要求；相反，若是与 100 分有较大差异，则表示该企业的财务绩效与标准要求相差较大。

二、沃尔评分法的应用

在实际应用中，可以根据企业财务会计报表的实际数据，经过分析判断选取具有代表性的财务指标，合理确定指标的权重和标准数值，可以借助表格计算评分，并做出合理的比较评价。

【例 14-1】某企业采用沃尔评分法评价 2023 年的财务绩效。根据 2023 年度的会计报表实际数据，经分析判断，选取的财务指标有以下四类：反映偿债能力的指标有流动比率、现金比率、负债比率，反映营运能力的指标有存货周转率、应收账款周转率、资产周转率，反映盈利能力的指标有营业利润率、资产报酬率、权益报酬率，反映发展能力的指标有营业增长率、利润增长率、净资产增长率。四类财务能力指标的权重比例设定为 20：20：40：20，标准数值按照行业平均水平确定。有关资料及计算如表 14-1 所示。

表 14-1　某企业 2023 年度沃尔评分表

财务指标	指标权重	标准数值	实际数值	相对比率	综合评分
偿债能力：	20				
流动比率	5	2.1	2	0.95	4.75
现金比率	5	4	5	1.25	6.25
负债比率	10	0.5	0.6	0.80	8.00
营运能力：	20				
存货周转率	5	9	10	1.11	5.55
应收账款周转率	10	12	12	1.00	10.00
资产周转率	5	1.1	1	0.91	4.55
盈利能力：	40				
营业利润率	10	0.21	0.2	0.95	9.50
资产报酬率	20	0.12	0.1	0.83	16.60
权益报酬率	10	0.25	0.3	1.20	12.00
发展能力：	20				

续表

财务指标	指标权重	标准数值	实际数值	相对比率	综合评分
营业增长率	5	0.12	0.1	0.83	4.15
利润增长率	10	0.09	0.1	1.11	11.10
净资产增长率	5	0.22	0.2	0.91	4.55
合计	100	—			97.00

按照沃尔评分表法，该企业 2023 年度的综合评分合计为 97.00 分，与标准数值 100 分相比低 3 分，表明该企业 2023 年度的财务绩效未达到行业平均水平。

进一步分析还可以发现：应收账款周转率的实际数值与行业平均水平持平；现金比率、存货周转率、权益报酬率、利润增长率超过行业平均水平；流动比率、负债比率、资产周转率、营业利润率、资产报酬率、净资产增长率低于行业平均水平。

企业可以根据财务绩效的评价结果编制评价报告，包括评价过程、评价结果及主要事项说明等内容，评价报告附件应当包括评价指标及结果计分表、评价基础数据及调整情况。

三、使用沃尔评分法的局限和需要注意的问题

任何评价方法都不可能十分准确，沃尔评分法也不例外。例如，沃尔评分法从技术上讲有一个问题，就是某一个指标严重异常时，会对总评分产生不合逻辑的重大影响。这个缺点是由财务比率与其比重相“乘”引起的。财务比率提高 1 倍，评分增加 100%；而缩小 1 倍，其评分只减少 50%。

使用沃尔评分法需要注意以下问题：

（1）财务指标的选取、指标权重的赋值和标准数值的确定应科学合理，并保持一致。

（2）在以行业水平为比较标准时，所选财务指标的计算口径应与所处行业保持一致，以保证指标的行业可比性。

（3）如有财务指标出现异常变动，可分别设定上限和下限，以限制其不合理的影响。

（4）财务指标是根据财务会计报表计算的，受财务会计政策变更的影响。因此，如有会计政策变更，则应对财务指标进行相应的调整计算，以保证指标在不同时期和行业的可比性。

第二节 经营绩效评价：经济增加值

一、经济增加值的含义与基本理念

注册商标为EVA的经济增加值指标是由Stern Stewart咨询公司提出的，该公司在 1993 年 9 月《财富》杂志上完整地将其表述出来。经济增加值（Economic Value Added，EVA）可以被定义为：公司经过调整的净营业利润扣除公司全部资本成本后的余额。其计算公式为：

$$\begin{aligned}\text{经济增加值} &= \text{税后净营业利润} - \text{投入资本} \times \text{加权资本成本} \\ &= (\text{投资资本收益率} - \text{加权资本成本}) \times \text{投入资本}\end{aligned}$$

其中：

税后净营业利润=息税前利润 ×（1-所得税税率）

$$投资资本收益率=投资报酬率\times(1-所得税税率)=\frac{息税前利润}{投资成本}\times(1-所得税税率)$$

经济增加值的基本理念是收益至少能够补偿投资者承担的风险，也就是说，股东必须赚取至少等于资本市场上类似风险投资回报的收益率。实际上，经济增加值理念的由来是剩余收入或经济利润，并不是新观念，作为企业绩效评估指标已有200余年的历史，经济增加值给出了剩余收益可计算的模型方法，是一种基于会计系统的公司绩效评价系统。

二、经济增加值的计算

（一）主要变量

经济增加值的计算是应用经济增加值指标的第一步。公司每年创造的经济增加值等于税后净营业利润与全部资本成本之间的差额。其中，资本成本既包括债务资本成本，也包括股本资本成本。在实务中，经济增加值的计算要相对复杂些，这主要是由以下两方面因素决定的。

一是在计算税后净营业利润和投入资本总额时，需要对某些会计报表科目的处理方法进行调整，以消除根据会计准则编制的财务报表对企业真实情况的扭曲。

二是资本成本的确定需要参考资本市场的历史数据。由于各国的会计制度和资本市场现状存在差异，因而经济增加值指标的计算方法也不尽相同。

经济增加值的计算结果取决于三个基本变量：税后净营业利润、资本总额和加权平均资本成本。

1.税后净营业利润

税后净营业利润等于税后净利润加上利息支出部分（如果税后净利润的计算中已经扣除少数股东损益，则应加回），即公司的销售收入减去除利息支出以外的全部营业成本和费用（包括所得税费用）后的净值。因此，它实际上是在不涉及资本结构的情况下公司经营所获得的税后利润，即全部资本的税后投资收益，反映了公司资产的盈利能力。

此外，还需要对部分会计报表科目的处理方法进行调整，以纠正会计报表信息对真实业绩的扭曲。

2.资本总额

资本总额是指所有投资者投入公司经营的全部资金的账面价值，包括债务资本和股本资本。其中，债务资本是指债权人提供的短期贷款和长期贷款，不包括应付账款、应付单据、其他应付款等商业信用负债。股本资本不仅包括普通股，还包括少数股东权益。因此，资本总额还可以理解为公司的全部资本减去商业信用负债后的净值。

同样，计算资本总额时也需要对部分会计报表科目的处理方法进行调整，以纠正对公司真实投入资本的扭曲。在实务中，既可以采用年初的资本总额，也可以采用年初与年末资本总额的平均值。

3.加权平均资本成本

加权平均资本成本是指债务资本的单位成本和股本资本的单位成本，根据债务和股本在资本结构中各自所占的权重计算平均单位成本。

除经济增加值外，实践中经常使用的概念还有单位资本经济增加值和每股经济增加值，这三个指标构成了经济增加值的指标体系。

$$单位资本经济增加值=\frac{经济增加值}{资本总额}=\frac{税后净营业利润}{资本总额}-加权平均资本成本$$

其中：

$$\frac{税后净营业利润}{资本总额}被称为投入资本收益率$$

$$每股经济增加值=\frac{经济增加值}{普通股股数}$$

经济增加值的具体计算如表 14-2 所示。

表 14-2　经济增加值计算举例

项 目	A 公司	B 公司
息税前利润（万元）	5 500	6 000
所得税税率（%）	30	30
税后净利润（万元）	3 850	4 200
占用资金总额（万元）	28 000	42 000
负债资本（万元）	16 800	16 800
股权资本（万元）	11 200	25 200
负债资本成本（%）	10	9
股权资本成本（%）	16	14
加权资本成本（%）	12.4	12
资本成本总额（万元）	28 000 × 12.4%=3 472	42 000 × 12%=5 040
经济增加值（万元）	3 850−3 472=378	4 200−5 040=−840

经济增加值也可以用以下公式计算：

经济增加值=税后净营业利润－（股权资本比例 × 股权资本成本率+债权资本比例 × 债权资本成本率）

如 A 公司经济增加值=3 850 −（11 200 ×16%+16 800 ×10%）=378（万元）

从表 14-2 可以看出，尽管两家公司都是获利的，且 B 公司账面利润大于 A 公司的账面利润，但是当以经济增加值来计量它们的业绩时，结果发生了差异，B 公司的经济增加值是负数。只有以经济增加值来评价业绩，才能抑制企业过度扩张资本规模，不断降低资本成本，为股东创造更多的价值。

（二）报表项目调整

为了弥补财务报表数据的局限性，经济增加值的使用者通常要对报表利润进行调整，以期得到更准确可靠的经济增加值数值。Stern Stewart列出了多达164个调整项目，以指导公司准确得出真正的经济收益。

主要报表调整项目与方法如下。

1.研发费用和市场开拓费用

对于股东和管理层而言，研发费用是公司的一项长期投资，有利于公司在未来提高劳动生产率和经营业绩，因此，应与其他有形资产投资一样被列入公司的资产项目。同样，市场开拓费用，如大型广告费用会对公司未来的市场份额产生深远影响，从性质上讲也应该属于长期性资产。而长期性资产项目应该根据该资产的受益年限分期摊销。但是，根据稳健性原则规定，公司必须在研发费用和市场开拓费用发生的当年列作期间费用一次性予以核销。这种处理方法实际上否认了两种费用对企业未来成长所起的关键作用，而把它与一般的期间费用等同起来。这种处理方法的一个重要缺点是，可能会诱使管理层减少对这两项费用的投入，这在效益不好的年份和管理人员即将退休的前几年尤为明显。

计算经济增加值时所做的调整就是将研发费用和市场开拓费用成本化，即将当期发生的研发费用和市场开拓费用作为企业的一项长期投资加入资产中，同时，根据复式记账法的原则，资本总额也增加相同的数量。根据具体情况在几年之中进行摊销，并将摊销值列入当期费用抵减利润。

2.商誉

当公司收购另一公司并采用购买法进行会计核算时，购买价格超过被收购公司净资产总额的部分就形成商誉。计算经济增加值时的调整方法是不对商誉进行摊销。具体而言，由于财务报表中已经对商誉进行摊销，因此在调整时将以往累计摊销金额加入资本总额，并把本期摊销额加回到净营业利润的计算中。如此一来，利润就不受商誉摊销的影响，从而鼓励经理层进行有利于企业发展的兼并活动。

3.递延税项

当公司采用纳税影响会计法进行所得税会计处理时，由于税前会计利润和应纳税所得额之间的时间性差异而影响的所得税金额要作为递延税项单独核算。递延税项的最大来源是折旧。例如，许多公司在计算会计利润时采用直线折旧法，而在计算应纳税所得额时则采用加速折旧法，从而导致折旧费用的确认出现时间性差异。正常情况下，其结果是应纳税所得额小于会计报表体现的所得，形成递延所得税负债，公司的纳税义务向后推延，这对公司明显是有利的。计算经济增加值时对递延税项的调整是将递延税项的贷方余额加入资本总额，如果是借方余额，则从资本总额中扣除。同时，将当期递延税项的变化加回到税后净营业利润中，也就是说，如果本年递延税项的贷方余额增加，就将增加值加到本年的税后净营业利润中，反之则从税后净营业利润中减去。

4.各种准备

各种准备包括坏账准备、存货跌价准备、长期投资跌价准备、短期投资跌价准备和资产减值准备等。计提各种准备，是出于稳健性原则，使公司的不良资产得以适时披露，以避免公众过高估计公司利润而进行不当投资。但对于公司的管理者而言，这些准备并不是公司当期资产的实际减少，准备金余额的变化也不是当期费用的现金支出。提取准备金的做法，一方面低估了公司实际投入经营的资本总额，另一方面低估了公司的现金利润，因此，不利于反映公司的真实现金盈利能力；同时，公司管理人员还有可能利用这些准备金账户操纵账面利润。因此，计算经济增加值时应当将准备金余额的当期变化计入税后净营业利润中。

三、经济增加值对传统财务指标的改进

尽管在理论上关于经济增加值指标的应用还有各种不同的争议，但与传统的财务评价指标相比，它的优点是：首先，经济增加值与股东财富的创造相联系。追求更高的经济增加值就是追求更高的股价。对于股东来说，经济增加值越多越好。从这个意义上说，它是唯一正确的业绩计量指标。其次，经济增加值不仅是一种绩效评价指标，还是一种全面财务管理和薪金激励体制的框架。经济增加值的吸引力主要在于它把资本预算、绩效评价和激励报酬结合起来。最后，在经济增加值的框架下，公司可以向投资人宣传自身的目标和成就，投资人也可以用经济增加值选择最有前景的公司。此外，经济增加值还是股票分析师一个强有力的工具。

虽然经济增加值在理论上十分先进，它的概念基础被许多向下属公司分配资本成本和利息费用的企业所应用，一些专业机构也会定期公布上市公司的经济增加值排名，但是在绩效评价中还是没有被多数人接受。其主要的缺陷体现在：指标的数据收集和计算方面有一定困难；对于净营业利润及资产价值的调整需因企业而异，在一定程度上增加了指标计算的工作量，影响了指标在不同企业之间的可比性。

第三节　综合绩效评价：平衡计分卡

一、平衡计分卡的产生

平衡计分卡是20世纪90年代初由罗伯特·卡普兰与其合作伙伴大卫·诺顿创建的一套旨在扩展管理者关注点的新管理方法。该计划的目的在于找出超越传统以财务度量为主的绩效评价模式，以使组织的策略能够转变为行动；经过近20年的发展，平衡计分卡已经发展为集团战略管理的工具，在集团战略规划与执行管理方面发挥着非常重要的作用。

它的产生基于当时的两大背景：一是人们对传统财务评价指标的不满和批评日渐增多，要求增加能够反映企业未来盈利潜力的战略性指标。二是人们对战略关注点已从战略规划逐步转向了战略实施。因为很多企业都存在着计划书中的战略与正在实施的战略相去甚远的问题，因此，如何通过与战略密切相关的指标将组织的战略意图导入组织的不同层级，以保障战略被正确理解与实施，成为当时众多企业的迫切需要。

与其他包括非财务指标的战略评价系统相比，平衡计分卡的独特之处在于：第一，它在一个评价系统中通过因果关系链整合了财务指标和非财务指标，因而既包括结果指标也包括驱动指标，使其自身成为一个前向反馈的管理控制系统；第二，平衡计分卡突出强调评价指标的战

略相关性，要求部门和个人业绩指标要与组织的整体战略密切相关，从而超越了一般业绩评价系统而成为一个综合的战略实施系统；第三，平衡计分卡通过非财务指标的三个维度准确反映出了十多年来企业技术及竞争优势变化的实质，即无形资产（如客户关系、创新能力、业务流程、员工素质、信息系统等）已成为企业竞争优势的主要来源。

二、平衡计分卡的基本原理

平衡计分卡的基本原理是通过财务、顾客、内部流程及学习与成长四个方面指标之间相互驱动的因果关系展现组织的战略轨迹，实现绩效考核、战略修正的战略目标过程。它沟通了目标、战略和企业经营活动的关系，实现短期利益和长期利益、局部利益与整体利益的均衡，如图 14-1 所示。

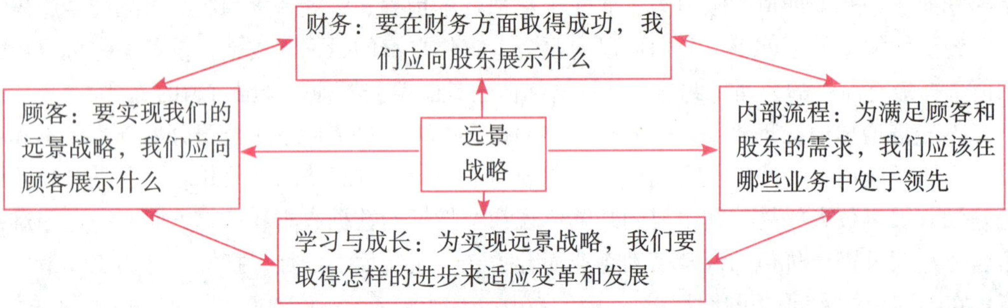

图 14-1 平衡计分卡的基本原理

（一）财务方面的因素

财务衡量不仅是一个单独的衡量方面，而且是其他几个衡量方面的出发点和落脚点。平衡计分卡应当反映企业的战略全貌，从长远的财务目标开始，然后将它们同一系列行动相联系。这些行动包括财务、顾客、内部流程以及企业的学习与成长，以实现所向往的长期经济业绩。

处于生命周期不同阶段的企业，其财务衡量的重点也有所不同。在成长阶段，企业要进行数额巨大的投资，因此，其现金流量可以是负数，投资回报率也很低，财务衡量应着重于销售总体增长百分比和特定顾客群体、特定地区的销售额增长率；处于维持阶段的企业应着重衡量获利能力，如营业收入和毛利、投资回报率、经济增加值；收获阶段的财务衡量指标主要是现金流量，企业必须力争实现现金流量最大化，并减少营运资金的占用。

（二）顾客方面的因素

在顾客方面有五大核心指标：市场份额、老顾客回头率、新顾客获得率、顾客满意度以及从顾客处获得的利润率。把顾客方面的指标进一步分为过程指标和结果指标，过程指标是指如果成功地实现就会支持其他行动指标的指标。对于顾客而言，主要关心的是高质量、低成本和及时供给等。而结果指标是对于一个组织的战略目标而言最关键的指标体系。对顾客而言，主要有顾客满意度、市场份额等。有时两者是重复的，对于财务人员来说，关键是要找到两者之间的联系，以便找到一个合适的过程指标组合来实现最优的结果指标。表 14-3 列出了顾客绩效衡量指标。

表 14-3 顾客绩效衡量指标

过程指标			
成本	质量	及时性	
		可靠的营销	快捷的营销
顾客购买成本 顾客分销成本 顾客安装成本 顾客维修成本	退货率 评价机构的结果 市场调查反应	准时销货比率 产品中断次数	顾客订货的时间 完成合同的时间 产品生产周期
结果指标			
顾客忠诚度	吸引新顾客能力	市场份额	
老顾客回头率 背叛顾客人数 挽留顾客成本	新顾客比率 新顾客人数 吸引顾客成本	占总额的百分比 占顾客总消费百分比 占总产品百分比	

（三）内部流程方面因素

内部流程是指企业从输入各种原材料和顾客需要为起点，到企业创造出对顾客有价值的产品或服务过程中的一系列活动，它是改善其经营业绩的重点。为企业内部流程制定目标和业绩指标是平衡计分卡制度和传统业绩评估制度之间的显著区别之一。内部流程指标主要经营过程是创新、经营和售后服务。企业要想成为市场中最具竞争力的企业，就必须创新，讲求质量，缩短产品的生产周期。创新指标与企业产品或服务的设计及开发费用的衡量有关，主要有新产品开发所用的时间、新产品销售收入占总收入的比例、损益平衡时间等。经营指标主要用于衡量企业的经营过程，涉及的具体指标有循环时间指标、质量指标和成本指标。售后服务主要包括质量保证书、维修服务、退换货的处理和支付手段的管理，具体指标有产品退货率、产品保修期限和产品维修天数等。表 14-4 列出了内部经营评价指标。

表 14-4 内部经营评价指标

项 目	创新过程	经营过程	售后服务过程
成本指标	每项新产品研发成本 研发成本回报率	单位成本水平 级别成本水平 生产线成本	每次服务成本 产品退货率
质量指标	每项设计的修改次数 新产品销售收入百分比	每百万废品数 顾客服务差错数	对顾客首次要约回应次数 消费者调查反映
及时性指标	研制时间 设计周期	投产准备时间 生产周期	订货、交货时间 产品保修期限 产品维修天数

（四）学习与成长方面因素

学习与成长主要关注组织创造的长期成长力和改进所需的能力。在学习与成长方面，最关键的因素是人才、信息系统和组织程序。企业管理观念的转变使人力资源在企业中的作用越来越受到重视。过去企业管理的观念是：公司应使工人出色地完成具体工作，公司的管理人员规定工人的工作任务，并制定出相应的标准和监督体制，确保工人能按计划完成任务，工人的任务是干活而不是思维。而如今，这种管理观念发生了巨大的变化。人们认识到，公司若想超越现有的业绩，取得学习与成长的收获，获得未来持续的成功，那么仅仅墨守公司上层制定的标准经营程序是不够的，还必须尊重、重视和尽可能采纳一线工人对改善经营程序和业绩的建议和意见，因为他们距离企业内部的工序和企业的客户最近。

表 14-5 列出了学习与成长的质保体系，包括过程指标和结果指标两部分。

表 14-5　学习成长评价指标

过程指标			
成本指标	人均在岗培训费用 人均脱产培训费用	计算机系统投入成本 研发费用占系统总费用比率	评价和建立交流机制费用 统一各部门行动目标费用
质量指标	新等级或资格证书数 受培训职工比率	相对竞争者的信息系统能力 接触个人电脑的员工比例	信息覆盖比率 每个员工提出建议数量 被采纳建议的比例 采纳建议后的成效
时间指标	年均受培训时数 完成某一任务受培训时数	个人电脑的平均生命周期 系统更新所需时数	团队工作时间与个别工作时间比 传达信息或接收反馈的平均时间
结果指标			
雇员忠诚度		雇员满意度	雇员生产力
雇员离职率 雇员平均工作年数 女性管理者人数 雇员平均年龄		雇员满意度 调查表雇员获提升概率 管理者的内部提升与外界聘用比率 工作团队成员彼此的满意度	人均产出 人均会客时间（服务业） 人均新设想或专利 雇员被顾客认知度

三、平衡计分卡的核心理念与特点

平衡计分卡的核心理念是因果关系的平衡，而财务与非财务指标及利益相关者目标的平衡，只是因果关系平衡的结果和表现形式。因果关系链条的起点是财务角度，也是出资者角度，企业应先关注，出资者的期望是什么？如何用财务指标来衡量？接下来从顾客角度设定能够保证实现出资者目标的业绩指标和目标，然后选择能够实现出资者和顾客目标的内部流程的关键业绩指标和目标，最后是选择能够管理、实施先进流程与作业，进而实现出资者和顾客期望的员工的业绩指标和目标。平衡计分卡所包含的这种层层递进的因果关系也就是企业战略与战术的关系、目标与手段的关系。平衡计分卡正是通过这一独特的设计理念而具有明确的战略、目标导入和执行的功能，因此，设计平衡计分卡的一个极为重要的内容就是找出各项组织活动之间明确的因果关系，并对其进行管理。

作为综合业绩评价系统，平衡计分卡的特点和意义主要体现在以下几个方面。

首先，它将目标与战略具体化，加强了内部沟通。平衡计分卡的设计要先分析企业的目标和基本战略对于经营活动各方面的基本要求，并由此确定各方面工作的重点，有利于保证目标与战略在具体经营活动中的体现。此外，由于从业绩评价体系构建的方法上加强了内部沟通，因而使各层次的具体职员能更好地理解企业的目标和战略，有助于促进内部决策目标的一致。

其次，重视顾客，重视竞争优势的获取和保持。顾客是企业的重要资产，如何确认、增加和保持这项“资产”的价值，对于竞争优势的获取和保持都非常重要。平衡计分卡将顾客的服务满意程度作为单独的一个方面加以考核，并通过内部过程、学习和创新来保证和促进这一业绩，不但从观念上促进了企业内部各个层次对于顾客价值的重视，而且提供了贯彻企业竞争战略的具体方式。

再次，重视非财务业绩计量，促进了结果考核和过程控制的结合。传统的业绩评价大多是财务业绩评价，即根据财务结果来评价工作业绩，这种评价利用了财务指标所具有的综合性、可比性，以及财务结果对于股东的意义，因而在业绩评价中占有重要地位。但财务指标只是对于结果的评价，难以实现对于过程的控制。平衡计分卡在业绩评价体系中综合运用财务指标和非财务指标，有效地促进了结果考核和过程控制的结合，使业绩评价更具业绩改进意义。

最后，利用多方面考核所具有的综合性，促进了短期利益和长期利益的均衡，特别强调激励机制。企业战略目标往往具有长期性，而财务业绩评价，特别是采用单一指标进行业绩评价时，往往容易使具体的经营管理人员更多地关注短期利益，不重视甚至损害长期利益。平衡计分卡利用非财务指标与财务指标的结合，以及若干方面综合考核所具有的相互制衡作用，促进短期利益和长期利益的均衡。

※思考题※

1.什么是沃尔评分法？用这种方法评价企业财务绩效，一般有哪些步骤？

2.使用沃尔评分法需要注意哪些问题？

3.平衡计分卡中包含哪些影响因素？

4.平衡计分卡有哪些特点？

第十五章 责任会计

学习目标

1. 了解责任会计的内容、作用和原则。
2. 掌握责任中心分类及其考核指标。
3. 掌握责任中心业绩报告的编制和需要注意的问题。

引 例

面对汽车制造行业竞争加剧、集团业务急速扩大、销量快速增长和客户需求多元化的情况，GL汽车从2010年开始探索采取利润分离的管理会计责任中心，即产品线责任利润中心管理模式，提高经济效益。该模式核心思路是突破传统的组织结构，以市场为导向，以经济绩效为目标，为企业内部资源协调、运营控制、业绩评价和员工激励等提供业务决策依据，明确责权利，衡量和评价经济成果；各经营体与组织整体目标统一，闭环运营形成合力，实现成本改善和绩效提升的双赢。

第一节 责任会计概述

一、责任会计的概念

责任会计（responsibility accounting）是现代分权管理模式的产物，它是通过在企业内部建立若干个责任中心，并对其分工负责的经济业务进行规划与控制，以实现业绩考核与评价的一种内部控制会计。高层管理者通过责任会计业绩报告，从两个方面来评价每个管理者的表现：该管理者是否利用预算内资源实现了责任中心的目标；该管理者是否对其所负责的运营活动实现了控制。

二、责任会计的内容

（一）划分责任中心，确定责任范围

根据企业的具体情况和内部管理的实际需要，把所属各部门、各单位划分为若干责任中心，并规定这些中心的负责人（包括经理、主任、段长、组长甚至工人），确定分工负责的责任范围，各级负责人向上级管理部门承担经营管理责任，同时赋予他们一定的经济权利。

（二）编制责任预算，制定考核标准

把全面预算所确定的目标和任务进行层层分解，并对每个责任中心编制预算，制定成本、收入、边际贡献、投资收益等考核标准，作为今后控制和评价其经济活动的主要依据。

（三）建立核算系统，编制责任报告

各个责任中心建立一套控制其责任预算执行情况的跟踪系统，包括提出记录、计算和积累有关数据，并在规定时间编制“业绩报告”（亦称责任报告）。

（四）根据业绩计酬，实行行为控制

通过对责任中心业绩报告的实际数与预算数的对比，来评价考核各责任中心的工作实绩和经营效果，并计算和调节薪酬。同时，根据各责任中心编制的业绩报告，分析预算差异发生的原因，及时通过信息反馈控制和调节经济活动；督促各责任单位迅速采取有效措施，纠正缺点，巩固成绩，不断降低成本，压缩资金占用，提高经济效益。

三、责任会计的作用

健全的责任会计是分权型管理的产物。分权型管理有许多优点：（1）有利于将经营决策权下放给有必要行使这种职权的管理人员，使他们可以根据实际情况灵活决策；（2）可以促使人们发挥主动性和创造性，提高工作效率和工作质量；（3）能够促进产品产销的专业化和分工；（4）使得各部门职责明确，便于考察各级管理人员的工作业绩；（5）有利于培养经理人才和选拔上层领导等。

对多数企业来说，某种程度的分权是必不可少的。但是，当下级管理人员被赋予决策自主权时，会引起一些值得注意的问题。他们可能会以牺牲公司整体的和长远的利益为代价，来使自己的业绩达到最大化；各内部单位之间可能会互相冲突、摩擦和竞争，彼此推卸责任而争取利益；他们可能会为了避免风险，放弃某些可能获取的利润；他们可能会为获取好的评价而提供假信息，使上级根据这些信息作出错误的决策；为增加权势与威望，他们可能会扩大机构，精心装修办公室，购置昂贵的办公设备，导致浪费等。

为了发挥分权型管理的优点，抑制其缺点，必须制定各内部单位的目标，测定下级管理人员工作成绩，控制他们的活动，防止其滥用职权。责任会计是解决这个问题最有效的手段。责任会计之所以重要，是因为它可以提供客观的评价，降低下级管理人员作出对整个公司不利决策的风险。

可见，实行责任会计的主要作用有以下两点。

（一）有利于贯彻企业内部经济责任制

实行责任会计以后，可使各级管理人员目标明确、责任分明；而且责任者要有责有权，可以把他们应该管的和能控制的各种财务指标严格地管好并控制住；同时，可以以责任单位为核算主体（而不是按产品）来记录和归集会计信息，并据以评价和考核各个单位的工作实绩和经营成果。这样一来，就能做到功过分明、奖惩有据。

（二）有利于保证经营目标的一致性

实行责任会计以后，各个责任单位的经营目标就是整个企业经营总目标的具体体现。因而，在日常经济活动过程中，必须注意各个责任单位的经营目标是否符合企业的总目标。如有矛盾，应及时协商调整。这样就便于把各个责任单位的经营目标与整个企业的总目标统一起来，促使每个责任单位为保证企业总目标的实现而协调工作，从而保证经营目标的一致性。

四、建立责任会计制度的原则

责任会计制度的建立，在不同类型的企业中，往往由于具体情况的不同，其具体做法也各有特点。但在建立责任会计制度的原则上基本一致，概括起来有以下五点。

（一）可控性原则

责任会计的实质就是把会计资料同责任单位紧密联系起来的信息控制系统，这一内部控制制度的贯彻执行，要求各责任单位必须突出其相对独立的地位，避免出现职责不清、功过难分的局面。因此，在建立责任会计制度时，应首先明确划分各责任单位的职责范围，使它们在真正能行使控制权的区域内承担经营管理责任，即每个责任单位只能对其可控的成本、收入、利润和资金负责。在责任预算和研究报告中，应只包括它们能控制的因素，对于它们不能控制的因素则应排除在外，或只作为参考资料列示。

（二）目标一致性原则

责任会计是企业内部的一种控制制度，而有效的控制系统应该通过责任单位上下级之间的目标一致性，来促使下属单位自觉地实现上级所规定的目标。因此，目标一致性原则是评价企业责任会计是否有效的重要标准。

在责任会计中，目标一致性原则主要通过选择恰当的考核和评价指标来体现。一方面，为每个责任单位编制责任预算时，就必须要求它们与企业的整体目标相一致；另一方面，通过一系列的控制步骤，促使各责任单位自觉自愿地去实现目标。应该注意的是，单一性的考评指标往往会导致上下级目标的不一致，因此，考评指标的综合性与完整性是责任会计中的重要问题。

（三）责、权、利相结合的原则

在责任会计中，要为每个责任单位、每个收支项目确定相应的负责人。同时，责任者还必须有责有权，在为每个责任单位制定考评标准时，一定要重视对人的行为激励，充分调动各个责任单位的工作积极性。总之，责、权、利要紧密结合，使制度兼顾国家、集体和个人三方面的经济利益。

（四）反馈性原则

在责任会计中，要求对责任预算的执行情况有一套健全的跟踪系统和反馈系统，使各个责任单位不但能保持良好、完善的记录和报告制度，及时掌握预算的执行情况，而且能通过实际数与预算数的对比分析，迅速运用各自的权利，控制和调节它们的经济活动，以保证预定目标和任务的实现。

（五）及时性原则

责任会计要实现有效控制，建立反馈系统至关重要，而反馈系统的作用在很大程度上取决于反馈的及时性。因此，各个责任单位在编制业绩报告以后，应及时将有关信息反馈给责任者，以便迅速调控自己的行为；另外，及时的反馈还有助于迅速发现和调查在业绩报告中出现的不可控因素，以保证对责任者进行综合考评的正确性。另外，业绩报告的编制绝不能与财务报表同步，而应做到及时、机动、灵活。根据管理需要，每旬、每周甚至每天编制一次。只有这样，才能把在生产经营中发现的重要问题立即反馈给有关单位，促使其迅速采取有效措施，及时加以解决。

第二节　责任中心及其考核指标

在企业内部，可根据责任和权限的不同，划分若干个责任区域，这些责任区域就是责任中心（responsibility center），其经理对该责任中心的具体活动负有责任。基层经理往往负责单一价值链上的预算编制和成本控制职能。比如，在汽车公司，销售经理负责计划和控制公司的销售业务，而生产部门经理则负责计划和控制汽车的生产。基层经理需要向更高一级的经理报告，经理级别越高其责任范围越广。如负责运营和配送的管理者要向负责运营线盈利（收入扣除成本）的高层管理者汇报工作。

图 15-1 列示了四种责任中心。

成本中心　　收入中心　　利润中心　　投资中心

图 15-1　四种类型的责任中心

一、成本中心

成本中心（cost center）是指在可控区域内只发生成本而不取得收入的责任中心。成本中心只对成本负责，而不对收入与利润负责。比如像生产线这样的运营制造业务单元，就是成本中心。生产线上的班长通过确保员工高效工作来控制成本。该班长并不负责创造收入，因为他并不从事产品的销售。而工厂的经理则通过比较实际成本和预算成本来评价班长控制成本的能力。在其他条件相同的情况下（如保持质量稳定），如果实际成本低于预算成本，那么班长就会得到比较好的评价。

凡在成本中心负责的区域内发生的成本都可分为"可控成本"和"不可控成本"两类。可控成本必须符合三个条件：第一，成本中心能够预知它的发生；第二，成本中心能够计量它的耗费；第三，成本中心能够调节它的数量。只有"可控成本"才能成为考核成本中心的"责任成本"。

二、收入中心

收入中心（revenue center）是指经理主要对收入负责的责任中心，比如某汽车公司华东地区的销售部门。这些经理也可能对其自身运营活动的成本负责。收入中心的业绩评价是通过对实际收入和预计收入的对比来进行的，有时也包含收入中心自身的成本。在其他条件相同的情况下，如果实际收入超过预算，管理者很可能得到好的业绩评价。

三、利润中心

利润中心（profit center）是指不仅能对成本费用负责，还能对收入和利润负责的责任中心，即利润中心的活动不但影响成本的高低、费用的大小，而且会影响收入的多少和利润的大小。对某个产品运营线负责的高层经理，承担着增加收入、控制成本从而实现利润目标的全部责任。利润中心报告同时包括了收入和成本，以体现该中心的盈利状况。高层管理者通过将实际收入、费用和盈利同预算做对比来衡量管理者的业绩。在其他条件都相同的情况下，如果实际盈利超过预算盈利，被考核管理者就会得到满意的业绩评价结果。

四、投资中心

投资中心（investment center）是指既对成本、收入、利润负责，又对全部营业资产使用效果负责的责任中心。换言之，投资中心是拥有投资决策权的责任中心，所以它要对投资的经济效益负责。投资中心比利润中心的规模更大、层次更高，如事业部、分公司、分厂等。投资中心以力求使企业获得最大利润和有效地利用资金为宗旨，拥有充分的投资决策权和经营权。投资中心的经理主要负责创造收入、控制成本、控制实现盈利（收入减去费用）的投资额。

高层管理者往往基于投资收益率（ROI）、剩余收益（RI）或者经济增加值（EVA）来评价投资中心经理。在其他条件相同的情况下，如果投资中心的实际ROI、RI或者EVA超过了预算值，那么责任中心经理就会得到比较满意的业绩评价结果。

第三节　责任中心业绩报告

一、业绩报告

图 15-2 展示了某快消品企业在各部门之间进行的责任安排。

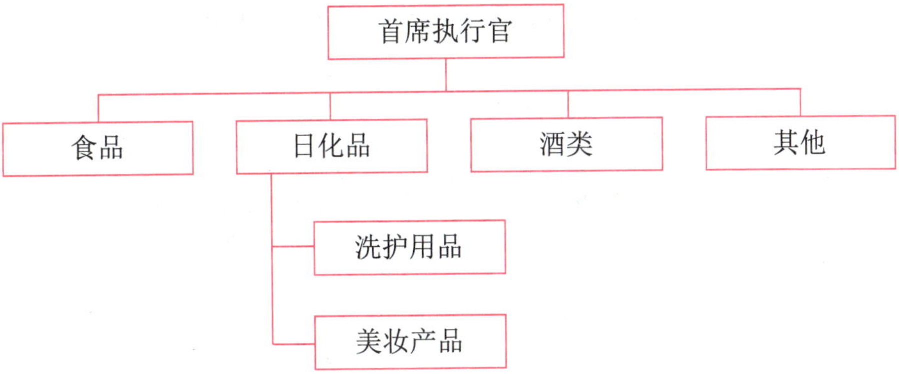

图 15-2 组织架构与责任安排

在第一层，首席执行官（CEO）总揽四个事业部，事业部经理承担了广泛的责任，包括如何使用资产以实现ROI最大化。在大多数公司里，事业部都被看作投资中心。

每个事业部经理监管该事业部中所有的运营线。图 15-2 中，日化品分部的副总经理监督洗护用品和美妆产品这两个运营线。产品运营线一般被看作利润中心。洗护用品运营线的经理负责评价两类基层经理的业绩：成本中心（洗护用品制造负责人工厂）和收入中心（负责洗护用品销售的经理）。

表 15-1 至表 15-3 列示了关于图 15-2 中每个层级管理的责任会计业绩报告。这些表通过假定的数字来展示以下报告：总裁用于评价每个事业部的报告；事业部负责人用于评价部门运营线的报告；运营线经理用于评价研发、运营、营销和销售产品的报告。每个层级的报告都将实际结果和预算结果进行了比较。

表 15-1 首席执行官（CEO）责任会计季报 单位：百万元

事业部营业利润及总部费用	预算	实际	差异
食品	436	418	−18
日化品	140	168	28
酒类	158	174	16
其他	70	68	−2
总部费用	−66	−58	8
营业利润	738	770	32

表 15-2 日化品事业部副总经理责任会计季报 单位：百万元

产品营业利润	预算	实际	差异
洗护用品	50	76	26
美妆产品	90	92	2
营业利润	140	168	28

表 15-3　洗护用品运营线经理责任会计季报　　单位：百万元

收入及费用	预算	实际	差异
销售收入	160	168	8
销售成本	−72	−60	12
销售毛利	88	108	20
销售费用	−24	−18	6
研发费用	−4	−6	−2
其他费用	−10	−8	2
营业利润	50	76	26

报告从基层到高层逐级上报。表 15-3 中洗护用品运营线 5 000 万元的运营利润预算报给日化品事业部副总经理，而副总经理的报告总结整合了他所监管的两条运营线的实际运营利润和预算运营利润。

1.4 亿元的预算运营利润从该副总经理报告给公司的首席执行官。这样公司CEO的报告不仅囊括了所有事业部的实际利润及预算利润，还包括了未计入任何事业部的公司总部发生的成本。

二、需要注意的问题

（一）例外管理

报告的实际与预算的差异有助于例外管理，同时，该差异管理会引导管理层关注预算与实际之间产生重大差异的地方。表 15-1 中，其他事业部的实际利润是 6 800 万元，这个数值非常接近该部门预算的预计利润 7 000 万元。这样公司CEO就不会花时间来调查这个小差错产生的原因，除非这里还存在其他问题。

相反，日化品事业部超额完成了预算，总经理想弄清楚其中的原因。假设部门副总经理认为全国性的促销特别有效，那么这种促销就可能被继续使用并可能在其他部门推广。找出差异发生的原因，从而使企业的其他部门获利，是管理层调查大额不利差异及大额有利差异的原因之一。另一个原因则是确保员工不是在偷工减料、削减营销和研发成本，以致损害企业长远利益。

CEO接到表 15-1 的报告后需要集中精力提高食品事业部的运营，因为该部实际利润低于预算 1 800 万元。他可能会调查究竟是哪条运营线出了问题，以便和部门副总经理共同纠正其中的问题。表 15-1 也说明有些数据可能隐藏问题，虽然日化品部门整体运作得很好，但美妆产品这条运营线运作得并不太好。

（二）正确理解差异

责任会计有助于高层管理者制定决策，有助于让基层经理为其责任职能部门负责，并提供了一个评价经理和职能部门业绩的好方法。需要注意的是，管理层不能滥用责任会计体系来发现错误或滥加责备，因为关键不是谁应该为不利差异而受到责备，而是谁能很好地解释该特定差异发生的原因。例如，表 15-1 中的食品事业部，假定台风毁坏了某厂房的设施，其他厂房仍然高效运转，在这样的情况下，即便利润差异为 -1 800 万元，食品事业部及其部门副总经理也已经做得非常好了。

（三）其他业绩指标

最高层次的管理者使用责任会计业绩报告来评价每一个责任中心的财务绩效。而最高层的管理者往往也会评价每个责任中心的非财务绩效。典型的非财务业绩衡量指标包括客户满意度、递送时间、产品质量、员工的专业知识等。经理们可以通过平衡计分卡，使用财务和非财务业绩评价指标对每个责任中心的业绩形成一个“全面视野”。

※思考题※

1. 什么是责任会计？责任会计包括哪些内容？
2. 责任成本与产品成本有什么区别和联系？
3. 责任中心的种类分别有哪些？简述它们的职能范围和业绩指标。

参考文献

[1]王秀芬，张桂玲，王佳凡．成本管理会计[M]．北京：清华大学出版社，2023.

[2]李玉周．成本管理会计[M]．北京：高等教育出版社，2022.

[3]肖康元．成本管理会计[M]．2版.北京：清华大学出版社，2020.

[4]孙茂竹，于富生．成本与管理会计[M]．北京：中国人民大学出版社，2020.

[5]汪祥耀，杨忠智．成本会计学[M]．2版.北京：高等教育出版社，2022.

[6]郭晓梅．管理会计[M]．北京：高等教育出版社，2021.

[7]刘俊勇．成本与管理会计[M]．北京：中国人民大学出版社，2021.

[8]崔国萍．成本管理会计[M]．北京：机械工业出版社，2021.

[9]许丹，孙爱丽．成本会计[M]．4版.大连：大连理工大学出版社，2022.

[10]田高良，张原．管理会计[M]．2版.北京：高等教育出版社，2022.

[11]谢达理，李宏畅，唐睿明．管理会计[M]．大连：大连理工大学出版社，2022.

[12]任力，徐晓惠，纪红．成本会计学[M]．大连：大连理工大学出版社，2022.

[13]王艳茹，孙茂竹，李朝晖．成本管理会计[M]．4版.大连：东北财经大学出版社，2021.

[14]张所地，吉迎东，胡琳娜．管理决策理论、技术与方法[M]．北京：清华大学出版社，2013.

[15]张一贞．管理会计[M]．上海：上海财经大学出版社，2012.

[16]武生均．成本管理学[M]．北京：科学出版社，2010.